世界で一番
おもしろい
構造デザイン

著:日建設計構造設計グループ

X-Knowledge

世界で一番おもしろい構造デザイン

目次 CONTENTS

CONTENTS 目次

ブックデザイン　米倉英弘（米倉デザイン室）
DTP　竹下隆雄
製本・印刷　シナノ書籍印刷
編集協力　［日建設計構造設計グループAEL abo＋α］杉浦盛基・宇田川貴章・風間宏樹・江利川俊明・瀧口真衣子・小澤拓典・佐野航・益田一毅・松尾啓斗／小倉琢哉・斎野はるな（プレゼンテーション）／呉春華（広報）／安藤顕祐（元所員）／山本夏子（元所員）
カバーイラスト　濱野真由美
イラスト　［日建設計イラストレーションスタジオ］冨士縄早那・大澤周平・濱野真由美／石井翔一郎（元所員）／籔伶子（元所員）

はじめに 構造設計の仕事とは？

構造設計は世界一面白い仕事

「構造設計は世界で一番面白い仕事だ。」20年ほど前に引退された先輩の口癖だと私の先輩から聞いたことがあります。また、「君はこの仕事に就けて本当に良かったね。だってこの世の中で一番面白い仕事だからね。」と入社当時の先輩に話しかけられたという者もいます。本当かどうかはさておき、「この仕事は世界で一番面白い」とは、仮に心の中で思っているとしてもなかなか口にできる言葉ではないと思います。

何がそれだけ面白いのか、ぜひこの本を読んで感じてもらえると良いと思います。

構造設計者の仕事とは――構造設計

構造設計者は、主に構造設計と構造コンサルティングをおこなっています。構造設計は、建物（構造物）が何も起こっていない状況（常時）でも、地震・台風・大雪などの災害の際にもしっかり建っていられるように、骨組みを決めることです。

構造設計はさらに、構造〝計画〟と構造〝計算〟に分けられます。

構造計画とは、建物の骨格となる柱や梁などの骨組みを適切な形に計画することです。ただしこれはそれほど簡単ではなく、常時・災害時の安全性は当然のこと、費用、工事期間、意匠設計や設備設計など、さまざまな要素を鑑みて、総合的に最適な骨組みを計画することです。これが奥深く、何に重きを置くのかで答えが違ってくることが「世界一面白い仕事」の所以でもあります。この面白さを伝える授業や本などは残念ながら多くありません。本書ではこの面白さを少しでも伝えられたら、と思っています。

一方、構造計算は、構造計画が妥当かどうかを推し量るための検証にあたります。最近ではさまざまな構造解析プログラムがあり、これらを用いて常時・災害時の建物の健全性をシミュレーションします。昔は細かな計算ではなく、大きくオーダーがずれていないかを手計算で確認するような検証をしていました。したがって、ベテランの構造設計者であれば、計算をすることなく、経験に基づいて構造計画をおこなうこともありました。２００８年の姉歯事件の影響もあって細かな計算内容を行政が確認するようになり、また解析技術の進化も相まって、建物の健全性をより客観的に提示できるようになりました。一方で、構造設計の中で計算書の作成にかける時間は増えてきています。学校の授業においても構造計画ではなく構造計算に軸足を置いていることがあり、構造計画の魅力が伝わりにくくなっていると感じますが、それでも構造計画の試行錯誤は他にはない大きな魅力です。

構造設計者の仕事とは——構造コンサルティング

構造コンサルティングとは、たとえばすでに建てられている建物の地震時の健全性を確認する耐震診断や、その診断に基づき必要な補強を施す耐震補強設計がこれにあたります。また昨今では、超高層建物が長周期地震動というゆっくりとした地震の揺れにより大きく揺れることがわかってきており、これに対処する方法を考える必要もあります。また、ある床に今までよりも重たい機器を設置する際に、床の補強が必要なのかというような相談に答えることも、構造コンサルティングです。それ以外にも、地震が起こった際の建物の健全性を即時に判断するモニタリングシステムの開発や、その状況をバーチャルで体感できるシステムの開発なども行っています。

構造設計者の役割は表に出てこないことが多く、一般には見えにくいですが、本書を読んで、我々の仕事の魅力を感じていただきたいと思います。さあ、次のページを開いてみてください。

２０２４年11月　杉浦　盛基

CHAPTER 1
構造設計がみちびく建物のかたち

建物を建てる過程において、構造設計とはどの段階でどんな仕事をするのでしょうか。最初に“建築家”がデザインしたものをなんとか実現するために構造家が躍起になる……という工程をイメージする人もいるかもしれません。そういった事例がないわけではありませんが、デザインが意匠性の要ならば構造設計は実現性の要。建物の安全性、材料のコスト、具体的にどうつくるのか、多種多様な使い方、など計画に求められることが複雑になればなるほど、「構造設計者」の関与は深く、果たす役割は大きくなっていくのです。

本章では26のプロジェクトを通して、構造設計者が建築の実現にどう寄与しているかを紹介します。小さな住宅でも、大きなビルでも、最初はシンプルなコンセプトから始まり、それを建築として成立させる方法を模索するプロセス自体は同じです。ですが、そのプロセスの中身は、他者との対話であったり、過去の技術の蓄積の昇華であったり、他の分野から受けた刺激によるひらめきであったり、実験の積み重ねによる新しい発見だったり、さまざまです。

コンピュータにかじりついて計算しているイメージを持たれがちな「構造設計」という仕事のなかにある、「設計者」の試行錯誤をのぞいてみましょう。

SECTION 001

球体を浮かせる

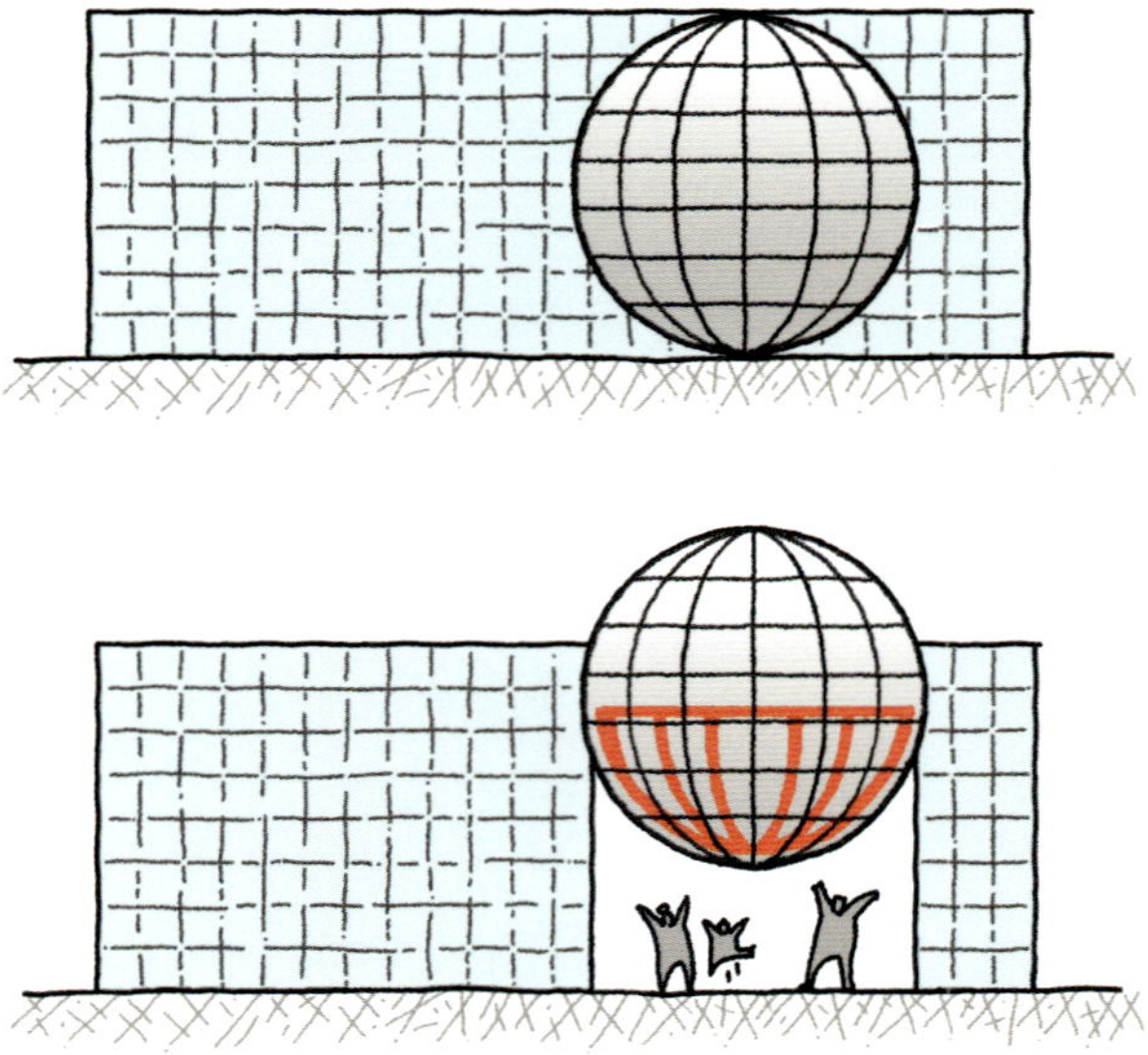

空気よりも比重が軽くないと物は浮かばない。空間としての球体を浮かせるのではなく、浮いていると感じるようにつくるにはどのようにしたら良いのかを考えた。構造計画によって建物の完成形がどれだけ違ってくるのかを感じてもらいたい。

構造3Dモデルはこちら（名古屋市科学館作成／iOSまたはiPadOSのみ対応）

写真／エスエス

軽く、効率的に球体をつくるための構造計画

球体上部は外装とプラネタリウムの投影面を取付ける役割をもつ。できるだけ構造体の厚みを薄くすることが表面積を小さくするために重要である。構造システムはもっとも軽量化しやすい立体トラスを利用する計画とした

球体を支えるための柱の存在が目立つと、球体の重さが印象づいてしまう。本館の建物の床を支える4本の柱で球体も支えることで、まるで球体は何にも支えられず浮いているように感じられる

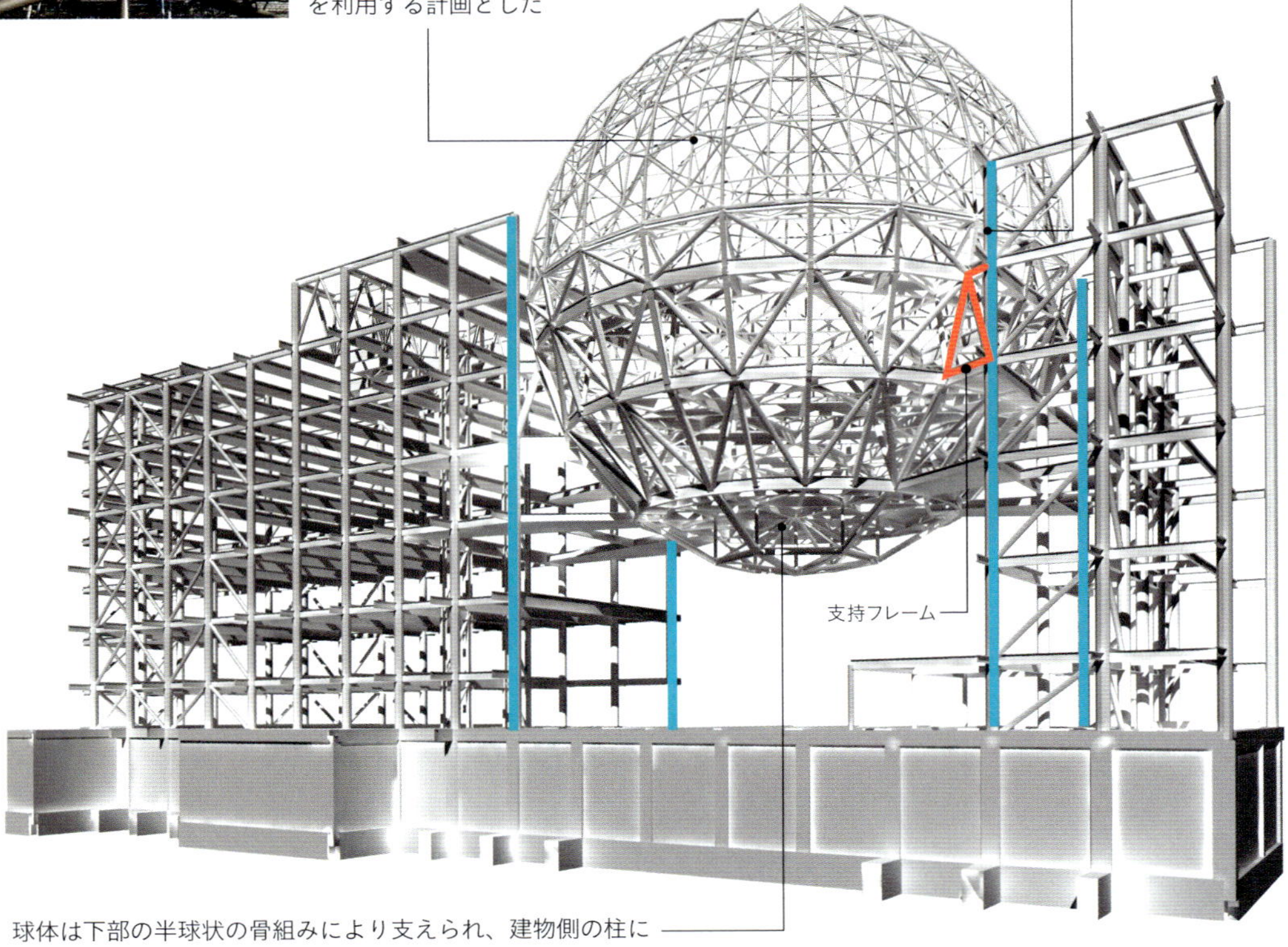

球体は下部の半球状の骨組みにより支えられ、建物側の柱に球体重量を伝えている。安定させて球体を支持するために、対角に支持フレームを渡している。床は円形なので、放射方向と円周方向に床の梁を架ける計画とした

さまざまな仕組みで球体を浮かせる

球体を施工する方法はいくつも検討したが、結果として球体下部にサポートを設けて組み上げ、そのサポートを外す方式（地切り）とした

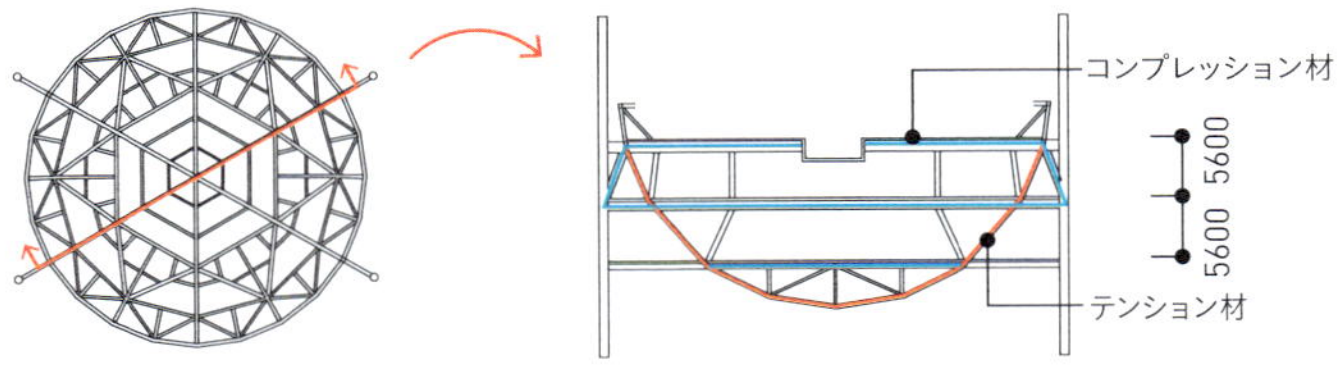

床の骨組みは方向性の出ない組み方を目指した。球体を支持する4本の柱に向けて、X型になるようにアーチをひっくり返した形で球体の重さを支える骨組みを組む

写真／日建設計
トラス：三角形を基本単位としてその集合体で構成する構造形式／サポート：施工中に骨組みを支える仮設材

クライアントの想いを受け止め、奮闘が始まる

当初の提案では、プラネタリウムを球体に入れ、その球体は地面に着地している。ある時クライアントから、公園と街を分断している球体を持ち上げることで、「公園と街を一体化させたい。工事費を変えずに実現できないだろうか」と持ち掛けられた

ふさわしい形を導くために複数のアイデアを考える

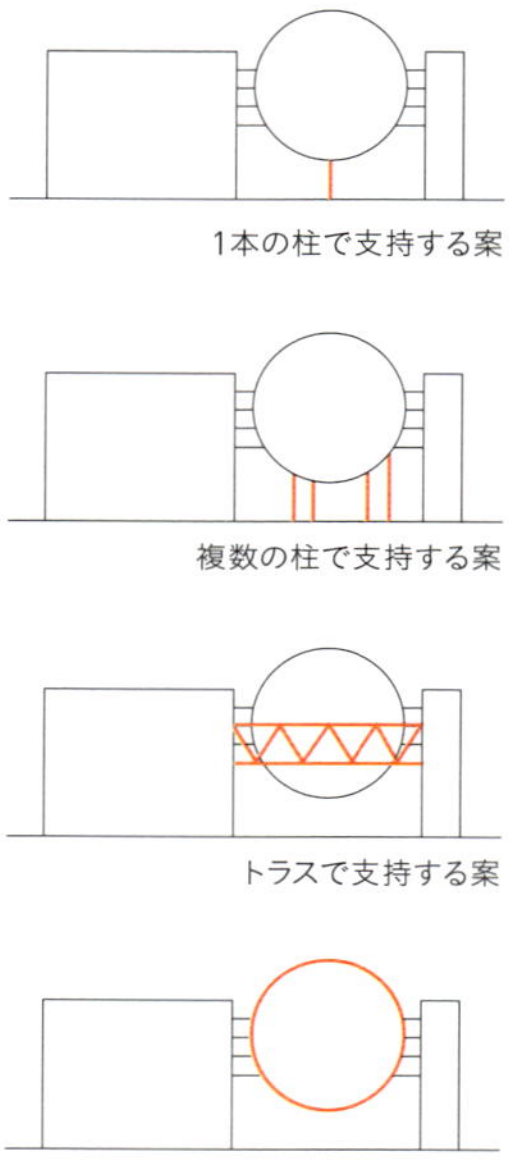

1本の柱で支持する案

複数の柱で支持する案

トラスで支持する案

球体の外殻を利用する案

球体を持ち上げるいくつかのアイデアを考えて比較検討した。

①宙に浮かすと工事費が高くなるので、柱を建てて支えることを考える。

②真ん中に1本ではあまりに当然なので、ランダムに柱を建てることを考える。

③柱を無くすとすると、橋梁で用いられるトラス架構がまず思いつく。しかし、今回の場合は、球体の下半分にも部屋があるため、トラスを球体に串刺しにするのは計画上難しい。

④串刺しをしない方法として、ガスタンクのように外殻を構造として使うことを考える。

しかし内部に床があるため、外殻のみで構成するのは難しい。そこで最終的には、アーチ橋から構成のヒントを得た

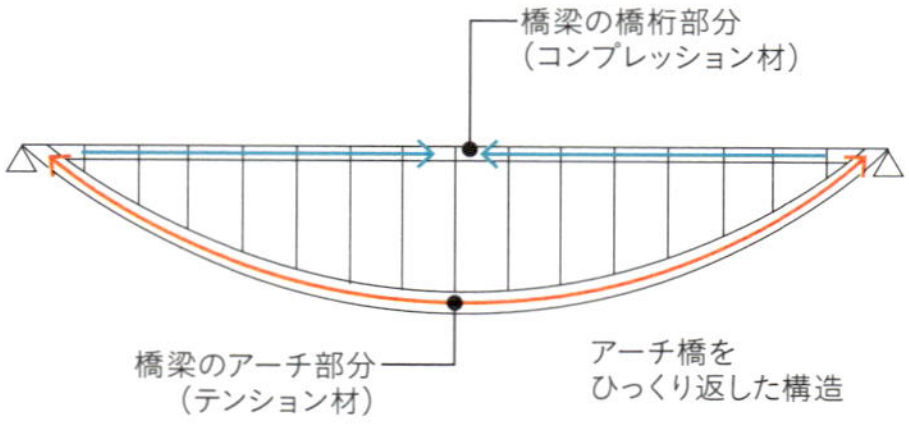

球体の構成は、経線と緯線を基準に考える

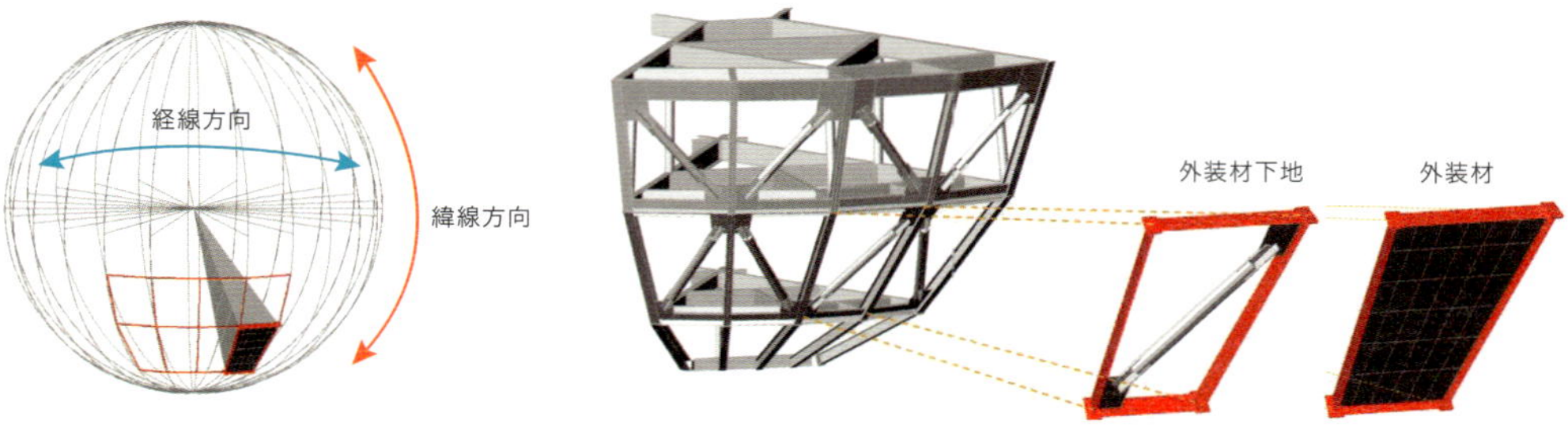

外装材の生産可能な大きさから、経線方向は24等分とし、緯線方向の基準は床の位置に合わせた。経線と緯線に囲まれたひとつのユニットを組み合わせることにより、同じ構成で全体を組み立てることができる。ひとつひとつの骨組みの向きも球の中心に向けることで製作する際のルールをシンプルにした

構造のアイデアで、大きな球体を浮かせて見せる

公共の建物の建設には各設計事務所が「このような計画がふさわしい!」と提案して、審査員が採用設計事務所を決定するプロポーザルという方式がある。この建物ではこのプロポーザル方式で設計事務所が決定された。プラネタリウムは半球形状のスクリーンに星空を投影しているので、プラネタリウムを建築として具現化したいと考え、球体を作り、建物内に接地した形で提案をした。それに対し、建主である名古屋市から、「公園と街のつながりを考えると、接地している球体を持ち上げて、球体の下を街と公園の間で行き来できるようにしたい。ただし、予算上費用は変えられないが、実現できるだろうか。」という相談があった。この相談から、球体を持ち上げることへの挑戦が始まった。

球体を浮かせる

球体を持ち上げるにあたり、まず感じたのは、「どうせ持ち上げるのであれば浮いているように見せたい。」ということであった。不可能ではないが、コストが足かせになる。

まずは、球体の下に柱を設ける案を複数考えてみた。いくつか考えるが、球体の下の柱はどうにもなじまない。チームメンバーである意匠担当者と協議をすると、「私も他の部分を削ってでも、何とかして球体は浮かせたように見せたい。この建物は球体を浮かせてこそ価値がある。」と意気投合した。

ではどうやって球体を浮かせるか。球体を浮かせる仕組みを考える。

最もシンプルな考えは、トラス橋と同じようにトラス形状の架構を球体の両側の建物間に渡し、そのトラスを支えとして作るものである。

しかし、この方法には2つの問題があった。一つは物理的なトラスと球体の位置関係の問題で、プラネタリウムとして利用する球体の上部にトラスを架けることはできないので、球体の下部にトラスを通すことになる。しかし今回の計画では、球体の下部にも展示室やショーの会場が配置されているので、トラスが球体を貫通してしまうと、諸室の機能を果たせなくなってしまうのだ。もう一つの問題は思想的な問題である。球という形状には方向性がなく、均質だ。建築をデザインする者として、この均質な形態に強い方向性を与えたくないという考えがあった。

トラスを組むことなく、ホモジニアス（均質であるさま）に骨組みを構成したい。その方法としてガスタンクのように外殻により支持することも考えられた。しかし、形状はホモジニアスであるものの、実際には内部にプラネタリウムや諸室の床がある。風船のように均等に力がかかるわけではないので、外殻のみの構成は困難であった。外殻案は却下されたが一方で、球体の直径は約40 mなので、必ずしも球体全体を使わずとも、半球を使えば十分球体を支持できることは理解していた。

この課題の解決には、またもやトラス橋と同様に、橋の工法が頭をめぐった。アーチ橋である。アーチ橋は弓のように湾曲した形状の骨組み部分と弦の役割の部分からなり、大きな川などを跨ぐ際には、それぞれの部分がそれぞれの役割を果たしている。

条件を整理しながら、形状を思い浮かべ、そして図面をにらむ。何度も反芻していく中でアイデアがふっと出てくる瞬間を迎えるわけである。そして、アーチで球体を支え、それを支える柱を、両側の建物の床を支える柱と同化させることに思い至った。

球体の構成を考える

アーチの仕組みを使って球体を浮かせるが、このアーチをどのように組むか。球体脇の4本の柱で球体を支えるのであるが、アーチ形状を4本の柱に対して平行ではなく対角に入れた。これにより方向性を与えずにアーチを入れることができる。

ここまでで架構の大枠が決まれば、あとは形状に従ってシンプルに解くことができる。床組は、対角を基準として放射状に部材を構成する。外周は外装材の一枚の大きさから経線を24等分に分割する。緯線は床の位置を基準とし、この基準に対して鉄骨部材の方向を考える。また、完成形だけでなく、建物を作り上げる過程に関しても検討する必要がある。今回は球体下にサポートを設けて作り上げていくことにした。このように、大きな構成から小さな構成、完成時だけでなく施工時についても考慮しながら、建物の設計は進められていく。

SECTION 002

3層の校舎を宙に浮かせる

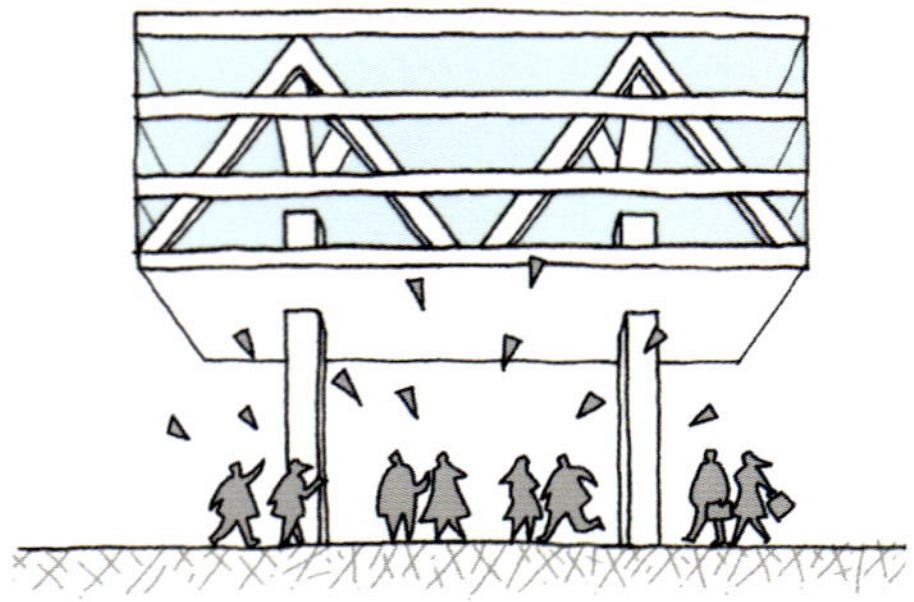

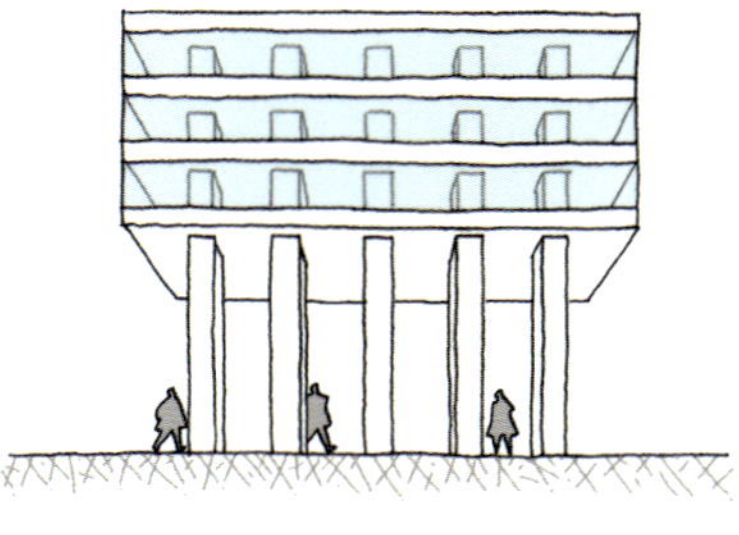

「学生をキャンパスにいざなうゲート」と「新しいランドマーク」をテーマとし、教室を宙に浮かせる構造デザインを考えた。浮遊感を出すために建物を上空に持ち上げることに挑戦。

写真／篠澤建築写真事務所

支え合う2つのボリュームとワーレントラスによる大架構計画

宙に浮いた3層の教室を支えるには多数の細柱を配置したり、剛強な太柱を配置したりなど、さまざまな方法が考えられた。しかし地震力にピロティ下の柱のみで抵抗することは難しい。この課題を解決するため以下のワーレントラスによる大架構計画を考えた。

①建築全体を「外濠側」と「中庭側」の２つのボリュームに分ける

②「外濠側」をピロティ構造とし、ワーレントラスで大スパンを飛ばし３本の柱で自立させる

③「中庭側」を剛強なRC壁主体の構造として、「外濠側」の地震力に抵抗できる架構とする

建物を支えるワーレントラスは、カーテンウォール越しに存在感を放つ建物の顔となっている。一筆書きのように力の流れを示す構造部材の存在感が外から見ても際立つ

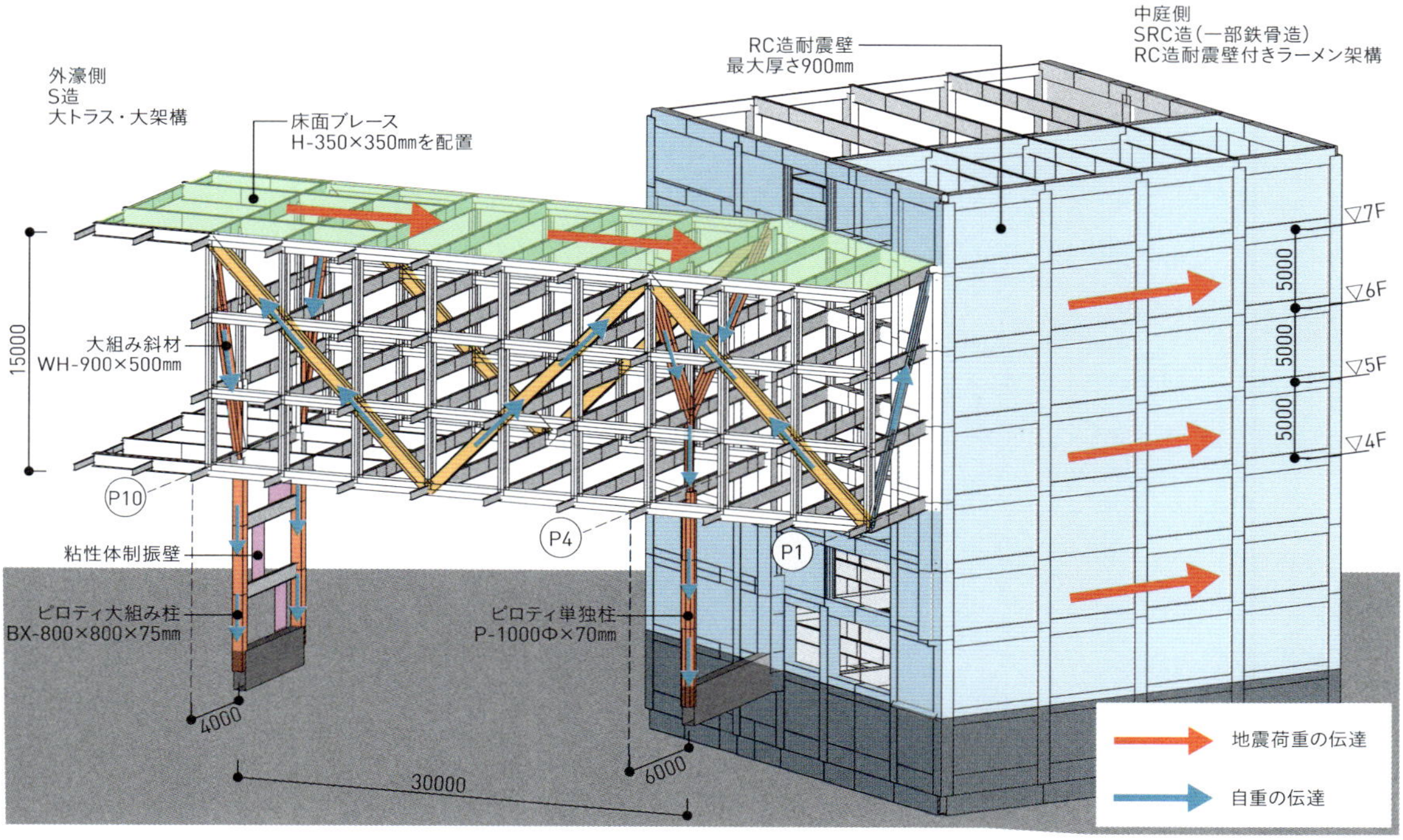

意匠と構造の仕掛けで浮遊感を演出する

大学の入口や広場となるピロティ

3本のピロティ柱は、上部のワーレントラス構造より内部にセットバックしている。プレキャストコンクリートの軒天井で3層を覆う重厚感のあるフレームを強調し、地上では柱だけを見せることで浮遊感を演出する。宙に浮いた校舎下部のピロティはキャンパスへのアプローチやイベント広場となる

写真／篠澤建築写真事務所

ワーレントラス：斜材の向きを交互にして一筆書きのように斜材が連続するトラス

一筆書きのワーレントラスが現しとなり、建物の顔になる

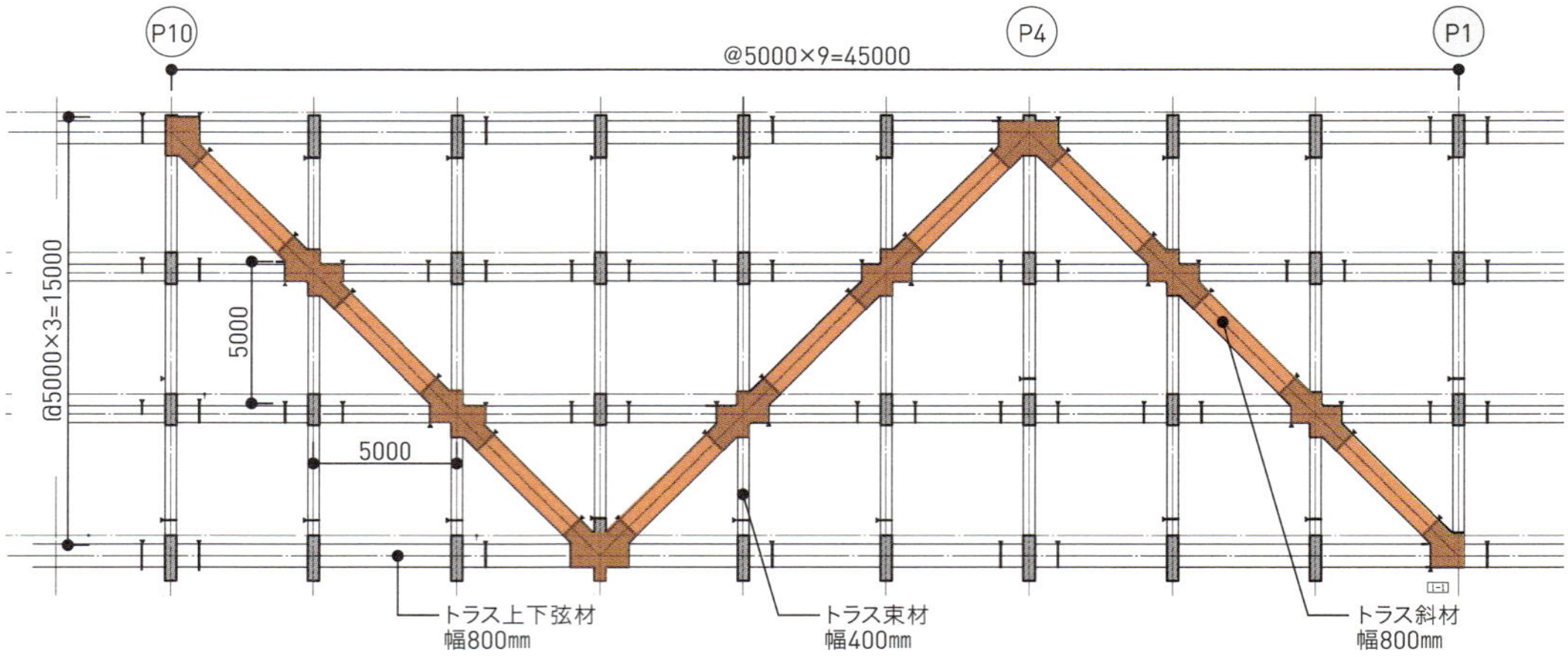

柱間隔と階高を5mで統一し、斜材の角度が45度となるように、建築計画と構造計画を調整しながら決定した。構造としての合理性だけでなく、対称性や連続性を意識して美しく見えるデザインとした

構造材をそのまま建物の現しとするための工夫

現しとなるディテールを検討

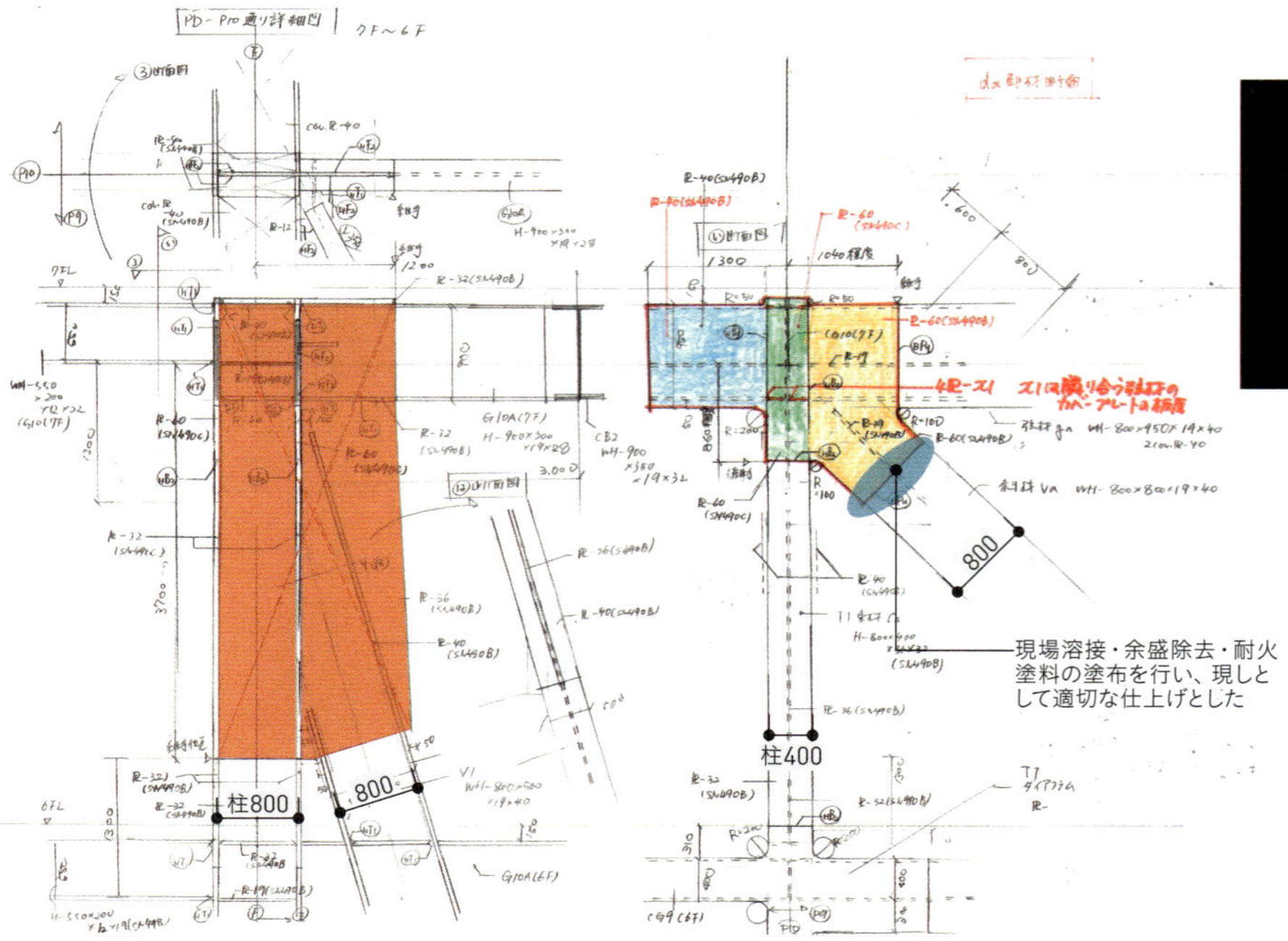

トラスと大組み斜材の交点の検討スケッチ。鉛直荷重の流れる向きを90°変えるための仕口は、一枚一枚の板について検討した。上写真に示すようにトラス材のフランジ面を揃え、大きな軸力を伝達する経路を明快にしている。また、建物内部に現しとなることを意識し、部材選定においても美観に配慮した。

写真／上：篠澤建築写真事務所、下：日建設計

構造計画は大胆に、構造検討は詳細に

新しい校舎の計画をするにあたり、キャンパスの新しい顔となる開放的なゲート空間が求められたが、その上部に平面形状53×22mの校舎を3層積む必要があった。このピロティ空間のある「外濠側」と、1階から教室が入る「中庭側」の2つのボリュームを、一体の建物として計画した。

「浮いているように支える」この大きなピロティ空間を成立させる架構計画に挑んだ。

ゲート空間として柱を最小限として大きく開口を開くには、上部校舎の自重を30mのスパンで支えられる大架構が必要である。そこで、上部の3層分（約15m）をトラスせいとして利用するワーレントラス架構を考えた。トラス構造は、せいがあるほど効果的であるため、3層で大組みの三角形を構成した。

地震力を分担させる構造計画

「外濠側」の3層の校舎に浮遊感をもたせるために、ピロティ柱はできるだけ減らしたい。自重を支える柱としては30mのスパンの両側にあれば良いが、地震にどうやって耐える計画とすれば良いか。

ピロティ柱だけでは上部の地震水平力に抵抗できない。水平力をできるだけ小さくできないかを模索する中で「中庭側」の校舎に寄りかかってはどうかと考えた。「中庭側」の校舎は建築計画上、耐震壁を十分に確保できることから、RC造の剛強な建物とし、外濠側の3層の校舎にかかる水平力の大部分を、床面の水平ブレースを介して「中庭側」に負担させる計画とした。

剛強な「中庭側」に比べ「外濠側」の3本のピロティ柱は軽快で柔かい架構であるため、地震時にピロティ側が平面的に回転して振られるように動く。特に、最外縁に配置している梯子状の大組柱近傍の変形が比較的大きくなってしまう。そこでこの状況を逆手にとり、地震時に建物に作用する速度に比例して大きなエネルギーを吸収することができる粘性体制振壁（1箇所で150tfの減衰力）を、大組柱の間に千鳥配置で3箇所設けた。当該部の地震時の後揺れを低減し、ピロティ上部の応答を10％程度低減させる効果があることを確認した。

さらなる浮遊感の創出のために

地上14mにあるワーレントラス架構は、教室と廊下の間に配置して建築計画に支障がないよう配慮した。このトラスを支える柱は、トラスと同じ構面に配置して、地面に真っ直ぐ下ろすのが一般的である。しかし、ピロティ空間のさらなる浮遊感を創出するための構造的な仕掛けを考えた。30mスパンのワーレントラスを受ける大組柱と単独柱を、トラス構面よりそれぞれ4mおよび6m内側にセットバックさせた。これにより、3層の校舎のボリュームの存在感が際立ち浮遊感が増す。それぞれの柱にトラスが支持する建物自重を伝えるため、トラス構面の直交方向には、大組斜材を設けてトラスと柱をつなげている。

意匠的な仕掛けとしては、上部をPCの軒天で覆い、3本の柱のみを際立たせた。さらに、上部3層の校舎を大きな長方形の外装PCフレームに内包させ、3層のボリュームの重厚感を印象づけることで、「3層の校舎を宙に浮かせる」というコンセプトを強調した。

ワーレントラスを現しとする

この建物では、宙に浮いた3層のボリュームの正面と裏側に配置したワーレントラスを、仕上材で覆わず現しとした。トラス材の柱間隔と階高を5mで統一することで、斜材が45°で一筆書きにつながるよう、建築計画と調整しながら構造合理性を確保した。

現しとして見せることを意識してディテールを検討しながら、ワーレントラスの部材選定を進めていった。まず、H形鋼のフランジを同一面に揃える計画とした。弦材、斜材を横使いのH形鋼とし束材を含めたトラス材を800㎜せいで揃えることでフランジを同一面に揃えた。揃えることで美観に配慮するとともに、トラスを支えている大きな軸力を、2枚のフランジ面でスムーズに伝達させることができ、構造的にも合理的である。トラスの仕口部は大きな応力が作用するため、仕口部のフランジは斜材より厚さを2サイズ（10㎜）アップさせた。このような鉄骨部材のディテール検討は、構造解析や計算と同様に重要であり、この建物では各部分の詳細図をスケッチしながら、部材の納まりを丁寧に確認して設計を進めた。ワーレントラスは、力の流れを表現しながら建物の顔となっている。

粘性体制振壁：粘性体の高い粘性抵抗を利用し揺れを低減させる装置／減衰力：地震の揺れを減らす力／現し：建物の構造体を化粧されたデザインのように露出させること／仕口部：柱と梁などが交差し組み合わされた部分、ここでは弦材、斜材、柱材の交差部

SECTION 003

円弧状のギャラリーを積む

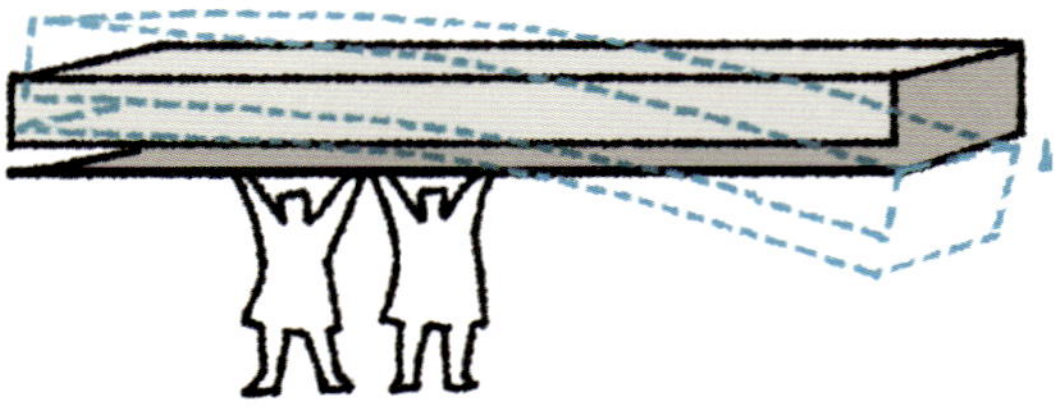

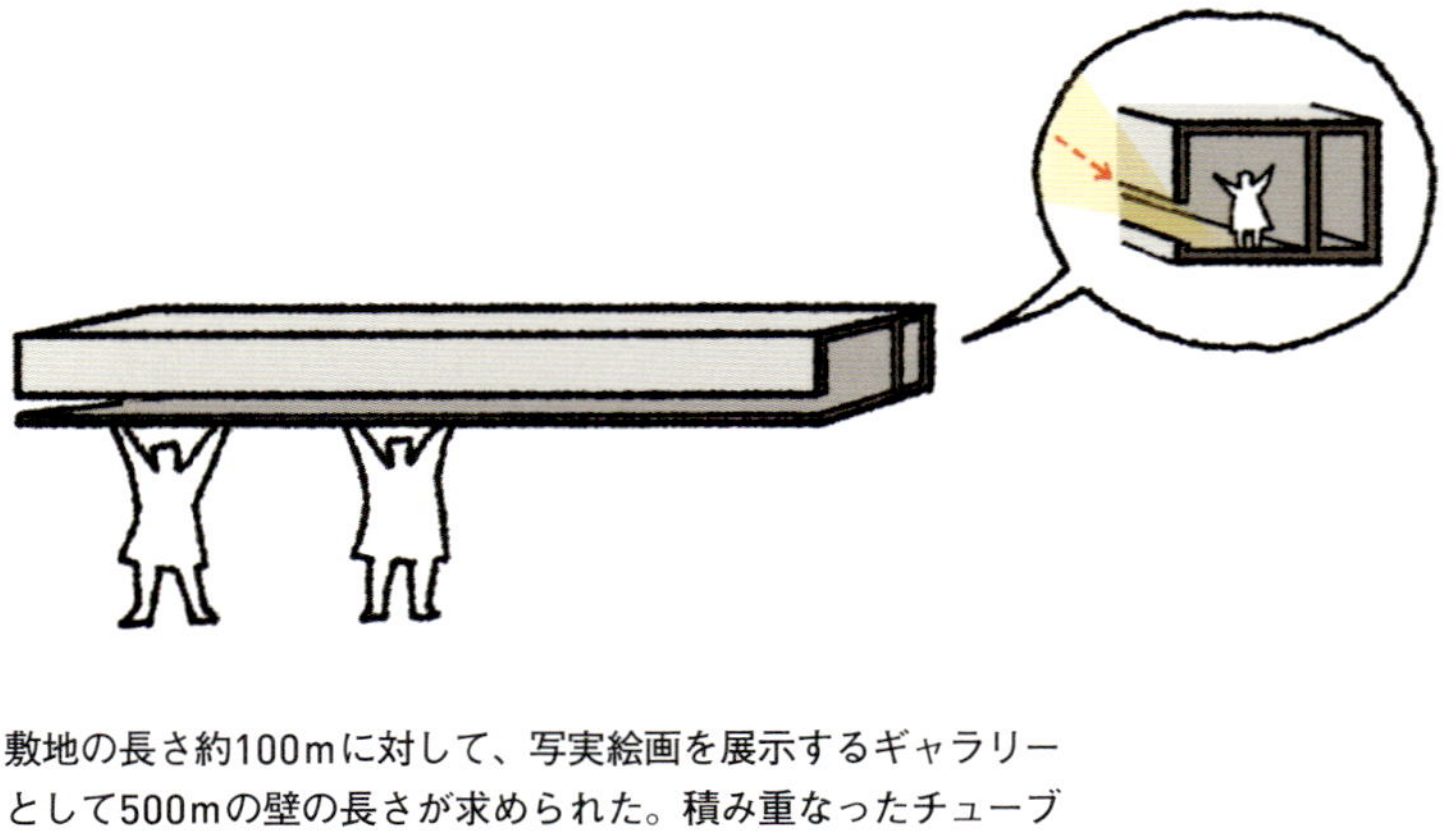

敷地の長さ約100mに対して、写実絵画を展示するギャラリーとして500mの壁の長さが求められた。積み重なったチューブ状のデザインで壁を折り曲げ、重ねることで長さを確保。合理的な構造計画を検討していった。

写真／雁光舎（野田東徳）

ロ型断面をコ型に開く、アイデアの転換が軽さの表現につながった

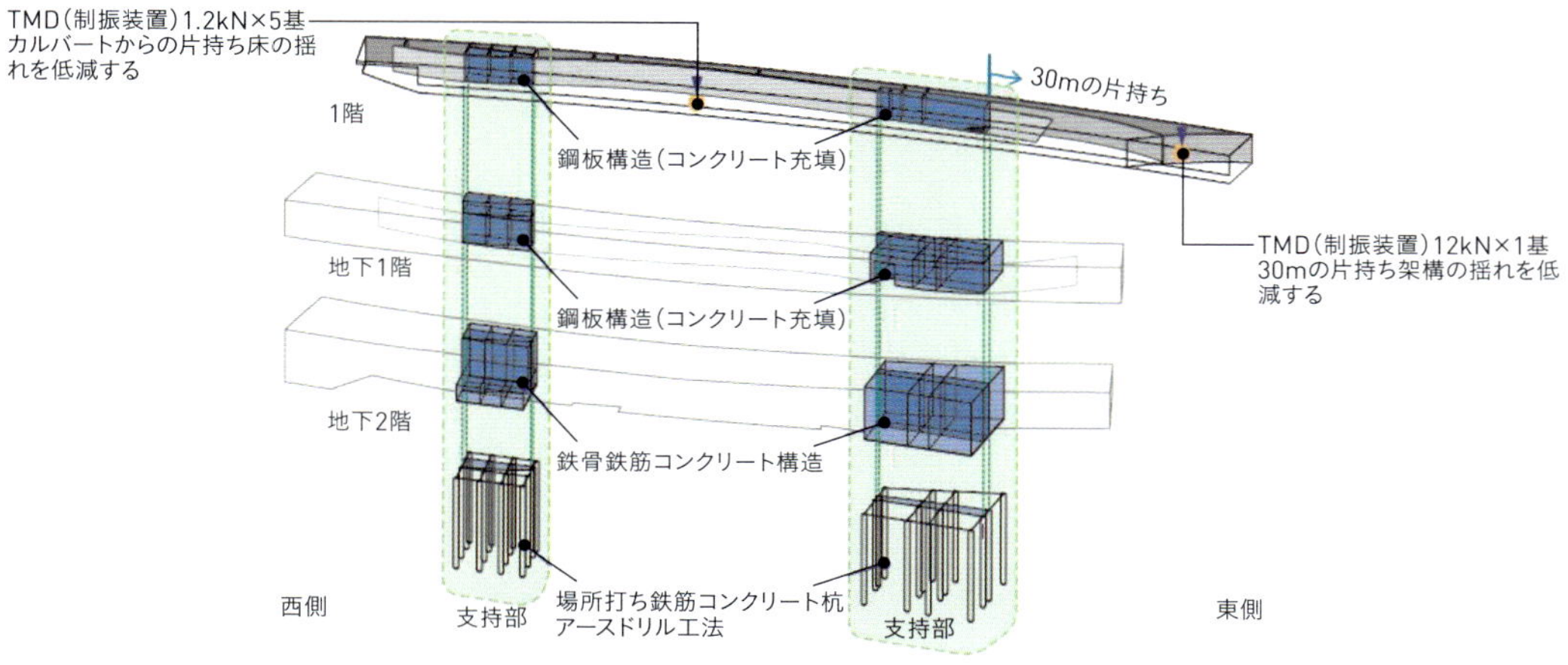

バックスペースを利用した意匠・設備・構造の連携

大きなキャンチレバーとなる鋼板構造は、中骨を2枚の鋼板で挟み込んだサンドイッチ構造（版厚約250mm）により、床・屋根と壁が構成されている。

ロ型断面の一部が欠損しコ型断面となれば、カルバート状断面のねじれ剛性は低下し、大きく変形してしまう。そこで開口とは反対の壁側にバックスペースを利用して2枚の壁を配置し、屋根・床と共にボックス状のキールを作り、そこから開口側に向かって屋根と床を跳ね出し解決した

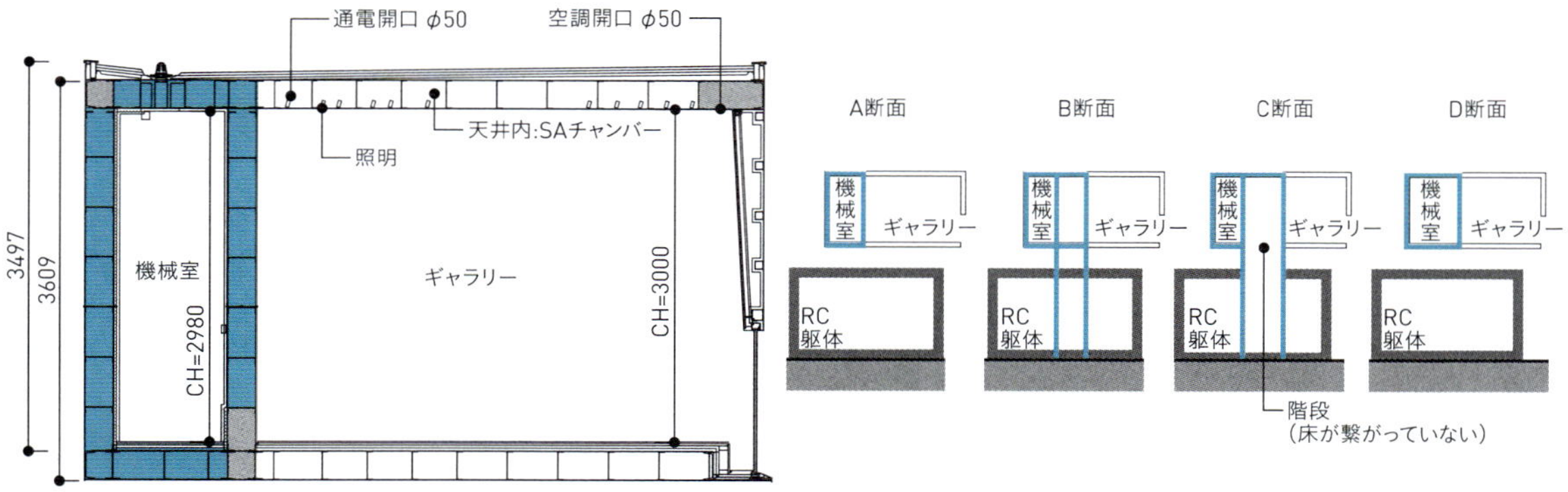

約400t を支えるコア部は、階段を内蔵するため閉じた筒に開口部を設けなければならず、ねじれに強いという閉じた筒構造のメリットを損なってしまう。そこで階段両側の壁のディテールの工夫として、十分な重なりを取ることでスムーズな力の伝達を促し、この問題を解決した

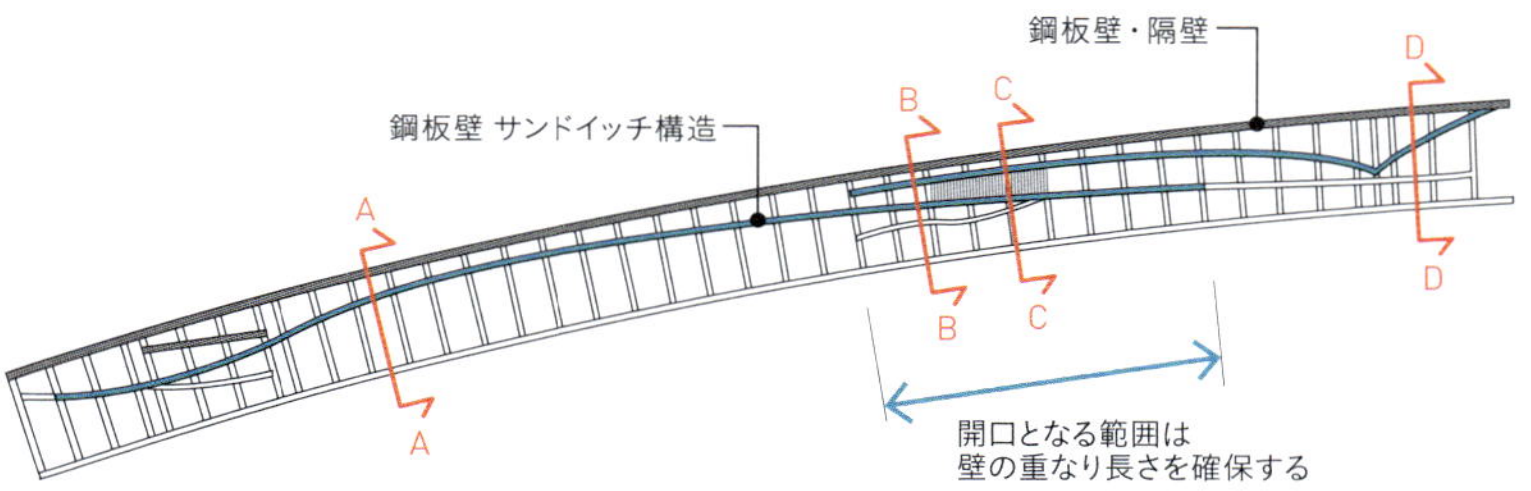

サンドイッチ構造：2 枚の広い板の間に芯を入れて変形しにくくしたもの／カルバート：地中に埋設された水路のようなトンネルを指し、ここでは四角形という意味

コア部は壁のディテールを工夫

A断面図（一般部）

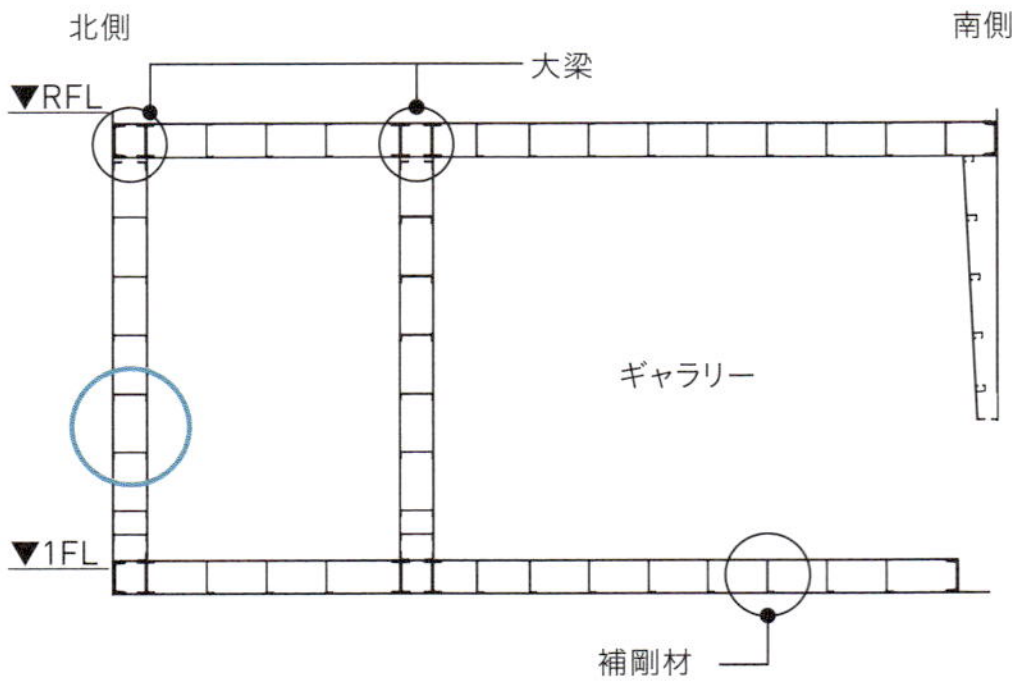

B断面図（支持部）

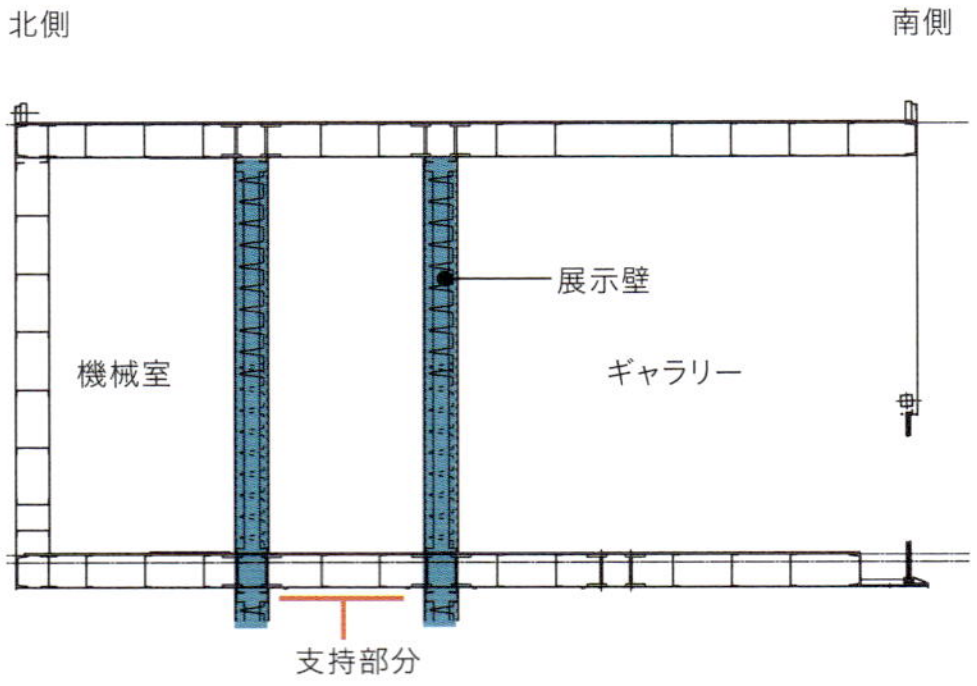

屋根上面の施工のようす

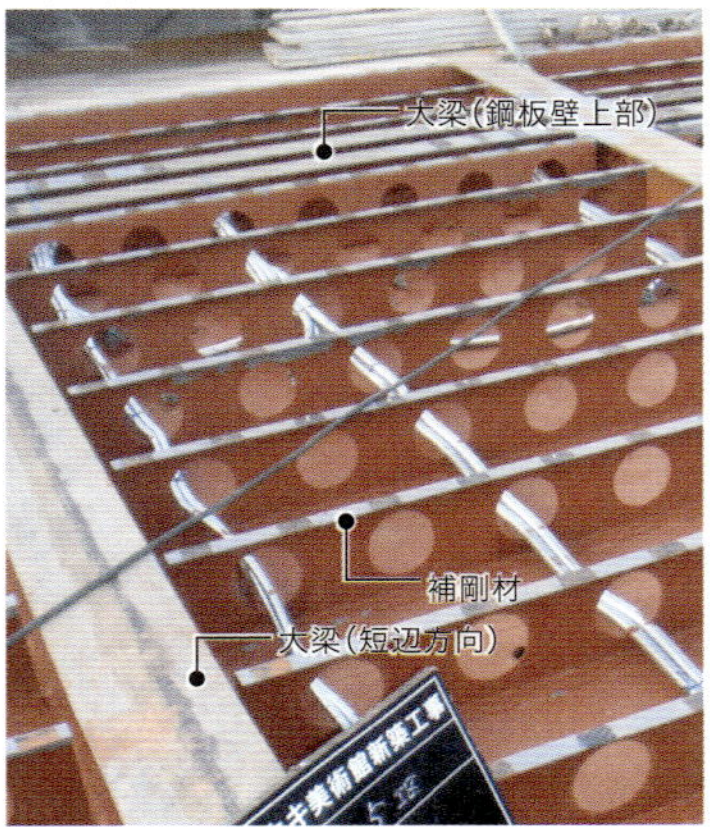

○部詳細図

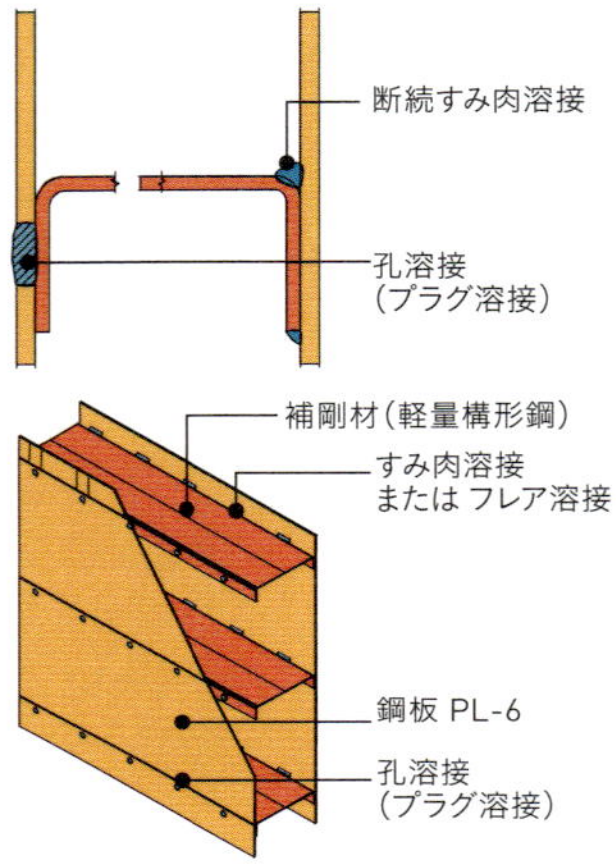

展示壁鉄筋トラスの組立て溶接のようす

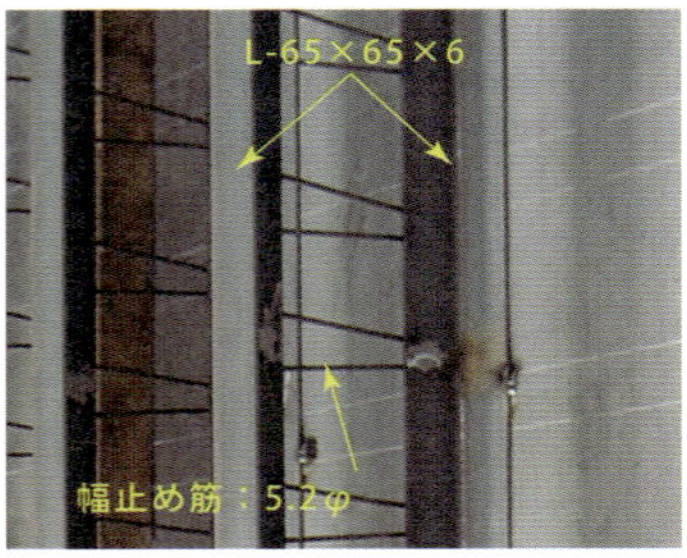

30mの片持ち架構支持部は、サンドイッチ鋼板の間に高流動コンクリートを充填し、十分な剛性・耐力を確保している。2枚の鋼板の連結には、コンクリートの充填性から鉄筋トラスを採用している

意匠と構造を兼ね備えた鋼板構造

構造材が内装を兼ねることでミニマルな空間に

継ぎ目なく溶接された構造鉄板を、壁・天井の仕上げとして兼用することで、あらゆる雑物を排除した写実絵画鑑賞のための理想的空間を実現した

写真／上段左：日建設計、上段右：大林組、下4枚のうち右上：金子俊男、左上：雁光舎（野田東徳）、下段2枚：日建設計

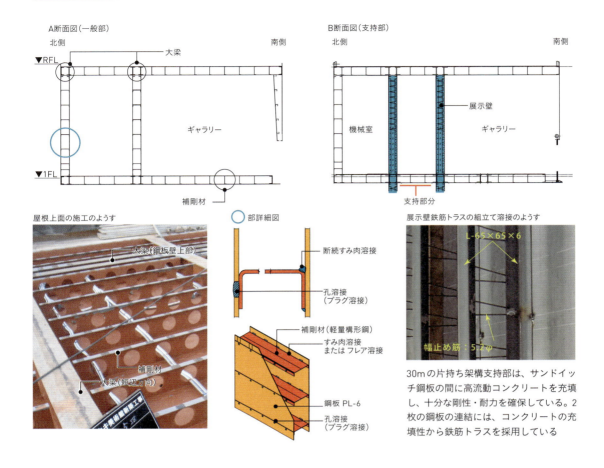

初めての領域に踏み込んだ構造の挑戦

この建築は壁（展示面）と天井からなるL型断面のエスキスからスタートした。どう曲げてどのように積み重ねると合理性があるか、そもそもL型が合理的かを検討し、L型ではなくコの字型を最終案とした。

思考を含めた設計のプロセス

自由な問題設定とその検討の紆余曲折は設計の楽しみの一つでもある。必ずしも結果から淀みなく説明できるほど明快ではないが、このプロセスによって既得の知見や力感を改めて確認・補正することに意味があるように思う。

また、構造設計者は、一本の梁を任意の2点で支えるというシンプルな問題に対し、「部材にかかる力を最小にする」「先端のたわみを最小にする」などのように単純化した力学合理性で検討するが、意匠設計者からは別の価値観に基づく要求が出てくることも多い。構造設計には色々な思考が伴う。その時代の影響、それまでに培われてきた主観的志向性（好み）によることもあるだろう。また個人レベルでの小さなチャレンジも動機づけになる。初めての構造システム・構造要素・スケールなど、常に自分にとって新しい何かがそこにあり、設計したものが実現したときに感動と反省が入り混じる。その新しさが、この建築の場合は30mの片持ち、細長い箱型断面のねじれであった。「保持できる耐力」には自信があっても、「変形」「揺れ」に対しては確信がもてない。計算と実状にずれが生じた場合に備えて対策を考えておき、初めての領域に踏み込む。この建物はそんな逡巡を感じながら取り組んだ感慨深いプロジェクトの一つである。

建築家は我々エンジニアとの間合いをはかりながら何かを志向しているが、設計時に理解できることとそうでないことがあり、竣工して初めて、なるほどと思うことも多い。チームで創造する建築の奥深さをエンジニアなりに感じたりもしている。

不思議な構造のすがた

一般的に、閉じた筒はねじれに強く、一部分でも欠けると逆に変形しやすくなってしまう。ではなぜ、この建物では100mもの長さの筒を大きく張り出した構造ながら、こうもすっきりと見せることができたのか？実は開口の反対側に設備機械室などを兼ねた細長い筒状の空間があり、この筒が長さ方向を支持する主構造で、屋根や床はこの筒から跳ね出しているのである。見えないスペースを利用して頑丈な骨を通すという発想の転換が、見た人に不思議な感覚を与える構造デザインとなったのだ。長さ方向の先端には30mほどのキャンティレバーがあり、階段を含む2ヵ所のコアで600㎜ほど浮かせて支持している。

載荷試験での気づき

机上計算にはさまざまな前提・仮定が伴い、実物の挙動にはさまざまな不確定要因が含まれる。事前の設計だけでなく、計算と現実のずれを観測し、実際の現場で建物を安定した状態に落とし込んでいくのも、構造設計者の仕事である。

今回のように薄い鋼板で全溶接構造を作る場合、溶接などの施工中に生じてしまう初期たわみや残留応力の影響などにより、ゆがみが生じ、かたさ（剛性）が小さくなりやすい。これは、曲がり鋼板の応力度が部位により大きく異なり、部分的には降伏した状態となることから生じるものだ。この事態を予測していたので、キャンティレバーの施工が進み、サポートが外れた時点で、総量30トンほどの錘を現場で載せることにした。すると、予想通り載荷初期の段階の挙動は事前の解析モデルによる結果から大きく外れた。分析してみると、とくに初期たわみの影響が大きいことが分かった。

積載する錘を大きくしていくと、しわを延ばすように鋼板のゆがみが正され、次第に設計時に想定したかたさ（剛性）に近づいていく。用意していた錘を使い切りその先どうしたものかと思案したが、一度錘を取り除いてみると、戻っていく時の挙動は解析モデルによる予想に近く、鋼板のゆがみがある程度取り除かれたと判断できた。すなわち追加の錘を載せたとしても、これ以上ゆがみを正す効果はないと想定できたため、載荷実験を終了した。こうした現場での実験を重ねていくことで、設計者としての知見が蓄積され、勘が磨かれていく。次回のプロジェクトでは、より精度の高い目算をもとに、より柔軟な発想ができるようになるだろう。

力感：力学的な感覚。これまでの経験や知見をもとに、構造体における力の流れや作用、結果として起こる事象などを予測する感覚のこと／たわみ：梁などが荷重を受けることによって反り曲がること／残留応力：外力を除去した後でも物体内に存在する応力のこと

COLUMN 01

鉄骨詳細図を作成する

構造設計は何をするのか

端的には、その建物（構造物）に常時かかる荷重（長期荷重）とともに、地震、強風、雪などまれにかかる荷重（短期荷重）を地面まで伝えられるように骨格を組み立て、その骨格に基づいた設計図を作成することである。もちろん骨格の構成（架構）を考えるのだが、それとともに、架構を形成する部材そのものや、部材と部材の間の力の行き来ができないと、いくら架構ができていても、部材や部材同士をつなぐ部分（接合部）が壊れてしまい建物が成立しなくなる。部材や部材同士をつなぐ接合部を考えるのも重要な任務である。これらの部材の構成を示すものが詳細図である。

詳細図のポイント

詳細図では建物の細部をクローズアップしているので、力の流れをシビアに追いかけることになる。この部材にはどのような力がどの向きにどれだけの大きさでかかるか、その力をスムーズに伝えるにはどのようなパーツをどのように構成すると良いのかを考えて作図していく。

図3は、名古屋市科学館［図2］の詳細図を示している。球体を4本の柱で支持している建物の、支持部分を詳細図として示している。球体の重さを支えている重要な部分である。ここでは部材の大きさや形状、接合している鋼板を通す方向や溶接方法などを示している。どのように構成すると最も安全に力を伝えることができるのかを考える。もちろんこれらの部品を製作しなければならないので、どのような材料を使ってどのように作るのか、また、運搬はどうなるかなども具体的に想像しながら、最適なディテールを生み出す。描き上げたディテールはさらに現場で検討を重ね、現物となって目の前に現れる。構造体ならではの迫力も相まって、じっくりと考えたディテールが実現するようすは設計の醍醐味である。

ミース・ファン・デル・ローエが「神はディテールに宿る」という名言を残したといわれるが、構造の世界でも同じような心持ちで詳細図の作成に取り組んでいる。

図1 球体支持部の実際のようす

図面に描いた部材が現物となる、設計の醍醐味を味わう瞬間（左：施工時／右：竣工時）。部材が建て込まれ、詳細図を描くときに決めた方杖のみが球体から突き出す形となり、球体を支えているように感じさせない

図2 名古屋市科学館［10頁］

球体が浮いているように見せるためには、支える部分をシンプルにすることが重要。そのポイントを詳細図で伝える

写真／図1：日建設計、図2：エスエス

図3 鉄骨詳細図

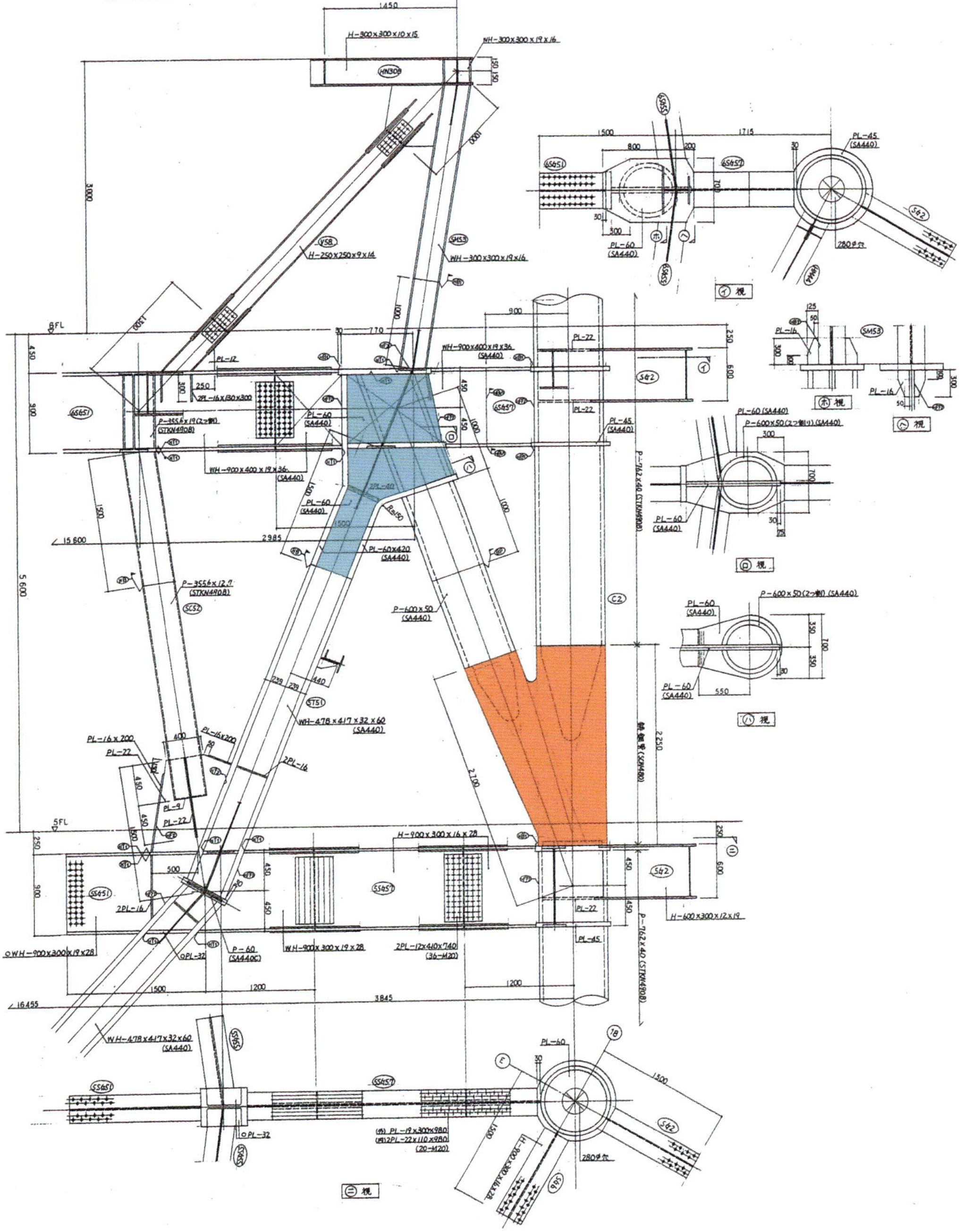

できるだけシンプルに見せるために、建物の柱から方杖を立てるだけにする。構成を決めて、力の流れを考えながら、それぞれの板の通し方や溶接方法を決めていく

SECTION 004

構造体と外装材が一体となってつくる建物の顔

ファサードは、その建築や持ち主の理念をうつす「建物の顔」だ。特徴的な外観を、単なる装飾ではなく「構造体そのもの」とすることで、最薄な構造体であるダイアゴナルフレームが実現した。

写真／Kouji Okamoto（Techni Staff）

外装と構造を一体化することで窓際までの広い空間が生まれる

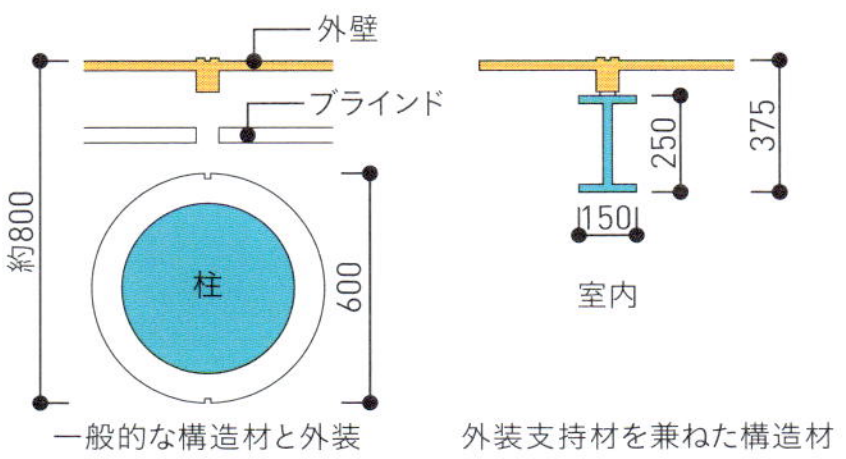

一般的な構造材と外装

外装支持材を兼ねた構造材

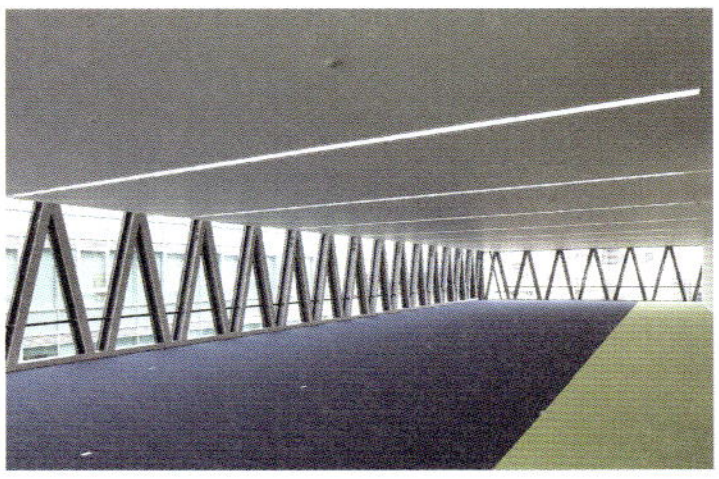

高さ50mという規模にもかかわらず、構造体と外装材の総厚さは375mmときわめて薄い。同程度の高さの一般的な建物の場合、柱の直径600mm程度であるのに対し、この建物の柱はわずか直径250mmである。これは町で見かける電柱よりも細い

心棒ではなく外殻で支える

見慣れた「柱」の存在をなくすことで内部空間を最大限に活用

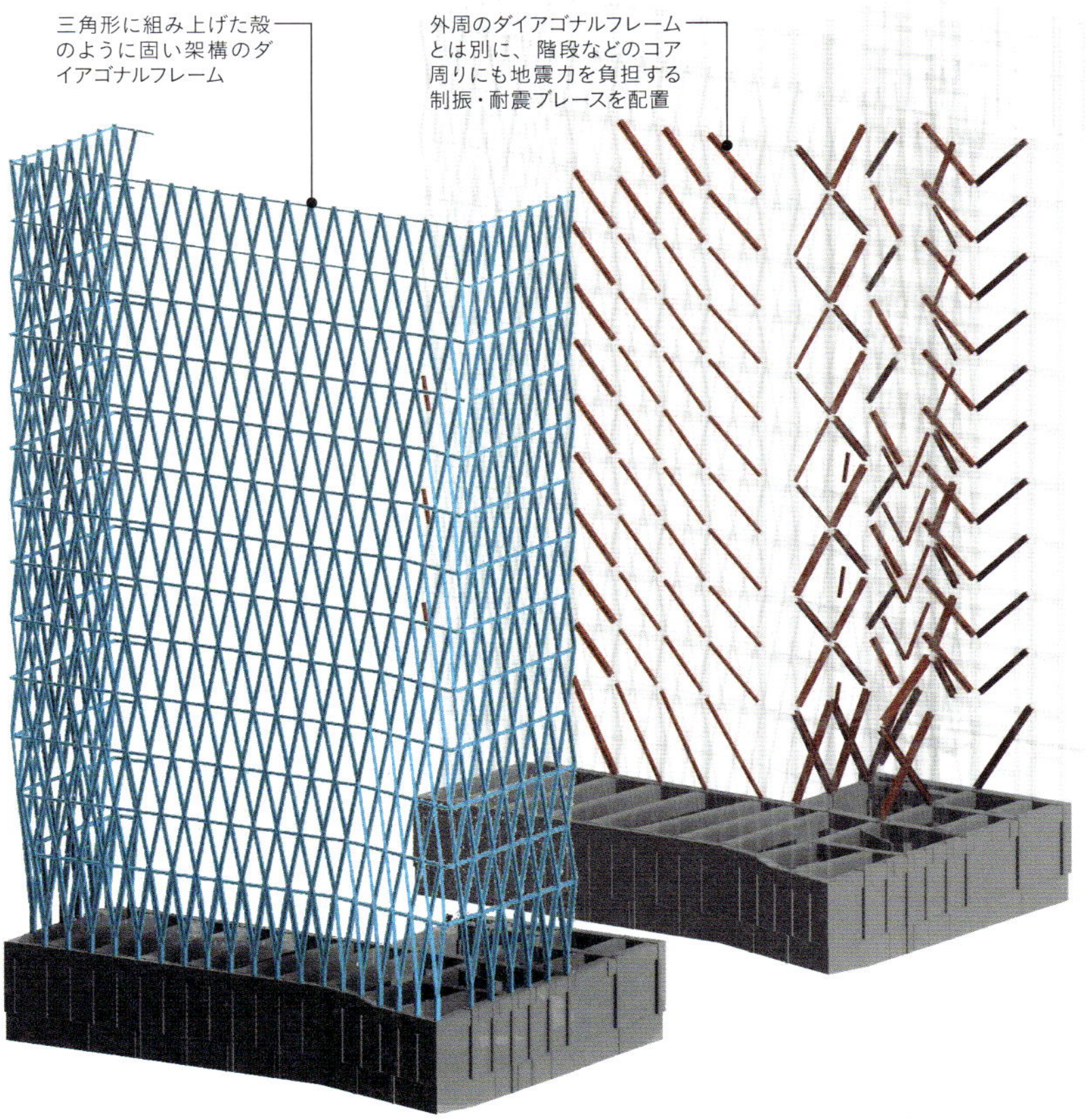

外周のダイアゴナルフレームとは別に、階段などのコア周りにも地震力を負担する制振・耐震ブレースを配置

繊細な鉄骨の柱と梁を三角形に組み上げて「殻」のような剛強な架構をつくることで、見慣れた「柱」の存在をなくしている。地震力に対しては、ダイアゴナルフレームに加えて、エネルギーを吸収する制振ブレースを別に配置し、構造部材の役割分担を適切に考えることで、地震に強い建物としている

三角形は外力に強い

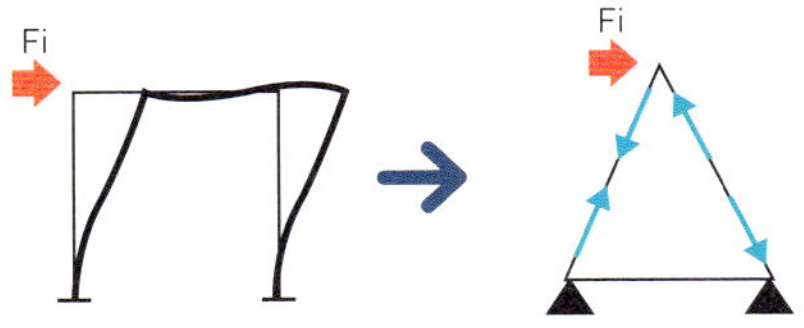

橋やタワーが三角形に組まれているのを見たことがあるかもしれない。直感的なイメージと結びつくかもしれないが、これは四角形に比べて三角形が外からの力に対し変形しにくい特性があるからだ。この建物でも、軸力のみで安定する「三角形」を利用することで、合理的な構造体を組み上げた

接合部のディテールは丁寧に図におとしこむ

接合部のデザイン検討

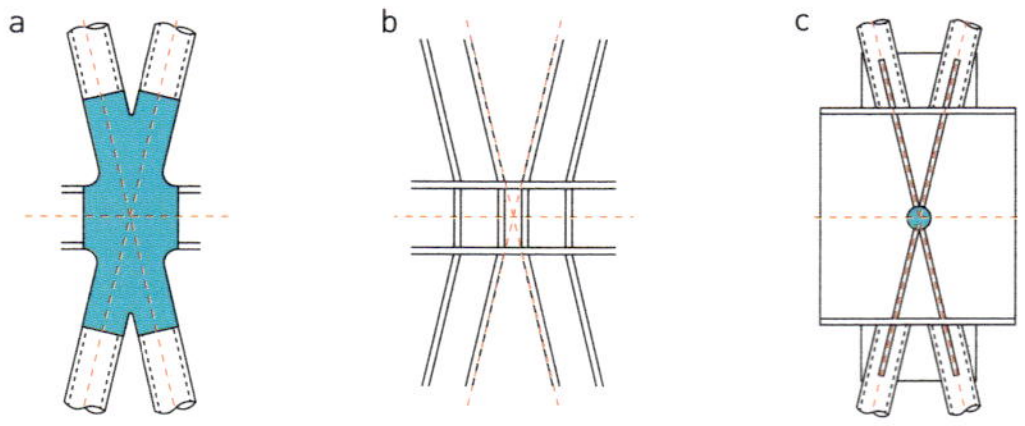

部材設計の上で、接合部のディテールは非常に重要である。構造体をそのまま「魅せる」ため、デザインも重要な要素となった。aの交点に鋳鋼を用いる案はコストが大きい。bの交点をずらす案や、cの梁せいを大きくする案は繊細さに欠け、意匠性が悪くなるため不採用とした。最終的にH形断面の柱とし、取合う梁は弱軸向きとすることで、仕口部が米型の1枚の板となるシンプルな接合部とした

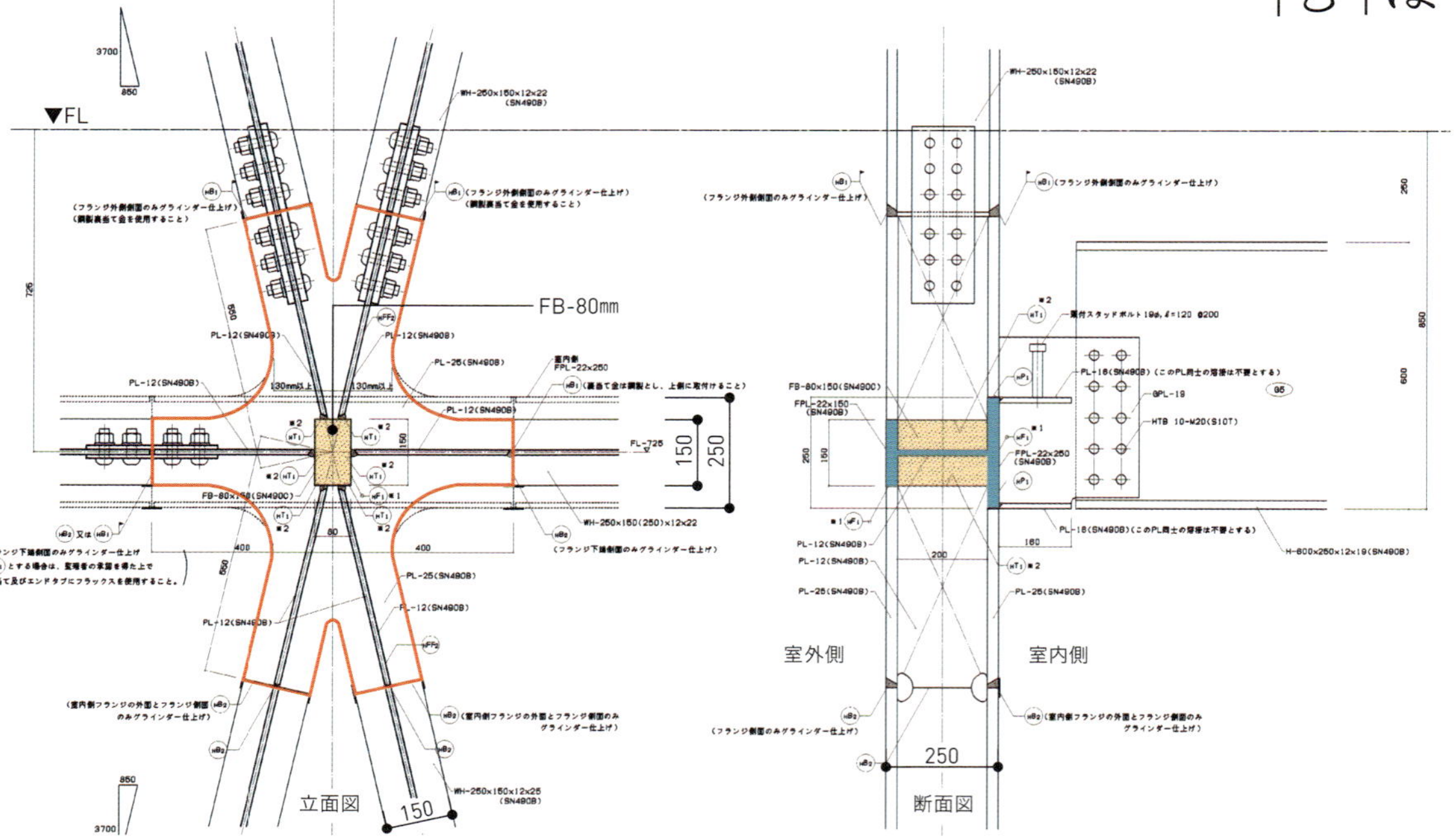

接合方法は構造安全性に加え、施工性と「魅せ方」を両立した

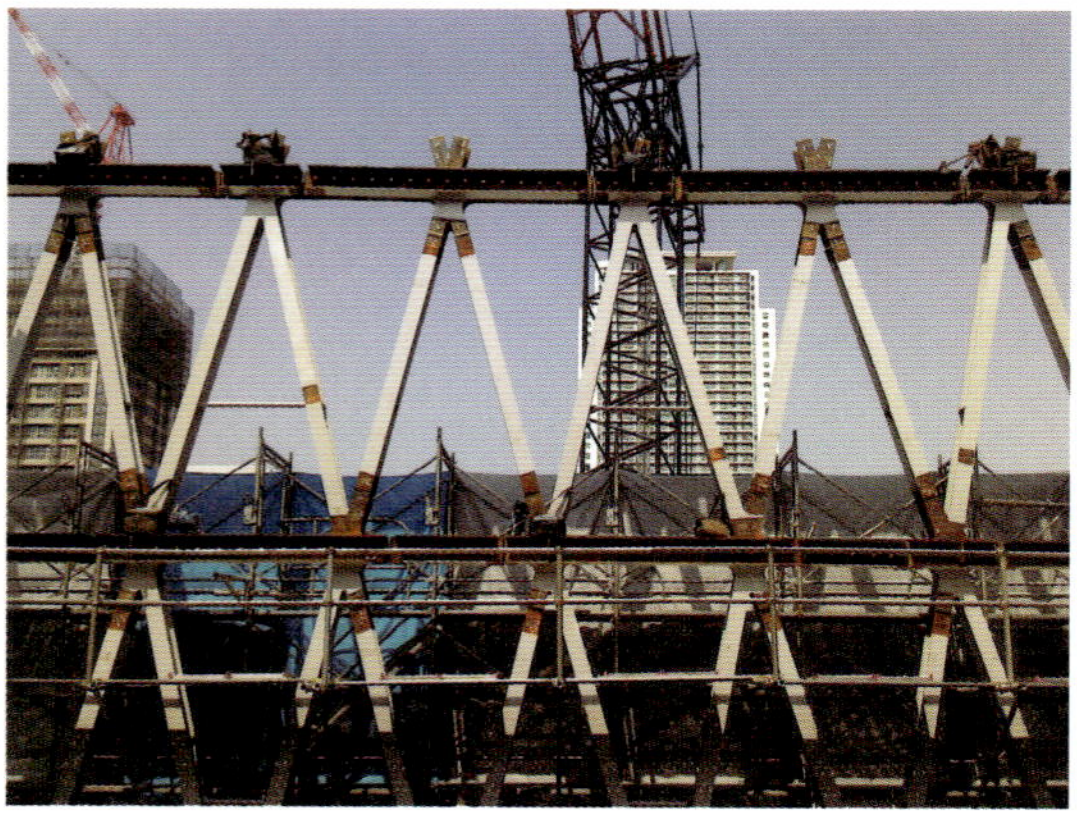

ダイアゴナルフレームは、あらかじめ工場で製作されたもの（写真左）がピースごとに現場に運ばれて組み上げられる（写真中、右）。工場でのつくりやすさ、現場への運びやすさ、現場での組み立てやすさを総合して設計を行った

写真／左・中央：日建設計、右：竹中工務店

積み重ねとバランスで設計を進める

「創造性、発想の転換」を大切にする大塚グループの企業理念を形に表現することが、設計チームに与えられた大きな課題であった。

光を通しつつ、編み込まれた格子のようなもので建物全体を包む。その格子は単なる装飾ではなく、繊細な「構造体」として実現する。そして、通常ある柱をなくすことで、敷地を最大限にオフィス空間として活用する。外装と構造を一体化させたオリジナリティのある建築を目指した。

外装と一体となる構造体

一般的に、構造体の柱は外装支持材とは別にあるため、窓際まですっきりとした室内空間の確保は難しい。水晶のような透明感のあるファサードを実現するため、構造体をより繊細に、どこまでミニマムのサイズにできるかの試行錯誤があった。同時に、鉄骨には完成後も仕上げをせず、室内からそのままの姿で見えるため、「鉄骨を魅せる」ことにもこだわる必要があった。

構造計画の大きな方針は、軸力のみで安定する三角形の特性を利用し、かつ、比較的小さな三角形ユニットを積み上げることにより、剛強な「外殻」をつくり、建物を包み込むことにした。最終的に、構造体と外装材の総厚は375㎜に抑えられ、高さ約50ｍの建物の「構造＋外装」としては、極めて薄いファサードが実現した。

設計のプロセス

設計は、3つのアプローチの「積み重ね」と「相互バランス」を取りながら進めた。①架構の組み方、②部材の選定、③全体の構造計画、である。設計プロセスでは全体から詳細へと進める場合もあるが、今回は詳細から全体計画が決まる点も多く、それぞれのアプローチにおける積み重ねと相互バランスが重要であった。

①架構の組み方

「軸力架構」がポイントとなる。三角形で組まれた架構は、接合部の固定度に関わらず軸力のみで安定し、合理的に架構の耐力と剛性を高めることができる。この建物では透明感のあるファサードを実現するため、三角形の架構を比較的小さなユニット（高さ3.7ｍ、幅1.7ｍの三角形）の繰り返しとすることで、一つ一つの部材を150㎜幅の繊細な部材で設計した。

②部材の選定

「形状、寸法、ディテール」がポイントとなる。鉄骨造の代表的な柱の断面には、○、□、H形があるが、構造力学的な視点での合理性に加え、製作性、経済性、施工性、そして意匠性のバランスをとりながら決定する必要がある。ダイアゴナルフレームの柱は、○形の閉断面として、圧縮（座屈）に有利な形状とすることも考えたが、現場で組み上げることを考え、ボルトの取合いや溶接施工性が容易なH形鋼を選択した。

柱せいは、ウェブにボルトが2列並ぶ最小寸法として250㎜を採用した。フランジ幅の150㎜は、座屈耐力を左右する弱軸方向の細長比で決定し、すっきりとした意匠になるよう、ボルトが正面から見えない点を確認した。柱せいと幅の概寸法が決まれば、常時荷重・地震荷重による応力に対して必要な板厚が求められる。この時、梁せいや梁幅に対して板厚が厚くなりすぎる場合は、部材寸法を決めたスタートに戻ることも大切である。

設計をする上で、仕口部の設計は必ず考える必要があり、そのディテールが部材形状を決定する場合もある。仕口部は、製作性・溶接施工性の検討に加え、力学的にスムーズに力が流れることが重要である。具体的には、柱フランジが負担する力を面内力として伝達できるように、取合う梁を弱軸向きとし、仕口部は一枚の板とし［右頁中段図赤線部］、6枚のウェブが集まる中心にはフラットバーを入れている。フランジとウェブがそれぞれの力を面内力で伝達する点は、設計のポイントだ。

③全体の構造計画

「構造材の役割」がポイントとなる。ダイアゴナルフレームは建物の重量を支える「柱」であるため、地震時の損傷を抑える「冗長性」という視点が必要と考えた。この建物では、地震エネルギーを吸収する部材を別に配置することで、建物全体の構造計画を制振構造とし、大地震時にもダイアゴナルフレームを弾性限にとどめ、損傷を制御する計画とした。

固定度：部材の接合部における拘束度合い／面内力：同一平面内で作用する力／冗長性：一部の損傷が建物全体の崩壊に直結してしまわない性能／弾性限：塑性変形を生じない範囲

SECTION 005

かたちを活かした屋根架構を考える

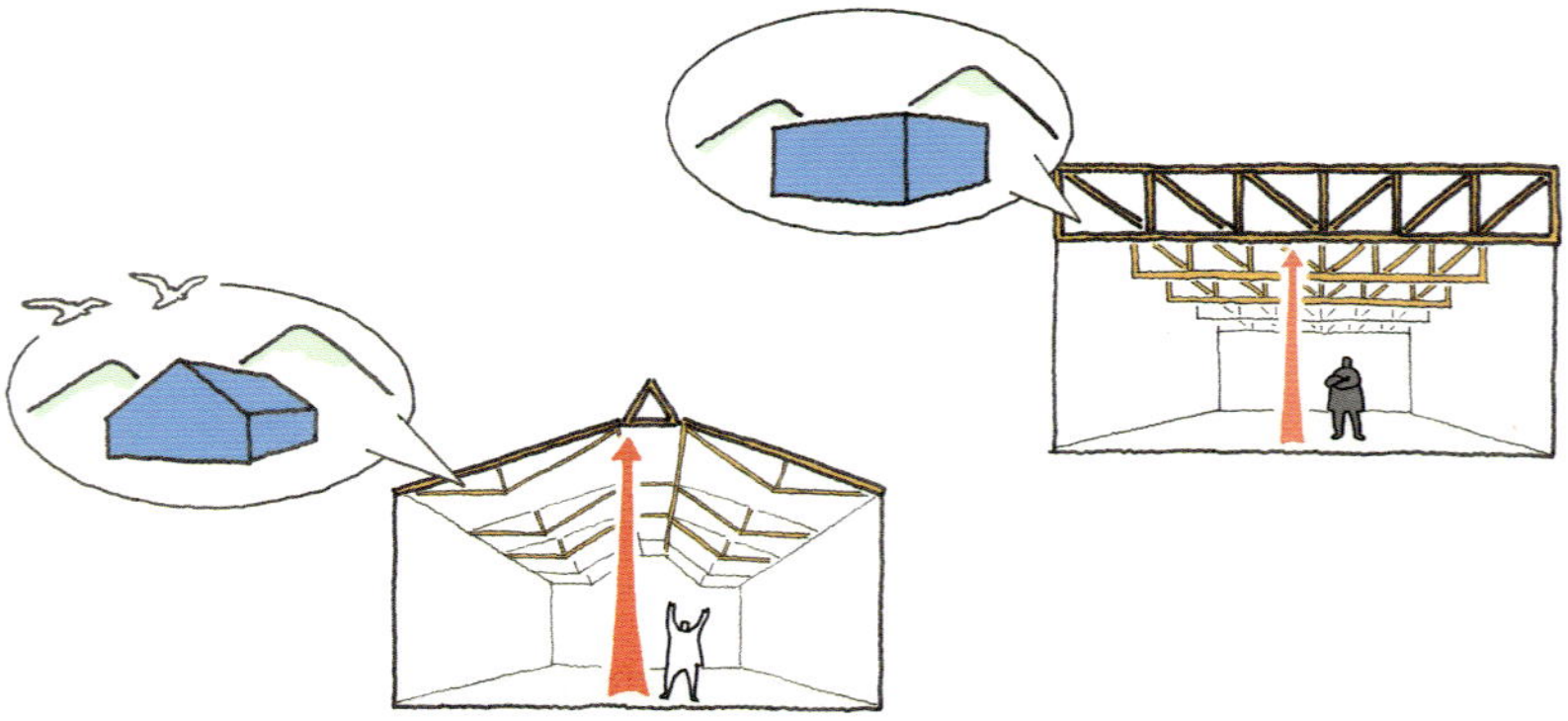

建物外部の要求から決まった屋根形状を内部空間に活かす。構造設計者の腕の見せ所である。勾配屋根の効率の良い支え方を考えつつ、体育館としての空間の広がりや躍動感を追求した。ディテールや施工方法など、空間構造ならではの面白さと難しさがあった。

写真／SATOH PHOTO

背骨(キール)と羽根(張弦梁)でつくる大屋根

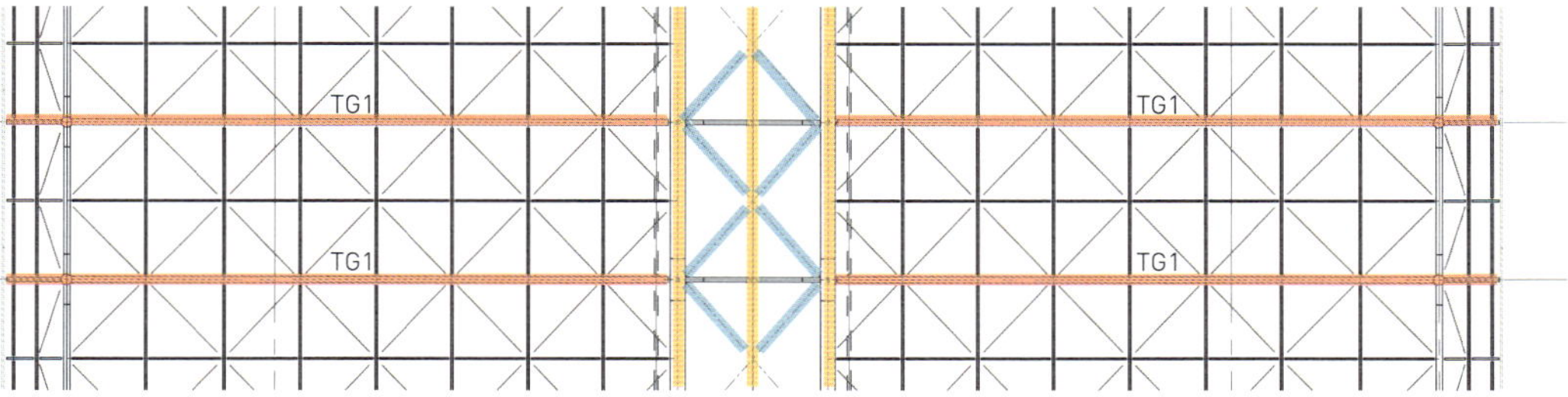

屋根伏図

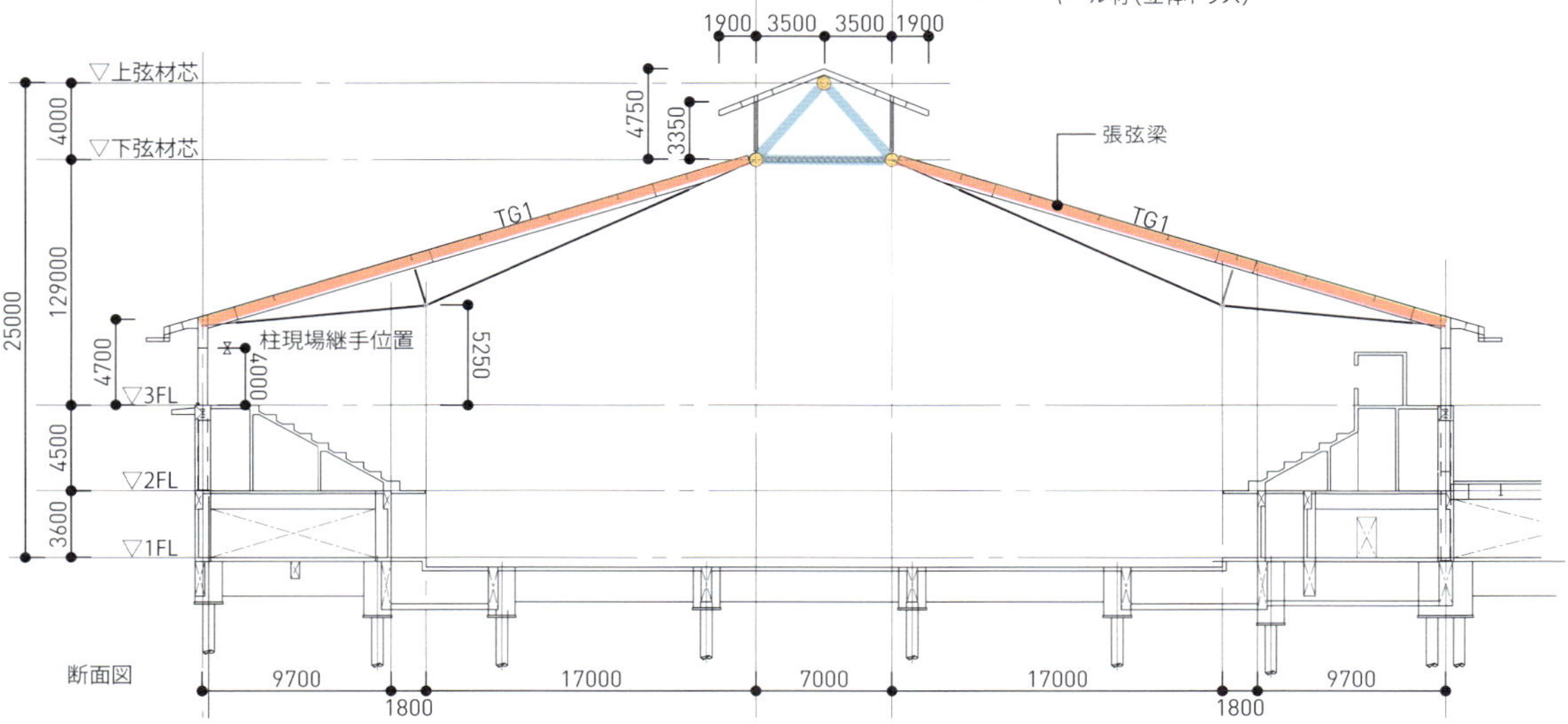

断面図

キール（竜骨）とは船舶の船首から船尾にかけて船底中央に通る構造材のこと。建築でもスタジアムやドーム建築の長辺方向に架け渡した構造材をキール材と呼ぶ。キール材は意匠・構造ともに最も重要な部分であり、構造の要求性能はもちろん、架構や部材、接合部の細部にも美しさを兼ね備える必要があった。

キール材は単材やトラス、アーチの場合もある。キール材に架かる梁間方向の部材はスパンが短くできるため比較的小さな部材にできる。この建物では、キール材に鋼管立体トラス、梁間方向の部材には張弦梁を採用している

躍動感ある大空間を大きな翼で包み込む

景観に溶け込む屋根を考える

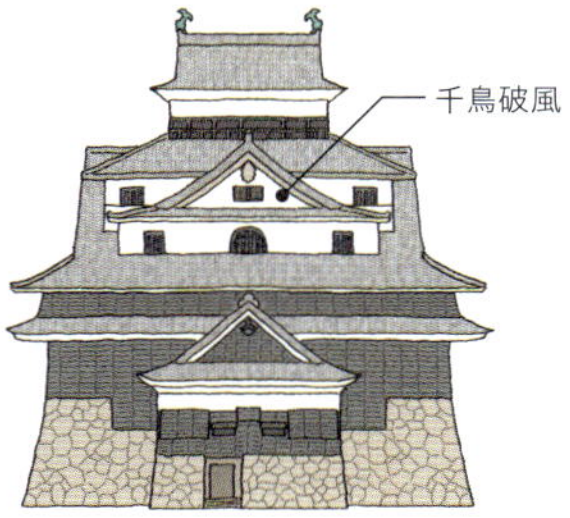

屋根勾配を生かして、背後の山々に溶け込み、周辺環境への圧迫感を低減する屋根形状とした。松江城の千鳥破風から着想を得た。「羽ばたく千鳥」をキール（背骨）と張弦梁（羽根）によって軽やかに表現した

写真／SATOH PHOTO

施工ステップを想定し施工中に下から屋根を引っ張ることで構造的要求をクリア

キールトラスを設置するまで

①②

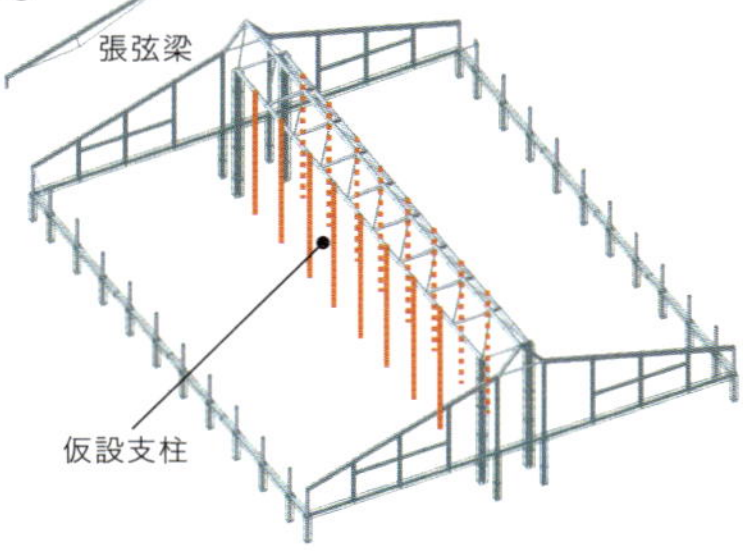

③

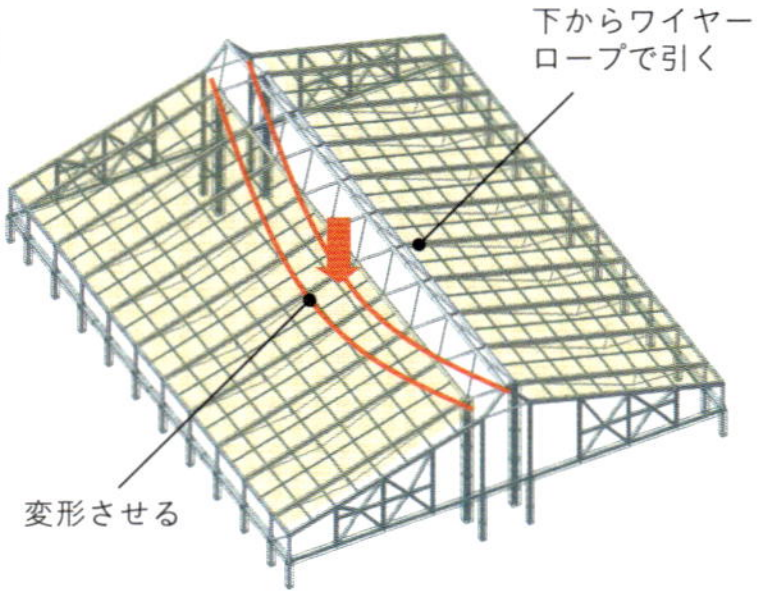

④⑤

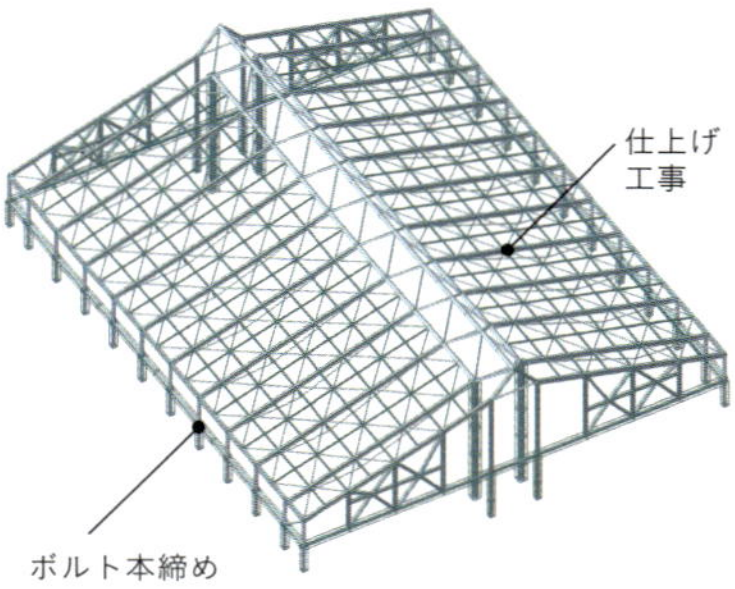

下部よりワイヤーでキールトラスを引張り、先に変形させてから屋根面ブレースを固定する施工案。ステップごとにチェックポイント、各部位の変形量、変形量の許容値などを決定したり、途中で構造に無理が生じる可能性をあらかじめ検討したりしておくことで、いざ施工に入ってからの手戻りを予防でき、施工者との関係も良好になる。

①キールトラスを仮設支柱で支えながら組む
②張弦梁を端から架け、屋根面ブレースの本締め以外の鉄骨工事を終える
③仮設支柱を外し、キールトラスを下からワイヤーロープで引く。仕上荷重が載っていない状態であるが、下から引張ることによって完成時のトラス形状をつくる
④変形させた状態で屋根面ブレースを本締めする
⑤仕上げ工事をしたあとでワイヤーロープを外し、完成

仕上げ工事の間は、屋根の荷重が増加してトラスがたわもうとするが、屋根面ブレースがつっぱり棒となり、軸力が発生する。仕上げ工事完了後にワイヤーを外すことで、下から引っ張っていた分のトラスの変形が戻り、それに応じて屋根面ブレースの軸力が0になる

接合部の検討

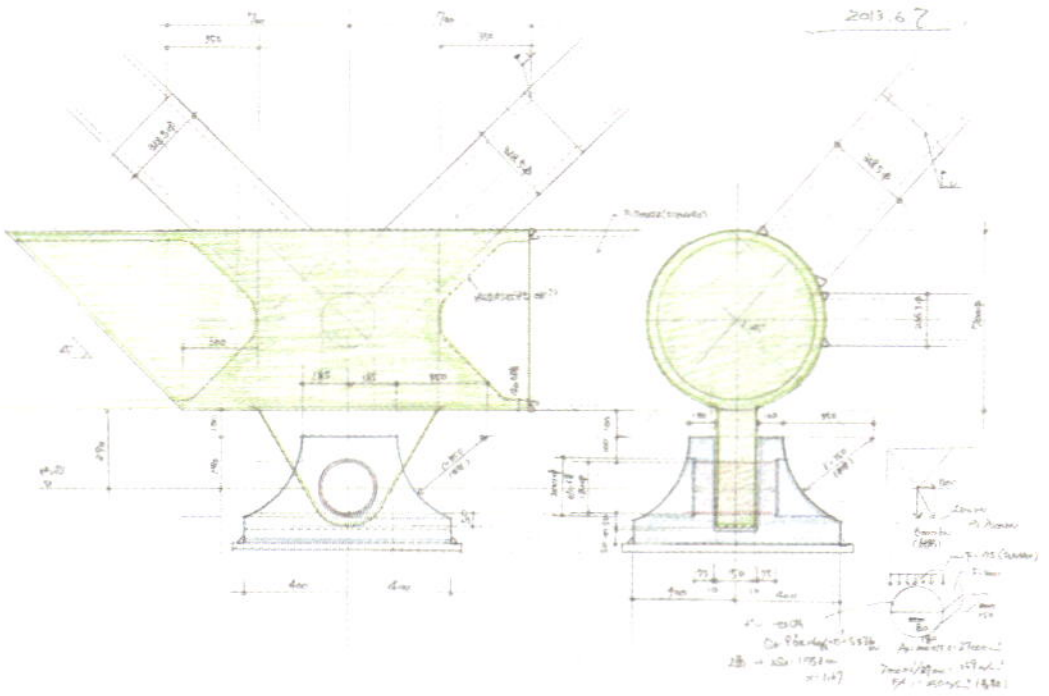

キールトラスと支柱の接合部は、解析条件に合わせたピン支点としつつ、2本の斜材からの大きな軸力を支柱にスムーズに伝達させなくてはならない。通常の小梁のようにウェブのみを高力ボルトで接合するのは、変形が大きい構造では適さないと考え、鋳鋼によって力の経路を鉄で満たし、完全なピンディテールを作ろうと考えた。加えて、鋳型に流し込んで製作する鋳鋼は自由なデザインが可能である。この建物ではキールトラスが柱から浮いてみえるような軽やかな印象のデザインとした

写真／日建設計
仮設支柱：施工時に固定される前の部材を支えるための仮設の柱／本締め：鉄骨部材をとめるボルトを一次締め（仮締め）した後、最後にもう一度締めて固定すること

つくり方から道筋を定め、逆算するように完成形へ近づく

大空間建築ならではの、大きな変形量の許容値設定と、切妻屋根による形態抵抗（折板構造）を考慮した部材設計が課題となった。そこで、架構計画や材料強度・断面寸法に加えて「つくり方」をよく考え、つくり方から決まる条件で制限値を決める、つくり方で応力状態をコントロールする、というアプローチを取ることで課題を解決しようと考えた。

トラスにむくりをつけるには？

最初に、キール部材を門型フレームと仮定して、応力を手計算で概算してみた。その応力をもとにキールトラスの部材を選定し、鉛直変形を求めると、スパン70ｍのキール中央部の変形量は約２００㎜となった。この仮定だと、スパンが長いため地震時の上下振動による変形量も大きく、内外装材の脱落も考えられる。もう少し剛性を上げ、絶対変形量を小さくする必要があると考えた。

また、施工時に完成寸法から大きく変形していては、仕上材等の取付けも困難となる。これに対しては、あらかじめ部材を上に凸となる形状につくる、すなわち「むくり」をつけておくことで完成形を水平に近づけようと考えた。しかし、むくりをつけてトラスを工場製作すると、部材の長さや角度が各所で異なるため製作手間が増え、精度確保も難しい。よって、今回はキールの現場接合部に角度をとることでむくりをつける方法とし、現場接合部で作ることができる角度で中央のむくり寸法を決定していった。

つくり方で構造要求をクリア

キールトラスの架構には、トラスせいを確保して効率よく剛性を確保し、見上げた時に躍動感を感じる立体トラスを採用した。トラス部材を決定した段階で、建物全体の構造計算を改めて行った。すると、最初の計算よりもキールトラスの変形や応力が小さい。原因は、屋根面に入れたブレースがつっぱり棒となってキールトラスを支えていたためだ。ということは、もっとトラス部材を絞れるということだろうか？しかし、屋根面ブレースはそもそも地震や風によって屋根面に生じる水平力を建物外周へ伝えるために計画した部材だ。キールトラスを支える役割を付加すると、地震時に早期に軸降伏し、大地震時の建物の性能が満足できなかった。そこで今度は、「屋根面ブレースでキールトラスを支えないこと」が課題となった。

ここでもまた、つくり方から解決のヒントを得た。キールトラスと張弦梁の組み合わせだと、キールトラスを仮設支柱で支えながら組み立て、そこに地面で組み立てた張弦梁を架ける方法が仮設計画として合理的だ。ということは、どこかのタイミングで仮設支柱を外すことになり、そのタイミングでキールトラスはしなる。その時にブレースがトラスにつながっていなければ、力を伝達しない構造にできるのではないか？

まず思いつくのは、トラスと張弦梁からなる屋根組を完成させてからブレースを取り付ける案だが、大規模建築の場合、これは施工難易度が高い。そこで、屋根が完成（＝変形の完了）するより先にキールトラスを変形させ、変形の完成形を作ってから屋根面ブレースを固定する案を考えた。

計算値と実現象を考える

実際の施工は、キールトラスの下端の変位を計測しながら行い、施工手順に沿った数値が、解析から導かれた数値どおりに変位しているかを確認しながら進められた。そのため、各段階の管理値を決めるための数値解析が非常に重要となった。しかし、あくまでも計算はある仮定のもとに行われたもの。計算値を基にしつつ、現場の状況や施工状態を考慮した判断が必要である。

この建物ではあらかじめ、キールトラスは梁としてのキール材とピン支点で置換できるシンプルな架構システムを採用していた。そのため、計算値と実際の変形に大きな差異はないだろうと判断し、計算値から若干余裕を見た管理値を定めた。実際、ほぼ計画通り工事を進めることができ、工事完了と同時に構造計画で描いた姿となった。

つくり方を設計に取り入れることで、建物の耐震設計条件を満足しつつ、躍動感のある体育館が完成した。つくり方を考え、つくり手と計画を練り、その通りにつくられるのを見届けた、非常に刺激的なプロジェクトであった。

軸降伏：軸方向の力（軸力）により降伏すること／ピン支点：鉛直・水平の移動を拘束し、回転を自由とした支点のこと（⇔固定支点）

花びら開いて大空間

SECTION 006

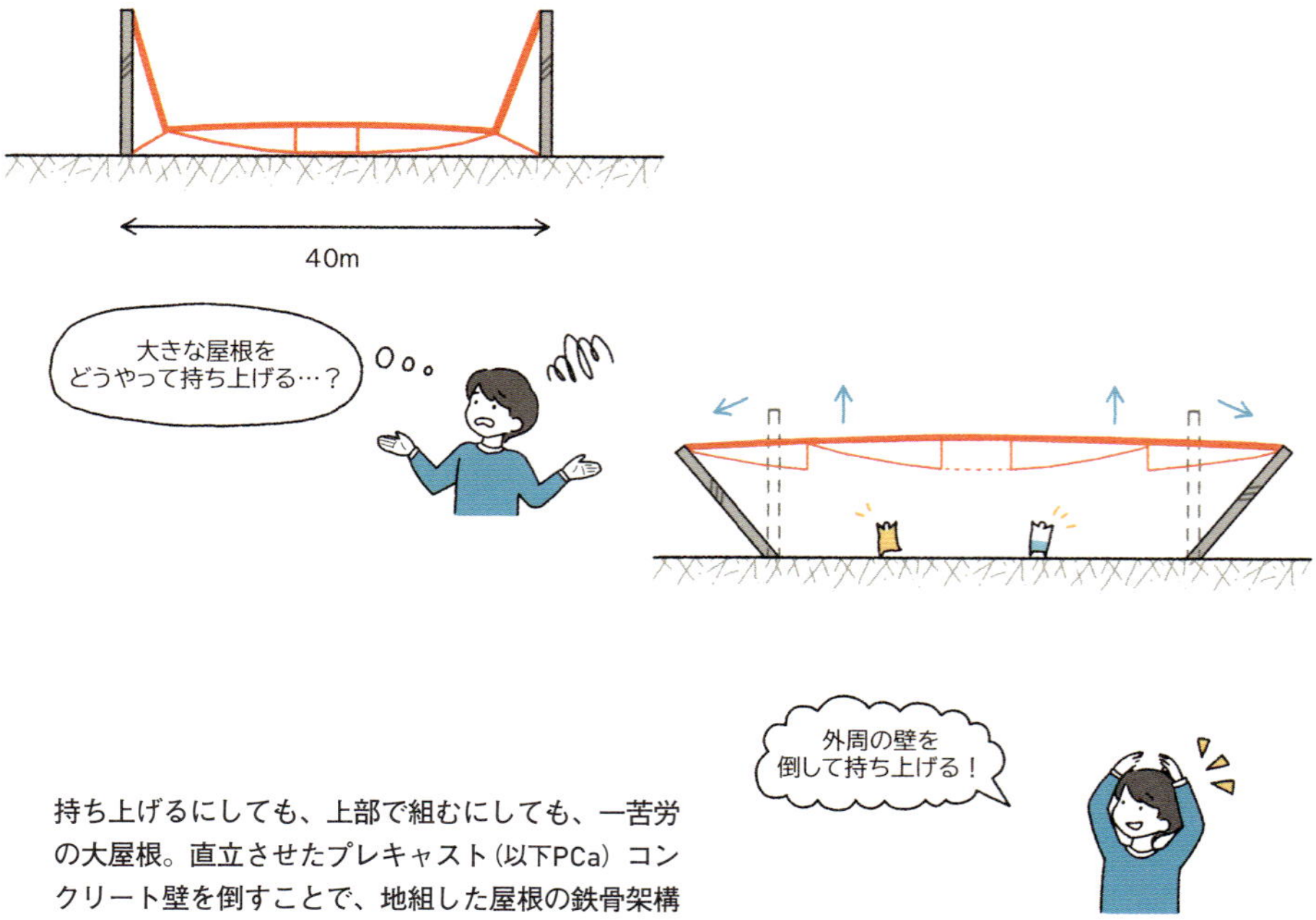

持ち上げるにしても、上部で組むにしても、一苦労の大屋根。直立させたプレキャスト（以下PCa）コンクリート壁を倒すことで、地組した屋根の鉄骨架構を浮かせる「アップリフト構法」を採用した。

写真／雁光舎（野田東徳）

逆円錐形の「お椀」と円形屋根の「蓋」を一気に施工する

屋根を浮かせて施工する

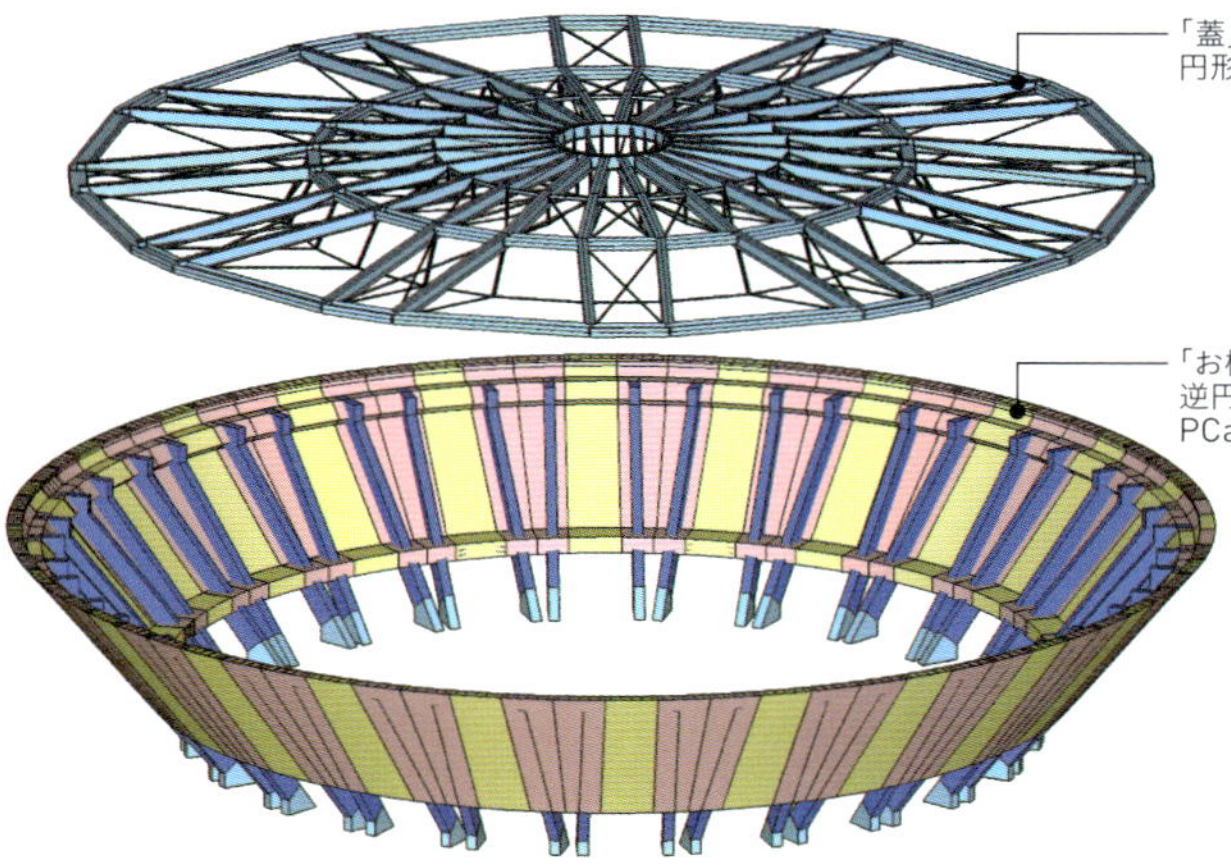

PCa版を円周方向に圧着させた「お椀」と、円形フープ式張弦梁として自碇した「蓋」を組み合わせた構造

構造の固定を一部解除し、お椀型に広げる

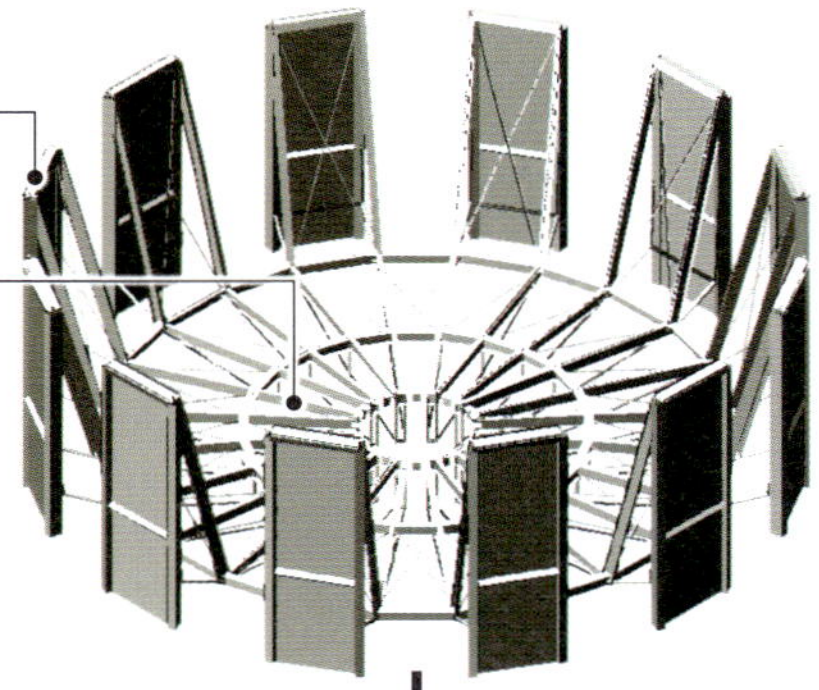

Step 1 地組
PCaコンクリート壁を直立させた段階では、内部に地組したフープ式張弦梁は折り畳まれている。このとき、一部の壁やテンション材を取り外しておく(タガを外しておく)ことで、アップリフトと同時に形を変えることが可能となる

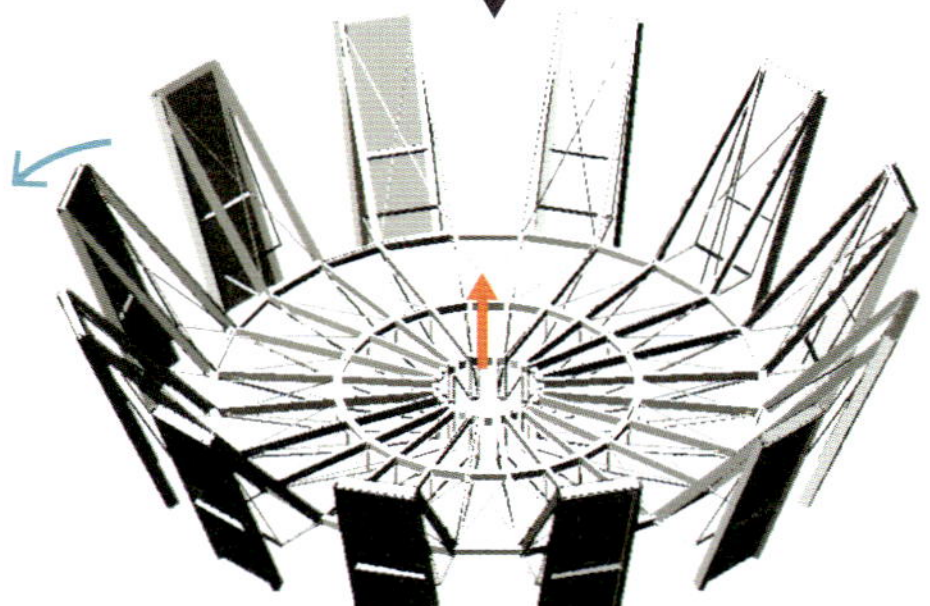

Step 2 アップリフト開始
PCaコンクリート壁を外側に倒していくことで、その重量を揚重力として、屋根の鉄骨架構がアップリフトされる

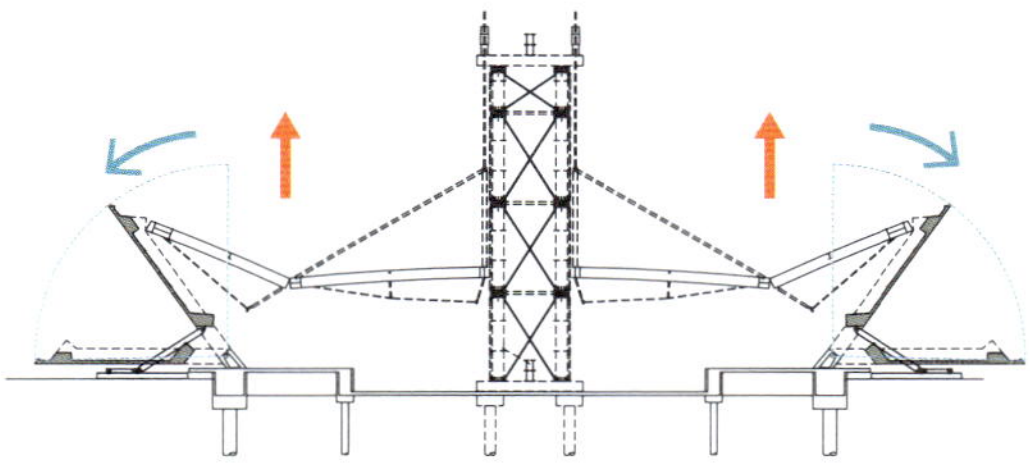

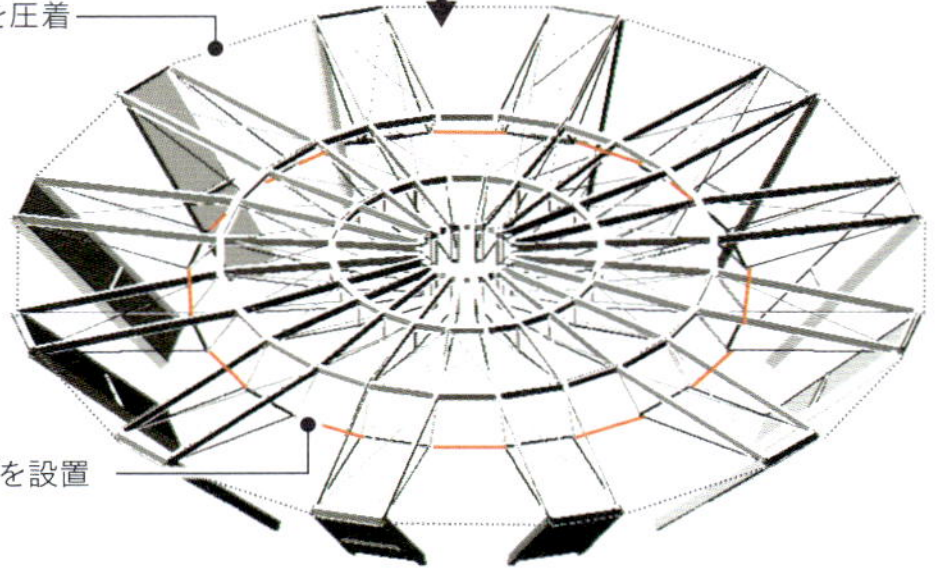

Step 3 アップリフト完了
所定の位置までアップリフトしたのち、後施工分のPCa壁と圧着一体化させる。加えてテンションリングを取り付けることで、構造が安定化し、自重や地震力に耐えられるようになる

圧着：強い圧力を加えることによって接着すること。ここでは梁に PC 鋼より線を通し緊張している［次頁］

コンクリートでなめらかな曲面を形成

場所打ちコンクリートの曲面形成では、過去には打設後にジャンカの修繕やモルタル左官工事など、大幅な手直しを要した事例もみられる。しかしこの建物では、工場で製作するPCaコンクリートとすることで、構造体でありながら美しい外観をつくりあげることができた（写真左）

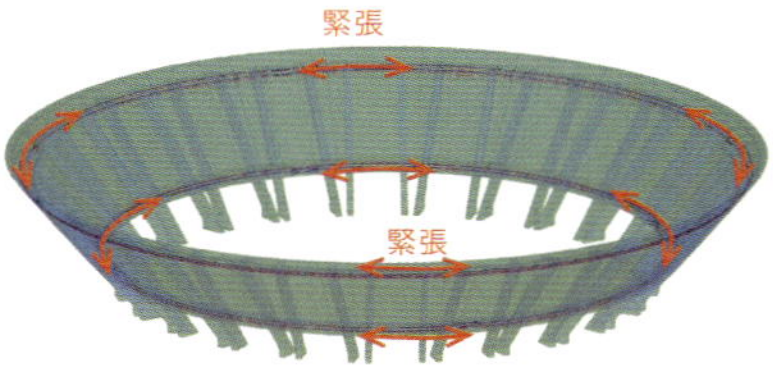

所定の位置にPCaコンクリート部材を設置したあと、屋根レベルと2階床レベルの梁に設けたシース管の中にPC鋼より線を配線・緊張し、一体化する工法である

合理的な張弦梁構造をさらに一工夫

張弦梁構造で施工性も高く

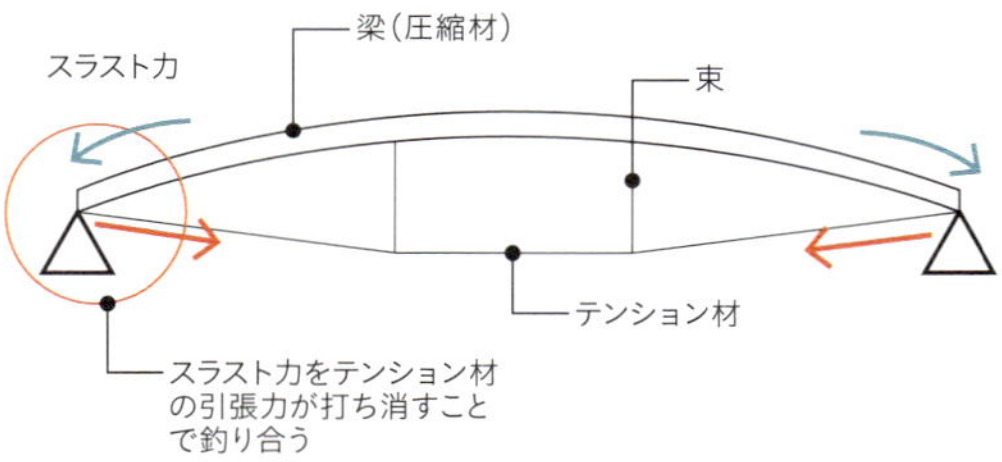

張弦梁の仕組み

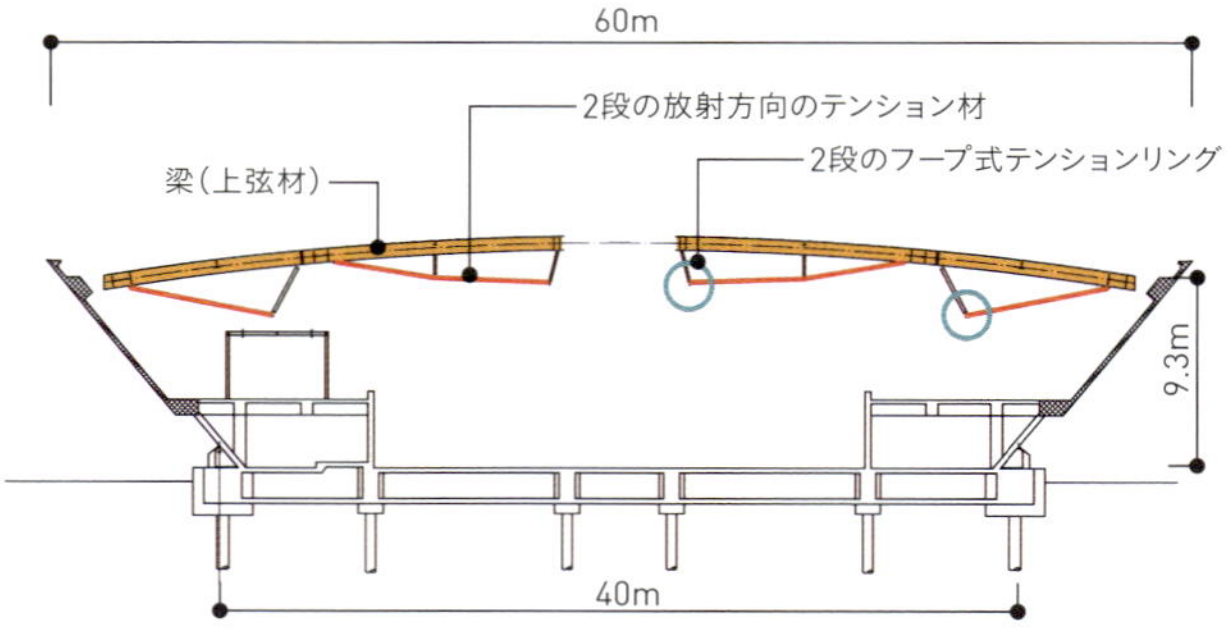

張弦梁構造とは、曲げ剛性をもった梁（圧縮材）とテンション材とを、束を介して結合する混合構造（ハイブリッド構造）であり、単なる梁に比べて、変位・応力を大きく低減できる。少しむくりのついたドーム状の屋根梁に生じる、外側に開こうとする力（スラスト力）をテンション材が打ち消すシステム（自碇式構造）であり、下部構造への負担も少ない合理的な構造形式である

屋根鉄骨を所定の位置までアップリフトするのにかかった時間はたったの8時間。一気に持ち上げるダイナミックな施工だが、細かな計測管理が求められた。施工段階毎に各目標許容値に収まっていることを管理しながら施工を行った

写真／上段：雁光舎（野田東徳）、その他：日建設計
ジャンカ：コンクリートの打設後に骨材が一部に集まる隙間のことで、見栄えや耐久性に影響を与える

構造体や施工の痕跡までも意匠に昇華させる

斜めの壁面を見上げると、大きな庇のようにも感じられ、そのふもとには人々の憩いの空間が生み出される。

体育館兼集会場として供されるこの建物は、逆円錐形状の壁である〝お椀〟とドーム形状の屋根である〝蓋〟の二つに大きく分けることができる。お椀は、遮音性や耐震性の観点から耐震壁付きのRC造としたが、内外装を省略し、構造体そのままを見せたいと考えた。蓋は、バスケットボールの公式戦が可能な天井高さを確保しつつ、大きなスパンの屋根を合理的に架けることに加え、周辺の住宅エリアに対して圧迫感を与えないように、可能な限り建物高さを低く抑えることを考えた。

PCaコンクリート造を圧着

お椀の部分をRC造でつくることを考えた時、現場で型枠・鉄筋を組み、コンクリートを打設する一般的な工法では難しいことが容易に想像ができた。斜めに迫り上がるコンクリート壁面のために膨大な型枠と支保工などの仮設材が必要で、大量の鉄筋の配筋、曲げ加工を施す手間など、多大な労務を要することになるからだ。さらに、斜め壁の施工が困難というだけでなく、品質上も施工不良（ジャンカ）が生じやすく、構造体そのものを現しで見せるための美観を確保できない。見せられるコンクリート面を如何にして実現しようかと考えた結果、現場打ちコンクリートではなく、工場で製造したプレキャスト（PCa）コンクリート部材を現地に運搬し、組み立てて、圧着することで一体化するという考えに至った。

フープ式張弦梁のアイデア

お椀の上に載せる蓋には、大きなスパンを合理的に架けることのできる張弦梁構造を採用することを考えたが、このままでは中央のテンション材が体育館として必要な高さに干渉してしまうため、もうひと工夫が必要となった。

そこで、必要な高さを確保する必要があるエリアをかわせるだけの大きさのテンションリング（フープ）を設けて、力を立体的に流すことにした。この構造をフープ式張弦梁構造と称す。張弦梁構造が有する性能や自碇式の特徴はそのままに、中央のテンション材をフープに置き換え、建物高さを抑えた架構を合理的に実現することができた。

アップリフト構法で施工する

大空間の屋根を施工する際、通常はベントとよばれる仮受け台を大量に設けて、上空で屋根鉄骨架構を組立てるが、本計画では、屋根鉄骨架構を地表近くで精度よく組み立てた後、一気に持ち上げることでほとんどのベントを省略したいと考えた。辿りついた方法が、直立させたプレキャスト壁を倒すことで、地組した屋根鉄骨架構が浮かび上がるメカニズムを利用した「アップリフト構法」である。施工時に必要となるベントは中央の一台（センターベント）のみだ。これにより、上棟後すぐに屋根工事と屋内工事を同時に進める「二段同時施工」ができるため、工事工程を短縮することが可能となり、合理的と考えた。

このような仮設を含めた建築トータルの合理化に踏み込むためには、施工に関しても現場任せではなく、設計者がまとめる構造図書（図面や計算書）で意図を示す必要があり、施工手順や各所の計測管理等に至るまでを、設計者がまとめた。

最後に、中央の天窓「オクルス」は、施工時に必要だったセンターベントの孔を利用したもので、早い段階から意匠設計者に掛け合い、デザインに落とし込んでもらった。今も残るアップリフト構法の痕跡を、オクルスから感じ取ってもらいたい。

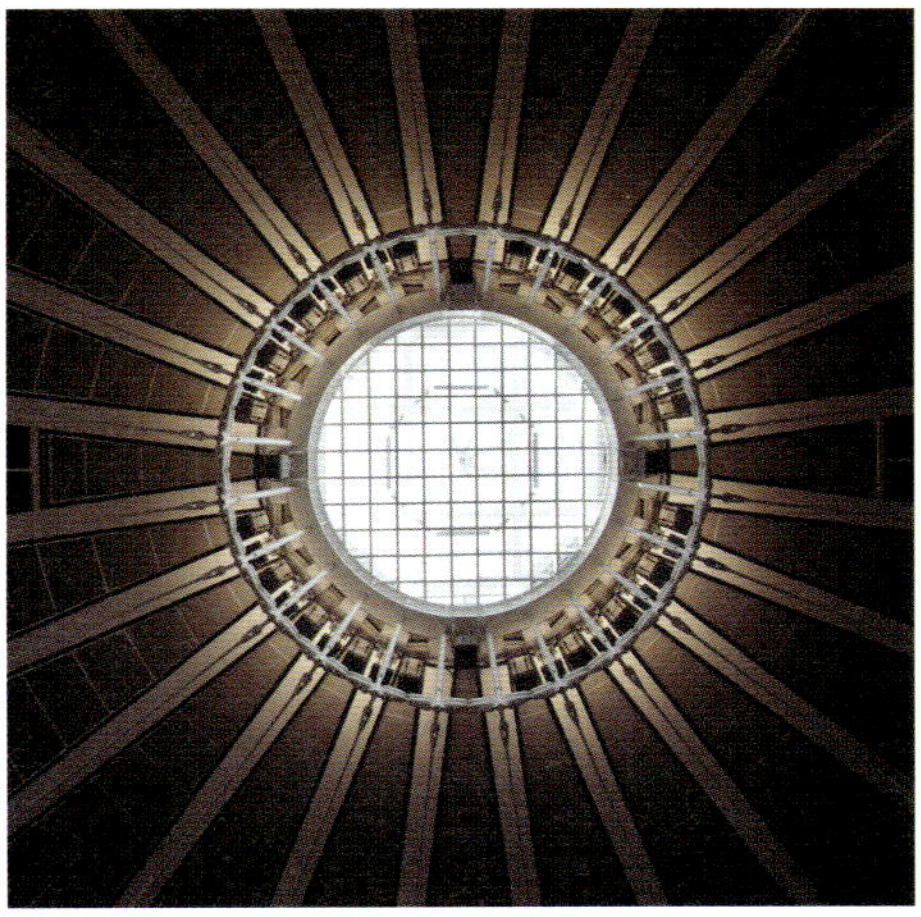

写真／雁光舎（野田東徳）

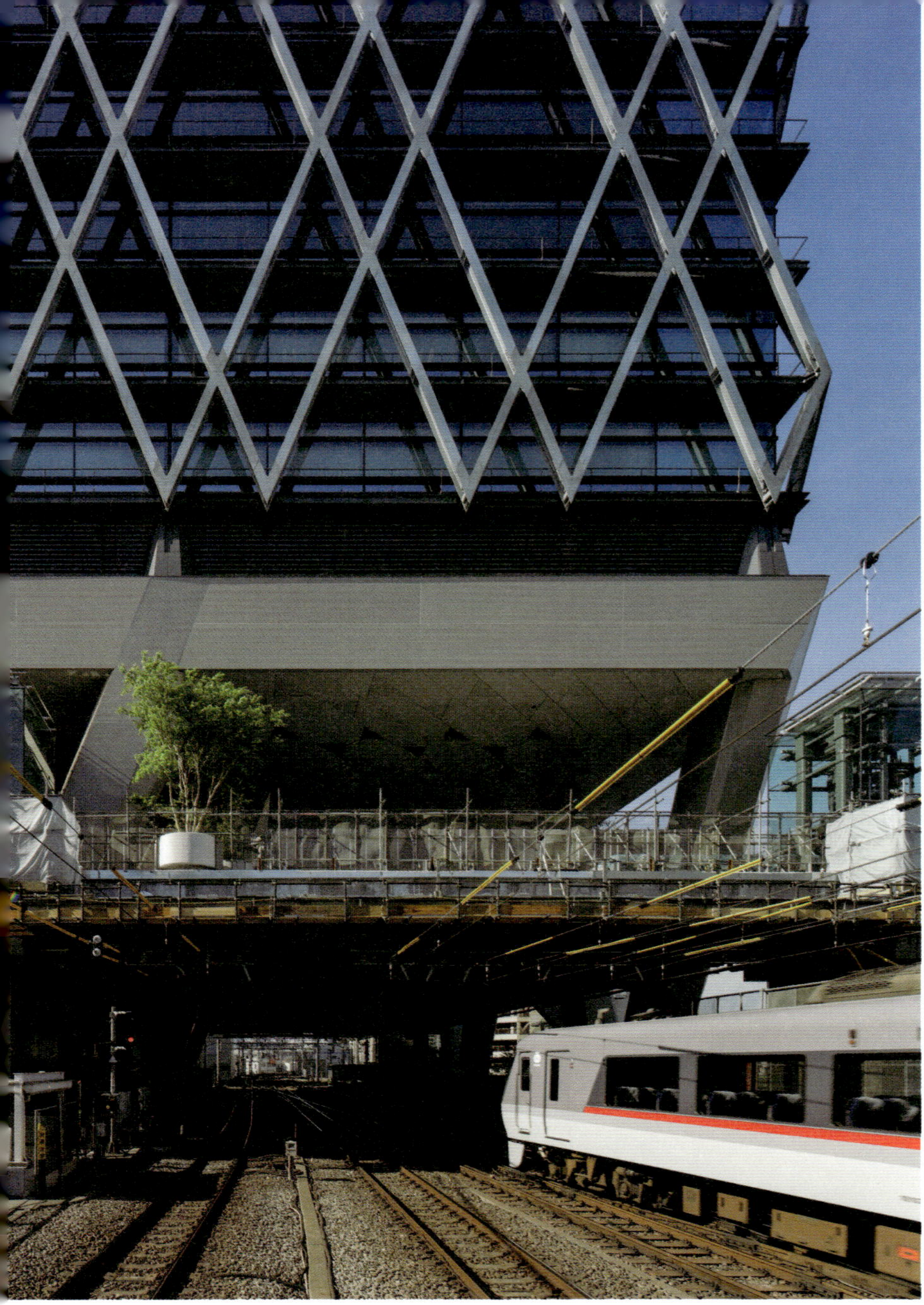

SECTION 007

大きなV字架構で線路をまたぐ

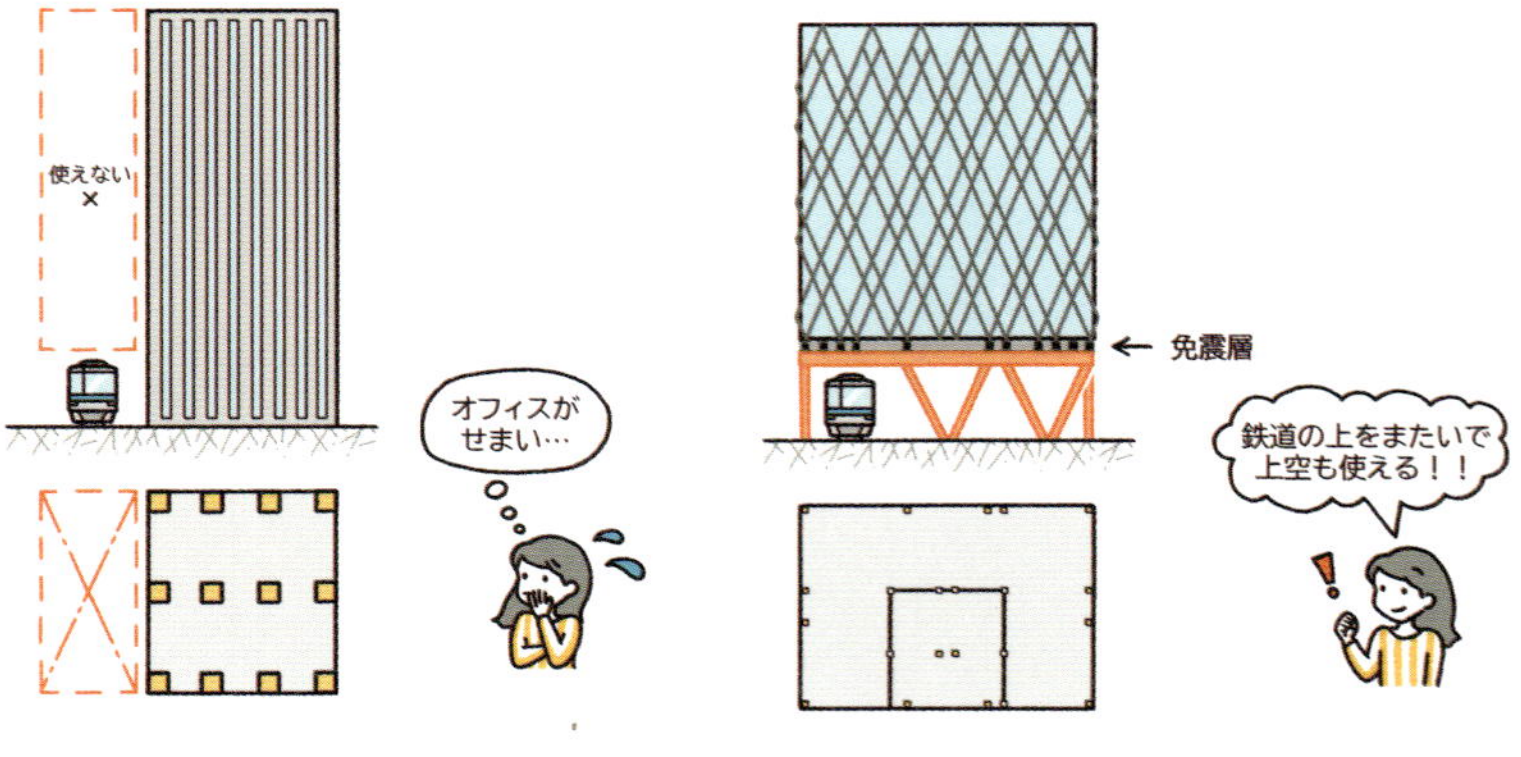

鉄道の線路上空に建築物を設けるには、部分的に柱が配置できなかったり、基礎が施工できなかったりなど、多くの制約がある。そこで、大きなV字形の架構で線路を跨ぎ、その上に免震層を設けた。上部と下部を構造的に切り離すことで、鉄道振動の影響を切り離し、高い耐震性能も持たせることができる。

写真／エスエス

中間免震層で架構を分け、複雑な基礎構造の影響を最小限に抑える

免震層上下の架構を堅くすることで免震効果を最大限に発揮

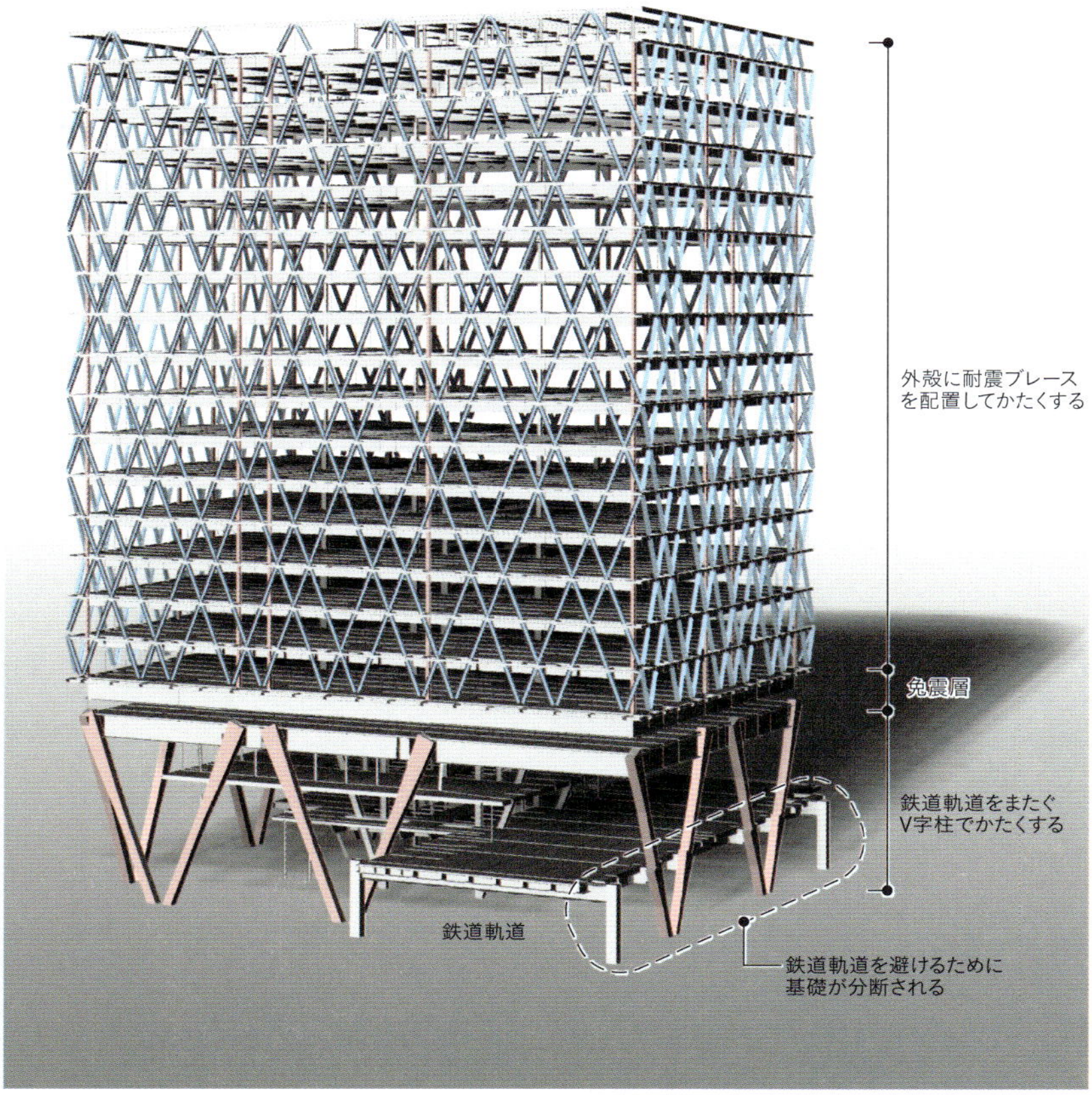

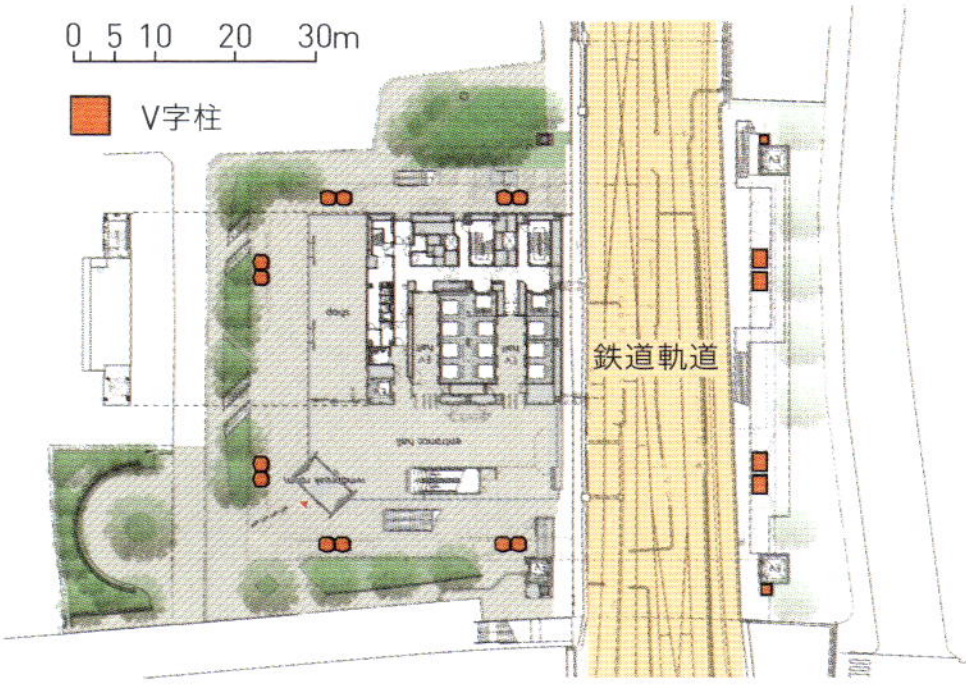

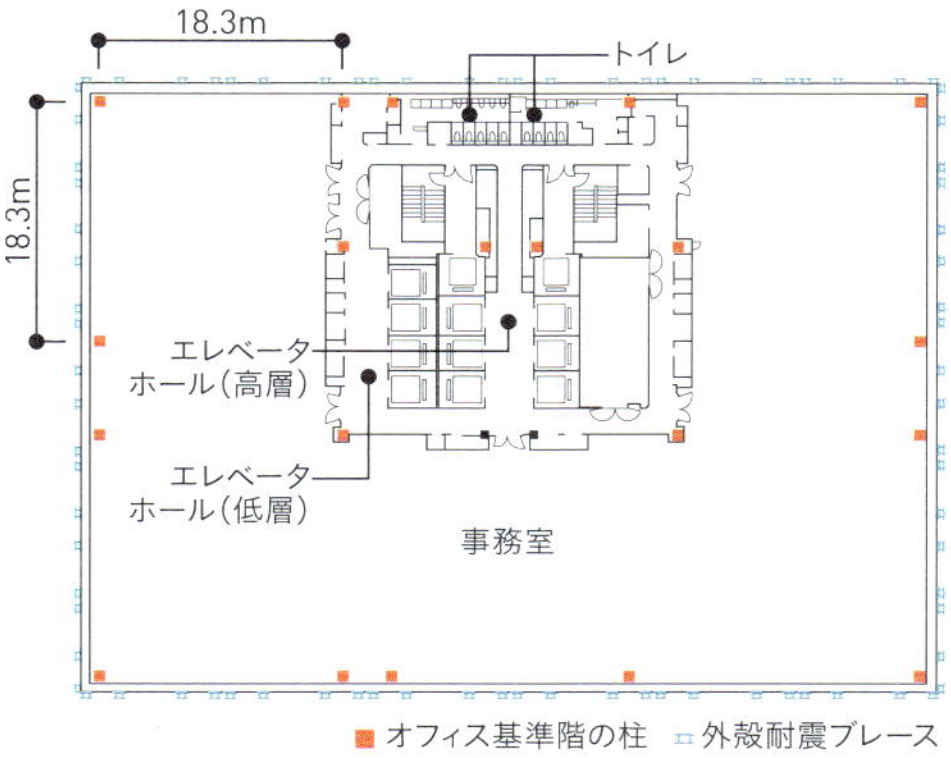

鉄道をまたぐアイデアに伴い、建物の基礎構造は東西で分断されることになる（左）。基礎が分断され、常時の鉄道振動や地震時などに、複雑な挙動を生じやすい下部構造から上部オフィスへの影響を最小限にするため、中間層に免震層を設けた。免震構造は、免震層以外の層を堅くすることで効果が発揮されるため、下部は鉄道を跨ぐV字形の柱で、上部は鉄道のダイアグラムをモチーフの架構としたH形鋼の外殻耐震ブレースで、それぞれ剛強な架構を構成した。この外殻耐震ブレースが地震力を負担することで、内部の柱を400角にまで小さくすることができた

意匠性と構造合理性を両立させる鉄骨のディテール

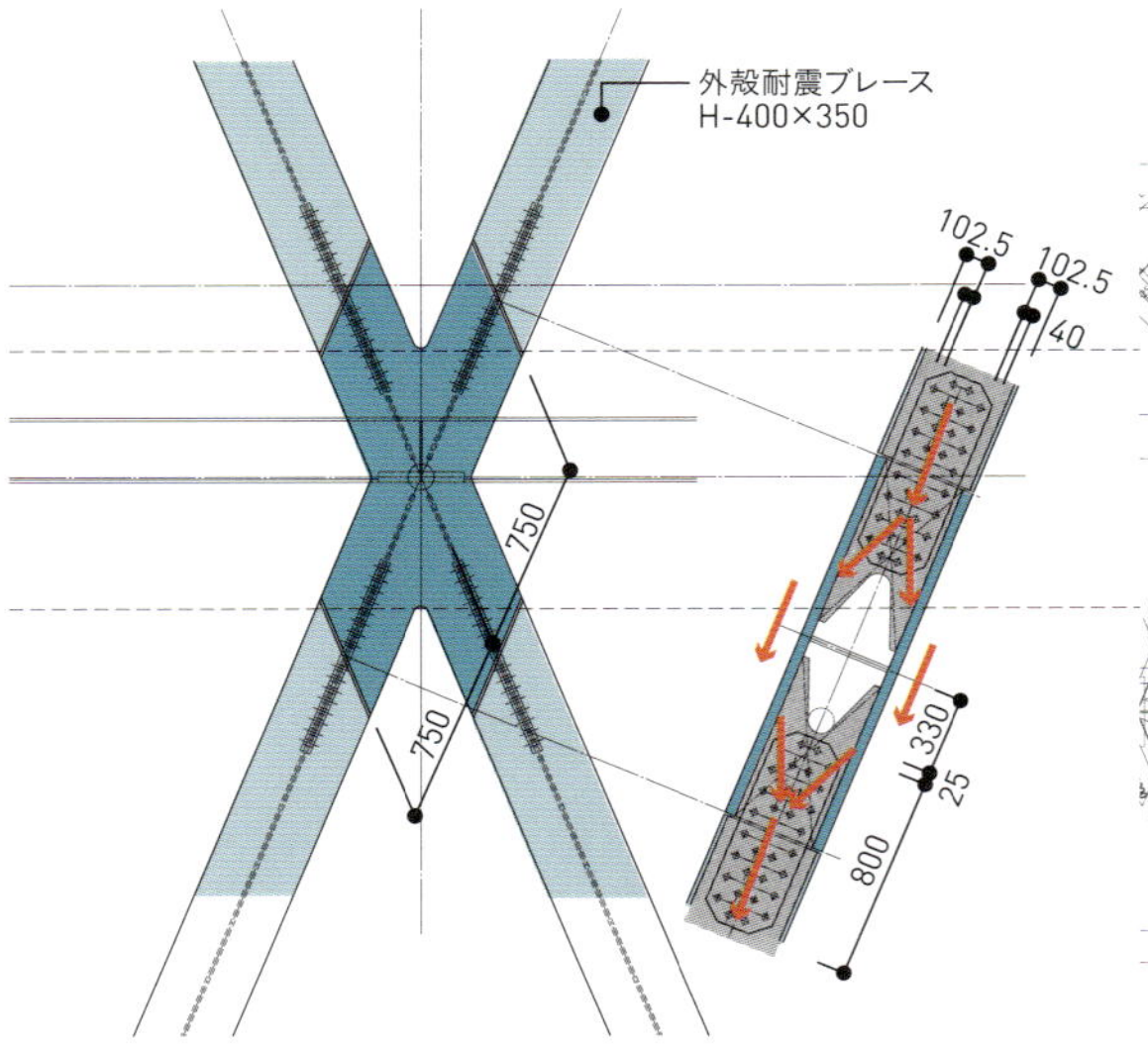

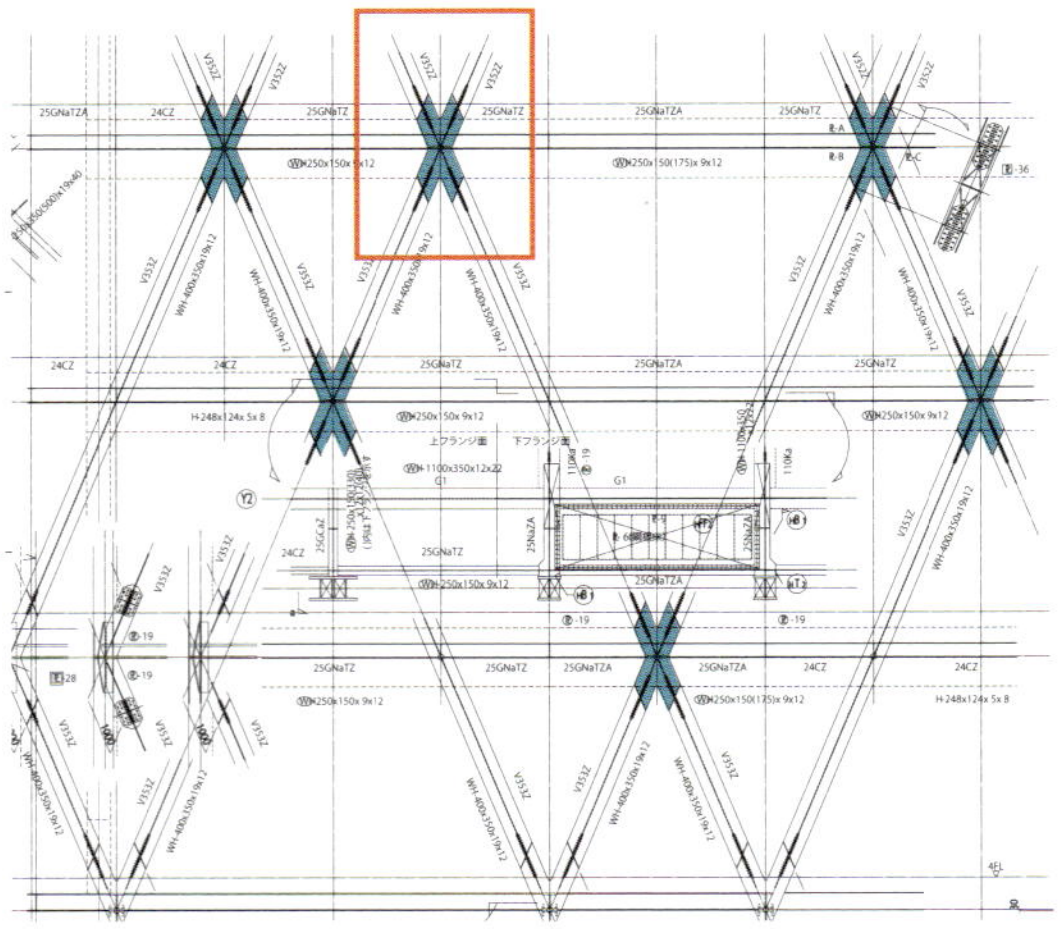

右図接合部の拡大図　正面　側面

ブレースの配置は、鉄道のダイヤグラムから着想を得たもの。外観デザインにも関わる重要な部材である。上図、軸力（赤色矢印）はブレースのウェブで伝達され、フランジは主にウェブに対する座屈補剛の役割を担っている。しかし、ブレース交点は雪溜まりへの配慮が必要なため、ウェブに雪抜き孔を設け、仕口部ではウェブからフランジへ力を乗り換えなければならない。軸力はウェブ→ボルト→ウェブへと順次伝達され、X型フランジ面（濃青部）に伝達される。ウェブのせい（400mm）よりもフランジ幅（350mm）が小さいことや、4方向からの軸力が集まることを考慮し、ウェブの板厚が12～22mm程度であるのに対し、フランジは36mmの板厚を設定した

鉄道のダイヤグラムをモチーフとした外殻耐震ブレースのデザイン

試作の実大模型で複雑な納まりを検討

多くの部材が立体交差するブレース接合部の取り合いは、実大模型を制作して詳細に検討。実際の鉄骨で試作を行い、製造の手順や溶接などの品質監理方法を確認・決定した。また、ブレースとしての力学性能を確認する実大試験も行い、設計で必要な軸力の2.5倍以上の軸力が伝達可能であることが確認できた

写真／上：エスエス、下：日建設計

造形としての象徴性だけでなく、構造合理性を併せ持った架構

鉄道・建築・都市―。互いの関係性に建築構造技術がもたらす一つの解答を提示。鉄道を跨ぐ建築により都市空間の開拓をもたらした。これまで利用されにくかった線路上空の空間を建築に取り込み、都市空間の新しい利活用の道を拓いたのがこの建物、ダイヤゲート池袋である。

制約を逆手に取った、中間層免震の発想

西武グループ各社の本社機能を担うこの計画には、3つの要件が求められた。大きく使いやすい平面形状による競争力の高いオフィス空間、首都直下地震でも機能維持が可能な高い耐震性能、池袋の顔となるランドマーク性。まずは、建築空間を拡張する課題をダイナミックに解決する方法として、線路上空を跨ぐ建築の実現へ舵を切った。

敷地内に通る線路は、鉄道駅としても基幹施設となる池袋駅の直前部分である。工事期間中も鉄道運行に支障をもたらさないためには、線路下の建築工事はできない。つまり、建物の荷重を支える基礎構造は線路によって分断されることとなる。耐震性能を考えると、基礎構造を分断することで地震時の建物の動きは複雑になる。この複雑な動きの影響を、建物上部にまで及ぼさないために、中間層免震構造を採用した。建物上部のオフィスのボリュームが建物下部とは切り離されることで、本社級の建物に求められる高い耐震性能を確保できる可能性が拓けた。

免震構造の鍵は、かたさのメリハリである。建物の水平剛性において、免震層を柔らかく、免震層以外の層をかたくすることで、免震層に水平変形を集中させ、地震による振動エネルギーを効率良く消散することができる。低層部では太い幹のようなV字柱を設け、高層部には細い枝葉のような外殻耐震ブレースを這わせることで、高剛性の架構を構築、免震層へのエネルギー集中を成立させた。

分断される基礎構造の安全性

基礎の分断という、前例の少ない構造計画を採用する場合、その安全性を証明するストーリーを構築することは、構造設計者の重要な役割である。分断された基礎構造で支持される超高層建物の安全性をいかに証明するか。次の3つの点を検証した。①分断された部分が互いにどれだけゆがむか、②部材はそのゆがみに耐え得るか、③最終的にどこまでゆがむことができるのか、である。まず①、②で想定地震に対する安全性を確認し、③で想定の何倍の余力を持っているか、と段階的な検証工程を組み立てた。

①では、分断された基礎構造の各部において、地震による揺れの時間差や変形差を考慮し、②ではその変形差による部材の状態を確認した。③ではさらに変形差を大きくしていき、建物全体がどこまで安全であるかを確認した。結果的に、①②では、実際の地震に対して30㎜程度の変形差が生じること、③では、その6～7倍まで耐える能力があるという定量的な評価を得て、耐震性能を明らかにした。

線路に着想を得た、交わり離れる外殻ブレース

建物に対峙して真っ先に目に入る外観の斜材は、外殻耐震ブレースと銘打った構造部材である。免震層より上部の地震力はすべてこの斜材により伝達される。このため、建物内部の柱は鉛直荷重のみを支持すれば良いこととなる。18ｍという大きなスパンに対して400角サイズの極細柱となり、超高層建物としては稀に見る極細柱である。外部に現しの鉄骨部材となる外殻耐震ブレースは、H形鋼のフランジ面が建物正面と平行に配置され、オフィス階の建物四周の下から上まで、15層にかけて連なっている。建物の顔となるため、美観に配慮し、この一直線のフランジ面にはボルトを設けず、軸力はウェブ面でのみ伝達させる方針とした。雨、雪、風の厳しい環境下に置かれるため、接合部への雪溜り・水溜りを避けつつ、スムーズに軸力伝達するディテールへの配慮を隅々まで行き渡らせた。

池袋に大樹を植える

この建物は、池袋に植えられた大樹というモチーフに基づき計画された。線路を跨ぎ支える幹は太く、枝葉は線路のように縦横にまっすぐ延びる。大樹が自らを支えるように、この建物もまた、規律ある架構によって自らを支え、池袋に建っている。

水平剛性：水平方向の力に対する変形のしにくさ／定量的：数値・数量であらわせる（⇔定性的）

Form Finding

Form Findingの始まり

アントニオ・ガウディのサグラダ・ファミリア教会をご存知だろうか？　彼はこの教会の形状を、吊りモデルを用いて検討した［図1］。吊りモデルとは、想定した建造物の自重相当のおもりをワイヤーに吊して形を作る検討用模型である。ワイヤーの長さを変えたり、おもりを付けたり移動したりするたびに形が変わり、床に置いた鏡に映せば、吊りモデルは大聖堂のように見事に立ち上がって見える。これは、おもりの荷重とワイヤー内部の引張力が釣り合った状態の形状が、ワイヤー内の力の向きをひっくり返し圧縮力のみにしても釣り合うことを示唆しており、ガウディはこの鏡に映った模型を見ながら圧縮力しか伝えられない組積造による大聖堂の形を決めたのだ。このように重力によって形の変わる模型を用いて、軸力のみで釣り合う形を探すことが、Form Finding（以下、ＦＦ）と呼ばれる設計手法の始まりである。

効率の良い軸力系の構造形式

より大きな建築空間が要望されるに伴い、その構造の実現は、自身の軽量化なくしては力学的、経済的に困難となった［図2］。さらに、世界の経済成長と裏腹に限られた資源の有効活用が課題となる中で、ロングスパンの分野でも、構造材料を最小限に抑えて実現できる構造形式が模索され、20世紀初頭から、材料使用効率の良い、主に軸力で力を伝達できる［図3］シェル構造、ケーブル構造、膜構造といった新しい構法の開発が進んだ。１９９０年前後から開発、建設されたスポークホイール式構造では、圧縮リングと引張リングに初期張力を導入することで自己つり合い形状をなし、剛性を高めたうえに極めて軽量な膜を張ることで、多くの大きなスタジアム屋根を実現している［図4］。

ところで、お気づきだろうか。これらを構成する組石（或いは圧縮材としてだけのコンクリート）、膜、ロープといった構造材料には、一定の形がないのである［図5］。形のないものに自立できる形を見つけてあげる技術なので、ＦＦというわけだ。そして、力のつり合い状態そのものが形状として現れるのが特徴で、これが大きな魅力の一つである。しかしこれは逆にいうと、従来の構法とは違い、形を任意に決めることはできないので、ＦＦを行う必要があるということになる。ガウディは、組石造の造形性をＦＦによって飛躍的に広げたといえるだろう。鋼ケーブル構造や膜構造は、力強くシャープであると同時に、軽やかな曲面を〝見せる〟構造形態として現代建築の表現そのものを押し広げてきた。それでも「Making」ではなく「Finding」であるところに、名付けたエンジニアたちの構造力学に対する深い理解と、大スケールの自然現象への謙虚な姿勢がうかがえる。

現代でのForm Finding

現代では大掛かりな吊り模型を作らなくても、専門プログラムを使えば数値計算［図6］をして、つり合い状態となる形と軸力を同時に求めることが可能である。材料利用効率の良い構造形態を探求する類似の設計手法として、構造形状最適化と図式解法（graphic statics）があり、相互補完的に活用されるので、興味のある方はぜひ併せて勉強してみると良いだろう。

図1 サグラダ・ファミリア教会と吊り模型

図2 ガリレオのスケッチ／スケールと構造物の形とシステム

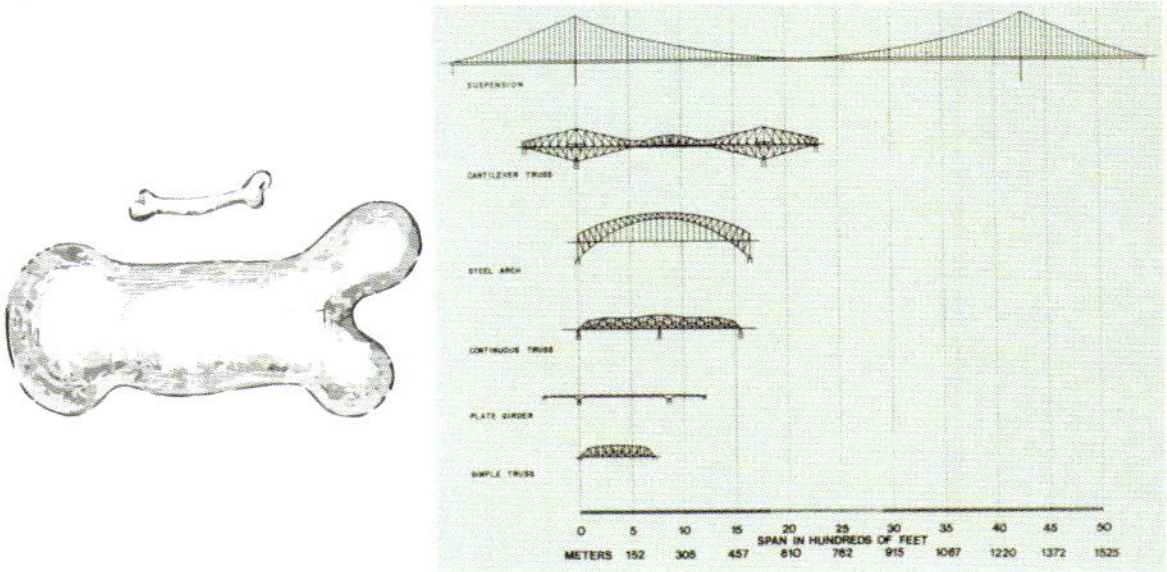

ガリレオのスケッチ（左）は、ゴリラをそのまま10倍にしたような外見のキングコングの骨がカルシウムなど同じ物質ではあり得ないことを示唆している。構造物も同じで、建築家・ゴールドスミスが示したように（右）、スケールの大小に合わせて適切な形やシステムは異なる

図3 軸力伝達の効率の良さ

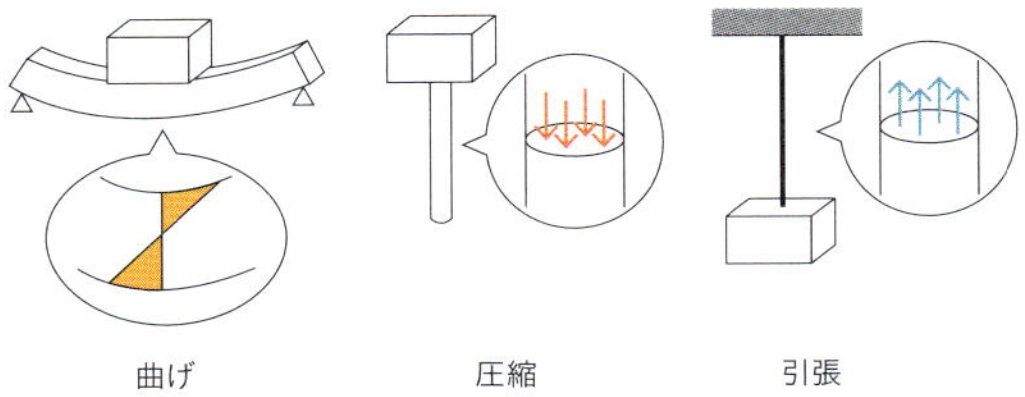

曲げでは、断面内は変形により引っ張られる側から押される側まで応力度分布が変化する。一方が破断強度に達したとき、大部分は破断強度に達しておらず持て余している。対して、軸力の一種である圧縮力のみが作用するとき、応力度は断面内で一様なので破断は断面全体で同時に起こり、無駄がない。ただし、材が細長い場合は座屈が起こるので、最大強度まで断面を小さくできない。その点、引張軸力が作用する場合は座屈しないので、材料破断強度いっぱいまで断面を小さくできる。軸力系が材料利用効率が良いといわれる理由だ

図4 スポークホイール構造概念図と実例内観

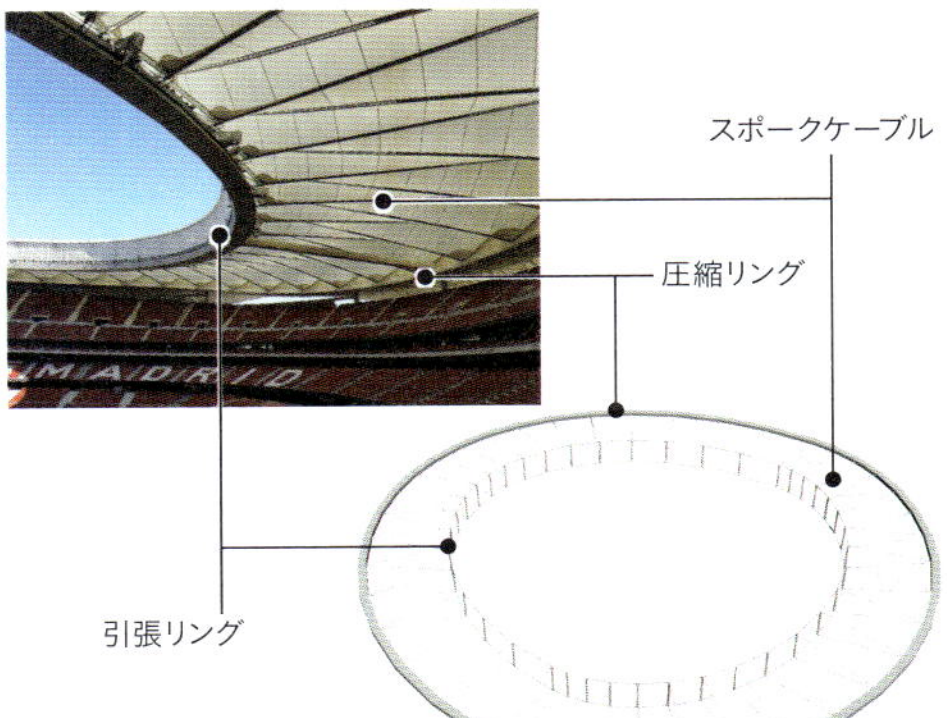

図5 一定の形をもたない材料

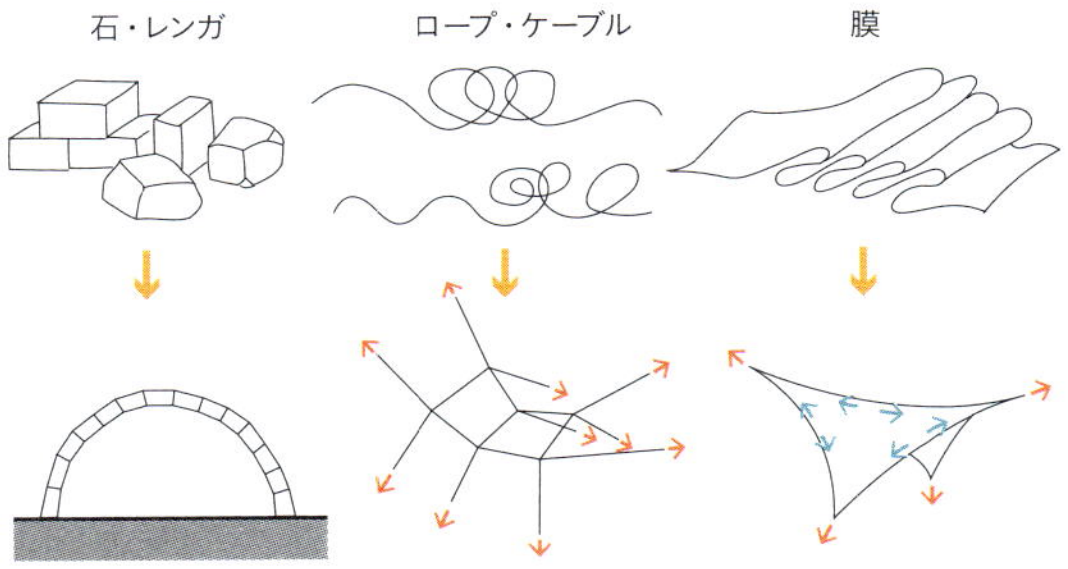

技術的にみると、石は不連続であり、またロープや膜は断面積が極端に細く薄いために、実質的に曲げ剛性がなく、材料の形が定まらない。しかし、軸力でなら力を伝達できる。つまり軸力だけで成立する形であれば、曲げ剛性がないような小さな断面の材料でも実現できる

図6 数値計算によるform findingを行ったコンセプト設計の例

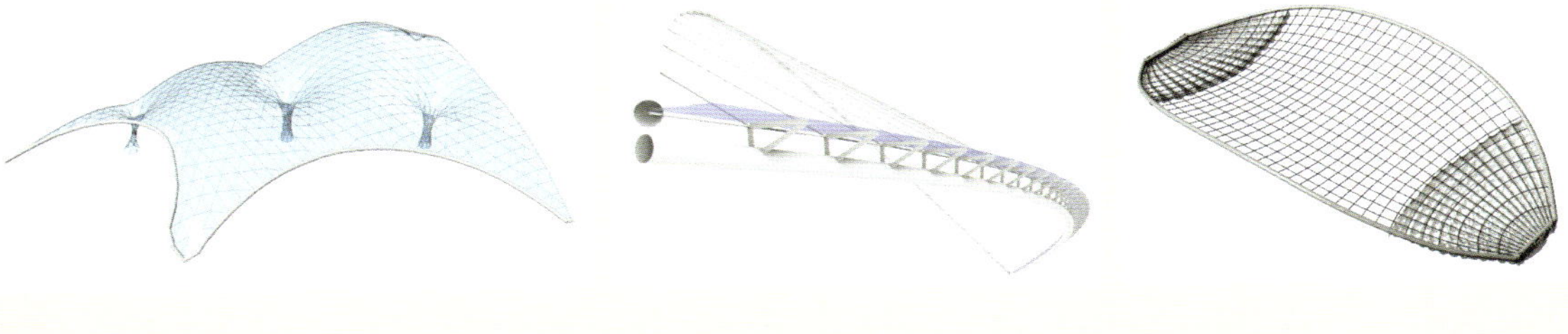

写真／日建設計｜図2左：GALILEI, Galileo（1638）、図2右：© Myron Goldsmith/SOM Courtesy of SOM、図4：リヤド・エア・メトロポリターノ（設計：クルス・イ・オルティス・アルキテクトス）

SECTION 008

建築と土木の融合による新しい空間構造

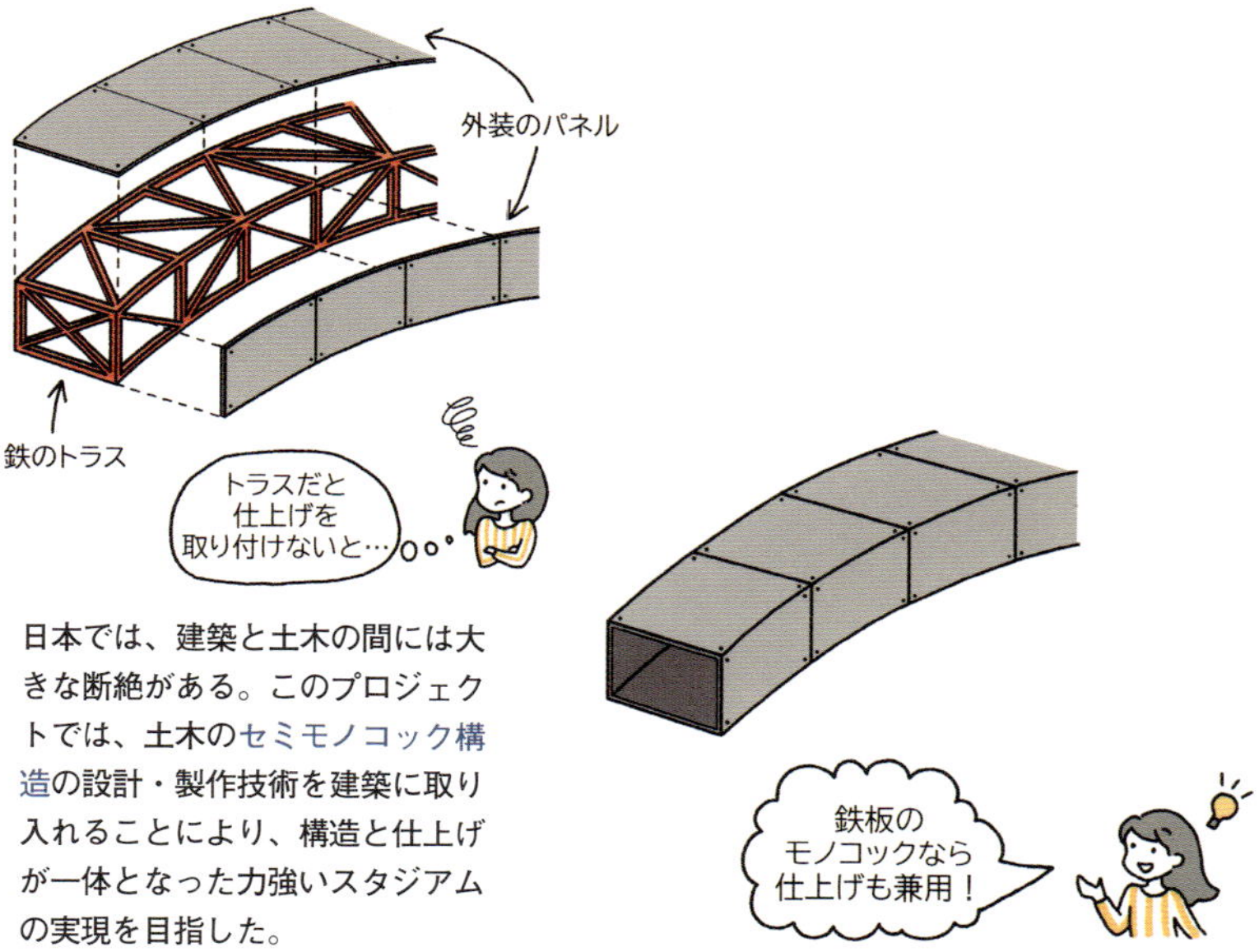

日本では、建築と土木の間には大きな断絶がある。このプロジェクトでは、土木のセミモノコック構造の設計・製作技術を建築に取り入れることにより、構造と仕上げが一体となった力強いスタジアムの実現を目指した。

セミモノコック構造：骨組＋仕上げからなるフレーム構造に対して、外皮（スキンプレート）とそれを補剛するリブそのものが構造体の役目を果たす構造。車やスペースシャトル、新幹線に用いられる

前例のない建築を成り立たせるための試行錯誤

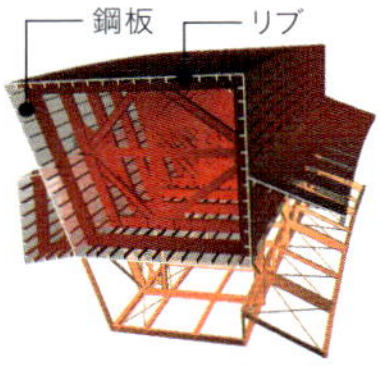

キールアーチは鋼板とリブによるセミモノコック構造

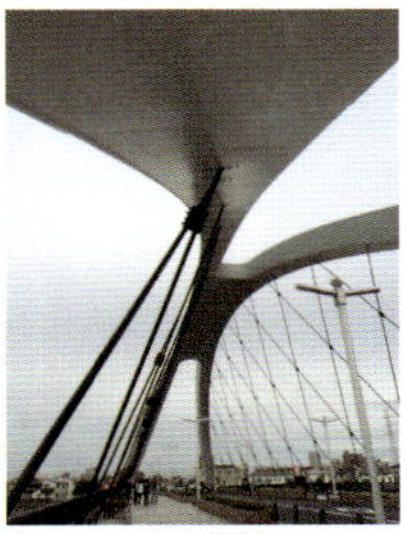
セミモノコック構造を用いたアーチの事例
(辰巳新橋、設計：高島テクノロジーセンター)

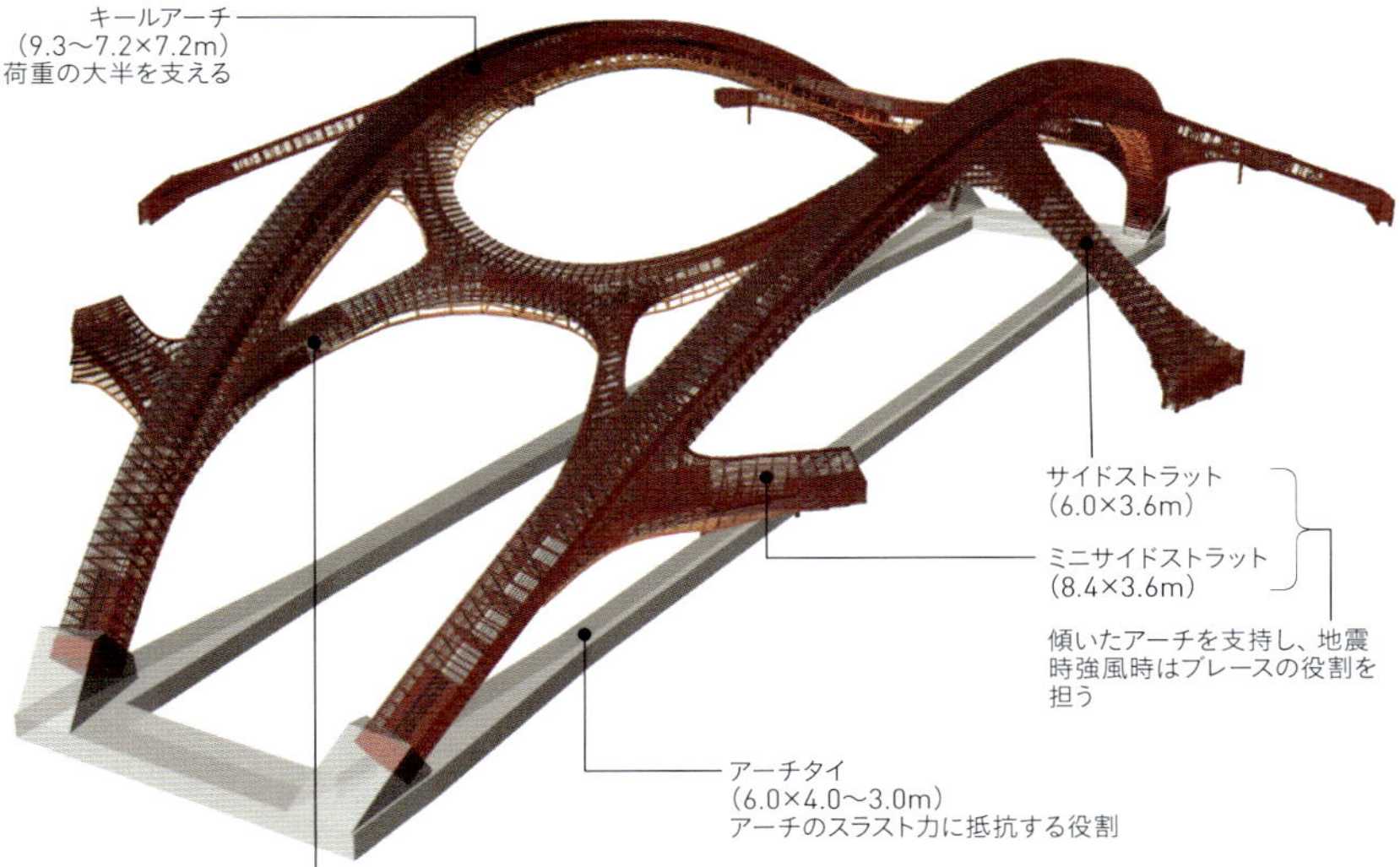
クロスタイ
(4.2×3.6m)
傾いたアーチ同士をつなぐタイ。ケーブルネットの境界リングの役割

屋根構造体パース
(鋼板は半透明表示)

構造体である鋼板をそのまま仕上げとすることができるセミモノコック構造を採用した屋根構造体のパース。各パーツは、デザイン要素でありながらそれぞれに構造的な役割があり、それらを調整しながら最終的な形態が決定された

複雑な自由曲面を幾何学的に明快な形態に置き換える

設計の力点と先進性

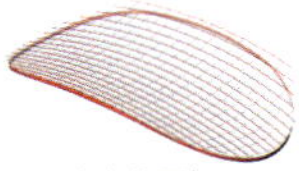
可動膜部(開閉式遮音装置)：
柔らかい可動屋根

固定膜部：
ETFE(高機能フッ素樹脂フィルム)による屋根

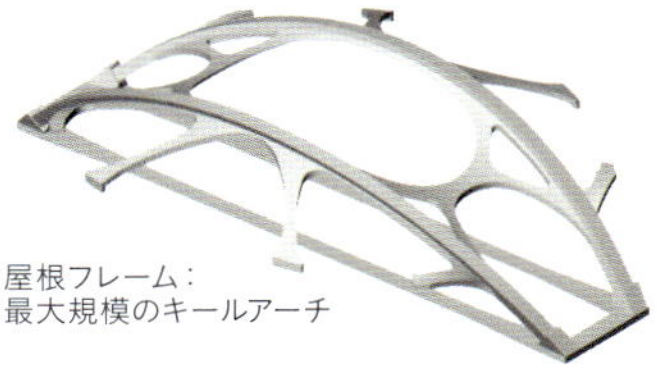
屋根フレーム：
最大規模のキールアーチ

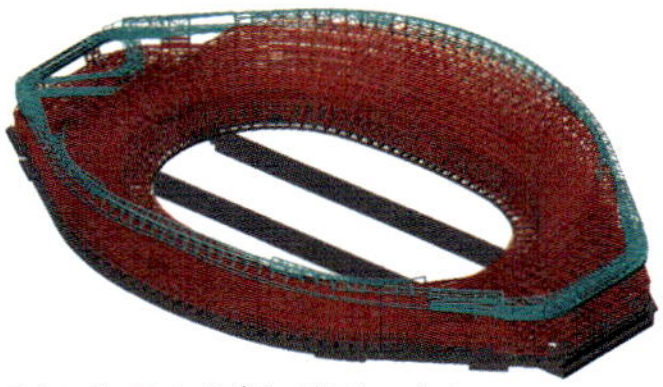
スタンド・スカイブリッジフレーム：
最大規模の免震構造

この建物では、大規模屋根フレームだけでなく数多くの挑戦があった。実現すれば多くの世界初が達成されると考えられていた

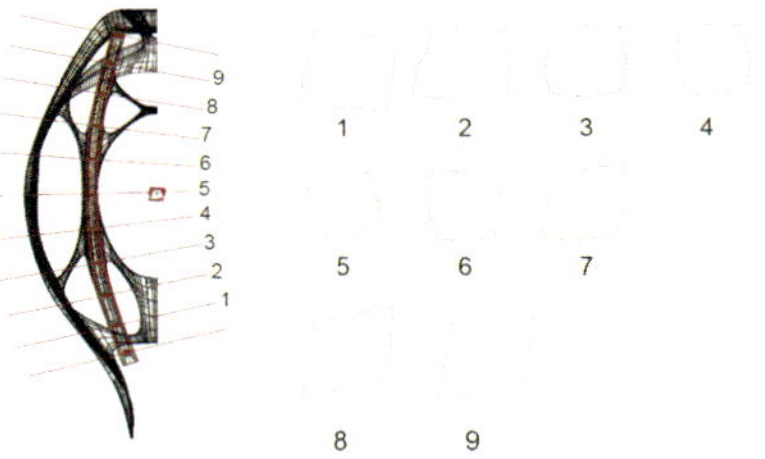

初期のキールアーチ。各番号位置でのアーチの断面をあらわす。初期のような完全な自由曲面とすると、一つひとつの部材が異なる形・異なる曲率となってしまうため、巨大な構造物を作るには不合理と考えられた

↓

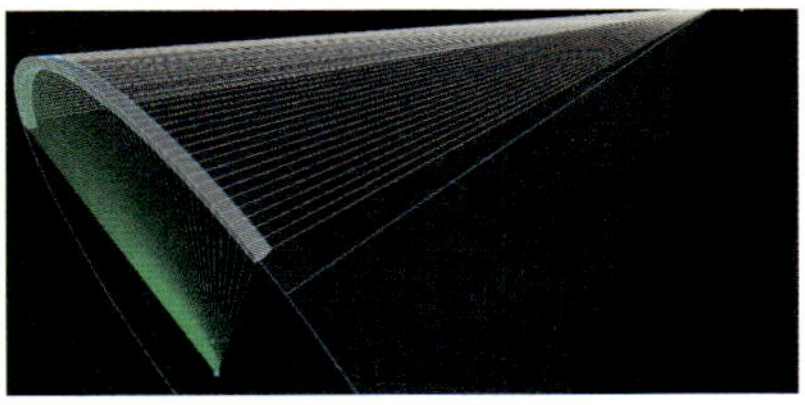

そこでこの建物では、アーチ曲面に円錐形状の一部を利用した。このことで、同じユニットの繰り返しで構成できるだけでなく、すべての面が平板を丸めるだけでつくることができる形状(可展面)となった。これにより、屋根構造の合理化が大きく進んだ

写真／日建設計

キールアーチ：キールは造船用語で、船底の長辺に入れる背骨のような構造材のこと。建築では、長辺で屋根を支える構造材を指すことが多く、スタジアムの屋根をつくるときなどに用いる

模型と図面と実物を行き来して実現に近づける

実際の橋梁の仮組試験（工場で最終確認をしているようす）。この建物のキールアーチとほぼ同じサイズの事例だ。写真下部の人物と比較すると、その巨大さが分かる

内部のリブまで表現した、３Ｄプリンタによるキールアーチの模型。検討の過程では、設計上の納まりの確認や、製作工場との協議のために多くの模型を３Ｄプリンタによって製作した

細部の力の流れを図面で表現する

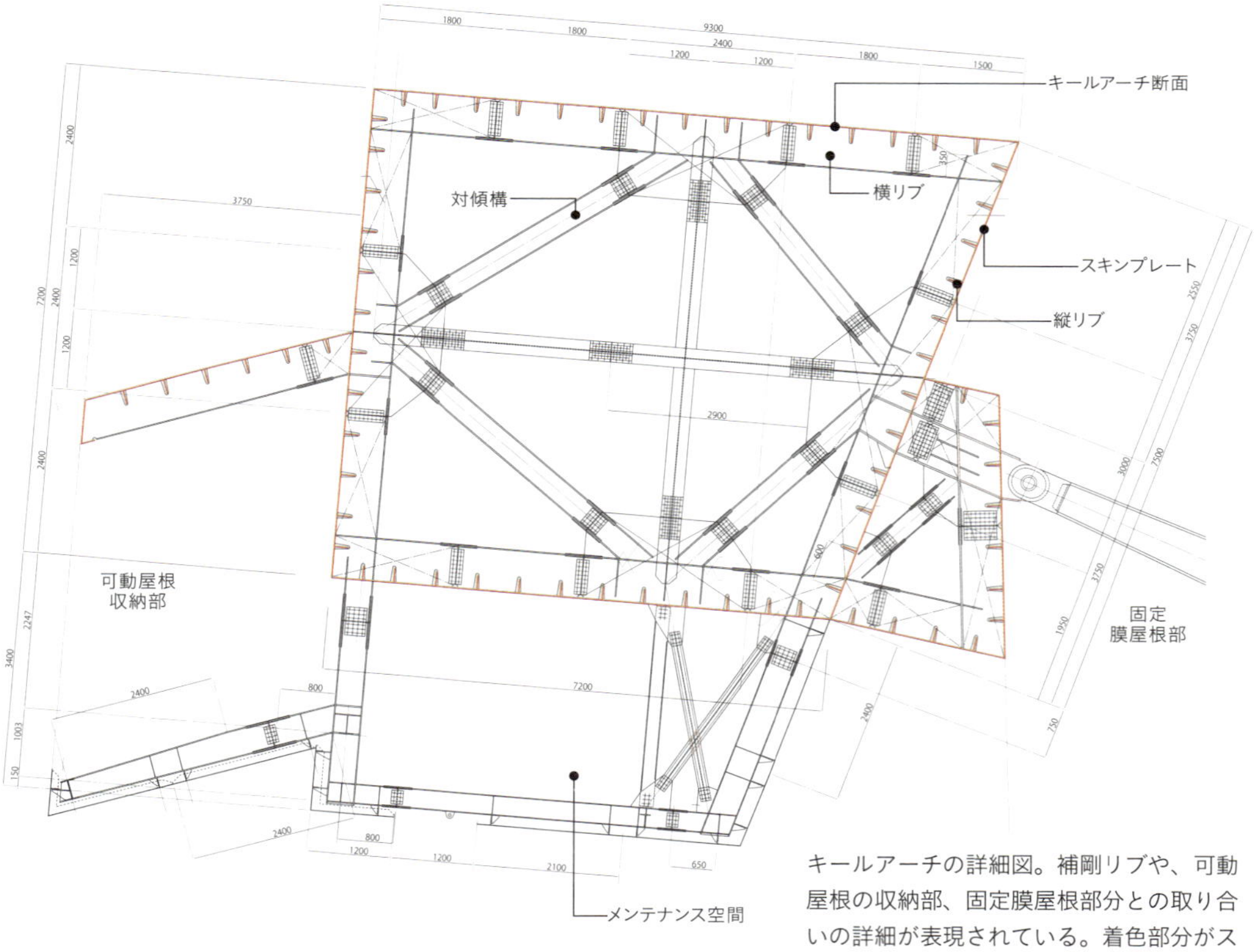

キールアーチの詳細図。補剛リブや、可動屋根の収納部、固定膜屋根部分との取り合いの詳細が表現されている。着色部分がスキンプレートおよび縦リブで、主にアーチに発生する力を伝える部分

写真／左：川田工業、右：日建設計

最先端技術を駆使した幻の大規模スポーツ施設

2015年7月に白紙撤回となったZHA（ZahaHadid Architects）＋設計JV（日建設計・梓設計・日本設計・ARUP）の新国立競技場計画では、数多くの先進的な取り組みが行われていた。

設計の初期にはロンドンのZHAのオフィスに設計JVのメンバーが数か月滞在し、集中的に方針の議論を行ったが、その中でのキーポイントの一つが「屋根の構造体をどのように作るか」であった。多くの選択肢があったが、日本の鉄骨製作工場へのヒアリングを含め、さまざまな視点から徹底的な比較検討を行い、最終的にセミモノコック構造に舵を切ることに決めた。これは建築ではあまり一般的なシステムではないが、主に橋や高速道路等の土木の世界で広く一般的に使われている技術で、スキンプレートと呼ばれる表面の鋼板とその座屈を防ぐリブ（補強部材）を組み合わせて荷重を伝達する方式である。

構造体である鋼板がそのまま仕上げとなることで、防水を含めた二次的な仕上げ材料が不要になることや、日本の橋梁の製作工場の高い技術を最大限利用できることなど、ハリボテでない〝構造体＝建築の形〟となる魅力とともに多くのメリットがあった。

形態（ジオメトリ）の決定

プロジェクトが始まってすぐに、ZHAが作成した3Dデータを分析したところ、メインのキールアーチすら、一か所として同じ断面形状がないことが分かった。このままでは、一枚一枚異なる形状の曲面鋼板を製作する必要があり、非合理的だ。構造体＝仕上げとなるセミモノコック構造にZHAも賛同していたため、そのコンセプトを維持しながら合理化を進めるための長いやり取りを続けていくこととなった。それは、次のようなシンプルな話から始まった。

・アーチの傾きを一定の角度とできないか？
・アーチ断面の傾きとアーチ自体の傾きを同じにできないか？

最初のイメージを維持しながら、最終的に導き出された答えは、アーチの外側の面はアーチの傾きの平面の中（つまり平板）、その他の三つの面は、すべて円錐の一部となる形状となった。これによりすべての面が可展面（平板を丸めるだけで作ることができる形）となり、船のような熟練工による複雑な加工をすることなく実現できる形へと収束させることができた。

橋梁や船舶の技術から学ぶこと

セミモノコック構造は建築の世界では一般的には使われていないため、その設計は試行錯誤の連続だった。日本では建築と土木（橋梁）で設計基準が共通ではないため、まずは土木の設計方法を読み込み理解したうえで、その考えを参考に建築の基準に合わせた形で設計を進めた。また、設計は計算と同時に、実際のものの作り方を理解したうえで各種寸法を決める必要がある。そのため、各地の橋梁工場・造船工場を訪問し、それらの設計者・製作者から具体的な考えを聞き、実際の製作手順を確認して、設計内容に反映していった。

さまざまなデータで検証を重ねる

屋根のフレームは、Rhinoceros＋Grasshopper（3Dモデリングソフト）を利用して最後までパラメトリックなモデルとして作りこんでいった。生成した3Dモデルから、中心線データを取り出して全体の解析モデル作成を行ったり、3Dモデルの一部を取り出し接合部での力の伝達を確認するために有限要素モデルを作成し解析を行ったりした。

3Dプリンタを利用して、各種接合部をそのままプリントすることで、2次元では検討しきれないチーム内での議論や方針の確認、製作工場とのやり取り等に積極的に利用することができた。

実現しなくても意義がある

コンペ案の分析から始まり、基本設計・実施設計・性能評価（識者によるプロジェクトの検証）まで怒涛の如く駆け抜けた2年間であった。ここでは、その一部の取り組みを紹介したが、このプロジェクトが実現すれば、さまざまな視点で日本の建築が新しいステージに進めると信じていた。アンビルドとなった今でもこのプロジェクトを設計した意義は、深く残っている。

パラメトリック：設定したパラメーターを変えることで、それに追随して全体の形状を変化させることができるモデル／中心線データ：構造部材の芯を結んだ線の集合体データ。解析モデルのベースとなる

SECTION 009

木の質感に包まれる大空間

スパン約90mの木による大空間は、この施設の最大の特徴である。これは、化粧材や鉄骨構造の補助材としての木材利用ではなく、構造体そのものに木を活用することを狙いとし、膨大な部材・接合数を要する「木のトラス」ではなく、「単一の大断面集成材」によってこのスケールを実現した。

写真／エスエス
【発注者】公益財団法人東京オリンピック・パラリンピック競技大会組織委員会 **【所有者】**東京都
【基本設計・実施設計監修・工事監理】日建設計 **【実施設計・施工】**清水建設 **【技術指導】**斎藤 公男

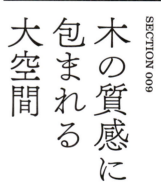

巨大な「木の器」の空間を実現するシステムを考える

緩やかな屋根をかたちづくる木のアーチ型架構

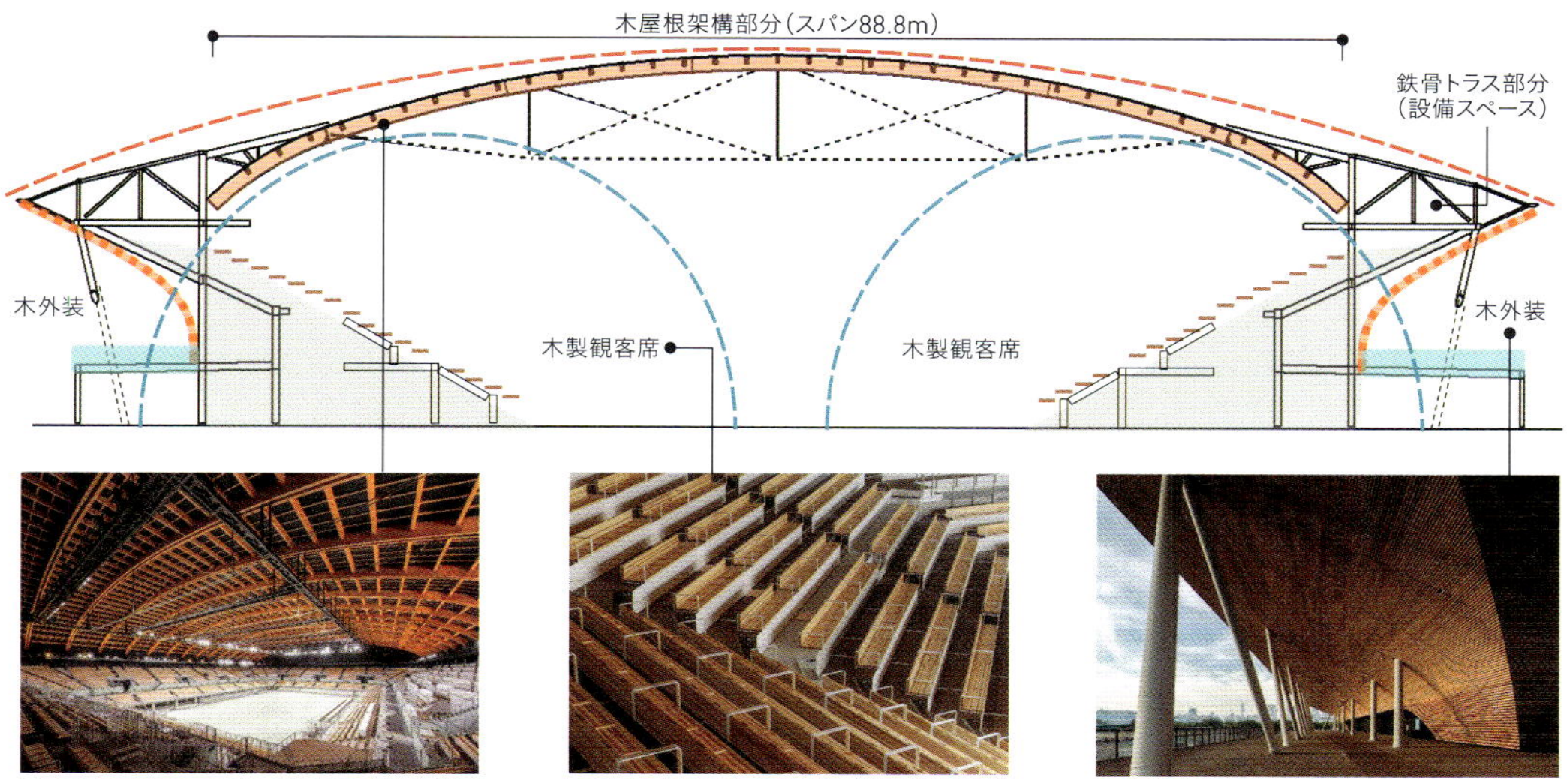

建築的デザインの特徴は主に2つ。1つ目は、緩やかな屋根形状。ライズを抑えつつ、両サイドを曲率半径の小さな三芯円アーチ形状とし、屋根をその接線形状とすることで形を整えている。2つ目は、観客を包み込む88.8m×117.6mの暖かな木質ドーム空間。木材を、鉄骨構造の補剛材や化粧材としてではなく構造材として利用し、この大空間を構成した。さらに、構造材だけでなく屋外コンコースや仮設観客席にもそれぞれ適切な木材を利用し、「木の器」を実現させた

構造耐力はもちろん、耐火性能も満足する

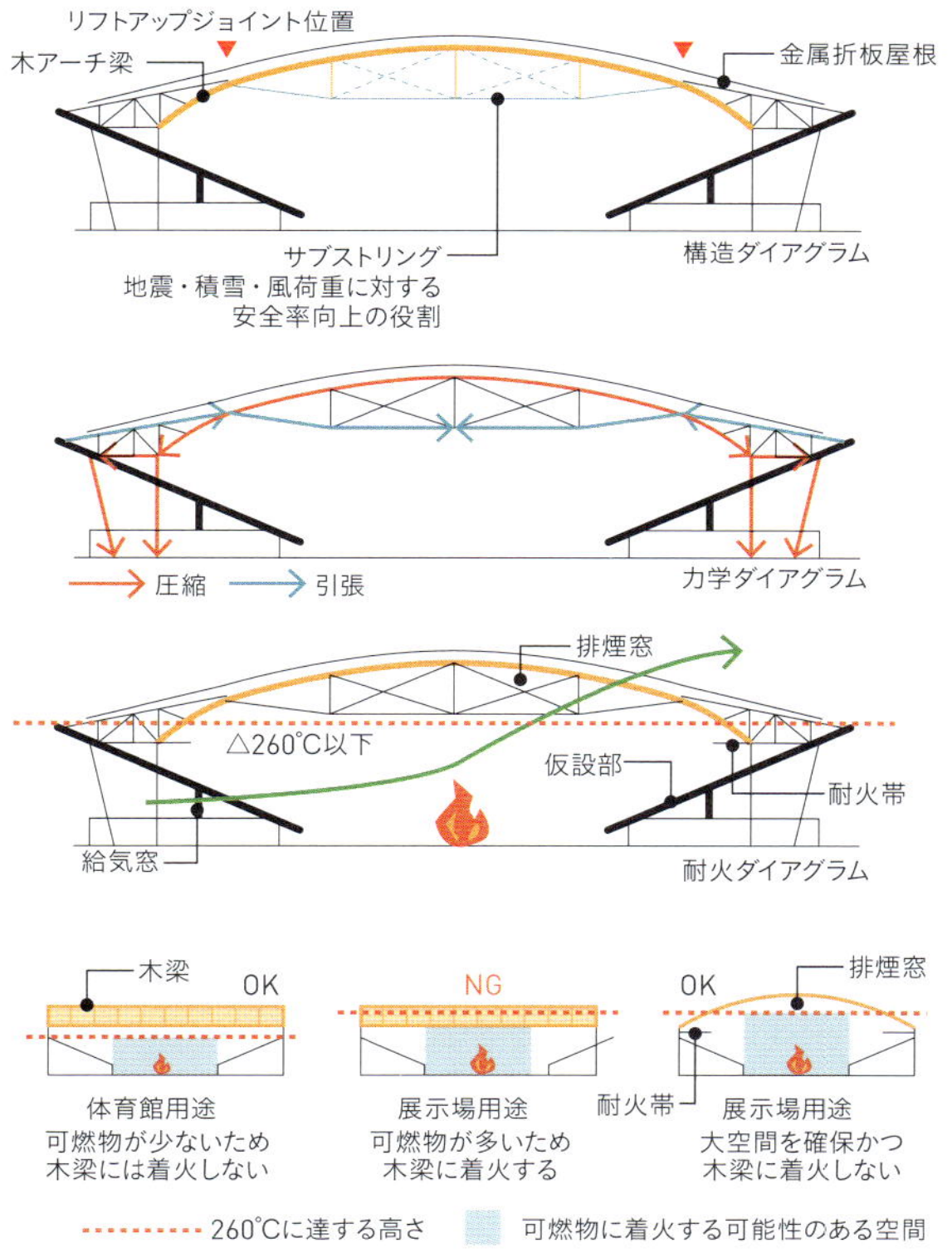

上に凸なアーチ状の建物断面は、下部構造と屋根面の間を滑らかに繋ぐ三芯円形状とし、構造的にはトラス架構、設備的には機械室に利用することで、建物をコンパクトにした。木構造を現しとする際、耐火は最大の課題となる。この形状は耐火検証に求められる「火災時の煙層の十分な確保」、「火源と木梁との鉛直距離の確保」をクリア。競技場用途に加え、可燃物量の多い展示場用途にも対応する必要があったため、屋根形状や内部空間を考慮し、木部材が着火温度である260℃に至らない検証を行った

写真/右・中央:鈴木研一写真事務所、左:エスエス
ライズ:基準面あるいは基準線より上方に測った高さのこと

木の「圧縮力に強い」という特性を利用する

木は鉄やコンクリートに比べて「比強度」が高い材料

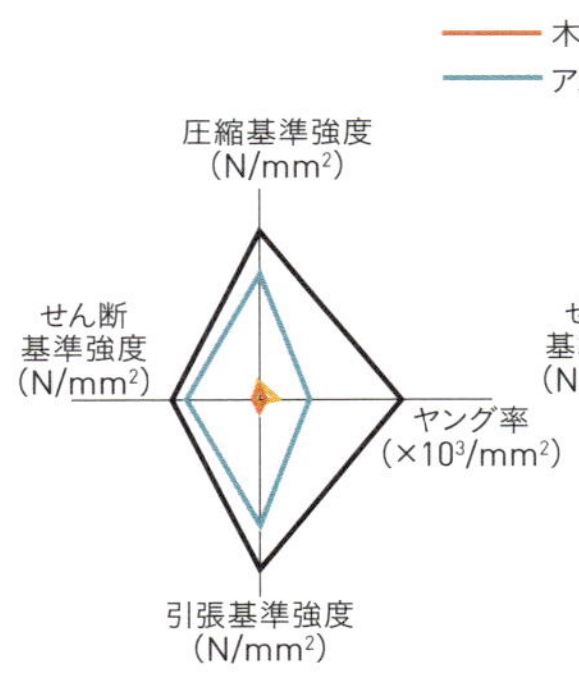

構造材料別の基準強度比較

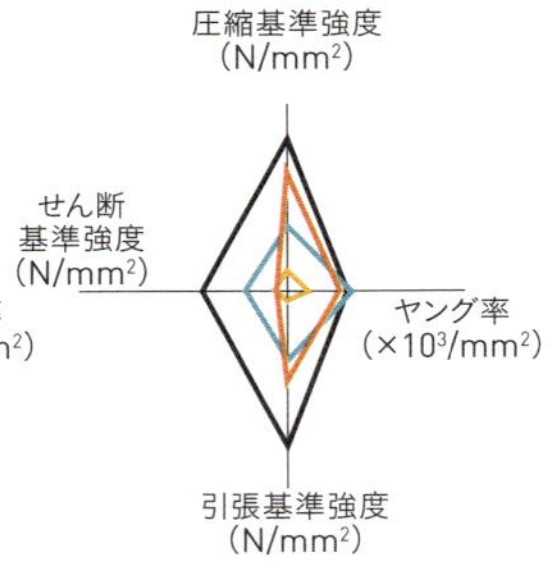

構造材料別の比強度比較

木材の基準強度は鋼材の1/10にも満たず、剛性も約1/20であるが、比強度（同じ重さあたりの強度）で比較すると、鋼材を上回る圧縮・引張性能を有する。つまり木材は、より少ない材料で強度を発揮できる

工法の組合せで高精度・高効率を実現

デザインと力の流れを融合させたうえで、施工の合理性のため、集成材を上弦材に使用した張弦材を中央に、下弦材に利用したキャンチトラスを両側に配置した。
「複合式木質張弦梁構造」と、張弦梁の自碇式構造という特性を生かした「リフトアップ工法」とを組み合わせることで、精度が高く効率的な施工が実現した（技術指導：斎藤公男）。
張弦梁上弦材とキャンチトラス下弦材は、長期荷重に対して圧縮部材となるので、木の材料強度を十分に発揮できる。また、圧縮部材であることから、ウッドタッチによる応力伝達が可能となり、接合効率が向上した

木材だけを美しく見せるディテールの工夫

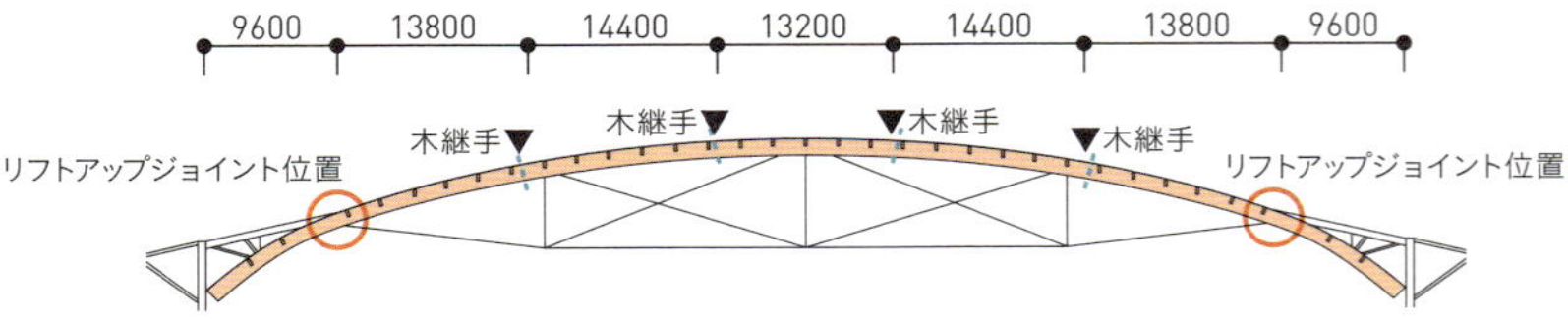

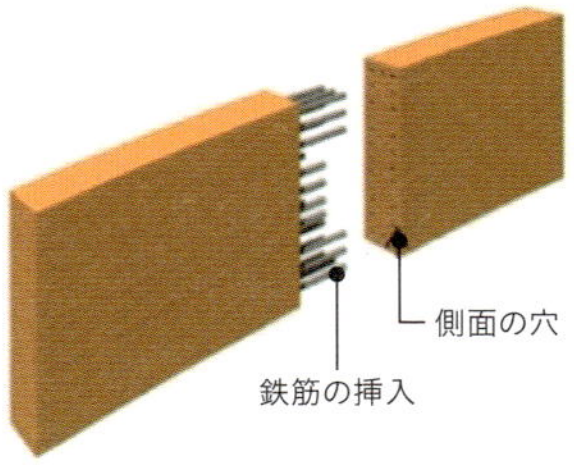

湾曲形状の屋根架構にGIR接合で一体化した断面集成材を使用する際、当該部材の長期応力は、曲げモーメントよりも圧縮軸力が大きくなる。ただし、既往のGIR接合部の曲げ耐力に対する設計式では、軸力の影響は考慮されていない。そこで、大断面集成材の継手を想定した複数の接合具からなるGIR接合部における、圧縮軸力と曲げモーメントが同時に作用する複合応力下での、接合部耐力および剛性について、要素試験と実大試験を通じて検証し、実用化につなげた

写真／清水建設 有明体操競技場作業所
接合効率：柱や梁などの部材自体が有する耐力のうち、接合部で伝達できる割合

木の新たな可能性を体現する大空間

「湾岸地域に浮かぶ木の器」がコンセプトであるこの事例は、かつて貯木場だった敷地の記憶を体現し、日本の木の文化を象徴する軽やかな「木の器」としてのデザインが求められた。設計の構想段階から構造設計者が主体的に関わり、木材の利用方針と建物形態の検証を進めていった。

木の器のかたちと構造形式

建物の全体形状は、コンコースを外部化し、すり鉢状の競技エリアと観客席がそのままにおおらかな傾斜壁として現れる、巨大な木の器のかたちとした。

屋根架構には、繊維方向の比強度に優れる木の特性を活用し、圧縮力を木材・引張力を鋼材に負担させることで、大空間を構成することを目指した。国産カラマツの大断面集成材により、化粧材や鉄骨の補助材としてではなく、構造材そのものを木としている。これにより屋根重量を軽減し、下部構造・杭の負担を軽減することも目指した。下部構造は鉄骨造とし、観客席・機械室を支持するV字架構を建物外周部に配した。このV字架構は、長期荷重のみならず地震等の短期荷重に対しても抵抗。外観の意匠的な特徴としてもはたらく。

木の特性を活かし可能性を追及

大空間建築で木材を構造材として利用する場合、①材料の供給性、②部材同士の接合方法、③耐火性能の検証の3点が課題だった。

①の材料の供給性について、この建物で用いる木材は、所定の調達基準・森林認証制度（FSC、PEFC、SGEC）を満足させることでサスティナビリティに配慮した。中でも、屋根架構を形成する大断面集成材には、強度特性・製作性・供給性を総合的に考慮し、北海道産・長野県産カラマツの大断面集成材（E105-F300）による湾曲材を選定した。

②の部材同士の接合方法については、GIR（グルード・イン・ロッド）接合を大断面集成材に適用し、「木を美しく見せる接合部」を実現した。一般に、木材は鉄骨やRC等の他の構造材料とは異なり、接合部における強度・剛性の伝達効率が低く、剛接合は成立していない。GIR接合は、木材を削孔し、接着剤を介した鋼棒で相互を一体化させる、木同士の接合方式の一種である。接合部の金物等が露出せず、木現しでの建築表現が可能である点、接合効率（耐力・剛性）が高い「モーメント抵抗接合」が構成できる点、などの特徴がある。運搬上の制約から、5分割した湾曲集成材を現場で接合した。

③の耐火安全性の検証については、大規模かつ可燃物量の多い建築物の主要構造部に木材を利用する場合、耐火安全性に十分な配慮をすることが重要であり、所定の性能規準・認定を満足させる必要がある。この建物では、将来の活用として展示場機能が求められたことから、火災荷重（室内の可燃物量の目安のこと）は体育館用途（80MJ／㎡）の約4倍（320MJ／㎡）を見込む必要があった。このため、（1）展示場の利用を想定した火災荷重の設定、（2）内部空間の気積を考慮したシミュレーション、（3）屋根部の木構造架構・断面の温度解析、を同時に検討し、安全性の検証を行った。屋根部の木構造架構は、上に凸なアーチ形状の建物断面と内部空間を利用し、建築形態を構造安全性にも耐火安全性にも合理的となる工夫を行うことで、木部材が着火温度である260℃に至らない検証を行った。

木を活かす技術を次の世代へ

この建物では、大空間構造において木の構造材料としての長所を活かすと同時に、シンプルな架構で、素材としての美しさを最大限に見せることに取り組んだ。完成した「木の器」には、総量約2300㎥の全てに国産の木材を使用している。昨今の「建築基準法改正」や「脱炭素社会の実現に資する等のための建築物等における木材の利用の促進に関する法律」、「森林環境譲与税」によって、木材利活用の機運は高まっている。実際に中・大規模施設でも、さまざまな形で木材の利用が推進されている。このような取組みが、森林保全・林業の発展・持続可能な未来を創るための木材利活用促進の一翼を担い、培われた技術が次の世代へのレガシーとなることを期待している。

張弦梁：圧縮力を負担する梁と引張力を負担する材を組み合わせた架構／気積：ある空間の床面積×高さのこと

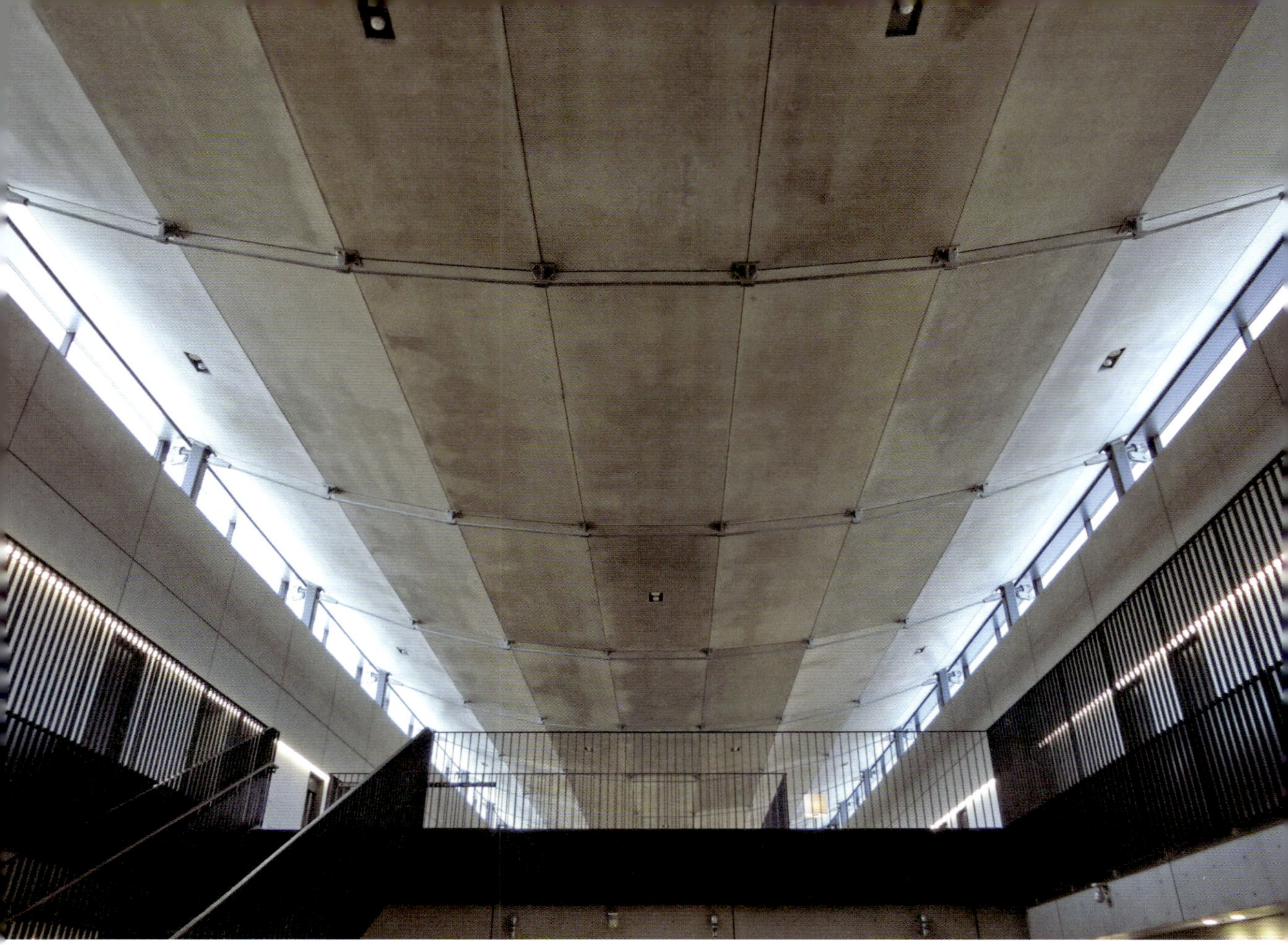

SECTION 010

ケーブルで屋根を浮かせる

梁はボリュームがあって
すっきりしない…

細いケーブルで
屋根面がスッキリ！

凹型のプレキャストコンクリート板の屋根を、吊り橋に見立てケーブル吊り構造で成立させた。細いケーブルが重い屋根を軽やかに支えており、凹型形状は採光や換気などの環境性能とも融合している。

写真／日建設計

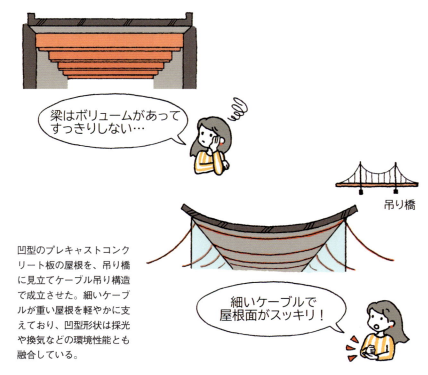

自然採光と換気効率を高める凹型屋根

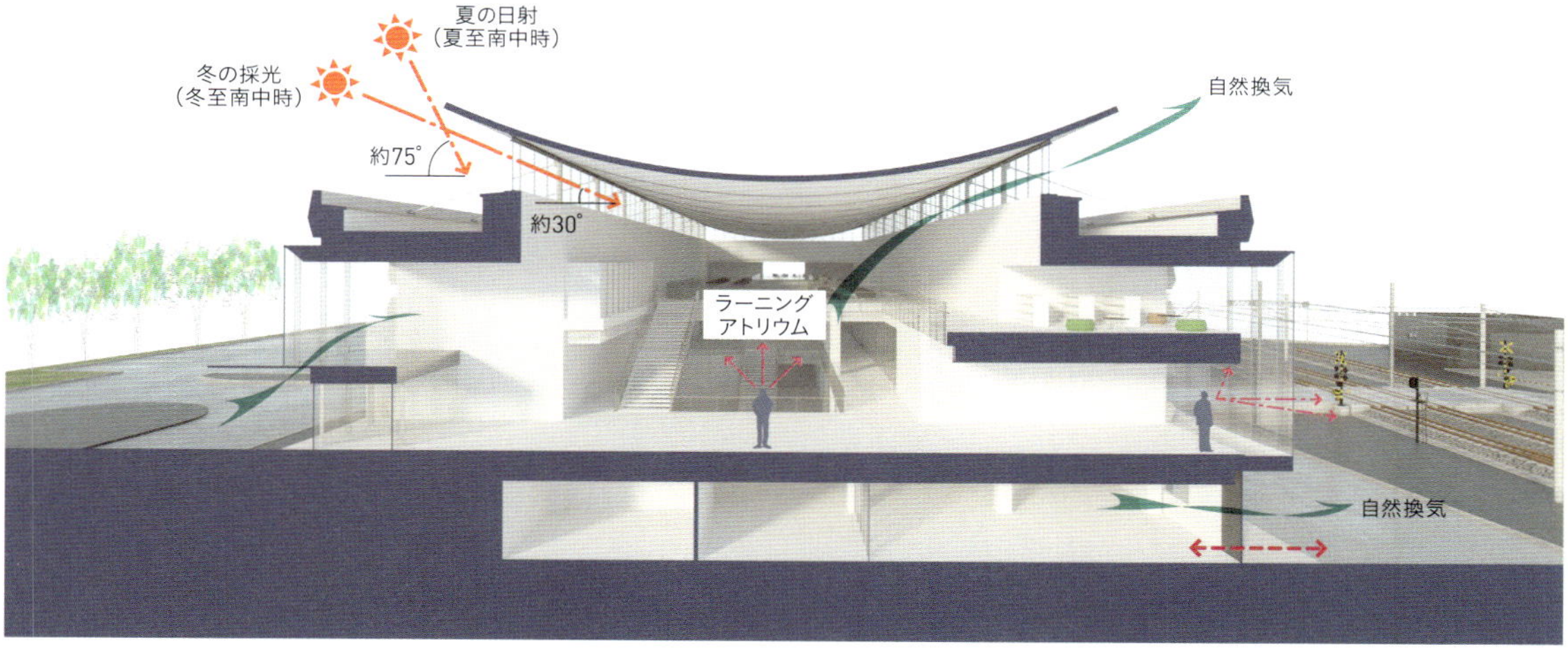

吊り橋のような下に凸形状の屋根を建物の構造から浮かせるように計画することで、アトリウム空間の環境性能を高めつつ、構造体であるケーブルが空間デザインの『顔』となる。屋根にはハーフプレキャストコンクリート板を採用することで、アトリウム空間を覆うコンクリート表面の美観にも配慮した

〝常識破りな〟凹型屋根

ケーブル構造は、張力に対して釣り合う必要があるため、ケーブルだけでなく架構全体の力の流れを考えることが重要である。鉛直荷重は、屋根重量に加えてケーブル張力と釣り合うスラスト力があり、ケーブル端部の鉄骨柱から下部構造へ、スラスト力はアトリウム周りの屋根スラブの面で抵抗し、下部の耐震壁を通じて自己釣り合いとして処理される。地震時水平荷重は、ケーブル端部の鉄骨柱で100%負担した力が下部構造に伝達すると考え、ケーブル部分の抵抗には期待しない設計とした

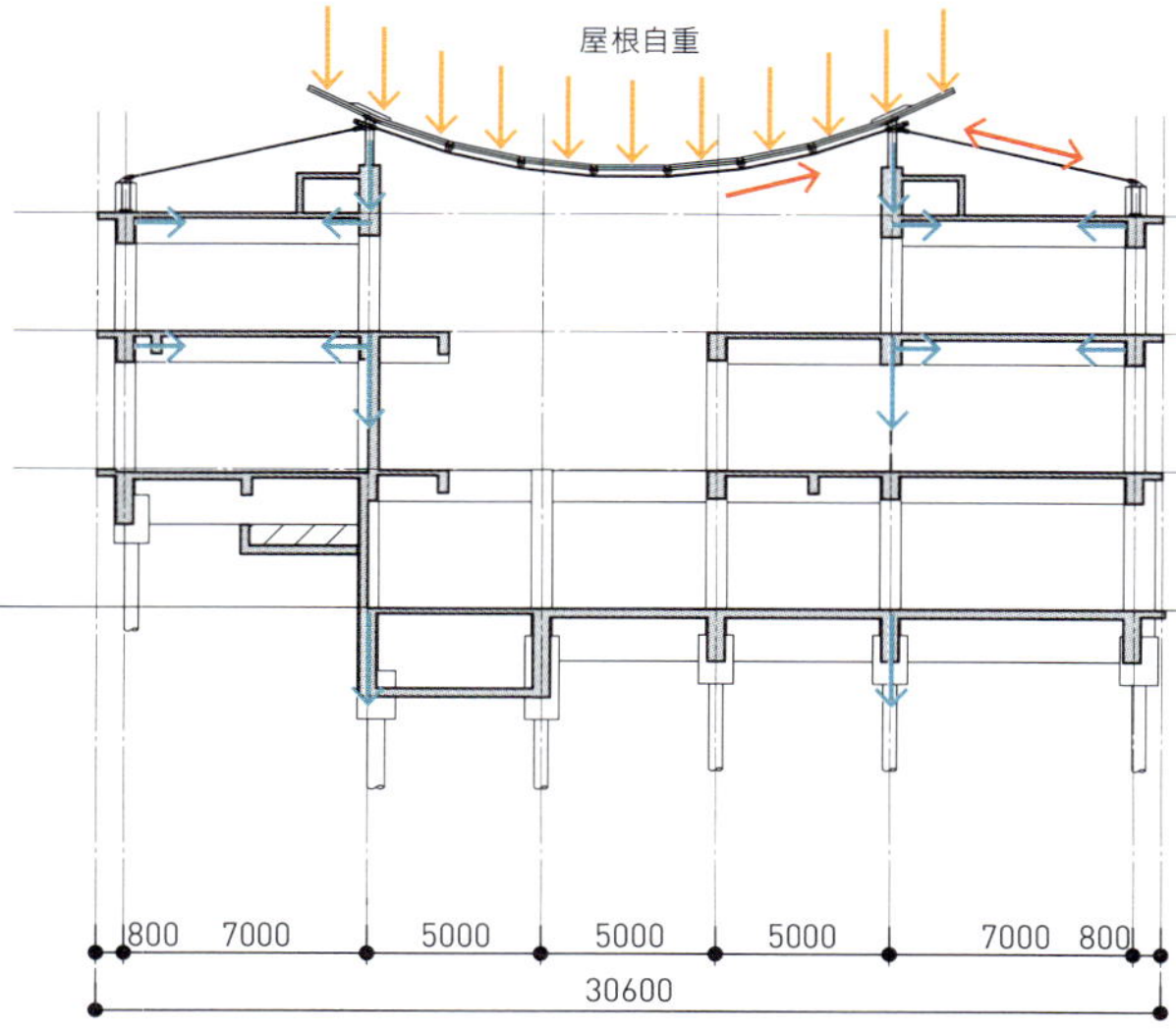

鉛直荷重の力の流れ

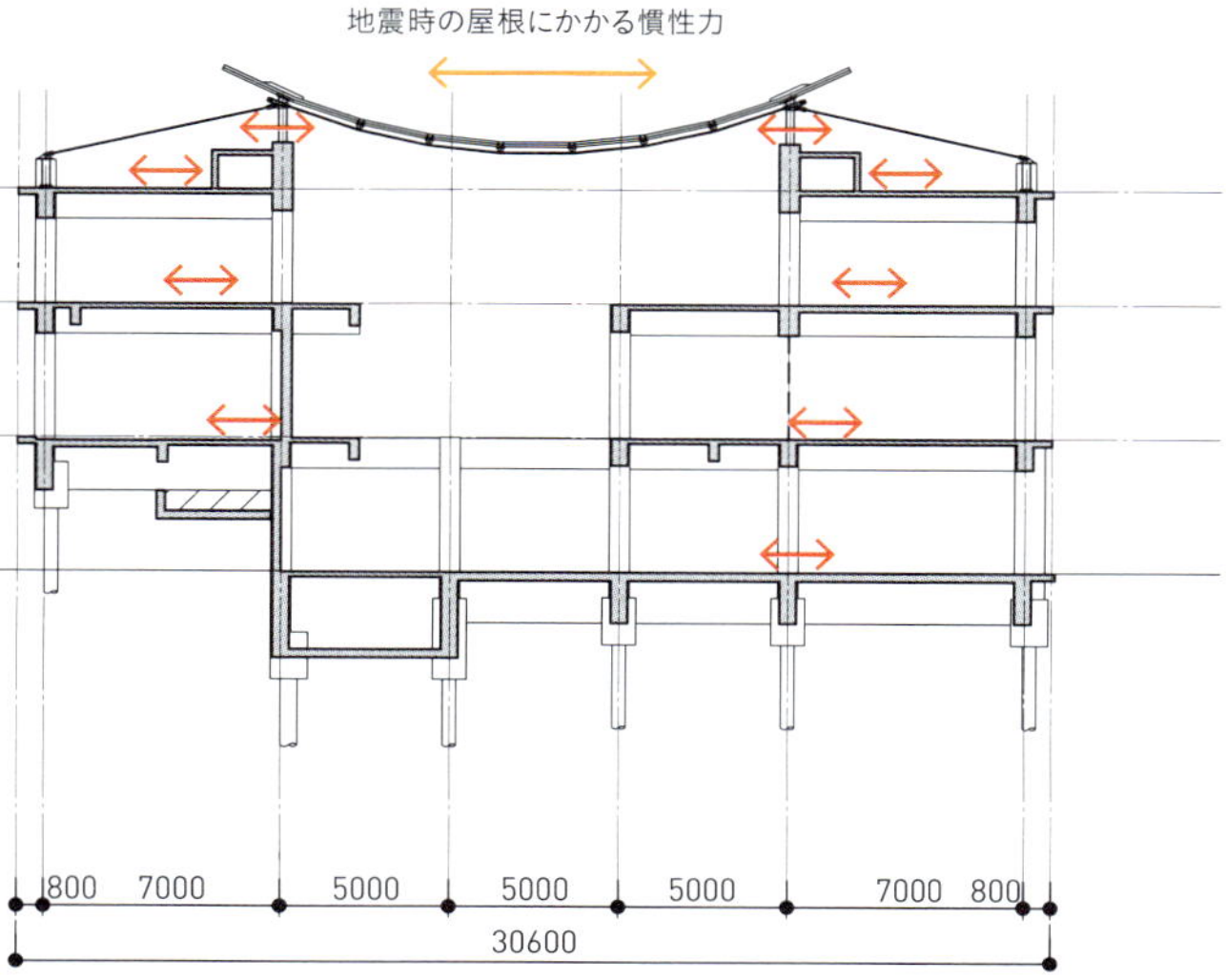

水平荷重の力の流れ

ハーフプレキャスト:工場で一部を製作し、現場で現場打ちコンクリートと一体化する

力の流れに相応しい安全なディテールを試行錯誤する

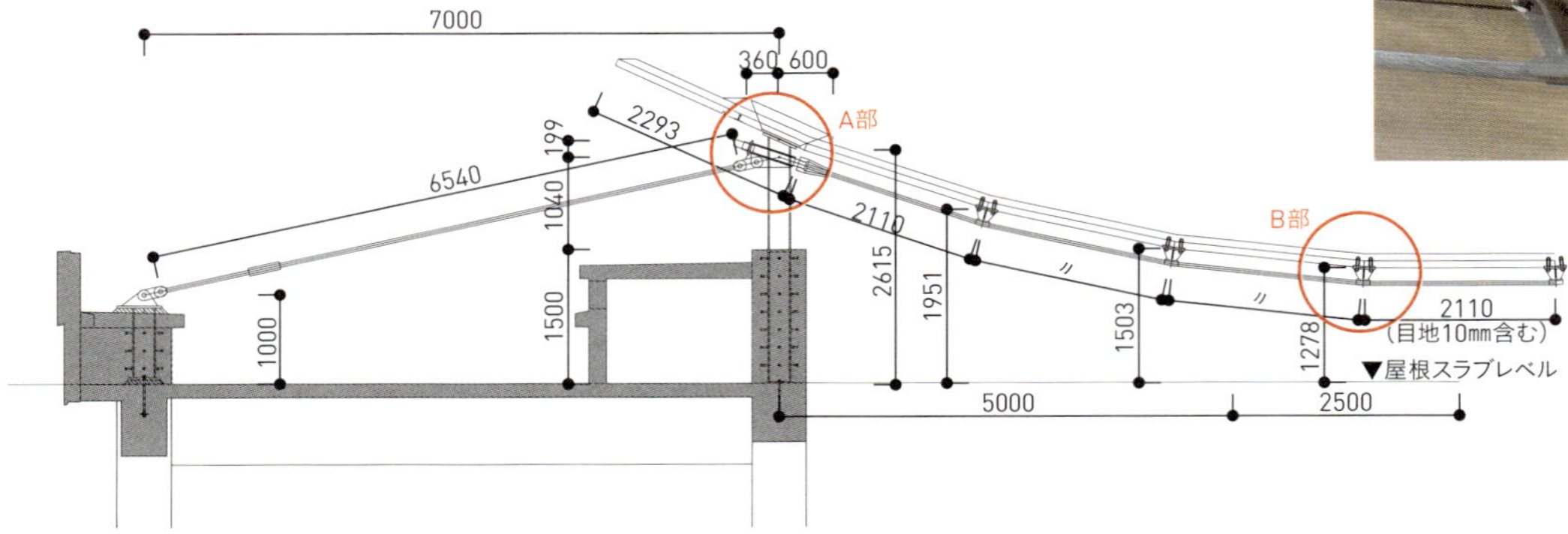

施工者と二人三脚の施工検討

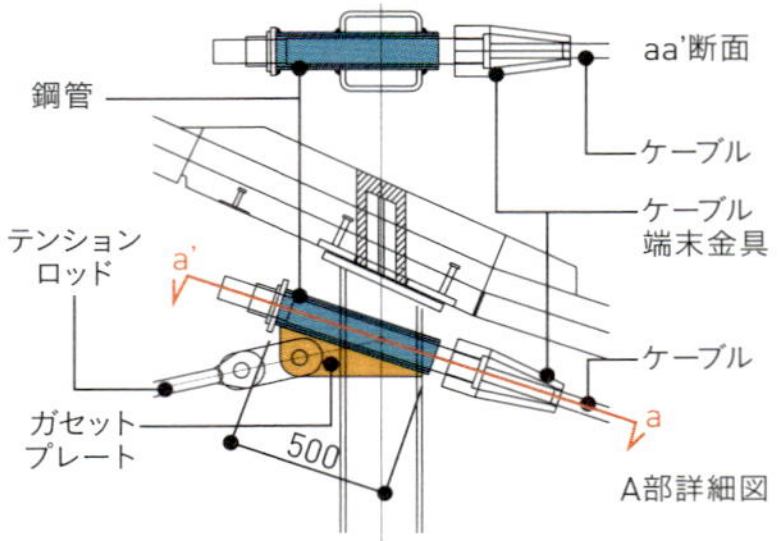

ケーブルとテンションロッドを分離するという構造計画上の決断により、鉄骨柱にガセットプレート付鋼管を貫通させ、ケーブル張力とテンションロッド張力が鉄骨柱の芯で釣り合うディテールを採用した。ケーブルとテンションロッドの傾きが異なるので、長期荷重時にも不釣り合い力が発生するが、鉄骨柱が耐えられる許容曲げ応力に比べて十分小さいため問題とはならない

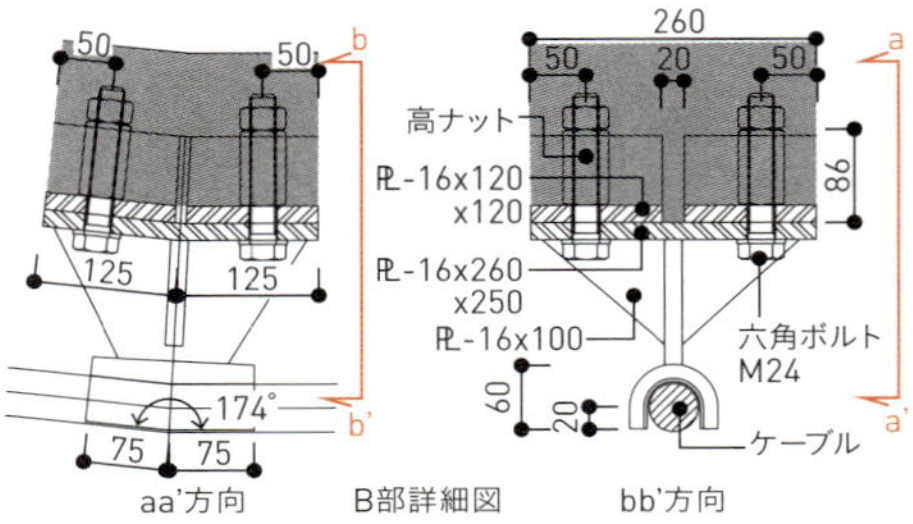

アトリウム見上げのファスナー部分の軽快さと、アトリウム空間に部品を落下させないという設計思想を融合し、ケーブルを「つかまない」ディテールとした。これにより、ケーブル張力が全長にわたってほぼ均一となり、地震や風による外乱の際も安定した挙動を示す。プレキャストコンクリート板との接合部では、接合ボルトの回転を防止して落下リスクを払拭した

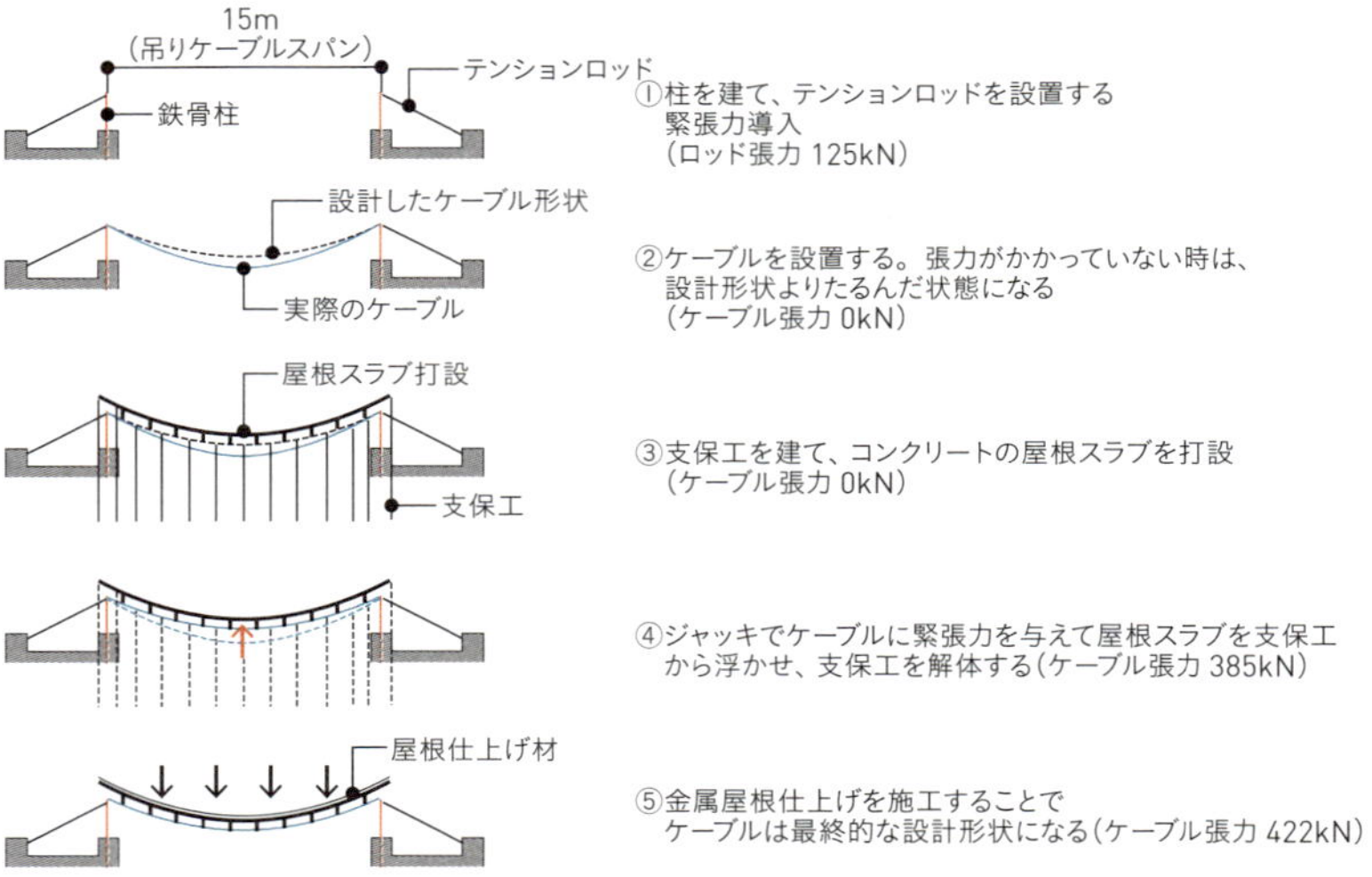

60m×20mサイズのコンクリート屋根をジャッキダウンしてケーブル上に設置することは非常に困難である。施工中の安全性を確保するために、施工者と何度も議論を重ねた。最終的にはケーブルを先行して配置し(②)、その上に総足場でコンクリートスラブをつくり(③)、ジャッキでケーブルに緊張力を与えて屋根を浮かせる(④)、という地切り方式を採用した

写真/日建設計

ファスナー:部材同士の接合部に用いる金物(ボルトやプレートなど)/ジャッキダウン:吊降す機能を備えたジャッキを用いて、構造部材を降ろして設置すること

屋根らしくない凹型形状をケーブルで支える

インフラ関係の電気設備工事会社の研修所を提案するコンペが、この建物の設計の始まりであった。社員が座学だけでなく、泊まり込みで実技研修も行うことができる研修所が求められた。クライアントからは「ブランド価値を向上させる『顔』となるデザイン」と「研修生同士のコミュニケーションを誘発する仕組み」を建築計画に織り込むことが求められた。そこで、「人を育てるデザイン」を計画のメインコンセプトとして掲げ、施設の中心に研修生同士のコミュニケーションを誘発する大小さまざまなラウンジに囲まれる交流空間となるアトリウムを設けた。　アトリウム内の自然採光と換気効率を高めるため、一般的な山形の屋根とは逆向きに、下に凸形状（凹型）となる屋根形状を採用した。そして、研修生が日常的に取り扱う材料の一つでもある「ケーブル」を設計のモチーフとしたケーブル吊構造による屋根、というアイデアにたどり着いた。

ケーブル構造の力の流れ

ケーブルは、張力がなければ紐のように簡単にかたちが変わる、やわらかい材料である。張力が入る（引張る）ことで安定する構造となるので、張力に対する釣り合いを、建物全体でどのようにとるかが、構造計画上の重要ポイントとなる。アトリウム外周床の面内剛性によってケーブルのスラスト力に抵抗し、耐震壁を通じて架構全体へ力を伝達している。地震時の屋根の水平慣性力については、屋上のRC梁に柱脚を埋め込んだ鉄骨ボックス柱で抵抗し、下階・基礎へと力を伝える。

構造計画に冗長性をもたせる

ケーブルは、切断せずに長く配置することで接合金物を減らすメリットがあるので、まずは建物の端から端までを1本のケーブルで吊り橋のように構築することを考えた。しかし、万が一ケーブルが破断すると、1本のケーブルであれば全てが崩壊してしまう恐れがあることや、外部に露出する部分があるので、高密度ポリエチレンの黒い被覆がケーブル全長に必要になり、アトリウム空間でケーブルの素材感が感じられない、という欠点があった。これらを解決するため、鉄骨柱を介して建物内部にはケーブル、外部にはテンションロッドと、部材を変える方針とした。このように分離したことで、建物内部のケーブルは経年劣化による切断のリスクがほぼなくなり、外部のテンションロッドの材料劣化による破断がリスクとして残った。ある部分が壊れることで、架構全体がドミノ倒しのように連鎖的に壊れていくことを避けるべく、構造計画にはある程度の冗長性を持たせることが必要だ。ここでは、万が一1本のテンションロッドが破断したとしても、連鎖的に隣のテンションロッドが破断したり、内部ケーブルの張力が許容値を超えるほど上昇したりすることはない、ということを確認し、万全の冗長性を確保する考えに至った。

力の流れをディテールに

プレキャストコンクリート板とケーブル接合部（以下ファスナー）の設計時に最も注意を払ったことは、竣工後の時間の経過とともに接合ボルトが緩み、アトリウム内に落下するリスクについてであった。ケーブルの中央部は地下1階からの吹き抜けであり、メンテナンスのためにファスナーに近づくことは容易ではないことから、アトリウム空間へのファスナー部品の落下を防ぐ方法を考え続けた。ファスナーを落下させないためにどうすれば良いか。ケーブルとの接続ファスナーに力がかかるのは、風の力で吹き上げられる場合だが、ここで屋根のプレキャスト板が「重い」ことが活かされた。５００年に1度というレベルの暴風時にも、屋根の重量がより大きいため、浮き上がることはない。そこで、ケーブルをあえて「つかまない」ディテールとした。

ケーブル施工のタイミング

張力が入るまで変形してしまうケーブルは、施工計画にも十分配慮が必要である。設計時に想定していた施工方法に対し、現場が開始してからも施工者との議論を重ねていく中で、最良の方法にたどりついた［右頁下段］。施工側の知恵を重ねることで、難問を解決できることもある。

経年劣化：建物や設備にとって、時間の経過により自然に発生する劣化や損耗のこと

SECTION 011

木と鉄の弱点を補い合うハイブリッド梁

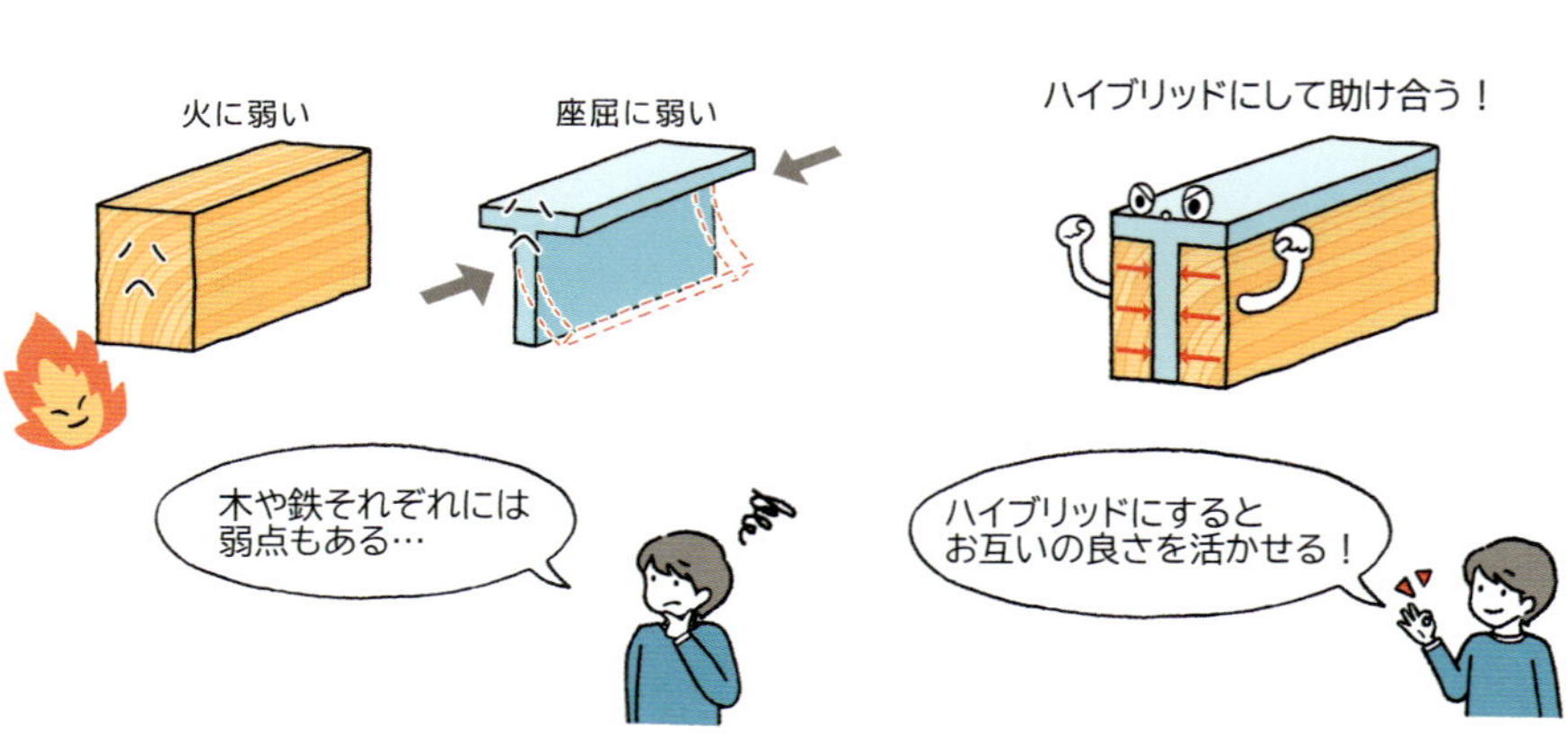

木材だけで屋根を支えるためには、厳しい耐火の制約によって特別な検証が必要になったり、内装や用途の制限がかかったりする。何より、太い梁が必要になってくる。そこで、木の美観とかたさを鉄に付加することで、それぞれの特性を生かす「ハイブリッド梁」を考案した。

写真／米倉写真事務所　米倉栄治

木だけでは火に弱く、鉄だけでは座屈に弱い

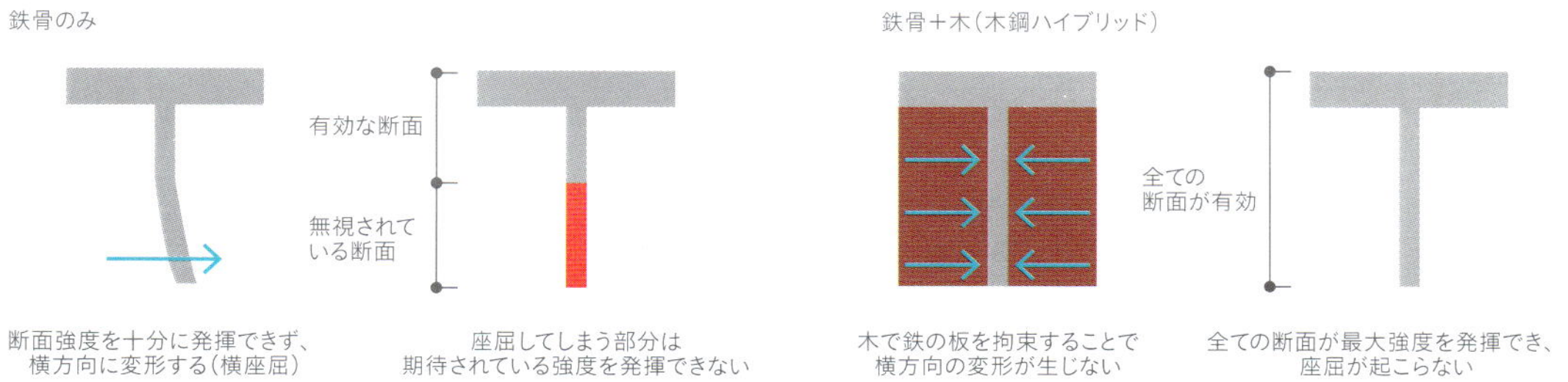

鉄骨部材は、板の長さと厚さのバランスによっては、圧縮力を受けた時に板が横にはらみだす（捩れる）現象が起こってしまう（座屈）。捩れようとする部分を、木材で挟み込み抑えることで、鉄骨の座屈のおそれがなくなるので、部材の強度を全て発揮することができる。耐火性を鉄が補い、座屈に対する抵抗を木が補う、合理的な木鋼ハイブリッド梁である

鉄の強さと木のかたさ・美しさを組み合わせる

意匠設計者とスケッチで対話する

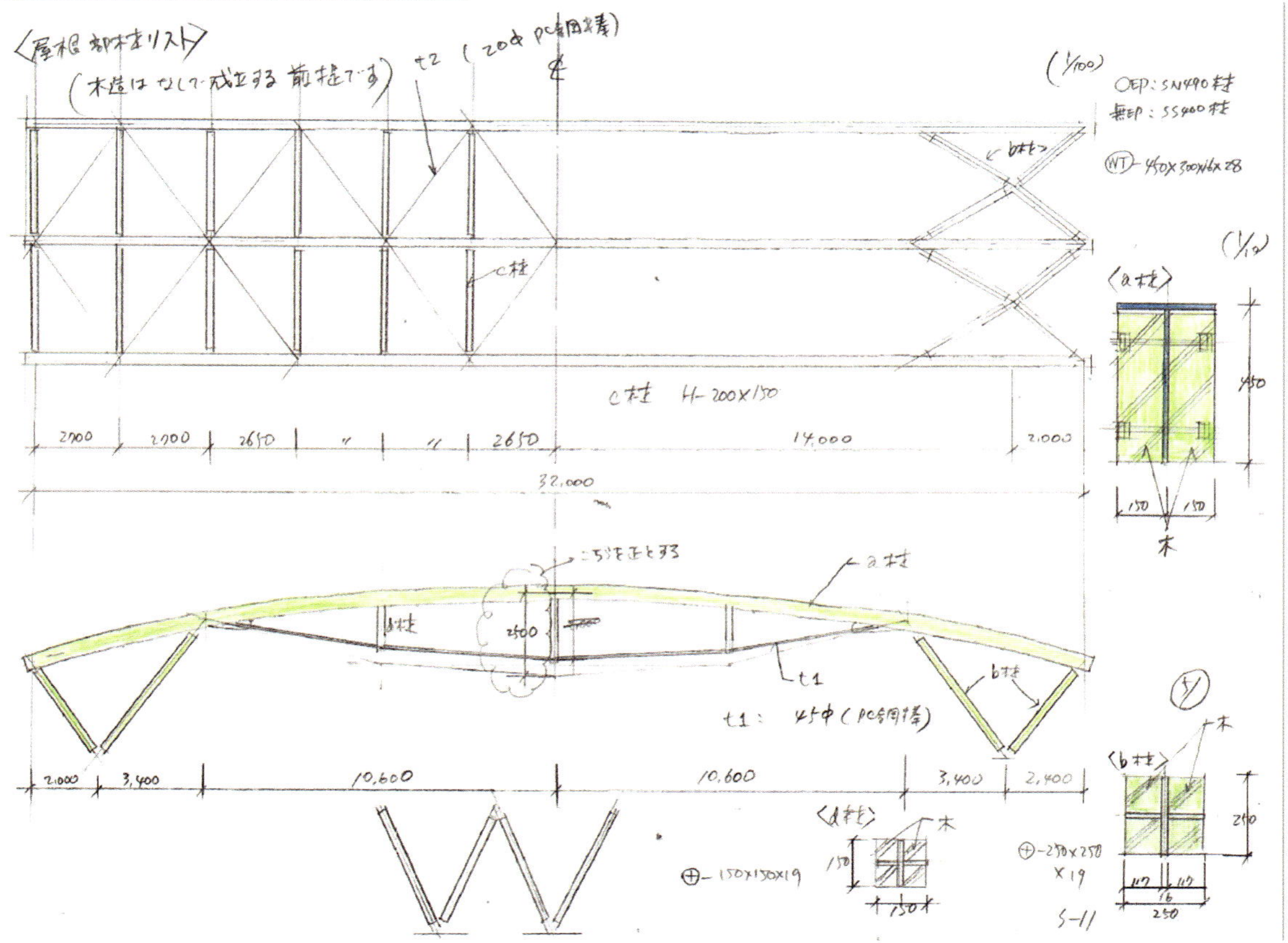

基本設計の初期段階では、意匠設計者との打合せのため構造架構の概要や部材の仮定断面（概略計算をもとに決めるおおよその大きさ）を決め、スケッチをつくる。ここから、意匠設計者にどのような構造部材が必要かを理解してもらいつつ、意匠性も満足できる構造部材の見せ方やおさめかたなど、打合せを重ねて調整していく

構造性能だけでなく、意匠性も満足させるディテールを検討

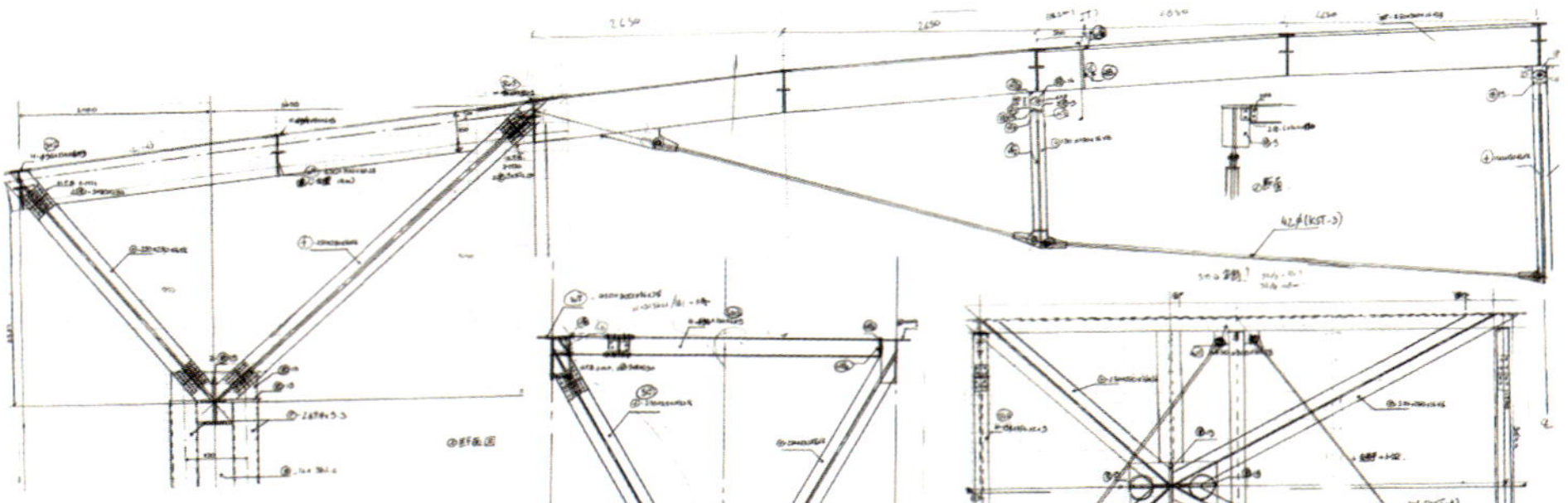

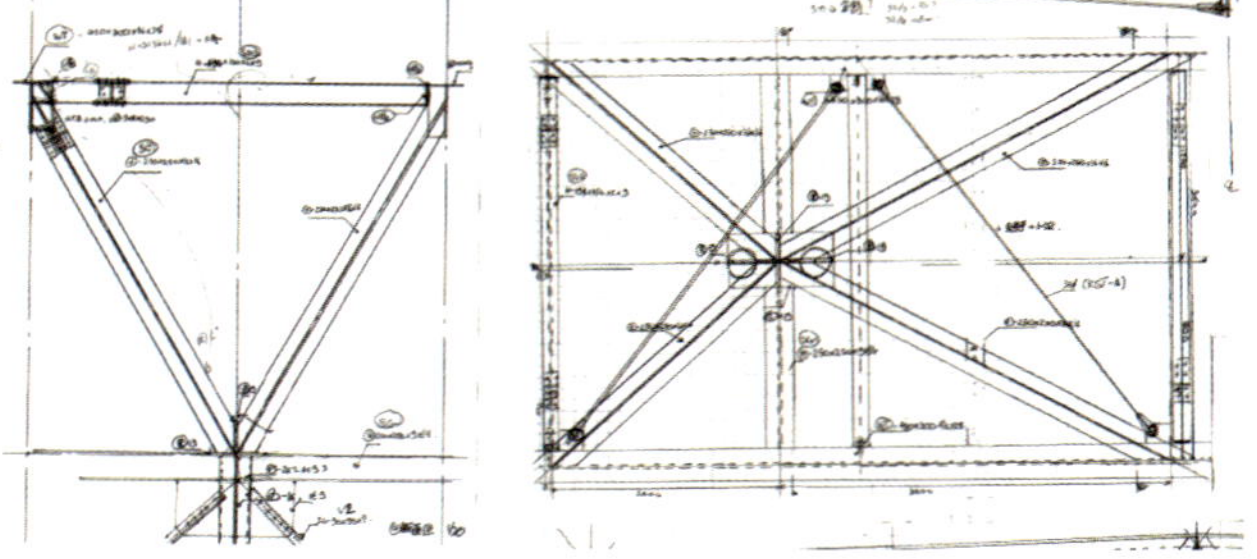

まずは手描きのスケッチで、各部材芯が取合う点や、部材同士の納まりを確認する。継手の位置、ボルトの本数、溶接の仕様を表す溶接記号なども、設計内容を反映していく

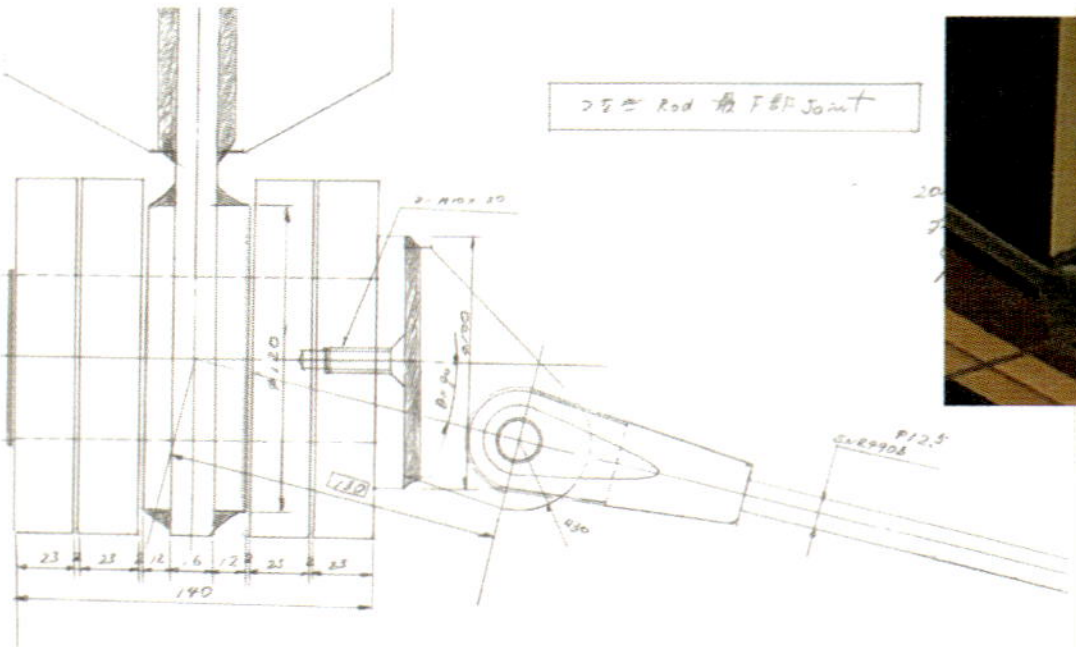

テンション材と直交方向の振れ止めである横繋ぎ材をコンパクトな納まりとした。左右のフォークエンド（テンションロッドの端部）と束材からのガセットプレートを重ねた上で、接続するピンにネジを切って、横繋ぎの取り合いを設けた

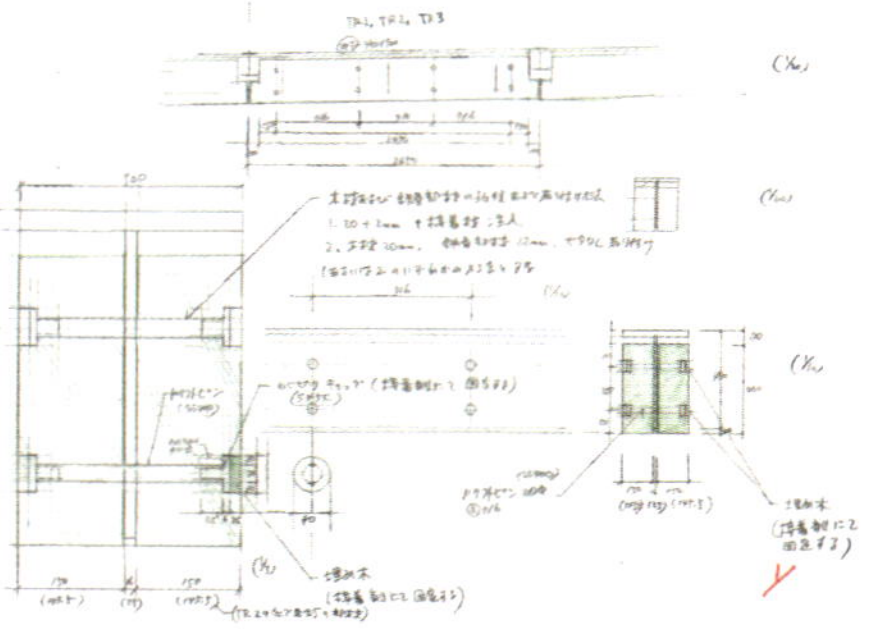

鉄骨のウェブの座屈を拘束する役割の木材は、ウェブの両側にドリフトピンにて固定する。木材には座屈を補剛する力以外の余計な軸力が入らないよう、鉄骨側の孔をドリフトピン径より2mm大きくし、ドリフトピンが外れないよう蓋を設けている

計算や解析、実験により性能を確認 設計の思想を実現する

実験と解析を通じて、ハイブリッド梁の有効性を確認

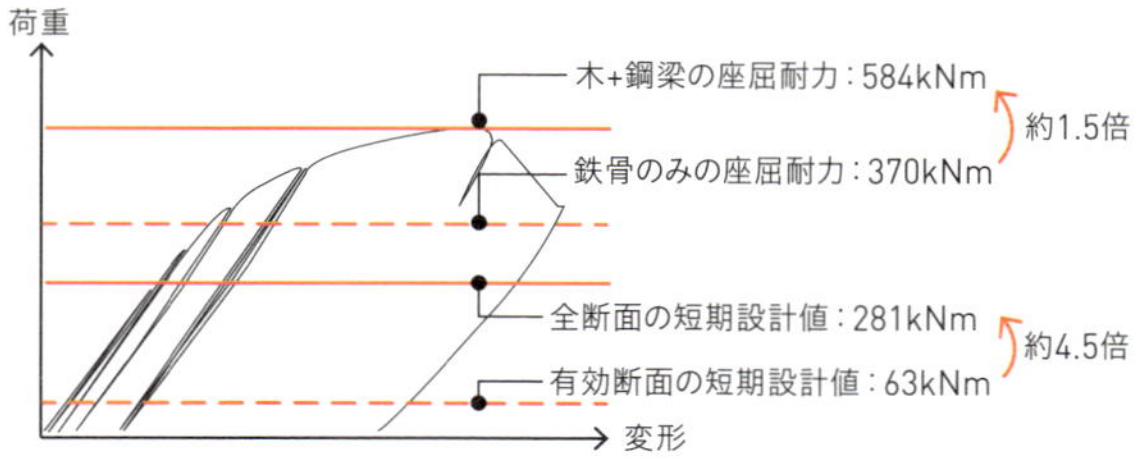

木による板材の変形拘束

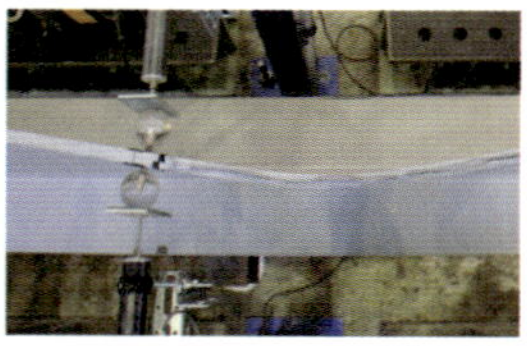

純鉄材の横座屈状況

ハイブリッド断面の試験後の状態、試験結果、変形・曲げ曲線。圧縮力によってウェブがはらもう（捩れよう）としたが、木材の拘束によって鉄骨全断面の終局耐力を発揮するまでに加力が出来た。ハイブリッド断面は設計に用いられる性能として純鉄骨に比べて約4.5倍となり、安定的に鉄骨全断面の終局耐力を発揮できた

写真／日建設計

ガセットプレート：部材同士の接合に用いるプレート／ネジを切る：ネジの溝をつくる／補剛する：座屈しないように部材を拘束すること／終局耐力：材料が力を支えきれなくなり、完全に破断してしまうときの力の大きさ

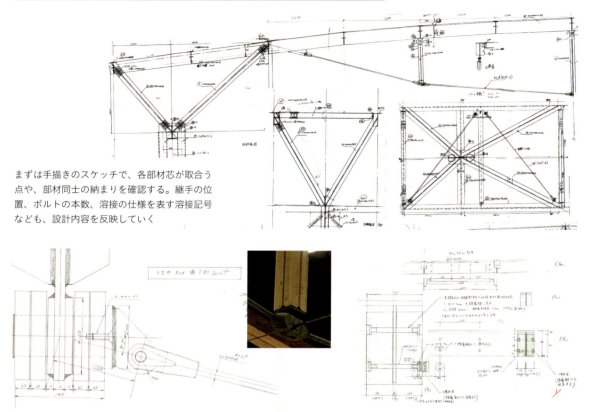

構造性能と意匠の美観を どちらも叶えるハイブリッド梁

コンペ時にクライアントから、「自然に近い空間を実現したい」という要望を受け、緑豊かな周辺環境を活かした木造空間の実現を目指した。木材を用いた張弦梁構造の提案から計画はスタートした。

構造部材の役割の1つは力を伝達すること。伝達の際、圧縮・引張・曲げ・せん断などの応力が生じる。しかし、材料によって性質は異なり、たとえば木は、圧縮強度が高くせん断強度が低い。木の良さを生かすためには、意匠性だけでなく、木材の特性に合わせた構造設計をする必要があった。

最もシンプルである単純梁を考えた場合、曲げ応力、せん断応力ともに大きくなり、必要な木断面が増え、目指していた繊細さが失われる。そのため、他の材料と組み合わせ、曲げを引張と圧縮に置き換える張弦梁の形状を考えた。他の構造（切妻、トラス等）も選択肢としてあったが、張弦梁なら、軽快で開放的な空間が確保できるので、目標の建築デザインとの相性がとても良い。

耐火の制約をクリアするには

もう一点、木を利用する大きな課題として「耐火」のハードルがある。木を主要な構造体とする場合、日本では耐火に関する法律が非常に厳しい。架構を純木造で実現するには、特別な検証（耐火検証）が必要となり、それに伴い室内の内装、用途などにも制限がかかってくる。

その他、内観、使い勝手、工期、コストなども考慮した上で、木と鉄のハイブリッドの梁をつくる案に辿りついた。鉄を屋根部材に使う場合は、耐火による制約はほとんどない。そのため、ハイブリッド梁とすることで木の現しを実現し、木と鉄の弱点を互いに補完できる合理的な案とした。

張弦梁は三つの部材で分かれている。①上弦材（ハイブリッド梁）は、屋根の重量を直接支持しており、主となる負担応力は圧縮力。曲げ応力とせん断応力も負担する。②下弦材（鉄骨のロッド）は引張力のみを負担する。③束材（鉄骨の十字断面）は上弦材と下弦材を繋ぐ材であり、圧縮力のみを負担する。

ハイブリッド梁の概念

ハイブリッド梁の鉄骨断面には、T型断面を採用した。T形鋼の曲げに対する性能は、H形鋼より弱い。ただし、木材で挟み込むことを考えれば、下端フランジがない点は木を現しとしたいこの建物のデザインに適合していると考えたからだ。

採用した梁断面のせい４５０㎜に対して、ウェブの板厚は16㎜。圧縮を受ける部材の板の局部座屈に配慮して寸法を決定した。せいと厚みの比率を考慮して、クリティカルとされる値を超えているかどうかを確認する必要がある。このプロポーションでは（４５０−28）／16＝26（28はフランジの板厚）となり、クリティカルである13を大きく上回ってしまう（値が小さい方が安定性が高い）。しかし、その値を超えたからといって、実現が不可能とか、必ず座屈してしまう訳ではない。鉄骨の設計規準では、部材が許容できる力を算定する際、部材の形に応じて断面性能を低減した「有効断面」が、実在している力に耐えられれば問題ない。この建物では、４５０㎜のせいに対し、有効せいは28＋13×16＝２３６㎜となる。T型断面の全性能を発揮させるため、木でウェブ部分が座屈しないように拘束する構成とした。

ハイブリッド梁の性能を確認

実際に木の補剛で十分効果が得られるかを確認するため、解析と実大試験を行った。

まずは、ハイブリッド梁の有限要素解析モデルを作成して、木材の有無による断面の強さを座屈解析によって確認した。その結果に基づき、実大試験を実施。試験体として、純鉄骨梁を一体と、ハイブリッド梁を二体（木と鉄骨を連結している箇所数を変えたもの）の計三体を準備した。その結果、ハイブリッド梁は部材の全断面の性能を発揮することが確認された。ハイブリッド梁とすることで、鉄骨断面の局部座屈による低減を考慮せずに設計することが可能になった。また、座屈解析と実大試験の結果はほとんど一致しており、解析精度の高さが証明された。

クリティカル：何かを決める・選択する際に、最も影響が大きい要素／実大実験：実寸大での試験・実験・テスト

ドーム・スタジアム・大空間は「構造設計の華」

大空間ならではの設計

ドームやスタジアムなどの大空間建築では、構造部材の露出が多いため構造体そのものが空間の快適性や雰囲気を形成する要素となる。そのため大空間の設計は構造設計の華であり、構造設計者の活躍の場といえる。では、大空間の設計で考えるべきこととは何か？

構造設計者が考えること

各設計ステージにて構造設計者は何を考え、意識しているのか。ここでは筆者がプロポーザルから携わった2002年日韓W杯サッカー会場の一つ、デンカビッグスワンスタジアム［図1］を事例に説明する。

①コンペ・プロポーザル段階　この段階ではチームが考えることは、いかにプロジェクトを獲得するかである。発注者の意図を見抜き想像を越える夢のある絵を描くことを目指す。構造は、イメージにあった材料で力の流れを表現し、建築に調和した計画を提案する。ビッグスワンでは積雪寒冷地＋軟弱地盤＋客席全面に屋根を架けるという課題に対して、安定した性状の井桁状のアーチ＋テンションリング＋小さいアーチを組み合わせた開放的なフォルムを提案した。説明資料では構造ダイアグラムの提示、構造的に実現可能と感じられる記述を行い当選に貢献した［図2左］。

②基本設計段階　この段階では設計与件の整理とクライアント要望の咀嚼が、手戻りや考え違い防止のためにも肝要である。力のオーダーをつかみ適切な部材配置・構造形式の選定、材料の深掘りなど設計の骨格を固める。ビッグスワンでは仮想仕事の原理を使った屋根鉄骨の最適配置・断面のスリム化や、テンションリングの斜材の一部を省略する大胆な構造計画により美観の向上も狙った［図2右］。

③実施設計段階　大空間建築はトラスなどの組み部材を採用する場合が多い。この段階では部材をヒューマンスケールに落とし込む、製作・運搬・メンテナンスの容易性などを意識し設計を行う。ビッグスワンでは人が中を通過できる組アーチ、運搬可能で設置後に人も歩けるサブビーム、照明やスピーカーの容易な交換などを実現した。

④現場段階　大空間建築の建設では、設計意図伝達が極めて重要である。超高層建築などの重層型建築の主架構は、地震力で決まることが多いが、大スパン系の建築では鉛直力が支配的な荷重となる場合が多い。部材の組み立て方・建て方により力の流れが変化し想定の応力系と異なることも起きるため、設計意図を実現する建て方が肝要となる。当時は日韓合わせて18ものスタジアムが同時に建設されており、ほかでの建て方の情報などを収集しながら取り組んだ。ビッグスワンではメインアーチを40m程度のブロックで地組、16本のベント柱を設置して全体を一体化しジャッキダウンを行った［図4］。

⑤竣工後　構造体が露出することから、構造体の長寿命化が建築の耐用年数に直結するため維持管理計画の立案も重要である。ビッグスワンでは3年毎の定期点検、臨時点検および補修工事に設計監理者として竣工後20年経過した今でも関与している。

空間構造の設計マインド

空間構造では大きな力の流れを紐解き、円滑に力を流すディテール、つくり方、建て方、経年劣化が少なく維持管理容易性などをホリスティックに考慮する設計マインドが必要と考える。

図1 外観

ドームやスタジアムの建築要件は、おもに次の4つがある。

【1】観客や演者・選手など、初めて訪れる方の割合が多いため、動線計画が重要で、混乱や滞留のない建築／サイン計画

【2】VIP、演者・選手と観客を交錯させない確実な動線分離とバリアフリー、ユニバーサルデザイン

【3】演者と観客相互からの視認性、可聴性確保と一体感の実現

【4】スポーツ施設では「明るい、健康的」、アリーナ・シアター系などでは「ワクワクする、感動がある」などを想起させる賑わいのあるハレの場であること

以上を踏まえ、構造的な視点からも建築を考える

図2 屋根架構の説明資料

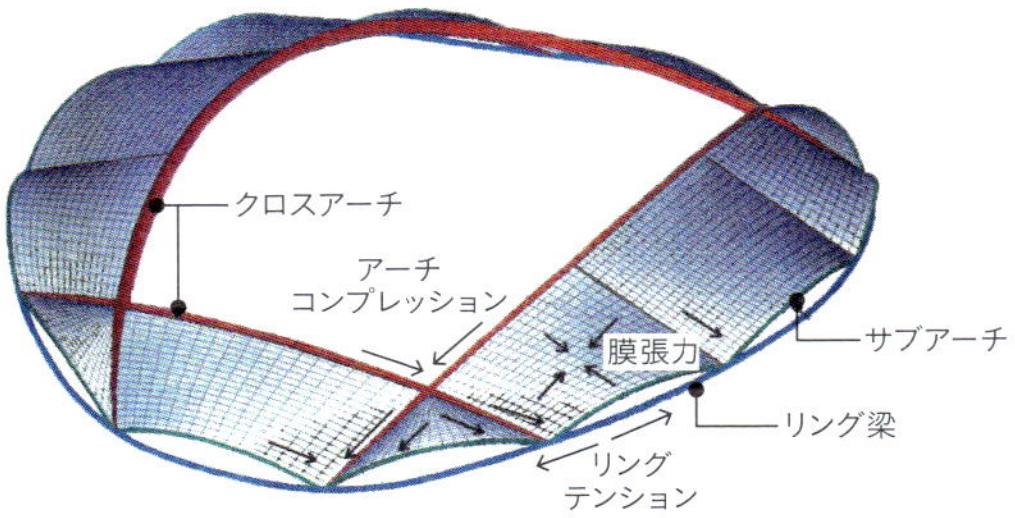

プロポーザル時に検討し作成した構造ダイアグラム。設計思想の根底には「構造計画は合理的かつ建築計画と調和的」がある。この考えをもとに審査員に刺さる説明図を作成した

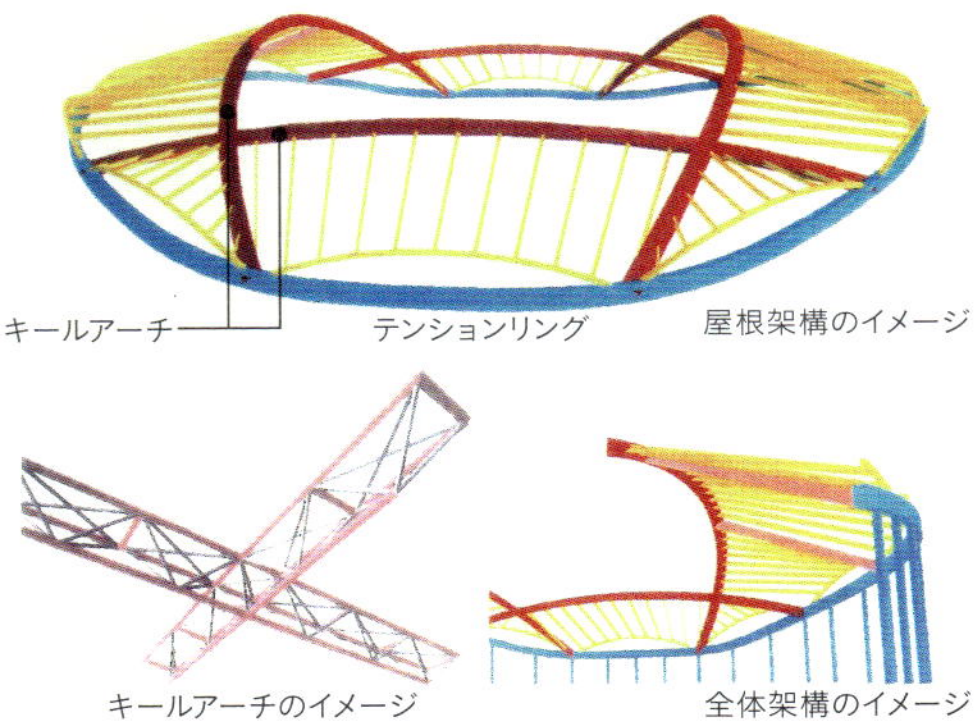

図3 実施設計時 屋根骨組パース

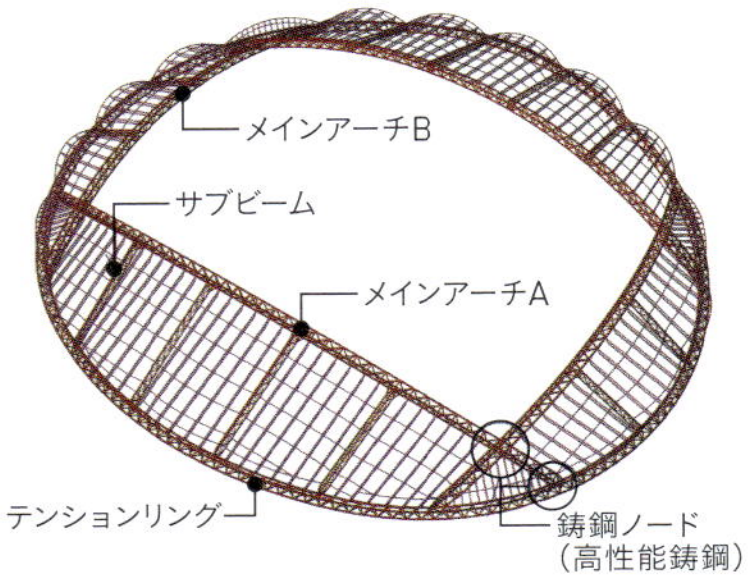

プロポーザルから形状を進化させ、高強度材料なども使用しつつ製作しやすく合理的な屋根架構に落とし込んだ

図4 屋根架構建て方

16本のベント柱を設置して全体を一体化し、ジャッキダウンを行った際の鉛直変形量は180㎜もあったが、スパン変形比でいうと1／1400と小さく想定通りであった。その他、特殊鋼材（SA440B、590N鋳鋼）や客席のPCa段床の品質管理にも注力している

写真／上山益男

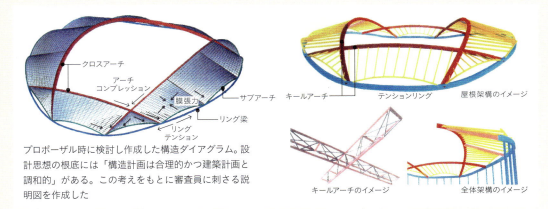

SECTION 012

地域産の小径製材を活かした木屋根

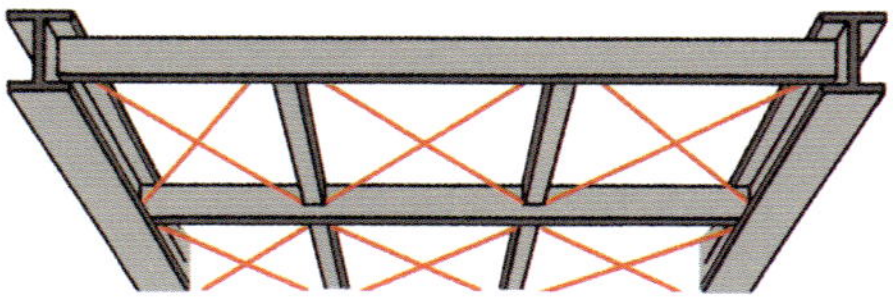

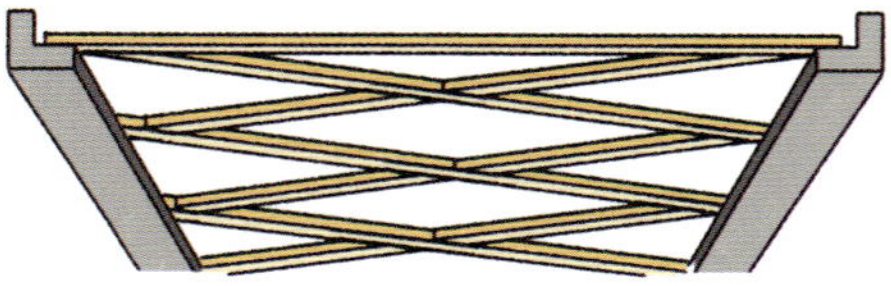

地域のための庁舎に相応しく、地場の小径製材を活かした屋根架構を考えた。屋根がコンクリートスラブでない場合、水平剛性を確保するためにブレースが必要となる。木材の組み方を工夫し平面的にトラスを構成。一見すると意匠のために張り巡らされた細い仕上げの木材のようだが、屋根を支える立派な構造の梁である。

写真／エスエス

免震構造でシャープで合理的な構造体を実現

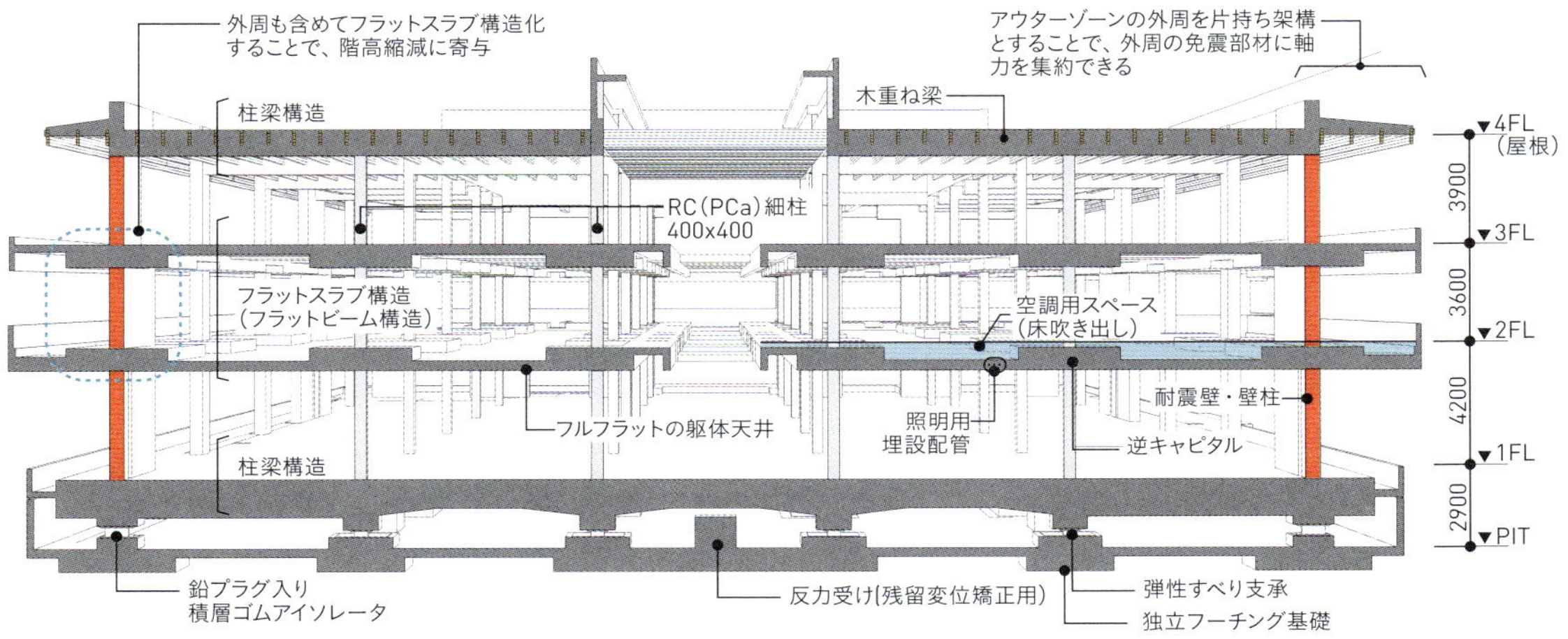

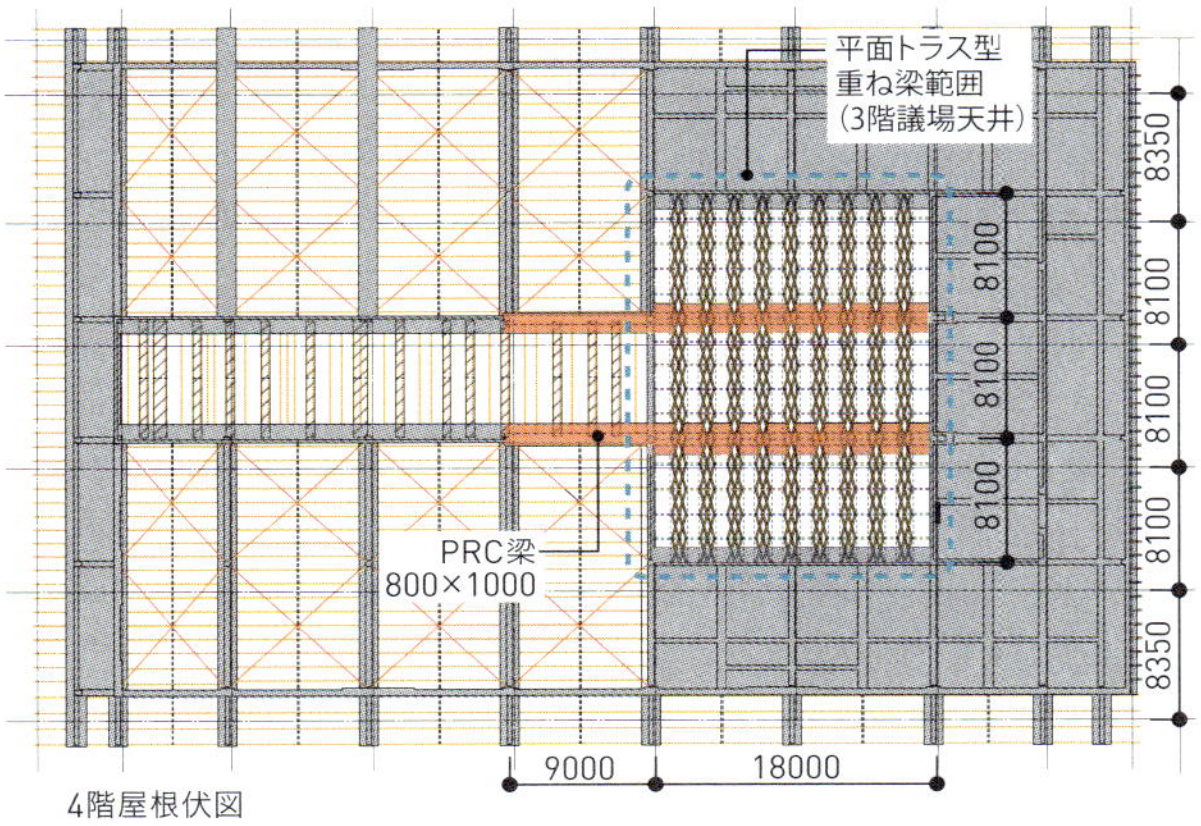

4階屋根伏図

免震構造を採用し地震力をコントロールすることで、屋根の大部分を木造とすることができた。議場の屋根は、天草市産製材による特徴的な平面トラス型重ね梁［次頁］を考案し合理的に実現した

繊細な木屋根のための合理的な躯体づくり

写真／太田拓実

105角を2段にした重ね梁を1つの単位として、平面的にトラスを構成

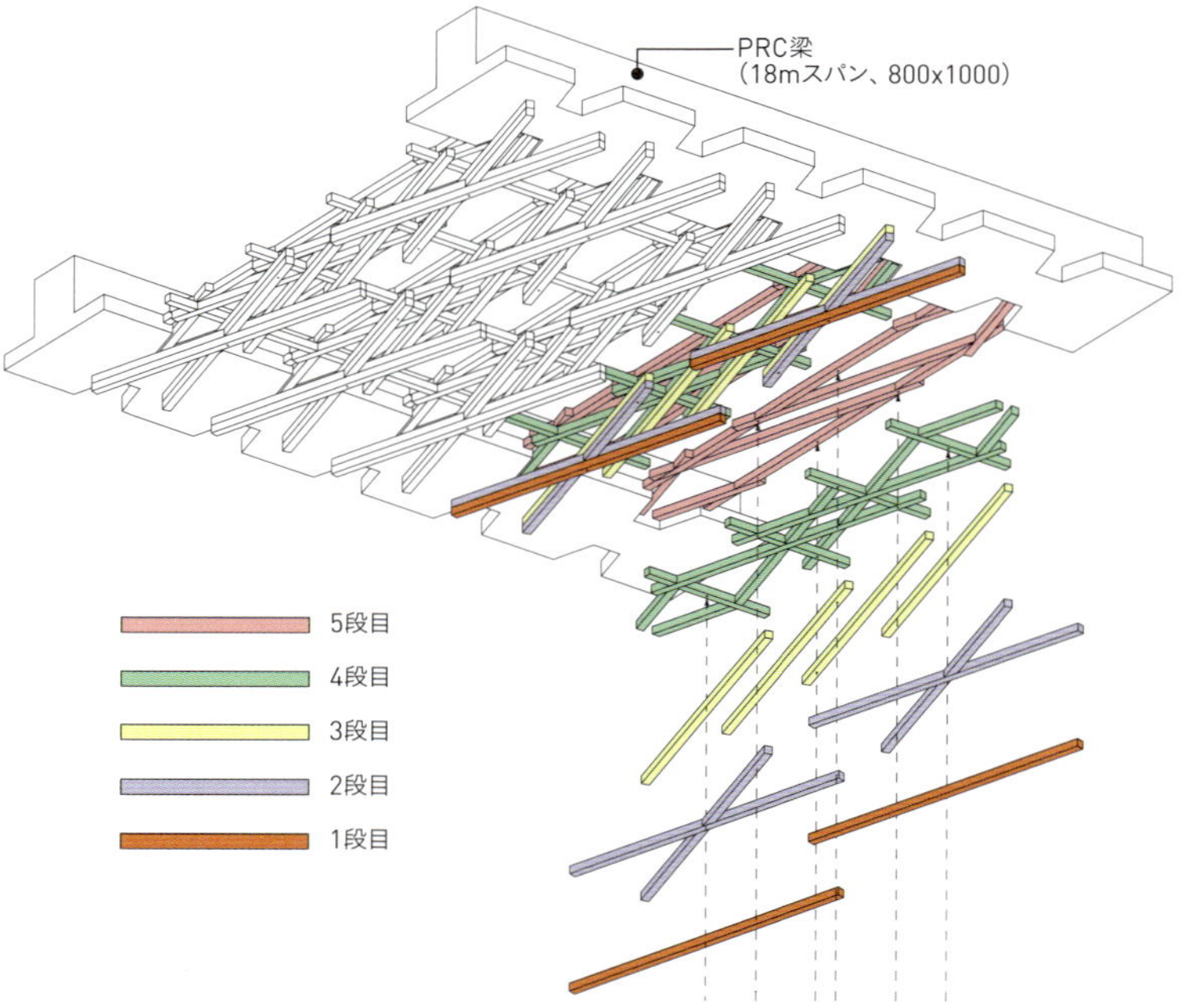

議場のスパン8.1mを、流通規格品である長さ4m、105角のヒノキ製材のみで架け渡すため、重ね梁にして構造システムを考えた。105角の構造用ビスにより2段接合した重ね梁を、平面的にトラス形状となるように組むことで、屋根に水平剛性を確保できる。さらに製材の長さは4mのため、立面的には片持ち梁と単純梁を組み合わせる架構とした

神社の軒先からヒントを得て 持ち送り架構で屋根を支えた

架構全体図

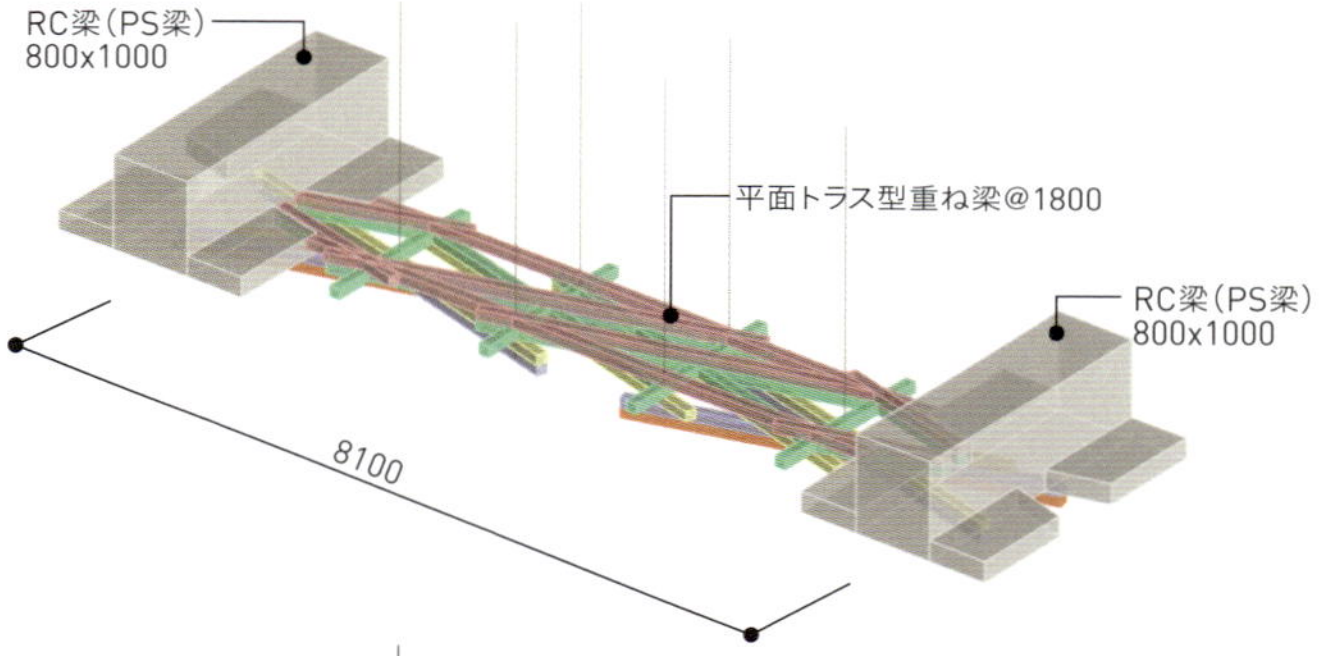

架構構成図(分解図)

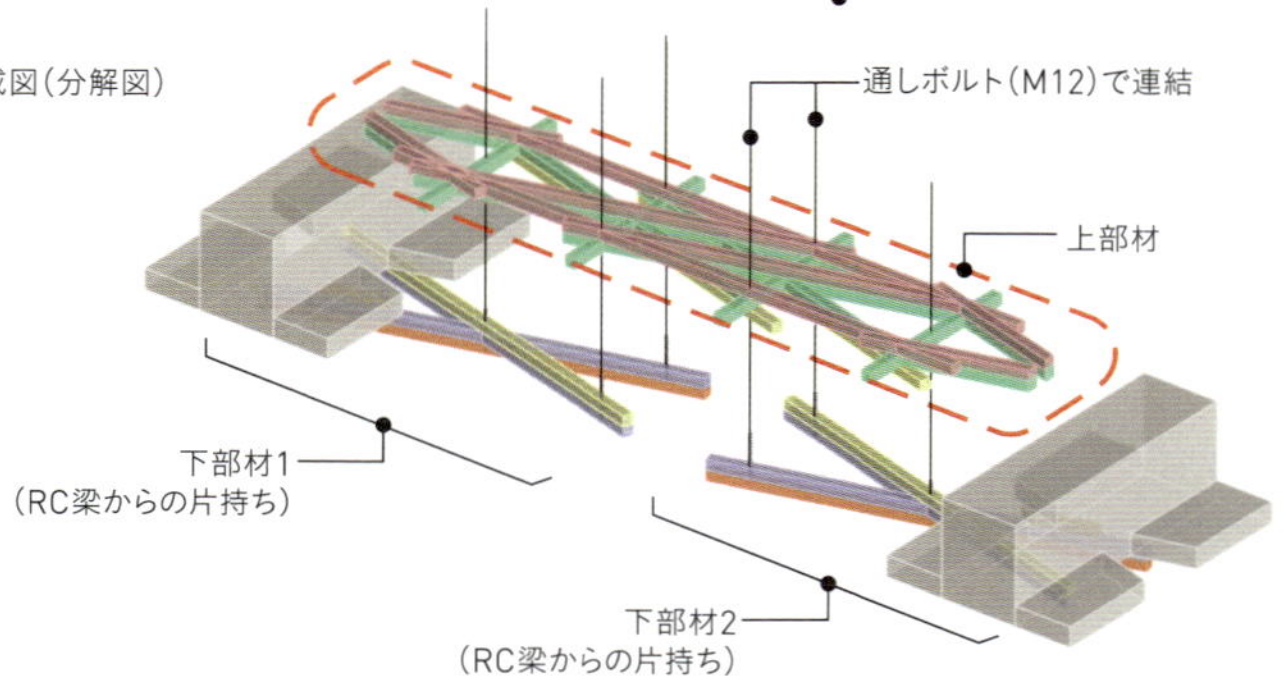

下部材1 拡大図

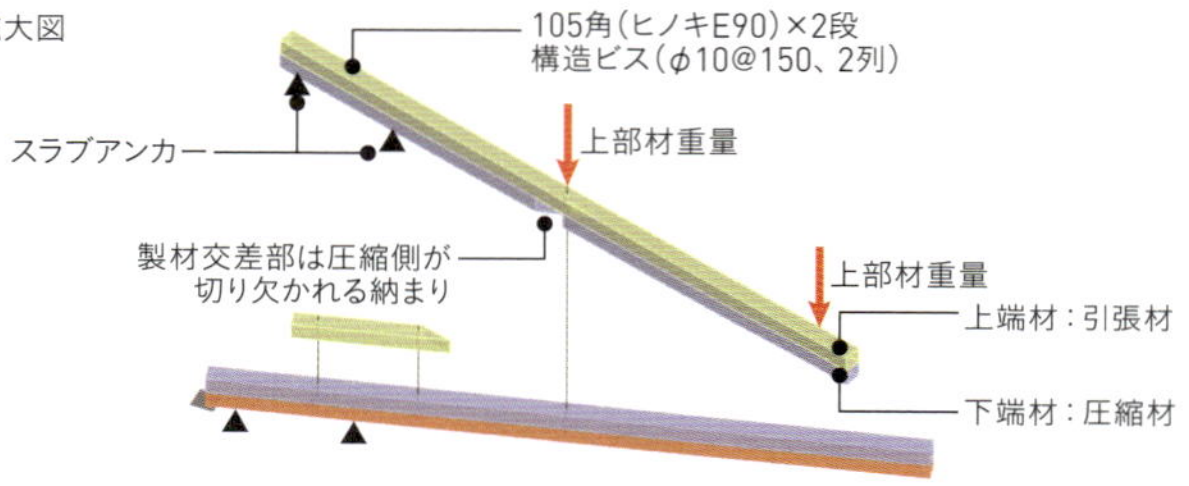

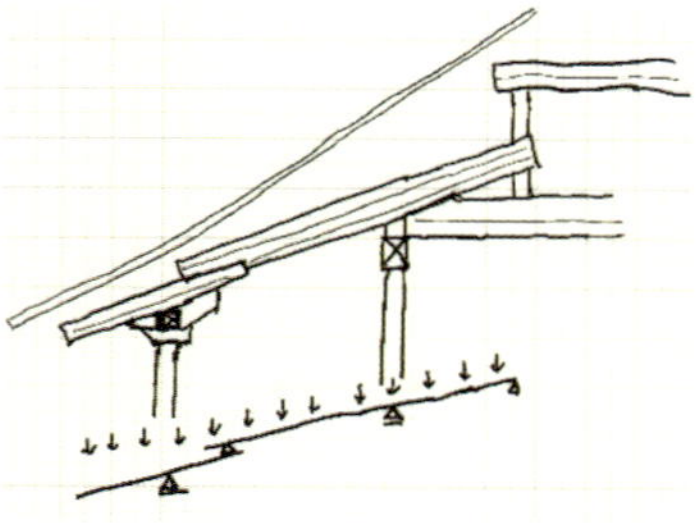

上図は神社の軒先の持ち送り架構イメージ。伝統木造の場合は、瓦屋根の重量で安定しているが、天草市庁舎の屋根架構では、支持部のRC躯体で安定させる

写真/日建設計

持ち送り:水平に張り出したものを支える部材のこと

地域産材の利用を前提に
相応しい屋根架構を導き出す

熊本県南西部の天草地域では、人口林が全体の約42・5%を占めており、その多くはスギ・ヒノキである。九州の他の地域に比べ、気候の影響で樹が育つのが遅いと言われるが、その結果、年輪の幅が狭く強度の高い木材が生み出される。長期に開拓された人工林は、放置されると鬱蒼と茂り、日が当たりにくくなり成長が妨げられる。そして、根が張らず下草も生えないことで地力が落ち、土砂崩れを引き起こす。地域産製材を積極的に用いることで、人工林が伐出され、地力が落ちることを防ぐことができる。

地域産の製材を構造架構に利用

天草市庁舎では、室内の仕上げなどの非構造材に留まらず、屋根架構の構造材として地元の木材を積極的に用いることを提案し、プロポーザルで選定された。この建物には、庁舎としての高い耐震性能が求められたことから、木造を併用する自由な構造計画との両立を考え、建物全体の構造はRC造の免震構造を採用した。基本設計の初期段階で、天草の森林組合に赴きヒアリングを行い、住宅用に用いられる105㎜角のヒノキ製材で、長さ4m程度の材が最も供給しやすいという状況を知った。製材は丸太を鋸挽きした木材製品で、強さのばらつきがあり節や割れといった欠点もある。しかし、ばらつきのある木材を小さく分解・再構築する集成材などの木質材料と比べると、より歩留まりがよくコストも安く、地元で加工できるというメリットがあった。設計にあたり、過去に90㎜角の小径製材を用いた重ね梁を屋根に用いた経験があったことから、今回も105角の製材を重ねて用いることで、8〜9mのスパンを架け渡すことができるだろうと考えた。

こうしてこの建物では、広く住宅用などで流通する規格製材の利用をテーマに定め、使用できる部材を決めることからスタート。この部材を活用できる構造形式を考えていった。S造やRC造の一般的な建物の構造計画とは少し違ったアプローチである。規格製材の場合、ヒアリングに基づき、多く流通する最大4mという部材長さの制限も条件としながら、検討を進めていった。

建築に木材を使用する場合、ある程度まとまった量の木材が必要という点や、使用する木材は、伐採し乾燥するプロセスを経るため準備に時間がかかるという点がある。設計段階から地元の森林組合などと協力をしながら、使用できる樹種や強度を確認し、十分な木材を適正なタイミングで供給できる体制をつくりあげることも、木造の設計では重要なポイントとなる。

神社の軒を参考に組み合わせる

建物中央にある議場部の屋根には、8.1mのスパンを架け渡す必要があった。見上げた木屋根の意匠性も大切にしながら、製材を重ねてどのような構造システムが相応しいか検討した。屋根面の水平剛性を確保するため、平面的にはトラス形状を構成することを考えた。そして、長さ4mの規格製材のみで、どのように8.1mスパンをとばすのか。小さな部材の組合せという点で、神社の軒先の架構からヒントを得た。スパン両端のRC躯体からそれぞれ片持ち梁を持ち出し、中央部にはその片持ち梁に単純梁を載せることで、短い部材で長いスパンをとばすことができる。105角の製材を2段積み、構造用ビスで接合した重ね梁を一つの単位として、平面・立面の構造システムを満足する組み方を模索していった。木梁の構造システムはシンプルであるが、解析モデルとして考えると実際に梁が重なる部分などをどう置き換えれば良いか。木材同士がビスで接続する箇所は、構造用ビスを実際と等価な軸剛性とせん断剛性をもつばねに置換した詳細な解析モデルを作成し、精緻な検討を行った。さらに、現場段階では実大試験体による載荷試験も行い、変形および耐力が想定以上であることを確認した。

地場の木材を利用することで、森林やその土地を守りながら、来訪者にも親しまれる庁舎を実現することができた。

地力：本来もっている力、ここでは土地のもつ植物を育てる力のこと／重ね梁：梁を重ねて一体の挙動となるよう接合したもの

SECTION 013

小径木材を組んだ大スパン屋根

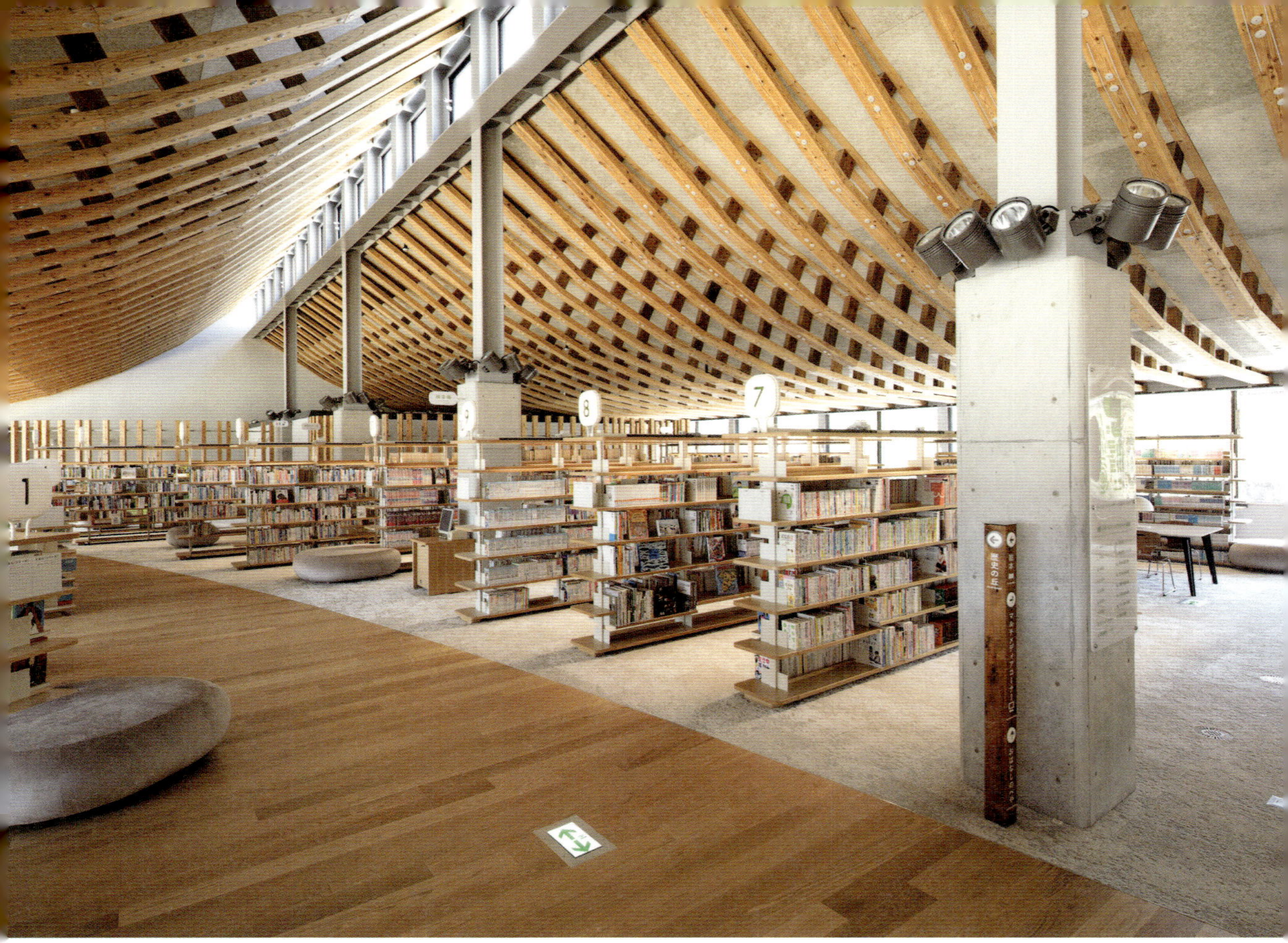

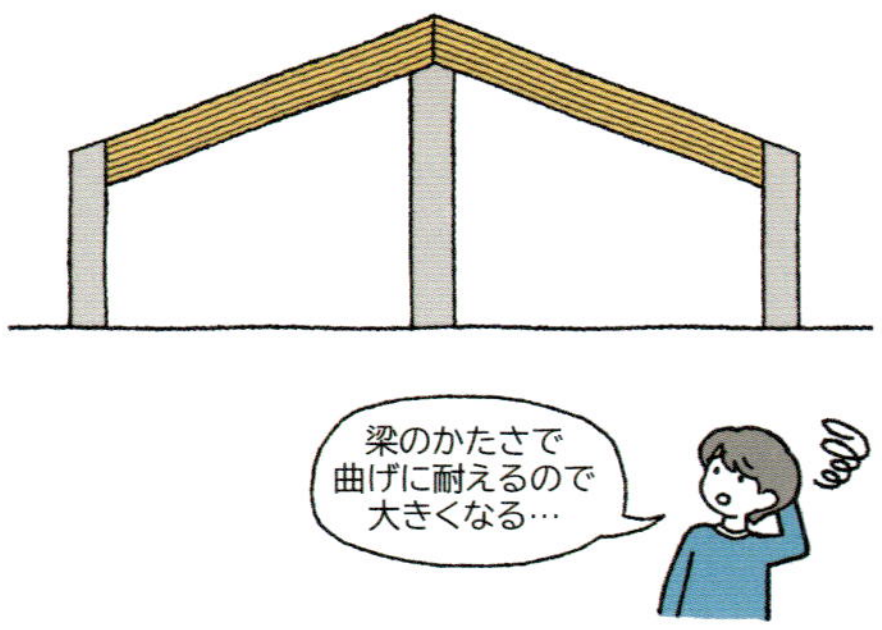

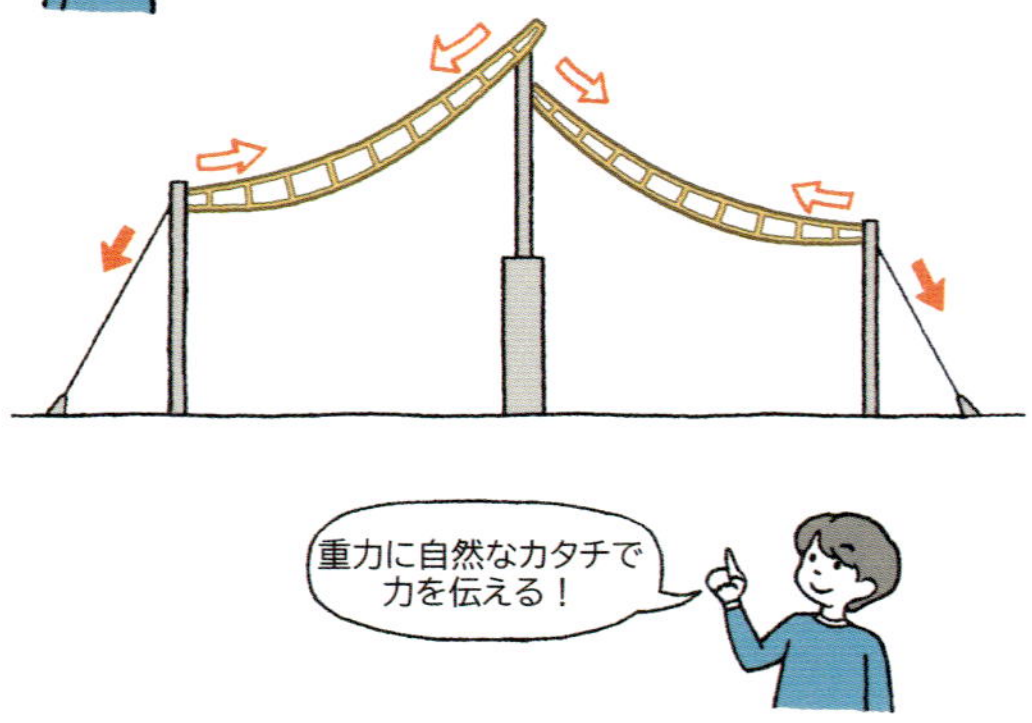

重力に自然な形状とすることで、部材に生じる力は軸力が主となり、部材断面を無駄なく利用できる。つまり、最小限の断面とすることができる。通常、梁は大断面が必要になるが、構造形式を工夫することで、小径材が利用できる選択肢が生まれる。

写真／太田拓実

大断面材を用いずに、大スパンをつくるための構造の工夫

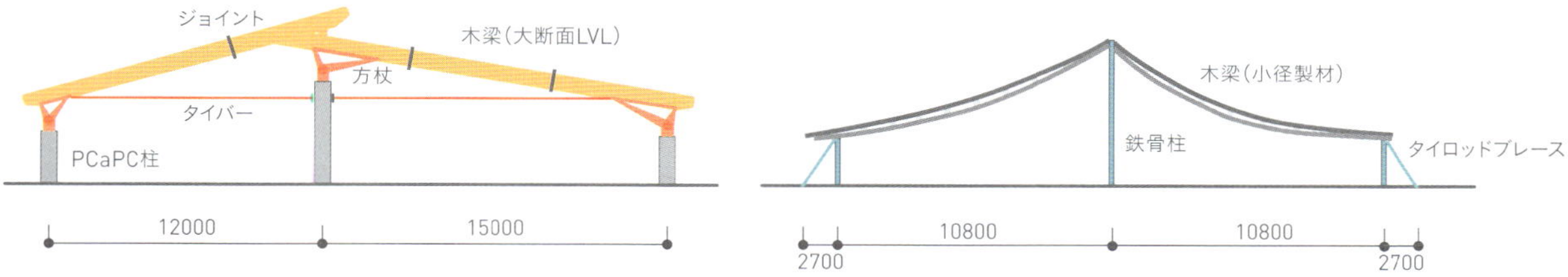

基本設計段階での架構計画の変化。当初は大断面の梁を架け、必要な箇所に方杖などを追加する計画を検討したが、梁全体を重力に自然な近似カテナリー形状とし両端をタイロッドで固定することで、主要な長期荷重（屋根や梁自体の重量）は木梁断面全体に軸力として作用するため、合理的に力を負担させることができ、小径断面の製材でも10.8mのスパンを架け渡せると考えた

重さに自然な形状とすることで断面を効率よく利用する

開放的な空間が必要な2階の大空間には、木造（屋根）＋鉄骨造を採用した。吊屋根にはスラスト力が生じるため、中央の鉄骨フィーレンディール梁やタイロッドで抵抗させている。上部の架構を支えるための1階は、耐久性に優れたRC造とし、必要な位置に耐震壁を配置している

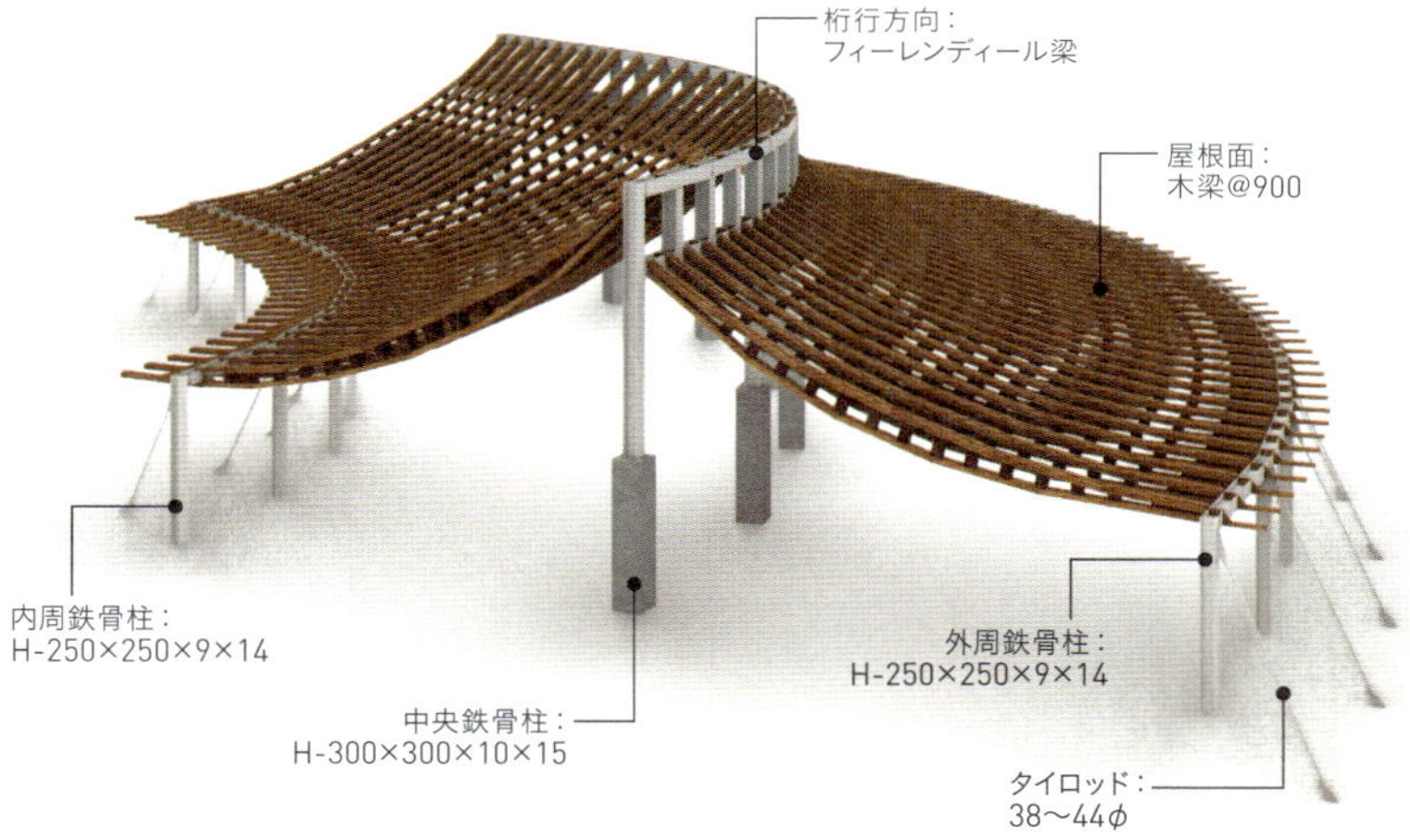

地面と接する1階は、耐久性に優れたRC造。開放的な空間が必要となる2階は鉄骨造＋木造（屋根）を採用

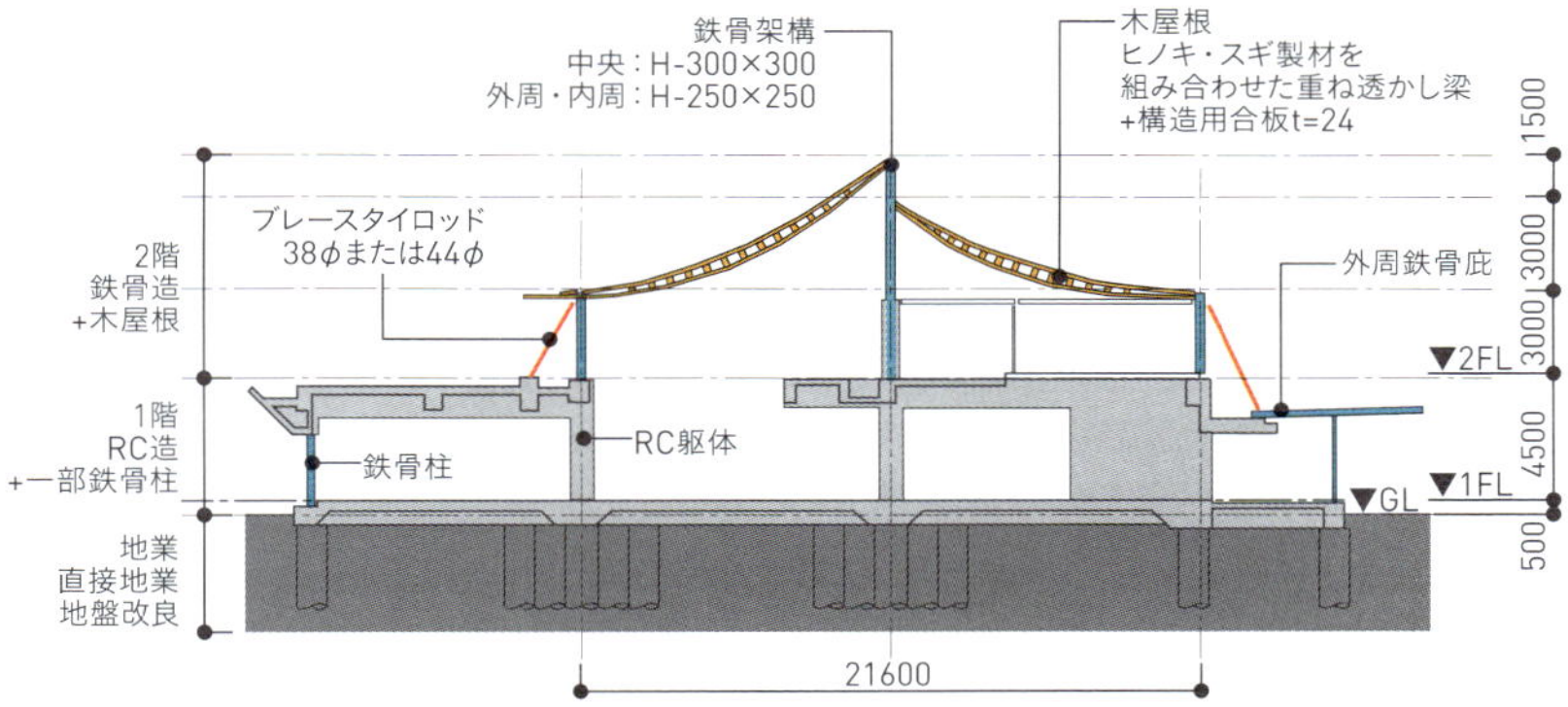

方杖：柱と横架材［梁］の接合部に斜めに配置される部材／フィーレンディール梁：はしごを横に倒したような形状の梁で、斜材がないことが特徴

規格製材の組み合わせで10.8mを架け渡す

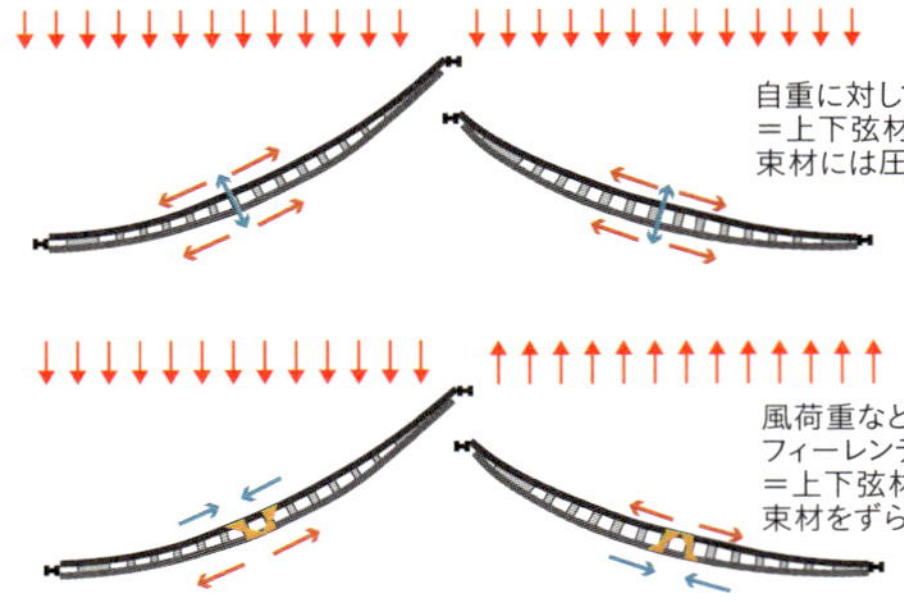
自重に対しては吊形状で釣り合う
＝上下弦材ともに引張力が生じ、
束材には圧縮力がかかる
引張力
圧縮力
曲げ応力
風荷重など変動する力に対しては
フィーレンディール梁として抵抗
＝上下弦材に異なる力が生じ、
束材をずらすような力が生じる

自然な吊形状（カテナリー形状）に近づけることで、長期荷重に対しては軸応力のみが生じる合理的な状態となる。一方で、風荷重に対しては剛性のある梁として抵抗することで、曲げ応力＋軸応力が生じる

異なる荷重に抵抗できる
近似カテナリー曲線＋フィーレンディール梁

流通する4m材を用いて、どのように曲線状の梁をつくるかを考えた。4m材から2本切り出せる1.95mの材をひとつのピースとすることで、部材ロスを減らす工夫を行った。部材同士の接続角度を調整しながら継ぐことで、近似のカテナリー曲線を構成した

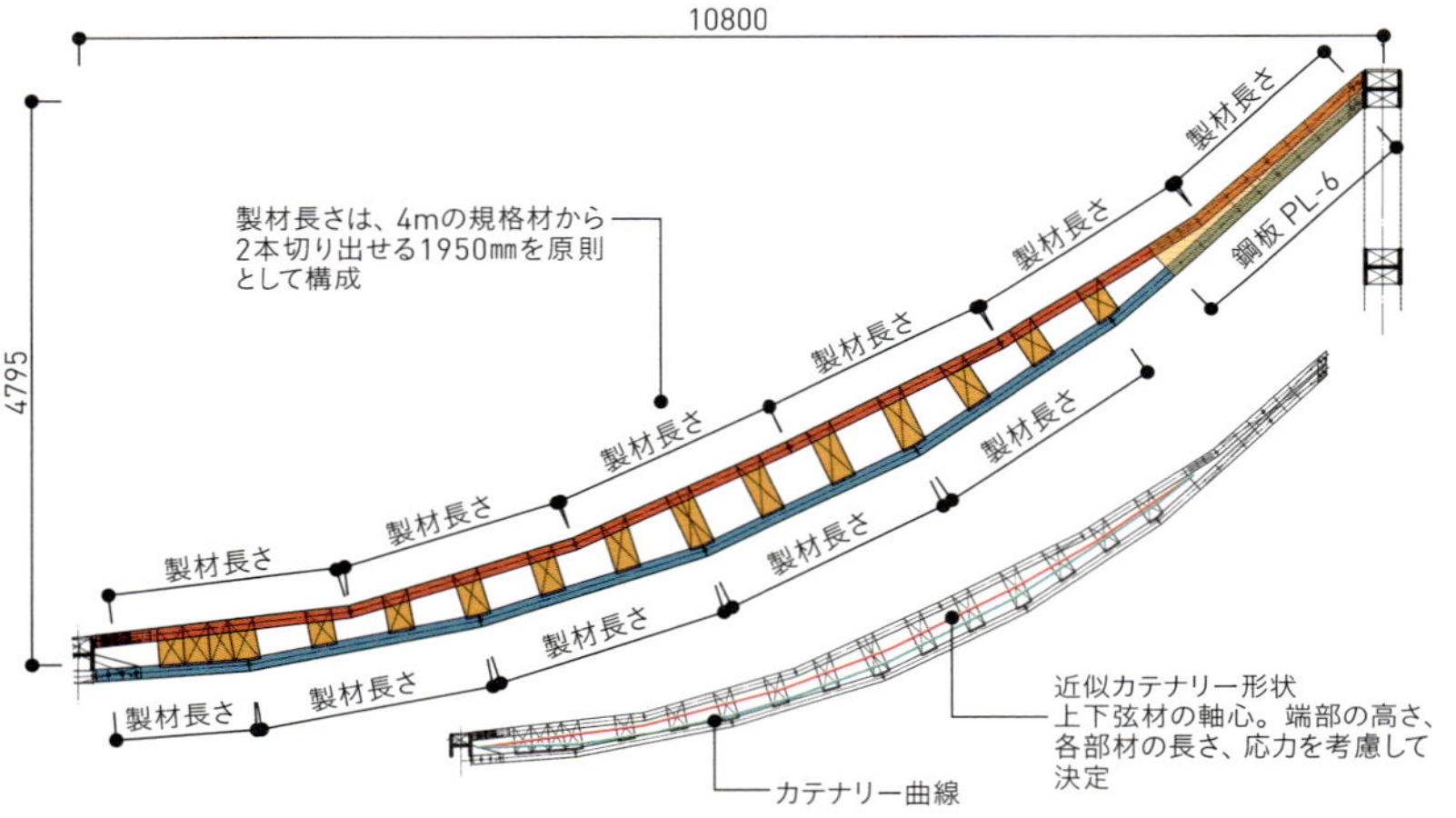

最も流通の多い住宅用規格製材で曲線を構成する

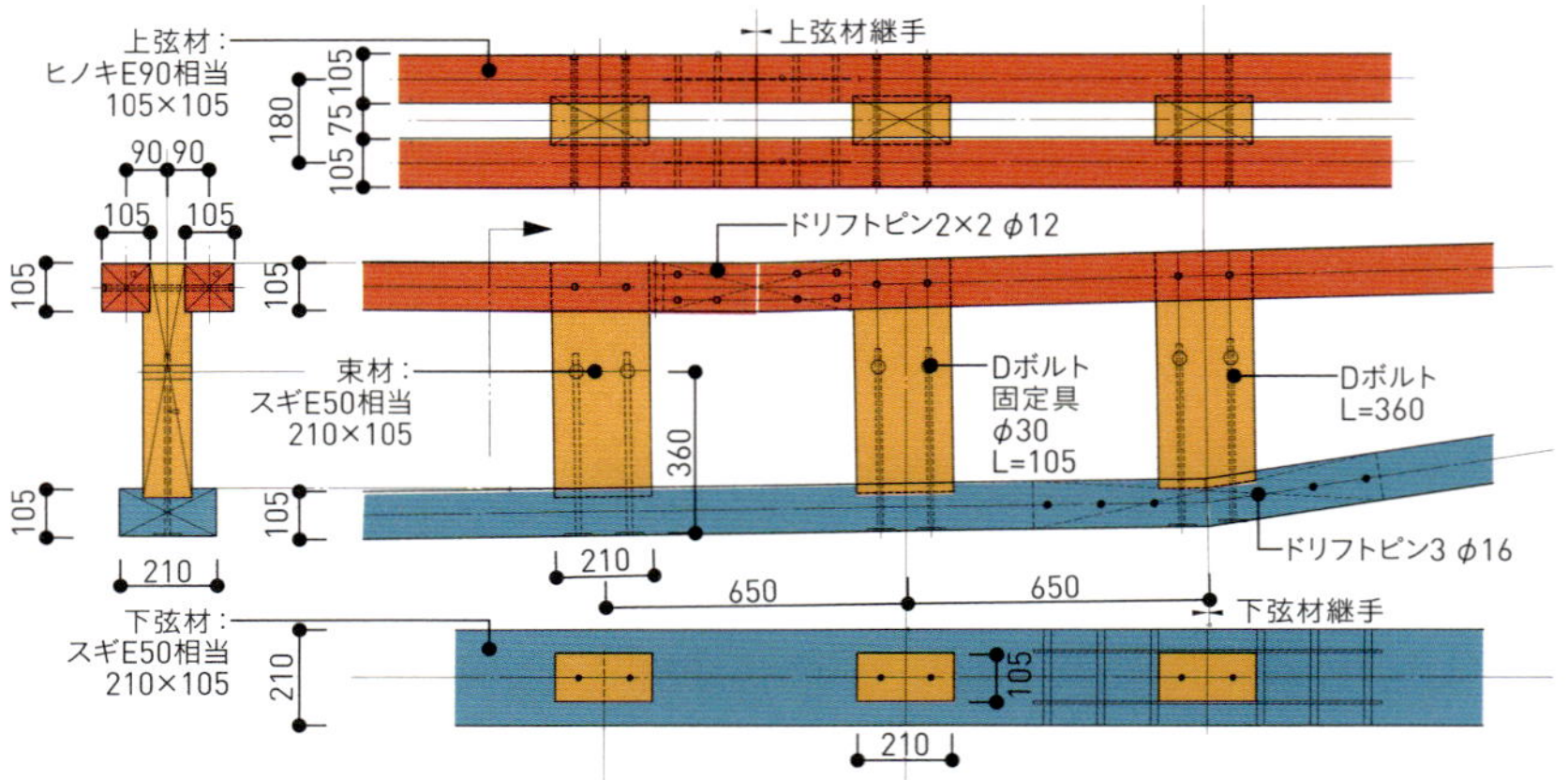

現場の作業ヤードで、上下弦材と束材を地組みし、フィーレンディール梁とする

写真／日建設計

小さい部材で大スパンを架け渡す吊り構造

天草市庁舎の後、図書館や保健福祉センターなどが集約した施設であるこの建物の設計にあたり、市庁舎に比べて約1.5倍大きい10・8mというスパンが必要であることが課題となった。

重力に自然なカテナリー形状

当初は、必要なスパンを考え大断面LVL（単板積層材）梁を検討していたが、やはり市庁舎と同様に天草市産の製材を使いたいと考え、小径断面木材を用いるための方法を検討した。通常の梁では、荷重に対して曲げ応力が発生するが、この応力を軸力系にできれば、小径断面でも効率良く利用することができる。そこで吊構造を考え、10・8mのスパンにカテナリー形状（糸を垂らした時に生じる下向きの力に自然な形状）に近い木梁架構を、900㎜ピッチで架ける計画とした。吊構造の場合、梁の端部には内側に閉じようとする水平力がかかる。今回は、2つの吊形状を支持する中央の柱位置ではバランスがとれるが、反対側は柱を内側に倒す力がかかるため、外側に引張るタイロッドブレースを3600㎜ごとに配置し、水平方向の変形を拘束した。

小径材のフィーレンディール梁

純粋なカテナリー形状は、長期荷重などある一つの荷重系に対しては軸力だけで抵抗ができる効率的な形であるが、異なる荷重分布が生じる場合には、その合理性を失いやすい。天草市は、台風を数多く経験しうる敷地であるため、風による吹上げ荷重への対応も考える必要があった。2スパンの吊り架構に、それぞれ別の外力がかかる状態となっても、1スパンずつが単純梁のように曲げ梁として抵抗できる剛性を与え、曲げ応力も負担させることを考えた。梁を上弦材と下弦材に分け、両者を束材で接合してフィーレンディール梁とすることで、小径材でも剛性のある梁をつくることができる。住宅に用いられる最も流通している規格製材で構成できるように断面を調整し、上弦材は105角を2本（ヒノキE90相当）、下弦材は210幅×105厚さ（スギE50相当）、束材は下弦材と同断面とした。束材と下弦材の接合には、住宅などで引き抜き抵抗が必要な箇所に使われるDボルトを採用し、2箇所で接合して押し引きによる曲げ戻しが期待できる設計とした。

実際の木梁形状の決定に際しては、生産、流通が安定した4m製材の使用を原則とし、カテナリー形状の曲線をできるだけ再現するため、4m製材から2本取り出すことのできる1950㎜の長さの部材を基本として形状を最終決定した。弦材に生じる継手部は、鋼板を挿入しドリフトピンで固定し、十分な安全率を確保する設計とした。また、上弦材と下弦材の継手位置をずらす工夫をすることで、架構全体の安全性を高めている。

高さの異なる湾曲した二つの屋根

吊構造とした屋根を支える建物全体の計画の検討も同時に進めた。図書館としての空間に柔らかい自然光を取り入れるため、二つに分かれた吊屋根の高さを変えることで、建物中央で上部からの採光を可能にした。このハイサイドライトは、両側の吊屋根を支持し、かつ図書館の中央にできるだけ柱を配置しなくてすむように、鉄骨のフィーレンディール梁とし、7.2mのスパンで柱を配置した。二つの吊屋根の高さがずれることでスラスト力が生じるため、中央の鉄骨フィーレンディール梁の弦材はH形鋼を水平方向に強軸となる向きとし、それぞれの屋根の高さに合わせスラスト力に抵抗できるように工夫している。

実大試験で十分な安全性を確認

木梁は実物大のモックアップ（実物大の試験体）にて1スパンの実大載荷試験を行った。試験時の梁の端部条件は、両端ピン支持のほかピンローラーに近い（ローラーは実際の固定度を模擬したもの）支持条件でも行い、いずれにおいても長期の3倍の荷重でも問題がなく、変形も想定内となることを確かめている。木梁の施工は、現場にて1本ごとに地組みを行った後、クレーンで持ち上げて固定する方式をとった。木梁は全部で248本あり、特に円弧部では鉄骨部材側のガセットプレートを取り付ける角度が微妙に異なるなど、製作・施工要求精度が高くなったが、製作・現場の方々の高い技術力により、不具合を生じることなく木梁の建方を完了することができた。

バランスがとれる：釣り合う／押し引き：一方が引張、もう一方が圧縮となっていて、ものを回転させる力であるモーメントが生じている状態／曲げ戻し：生じた曲げモーメントを打ち消すこと／ピンローラー：モーメントと水平力は負担せず、鉛直力のみを支える点

福島県

SECTION 014

柱梁の仕組み 組み立てやすい 壁の代わりになる

壁があって
使いづらい…
柱をねじることで
壁がなくなり
フレキシブルな空間に！

建物が地震や風による水平方向の力に耐えるには、壁やブレースが必要となるが、これらは室内空間を妨げる原因にもなりがち。そこで柱を斜めにすれば、水平力に抵抗しやすくなり、「壁の役割を兼ねた柱」ができた。

写真／雁光舎（野田東徳）

木材が互いに支え合う様は「多様性と調和」を表現

束ねてねじった柱で、水平力に耐える

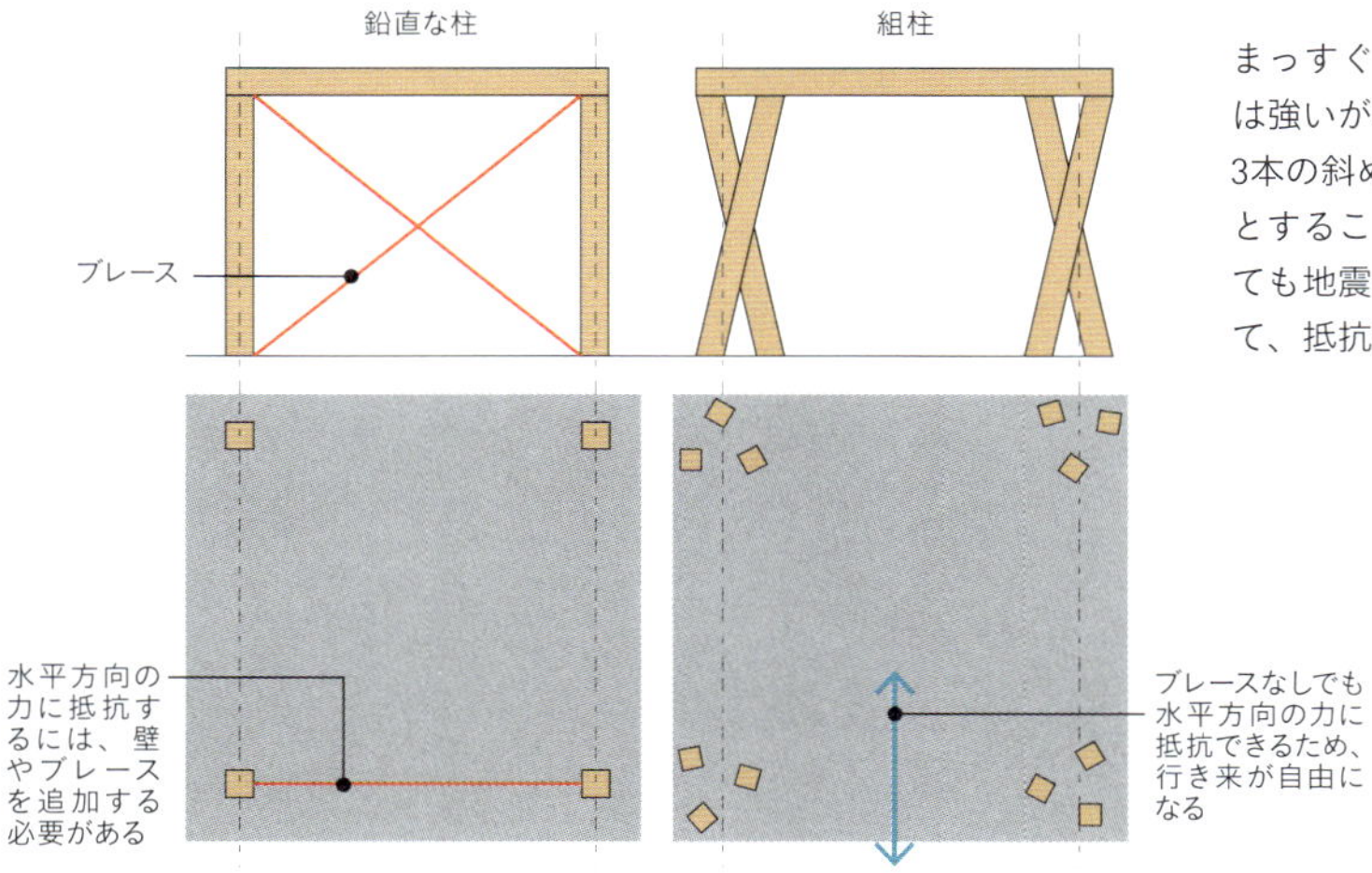

まっすぐな1本の柱は、鉛直方向の力には強いが水平方向の力には弱い。しかし3本の斜めの木材を組み合わせて「組柱」とすることにより、壁やブレースがなくても地震や風などの水平方向の力に対して、抵抗することができる

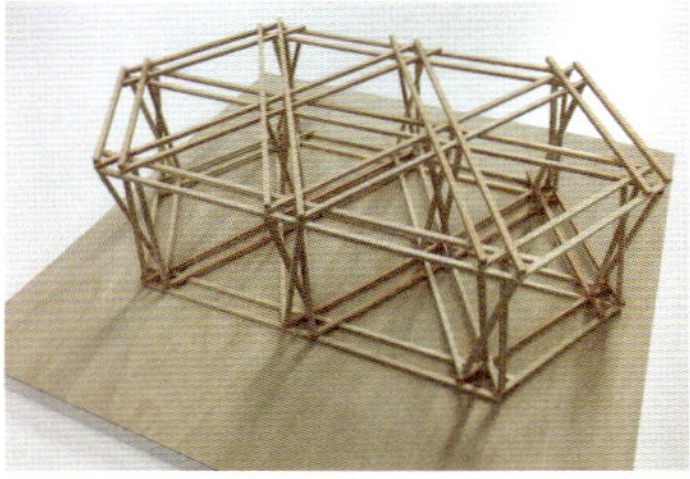

設計初期段階では、ねじった柱3本を組合せた三角形グリッド案と、4本を組合せた四角形グリッド案の模型をつくって比較した。使用可能な木材の規格寸法や長さを確認しながら、簡単な接合方法で組み立てていくための検討を進めていった。3本組柱案（上写真左）は柱の存在感が小さい一方、三角形グリッドのため空間の使い勝手に課題があった。4本組柱案（上写真右）は直交グリッドのため空間として使いやすいが、屋根組が四角形のため柱がねじれようとする力に対して課題が残った

お互いが支え合う「相持ち構造」で屋根を支える

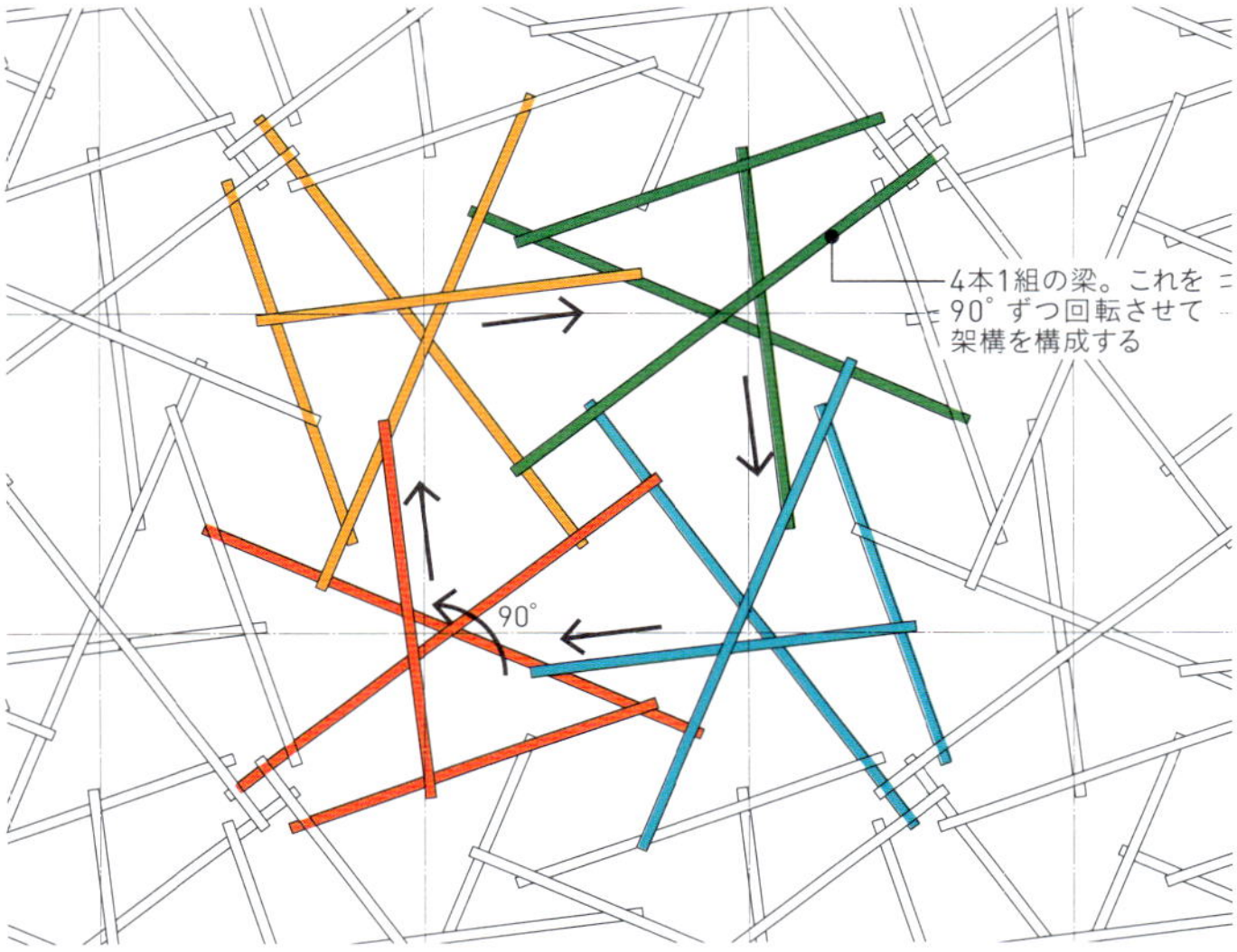

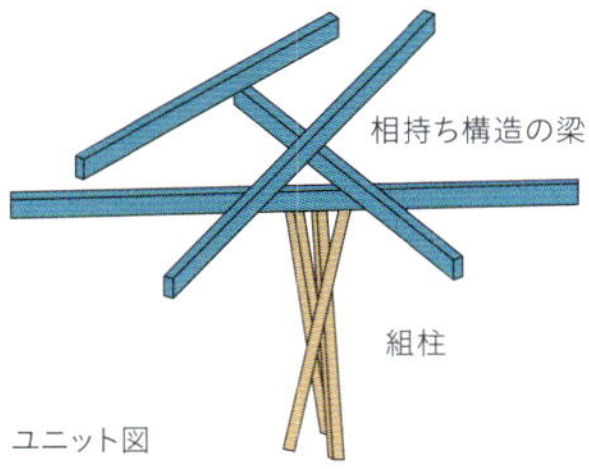

最終的に、3本の組柱と互いに支え合う相持ち構造の4本の梁を1つのユニットとし、これを回転しながら組み合わせて空間をつくるレシプロカル架構にたどりついた。梁は相持ち構造を採用し変形を小さくするとともに耐震性の向上を図った。相持ち構造では、部材同士がお互いに支え合うことで、一見不安定に見えながらも安定した構造となる。接合部を簡易なピン接合とできる点も利点である

写真／日建設計

梁を積み重ねてナットを締めるだけの簡単な施工

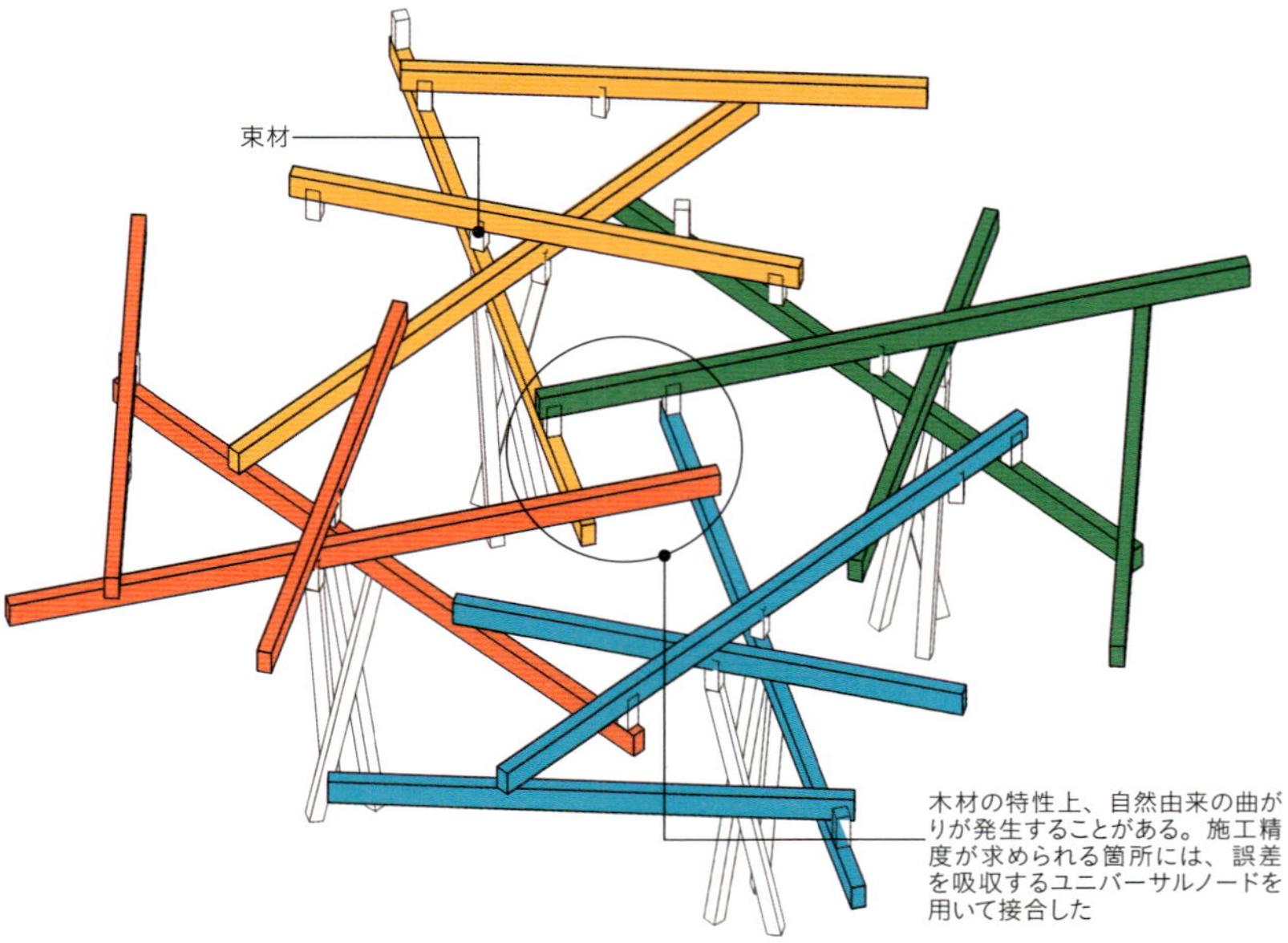

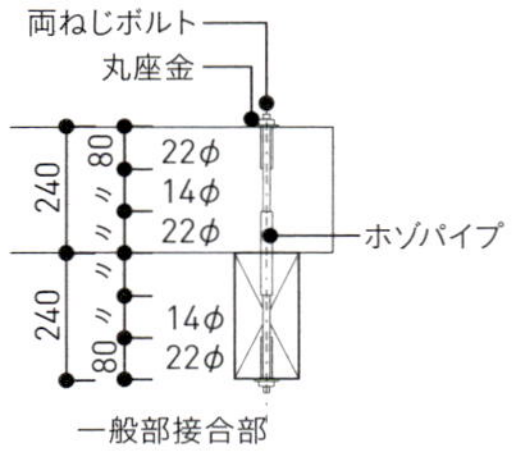

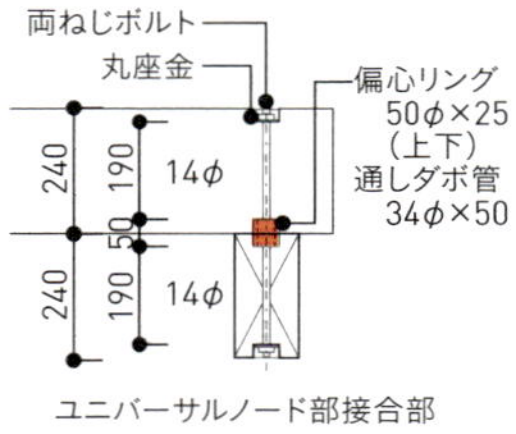

梁は3段にして積み重ねるだけのシンプルな構成とした。同じ高さで部材を接合するためには、木材の切り欠きなどの必要な加工が多くなるが、お互いを重ねることで、加工を極力減らしてシンプルな接合方法とし、組み立て・解体・再利用をしやすくした。木材の特性上、自然由来の曲がりが発生することがあり、特に施工精度が求められる箇所は誤差を吸収するユニバーサルノードを用いて接合した

接合部の仕組みで組み立てやすさが大きく左右される

新しい接合方法は実験で性能を確認

ユニバーサルノードとは、偏心した孔をもつ2つの金物と、その孔に嵌める金物の3つを組み合わせた接合具。偏心した金物が回転することで、上下の孔がずれた場合もずれ止めとしての役割を果たす。ユニバーサルノード接合部は耐力実験を行い、安全性を確認した。実験をすることで破壊性状をリアルに認識できる。脆性的に壊れるのか、粘り強く壊れるのか、どのようなディテールとすれば粘り強い接合部となるのか試行錯誤した

接合部の工夫により、木材を上から積み重ねていくシンプルな建方が実現できた

写真/日建設計

解体可能な接合部、入手しやすい規格材、壁やブレースのないユニバーサル空間

本施設は、東京2020競技大会に向けて整備された木造平屋建ての仮設建築物である。この、最大規模のスポーツイベントを通じ、日本の文化や国産材の魅力を世界に伝えるとともに、持続可能性への取り組みと木材利用促進に寄与することが、プロジェクトの大きな使命であった。

「日本の魅力を伝えるため、日本全国から集めた木材で作る木造建築であること」という、極めて稀な設計条件であった。建物を構成する木材は、日本各地の自治体から提供され、施設使用後には解体、それぞれの自治体に返却され、現在は再利用されている。その数量は、構造材・仕上材を合わせ約40000本に達する。そのため、本建物では一般に流通している規格材で建物を構成するとともに、「木材を傷めずに解体できる」必要があった。

壁に代わる組柱と相持ち構造の梁

一般的に木造建築では、壁やブレース等の斜め部材を設けることにより地震などの水平荷重に抵抗する。しかし壁があると空間としての自由度が低く、空間の広がりを阻害してしまう。

そこで本計画では、ブレースを無くすために複数の柱を束ねてねじった組柱とすることで、柱でありながらブレースの役割も持たせることを考えた。初期検討では3本の柱を組み合わせ3角形グリッド平面としたものと、4本の柱を組み合わせ直交グリッド平面としたものを検討した。案を比較したことで次のような課題が明確になった。

・柱の存在感をできるだけ小さくするためには、柱は3本の組柱がよい。3角形グリッド平面は使いづらい。

・4本の組柱案の場合、柱をねじることによって生じる回転しようとする力に対して、梁の曲げで抵抗しなければいけなくなるため、梁の断面性能を効率的に使えていない。

・同じ高さにある梁同士の接合は木材の加工が複雑になる。レベルを変えることでディテールを簡素化できないか。

そこで、意匠設計者と梁の架け方について議論をしていく中で、木造でよく用いられる相持ち構造を取り入れることにより、これらの問題を解決できそうだということが分かった。まずは手計算で全体の力の流れと、大まかな力の大きさを把握した後に、解析検討を行い、想定した部材断面で大きな問題はなさそうであることを確認し、この案の深度化を進めることとした。最終的に、3本のねじられた組柱と4本の相持ち構造の梁で1ユニットを構成し、これを反復することで拡張していくことのできる壁のない架構（以下、レシプロカル架構と呼ぶ）とした。

施工誤差を吸収する接合方法

各自治体で製材・加工した部材を集めて組み上げる計画であったため、たくさんの自治体が参加しやすくなるよう、できるだけ部材の種類を少なくしたり、孔をあけるだけの簡素な加工の接合部となるように留意した。

木材は時間経過により含まれる水分量が変化することで、加工してから施工するまでに寸法が変わってしまうことがある。本計画では、小断面の部材を繋ぎ合わせることで架構を構成しているので、個々の寸法の誤差は微少だったとしても、誤差が蓄積されることで組立てられなくなる可能性があった。その誤差を吸収するために「ユニバーサルノード」を製作した。ユニバーサルノードは偏心した孔をもつ金物2つと、その孔に嵌める金物の3つを組み合わせた接合具。偏心した金物2つを回転させることにより誤差を吸収する。部材同士の接合はボルトで緊結するというシンプルなものであるが、柱を組柱にすること、および相持ち構造を取り入れることで、架構全体としては水平抵抗性能が高いラーメン架構を構築することができた。梁組には三角形を織り込むことで、梁のたわむ長さを短くして面内剛性を高めている。面内剛性の大きい梁組が組柱の柱頭、柱脚の水平面内の回転を拘束することで、3本の柱がお互いに接しない状態を可能にし、空間に緊張感を与える。

レシプロカル架構のしくみによって、全国から提供された木材が互いに支え合う空間をつくることができ、大会エンブレムに込められた「多様性と調和」という理念の体現につなげていくことができた。

SECTION 015 働き方をかたちにする

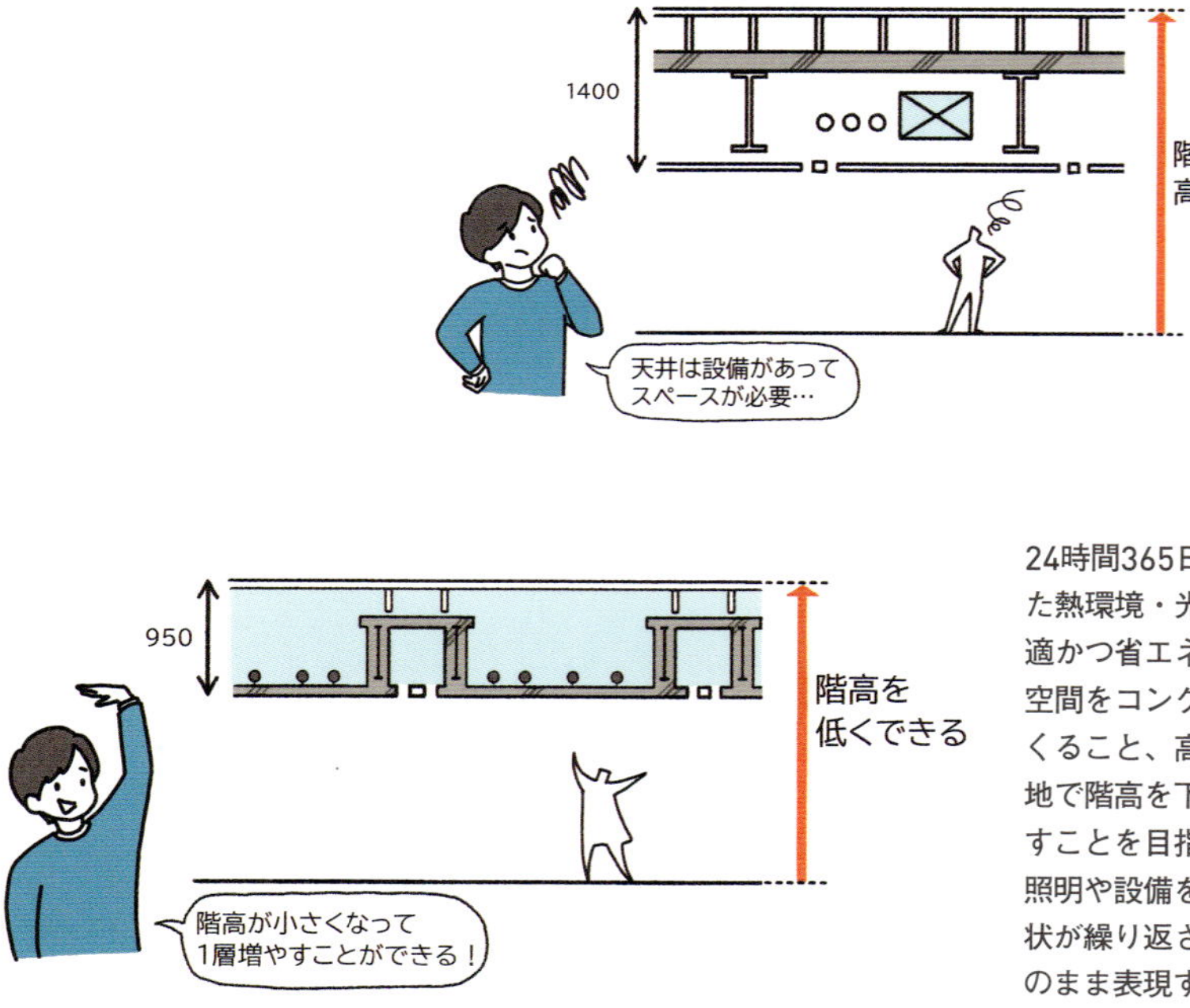

24時間365日いつでも安定した熱環境・光環境であり、快適かつ省エネな洞窟のような空間をコンクリート躯体でつくること、高さ制限のある敷地で階高を下げ、階数を増やすことを目指した。その結果、照明や設備を内包する凹凸形状が繰り返されたスラブをそのまま表現する構成とした。

写真／雁光舎（野田東徳）

空間を最大限に生かす断面構成

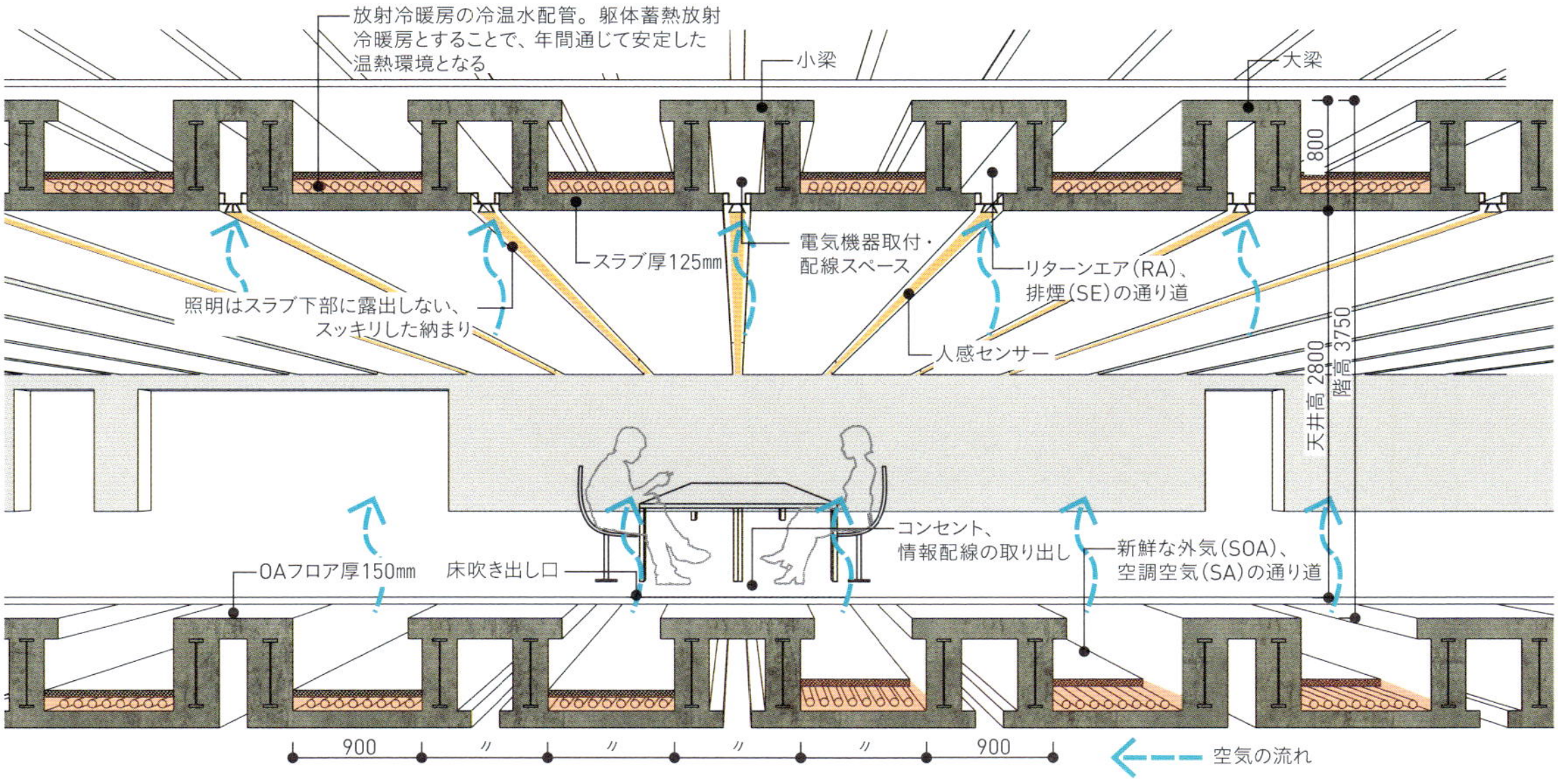

凸部下側のスペースを下階の照明・換気・排煙等のスペースとして利用。凹部上側は下階の放射空調と上階の新鮮空気のサプライのためのスペースとして利用できる凹凸形状のスラブとした。設備と構造に必要な空間を最小化し、階高を有効利用した。天井・壁はRC打放しとし、スラブをそのまま内部空間のデザインとした

凸凹スラブは
環境性能と構造躯体を
満足する唯一無二のかたち

免震構造と地上部利用の両立

建物の地下は3層あり、1階の床下位置での免震構造としている。低層部が傾斜しているのは、免震層上部の架構が地震時に動くために必要なクリアランスを確保しつつ、地上部の床面積を最大限確保するための工夫。さまざまな大きさの窓がある特徴的な外観も構造デザインによるもの [次頁]

写真／雁光舎(野田東徳)

放射空調：天井面などを冷却・加熱することで、室内を温調する空調方式／クリアランス：隙間のこと

唯一無二の「凹凸スラブ」をつくる

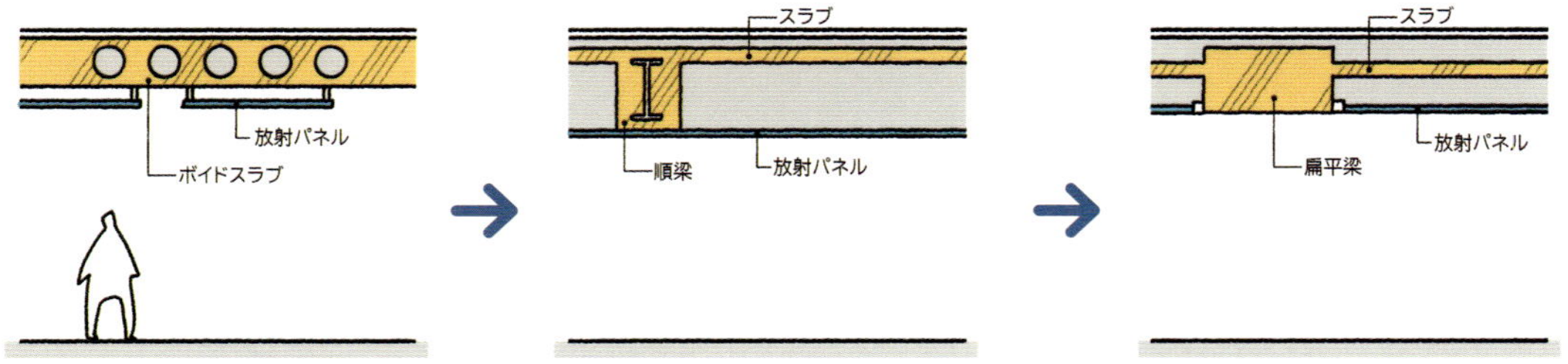

①ボイドスラブ＋放射パネル
階高は縮められるが、設備などを吊る す必要あり

②順梁＋放射パネル
コストは安いが、階高は縮められない

③扁平梁＋放射パネル
梁をつぶして高さを確保、放射パネルの配管による漏水リスクあり

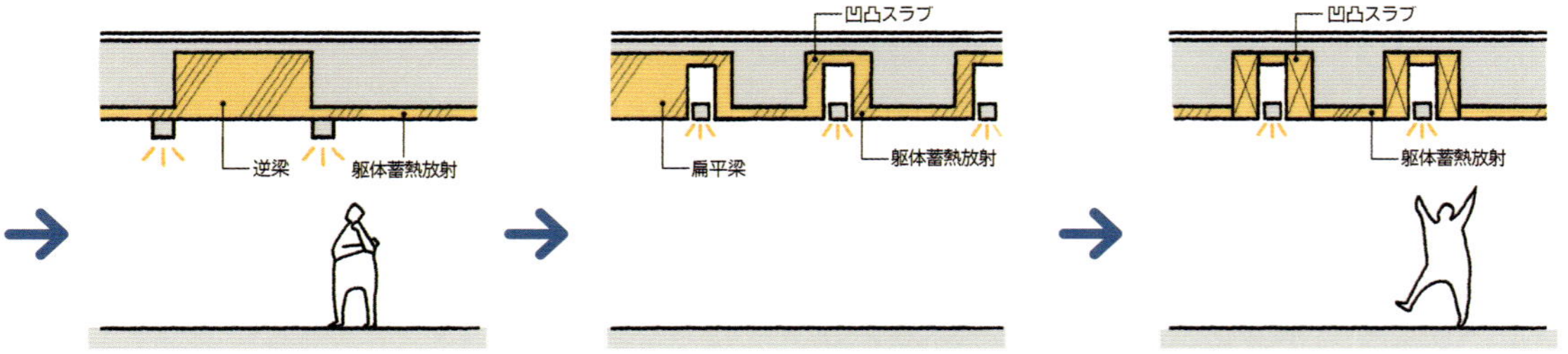

④逆梁＋躯体蓄熱放射
空調は解決、照明を吊るすと室内の高さ確保にもう一歩…

⑤扁平梁＋凹凸スラブ＋躯体蓄熱放射
スラブに凹凸をつけ、照明を配置する

⑥凹凸スラブ＋躯体蓄熱放射
凹凸スラブの形状が、梁としても機能することを確認

建築に関わる全ての条件を満たす架構を模索する

工期短縮を目的としたPCa化と打放しコンクリートを魅せる現場打ちの併用

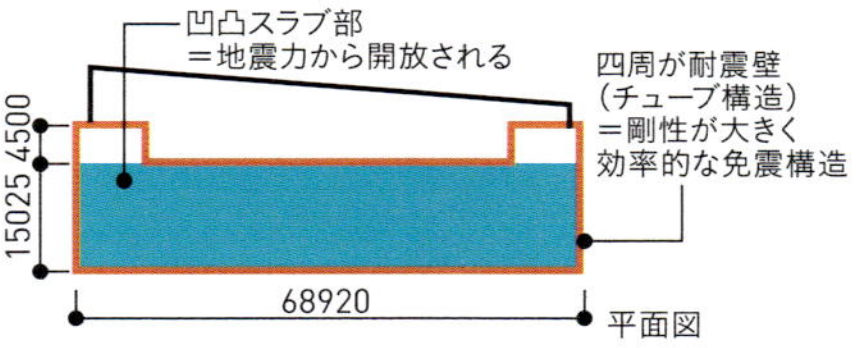

外周で地震力を負担することで、内部の凹凸スラブは地震力から解放され、梁せいを小さくすることができる。また、RC外壁チューブ構造による免震効果の向上とともに、開口を小さくすることで熱負荷を低減

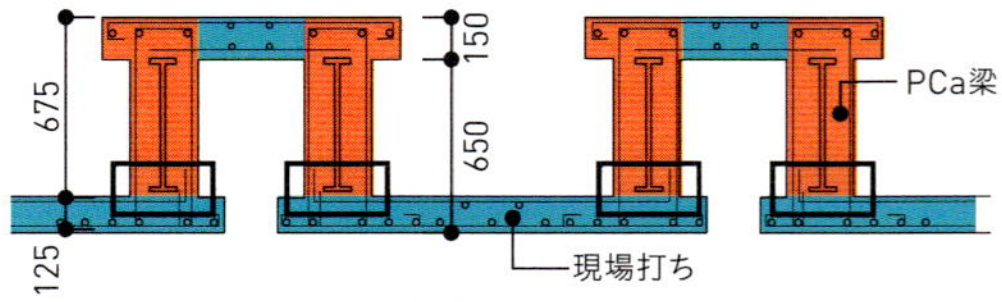

下部スラブの充填性確認のためのコンクリート打設試験

後打ちコンクリート範囲のうち、PCa梁の下部（上図の□部分）のコンクリートの充填が不安なポイントだったが、打設状況（コンクリート充填性）を確認するため、打設試験を行った結果、良好な充填性が確認できた

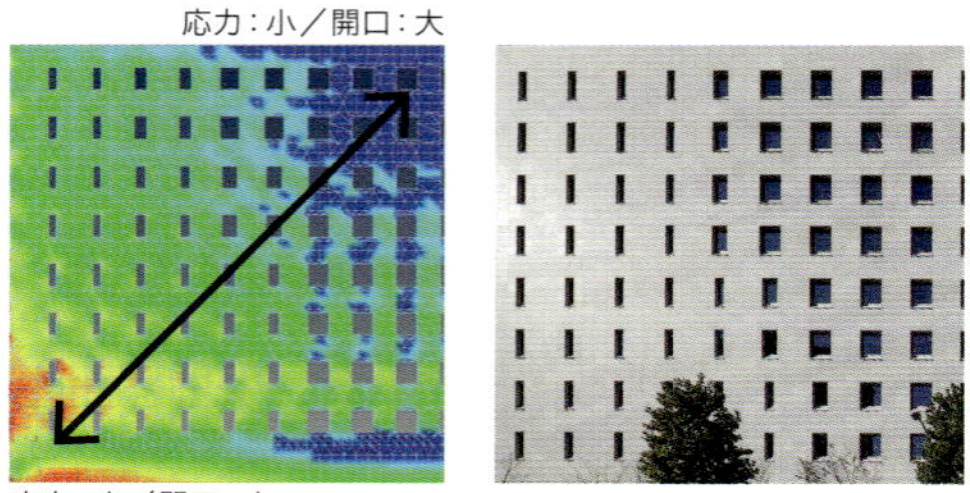

大きな力がかかる四隅近くや下部は窓を小さく、負担の少ない中央部や上部は窓を大きくしている。壁の応力度に合わせて窓の大きさを決めるファサードデザインと構造合理性の融合といえる

写真／左2枚：日建設計、右：雁光舎（野田東徳）
ボイドスラブ：内部に空洞を設けたスラブ。同じ厚さの通常スラブに比べて、耐力や剛性はほぼ同じで軽い／躯体蓄熱：コンクリート躯体に熱を溜め込み空調として利用すること／RC外壁チューブ構造：耐震要素であるRC壁を四周に設置し、水平力に抵抗する構造

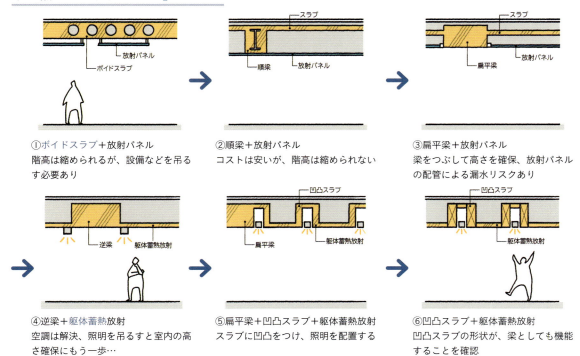

働き方のリサーチから建物のかたちを探っていく

大手総合出版社の新しいオフィスビル。設計の着手にあたって、まず出版社特有の働き方があることに着目し、旧本社での働き方のリサーチを行なった。その結果、早朝から深夜まで各々の働く時間に幅があるので、一斉に働く企業に比べて建物の使用時間が長いこと、出版物の制作やチェック作業に安定した光環境が必要であること、ポスター等の掲載に壁が多く必要で、逆に日中の熱負荷とならないように窓は小さくて良いこと、などが挙げられた。

オフィスはいつもどこかで誰かが働いている状態で、同一フロア内でも人が点在し、熱負荷が偏在する。働き方を変えずに省エネ性能と快適性を確保することを設計の目標とした。これらの与条件に合うように、意匠・構造・設備がインテグレートしたかたちを模索し、建築計画を行っていった。

設計＝協働すること

構造計画にはさまざまな形式がある。「鉄骨造・ＲＣ造・木造…」「耐震・制振・免震…」「ラーメン構造・壁式構造・ブレース構造…」同様に、意匠計画・設備計画・施工計画にも多種多様な形式がある。

構造は合理的でも、建築全体では不合理なこともあり、また逆も然りである。設計とは、条件整理と多くの関係者との協働を通じて最も合理的なもの、いわば最大公約数を探す行為と言い換えられるかもしれない。ここが、設計者にとって一番の醍醐味ではないだろうか。

意匠・構造・設備の融合を求め辿りついた凹凸スラブ

施主要望や設計条件だけでなく、施工性、コストなどのすべての条件と合理性を満足する架構を模索した[右頁上段]。①〜⑥のさまざまな比較検討によって、意匠・構造・設備の課題をまとめて解決し、唯一無二のかたちが導かれた。

①構造的には、階高の縮小にはボイドスラブなどが有効だと考えた。しかし、放射パネル空調や照明をボイドスラブから吊るすことになり、地震時の落下の危険性や、メンテナンス性が課題に。意匠性も良くない。

②一般的に考えると、梁をかけたラーメン構造はコストが安くなるが、ある程度の梁せいが必要となり、階高の縮小は難しい。

③梁を扁平にして梁せいを縮める。梁間に放射パネルを設置できるが、冷温水配管の下階への水損リスクがある。また、熱容量が大きいコンクリートによる、安定した室内温度を保つ「躯体蓄熱」の利用も考えたい。

④逆梁にしてスラブを下側につけ、冷温水配管を上に置く。冷温水配管から直接コンクリート躯体を冷やしたり温めたりすることで躯体蓄熱が可能となる。しかし、照明を吊ることになり天高を確保できない。

⑤スラブを波打つような凹凸形状にして、照明をスラブに埋め込む。

⑥扁平梁部分をスラブに分散して、凹凸スラブ部分に梁の役割を担わせた。

ファサードデザインと構造・設備計画

年間を通じて省エネで、かつ安定した室内温熱環境・光環境を実現するため、ファサードデザインも工夫した。

四周をコンクリートの壁で覆われた、剛強なＲＣ外壁チューブ構造は剛性が高いため、建物の変形や応答増幅が抑えられ、免震効果が高められる。外周の窓は、応力分布に合わせて開口サイズを変化させたデザインとしており、小さく抑えることで日射遮蔽効果を高めている。また厚みのある外壁により、熱負荷の変動が低減され、外断熱工法と併せた高断熱の壁を実現している。他にも、冷温水配管でコンクリート躯体を直接冷やす／温める、躯体蓄熱放射冷暖房との組み合わせにより、熱容量の大きいコンクリート躯体を活かし、蓄熱効果向上に寄与している。

凹凸スラブと施工性

凹凸スラブの施工方法は、同じ形の繰り返しであることを活かし、部分的にＰＣａ化した。意匠の表現上、床仕上げで見えなくなるスラブ上面及び梁に相当する部分をＰＣａ化し、下部スラブを現場打ちとした。通常の逆と言っても良い。この手法で、施工性の向上と工期短縮を実現した。後施工となる下部スラブにコンクリートが適切に打設できるかや、配筋の納まりなどを十分に確認した上で、施工試験を行い良好な充填性を確認した。

インテグレートした：統合した、一体化した／応答増幅を抑える：地震による揺れが増幅されるのを抑えること

SECTION 016

快適と安心の機能が隠れた逆スラブ

地震で落ちないように
天井や設備に
補強がいっぱい必要！

スラブ＝天井
設備は天井裏で安心！

一般的なビルは、空間の上部に梁があり、空調機や天井が「吊られている」状態。そこで、コンクリートの床の「上」に梁をつくり、梁の間に空調機や配管を設置。その上に床を貼り、居住する方式とした。重いものは床下に「置かれている」ので、落ちてくる心配がない。また床下に備蓄品も入れることができ、災害時でも安心な計画とした。

写真／雁光舎（野田東徳）

高い環境性能を確保するためのひとつのシステムであるグリーンスクリーンは、建物の外観を特徴づけるだけでなく、アウトフレーム部分に設けたバルコニーとの一体性を図り、日射遮蔽と外付けブラインド効果を発揮しており、自然に窓を開けたくなる環境づくりをしている

一般的な梁とスラブの位置関係を見直し安心のスペースを確保する

逆スラブとアウトフレームにより、室内の自由度が高められ、開放的な窓辺の空間が生まれた

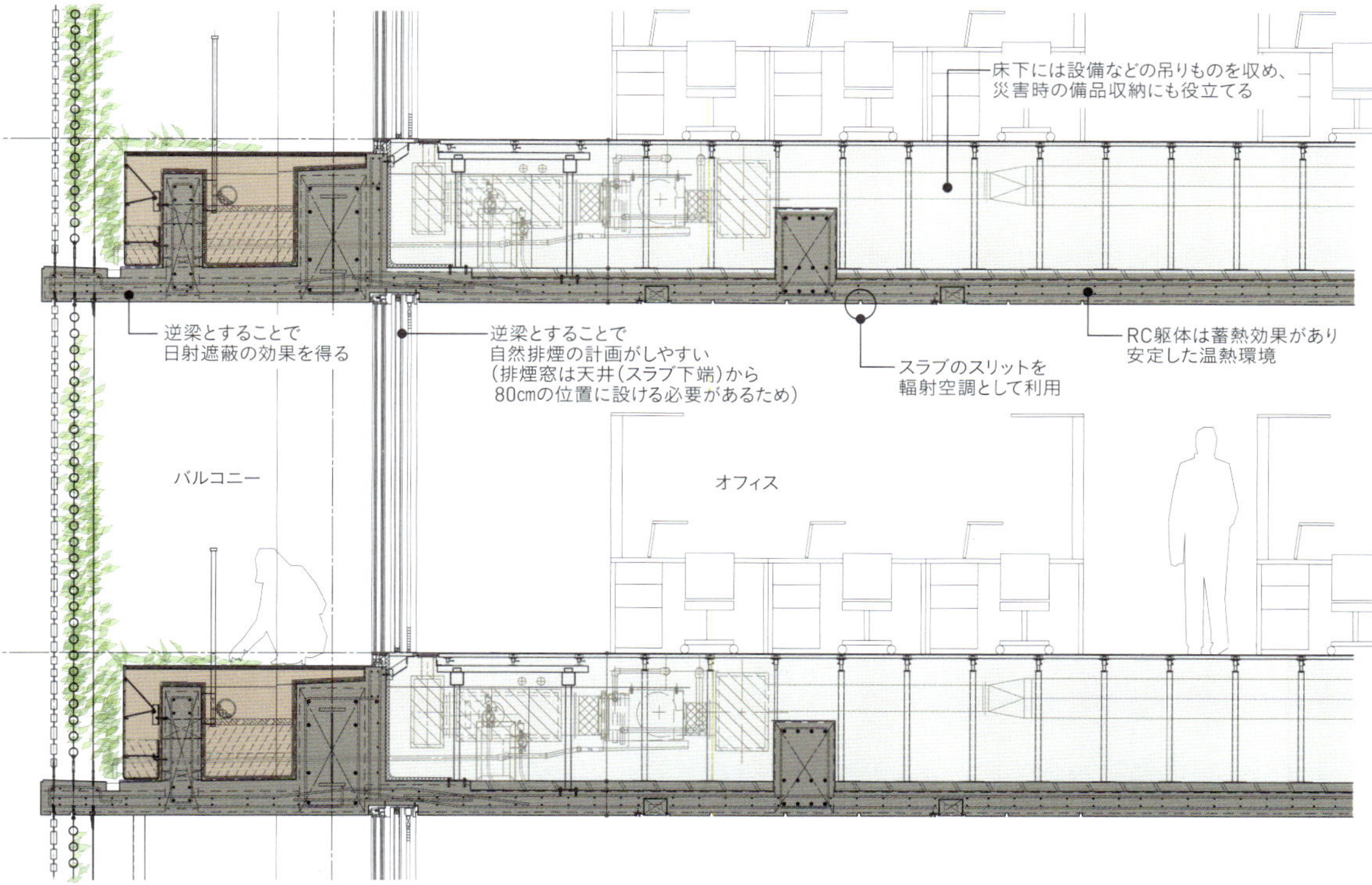
床下には設備などの吊りものを収め、
災害時の備品収納にも役立てる
逆梁とすることで
日射遮蔽の効果を得る
逆梁とすることで
自然排煙の計画がしやすい
(排煙窓は天井(スラブ下端)から
80cmの位置に設ける必要があるため)
スラブのスリットを
輻射空調として利用
RC躯体は蓄熱効果があり
安定した温熱環境
バルコニー
オフィス

災害対策の実現と、環境配慮をどちらも満足することができる逆スラブ構造は、RC造とすることで可能となる。さらに、この蓄熱効果の高いコンクリート躯体を、輻射冷暖房の輻射面や照明反射面などにも活用しながら、意匠面でも空間の表情をつくっていることから、意匠・設備・構造が全て一体にデザインされている

写真／雁光舎(野田東徳)

グリーンスクリーン：植物で覆われた壁面／アウトフレーム：主要構造躯体である柱・梁を居住空間外に配置すること

コンクリート躯体は空調の役割も果たす

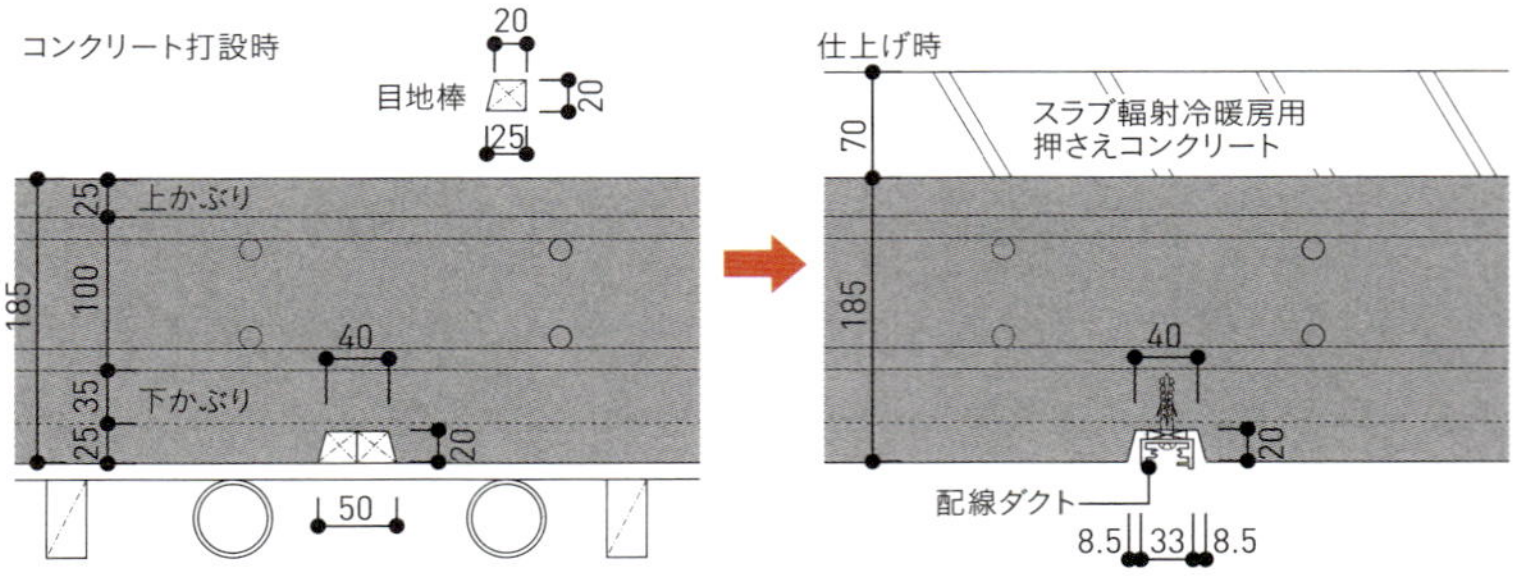

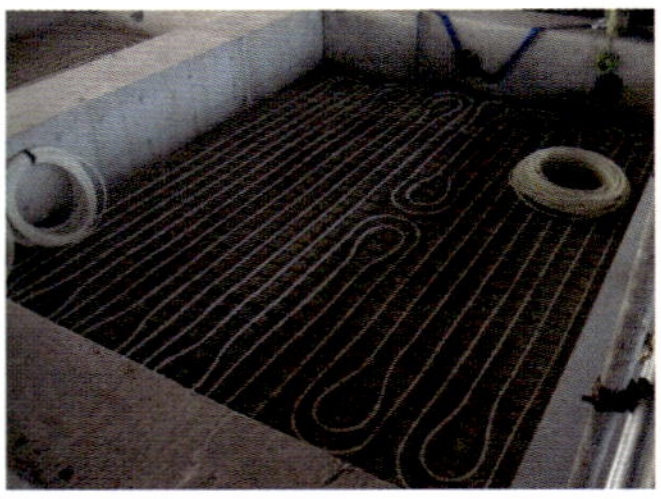

天井スラブの躯体は、上面の押さえコンクリートの中に冷温水配管を埋め込み、下面に凹みを設けることで輻射空調としても活用でき、室内の温熱環境を安定化させている

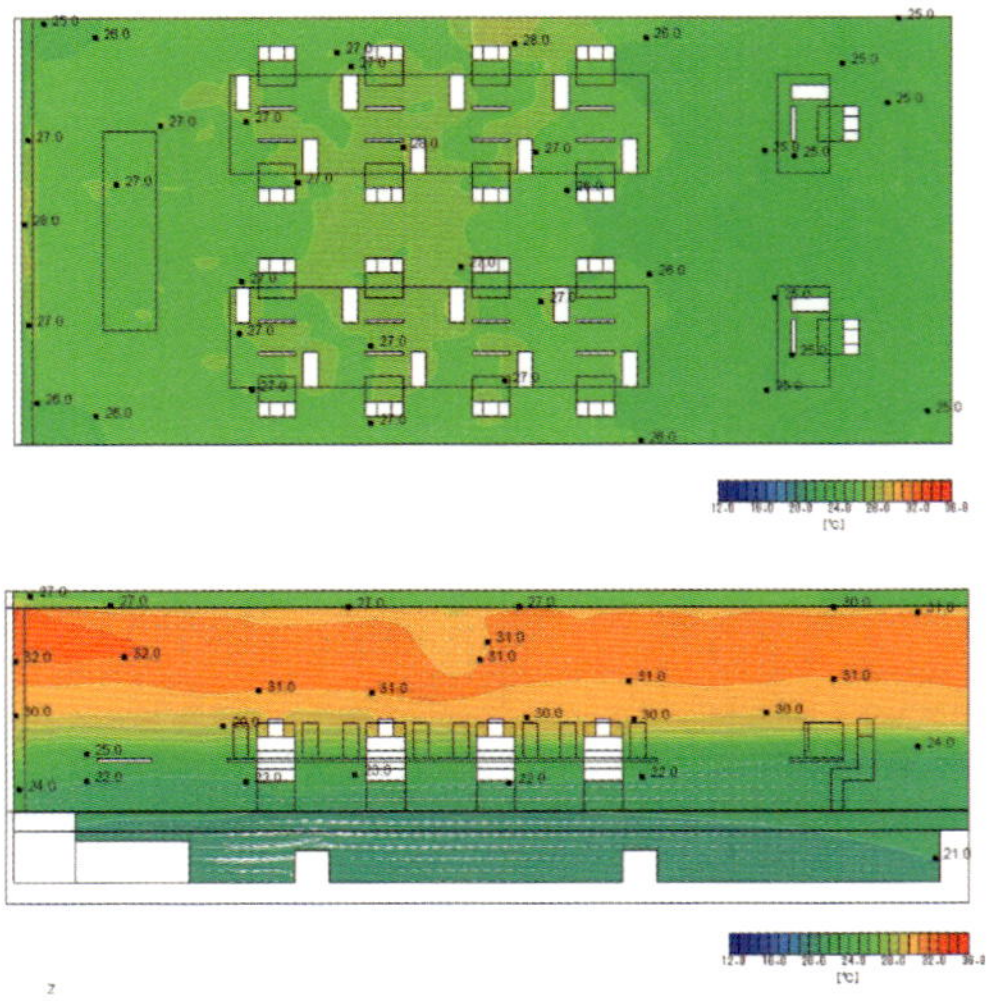

天井スラブ放射空調がない場合

人体やパソコンからの発熱で、居室の上半分が30℃を超える。快適にするためには床からの吹き出し空調温度を下げる必要があるが、その場合は足元が冷え、不快感が増す

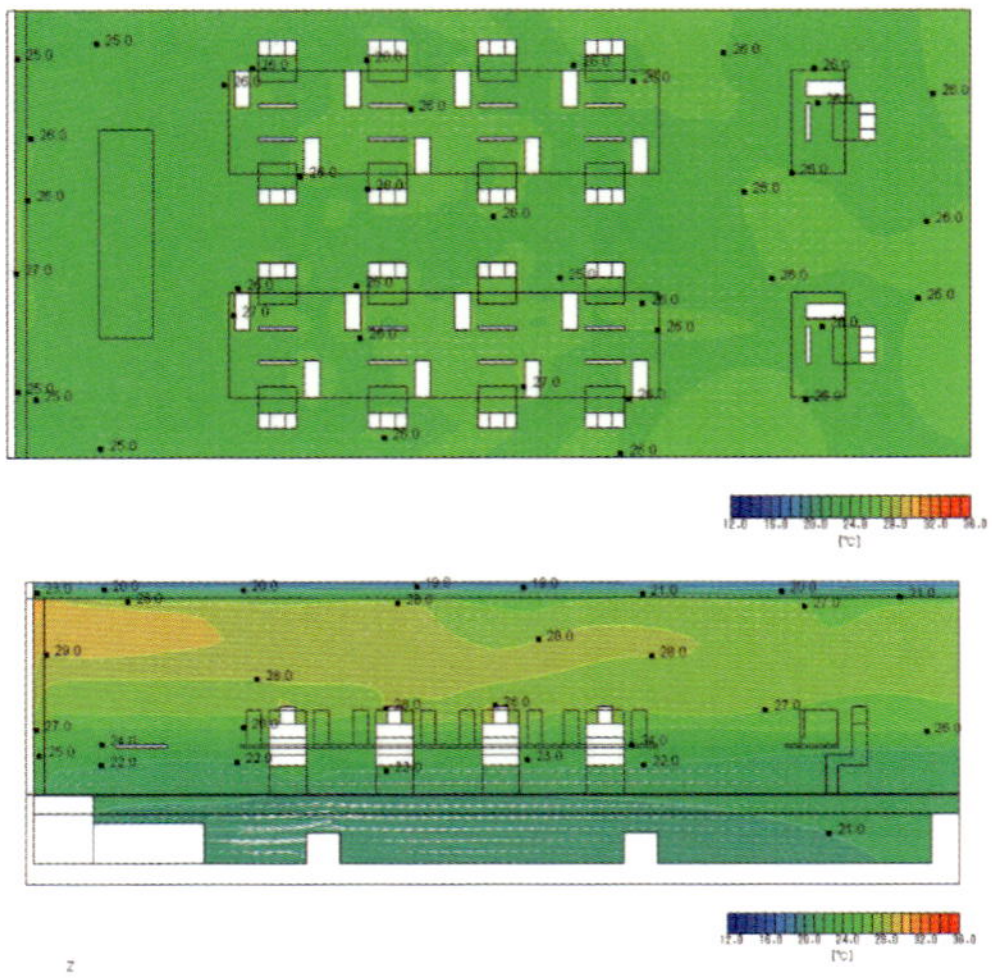

天井スラブ放射空調がある場合

均整度が高く、快適な環境。デシカント空調機による調湿で結露しにくく、輻射空調を可能にしている。蓄熱量が豊富なスラブによる輻射は安定的で、不快な気流も生じない

意匠性と設備機能も兼ね備えた天井スラブ

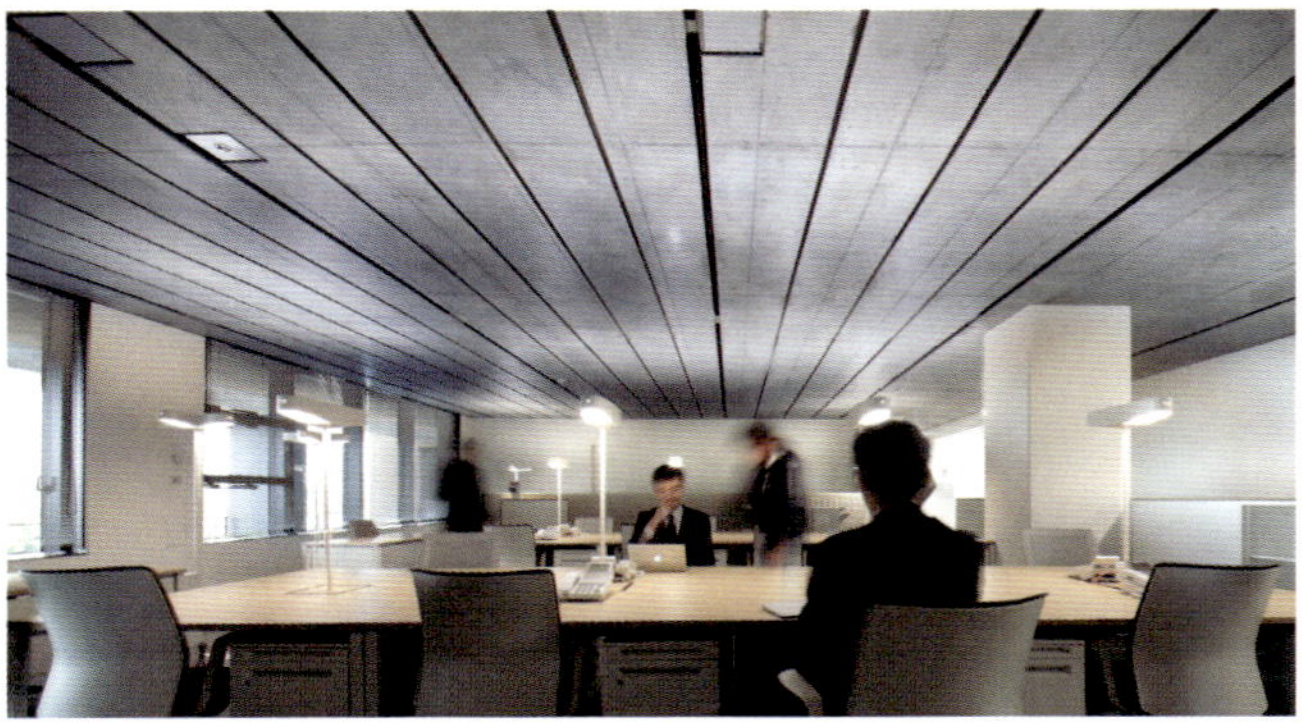

見上げた天井スラブに通っている溝が、輻射空調のための凹みである。25㎜幅の目地棒を組み合わせることで、幅の異なる凹みを設け、溝の間隔を変えることでその場所に必要な空調を調整する方針とした。写真右側は通路なので在席空間でなく、空調は緩くて良いため、溝の間隔を広く設定している

写真／上：フジタ、下：雁光舎（野田東徳）

輻射空調：輻射熱（放射熱）を用いた空調のこと。ここでは冷水（温水）を循環させ、躯体からの放射の効果で空間を冷房（暖房）する仕組み

震災の経験を生かし、新たな快適性を実現した環境時代のRCオフィス

東日本大震災が発生した2011年から設計が始まったこの建物には、震災を経験し浮き彫りとなったオフィスの問題点をクリアすることが求められた。地震時の天井落下という被害や、地下に集約された防災備蓄品の運搬問題、震災後に照明や空調を控えた生活を余儀なくされる中での、オフィスの開かない窓など、多くのオフィスビルに共通の社会問題であった。一方でクライアントは、自社における生協の活動で発生するCO^2を、2020年までに2005年と比較して15％削減する、という高い環境目標を掲げていた。震災の経験を踏まえたより実効性の高い災害対策の実現と、環境目標に沿った高い環境性能を両立させることが設計の目標となり、構造計画からこれらへアプローチできないかを考えた。

安全で快適な環境をつくるスラブ

通常は、梁の上端にスラブが付き、スラブの下に天井や設備機器が吊られている。これが震災時の落下被害につながるため、地上部の全ての梁を逆梁とし、スラブを現しの天井面（以下、天井スラブ）とした点が、この建物の構造計画の最大の特徴である。床下に空調機器などを納めることで、頭上に吊るすものをなくしている。地震時に落下の心配が全くない、安心して働くことができるオフィスとなっている。オフィス空間にむき出しになった天井スラブが蓄熱できる熱容量は、1000tの水に相当する。これはまるで洞窟のように、熱を溜めることができる物体に囲まれた、熱的に安定した空間であることを意味する。昼間の空調による熱や換気、ナイトパージによる熱をコンクリートが溜めることで、夜間に空調が切れても安定した温熱環境を保つことできるなど、天井スラブの熱容量を最大限に活用可能な空調システムであり、省エネかつ快適な室内環境を実現した。加えて、天井スラブの上面に冷温水配管を敷設することで、輻射天井の機能も備えている。

免震構造でより高い安全性を

この環境システムを構成するためには、コンクリート系の躯体が必要であったことと、必要なスパンや梁せいに制約があった。そのため、構造形式はSRC造を採用した。天井スラブの上面に配置する冷温水配管のために、約100㎜の打増しコンクリートが必要となったほか、天井スラブ自体も熱容量を高めるために厚さを200㎜とするなど、建物自体が重くなる要素が揃っていた。一般的に構造的に不利な条件が多かったが、これらを逆手に取り免震構造を採用した。RC造の躯体による剛性確保と重量効果を利用することで建物の長周期化を図り、合理的な免震構造を目指した。免震構造により地震力を低減することで、RC造に懸念される地震時のひび割れ等も最小限に抑えることができ、天井スラブをはじめとし、多くの部分でRC躯体を現しとすることができた。

天井スラブに施された工夫

躯体輻射空調システムは、躯体の表面積で効果が決まるため、効率を高める工夫として、スリット状の凹みを設けて表面積を増やすことを考えた。同じ室内でも場所によって必要な空調性能は異なるため、幅や間隔を変えて対応した。人が在席する付近では空調効果を高めるため、輻射面積を広くして凹みの間隔を細かくし、通路側になるにつれて凹みの間隔を広くしていく。さらに、この天井スラブを空調だけでなく、照度確保にも役立てた。省エネのために照明方式をタスク・アンビエント（作業する場所や作業対象に必要な明るさにする方式）とし、家具に設けた照明で天井スラブを照らしている。現しの天井スラブを塗装して反射率を高めることで、全体に照明を設けなくても十分な照度を確保した。見上げが全てコンクリート現しのため、意匠が単調とならないように、事務室の窓側、バルコニー、コア部分は、塗装を一切施していない。これらの範囲は、型枠の跡や色、仮設に用いたインサートの跡などをあえて見せ、打設した姿そのものを意匠とした。型枠の残置期間は、施工上支障のない範囲でできるだけ長く確保し、ベニヤ型枠の跡が表面に残るようにした。施工時の気温などの条件、型枠のわずかな違いで、場所によって仕上がりが異なり、現場打ちコンクリートの一品性をそのまま現した。室内の各所で仕上がりの異なる、「魅せる」天井スラブが完成した。

ナイトパージ：外気温度が建物内の温度以下となる夜間に外気を室内に導入し躯体等に溜め、昼間の冷房負荷を下げる／重量効果：重量の大小によって影響が異なる現象／長周期化：建物の固有周期（建物が揺れる際、揺れが一往復するのにかかる時間で、重さとかたさの関係で決まる）を長くすること

SECTION 017

構造の役割分担で細い柱を追求する

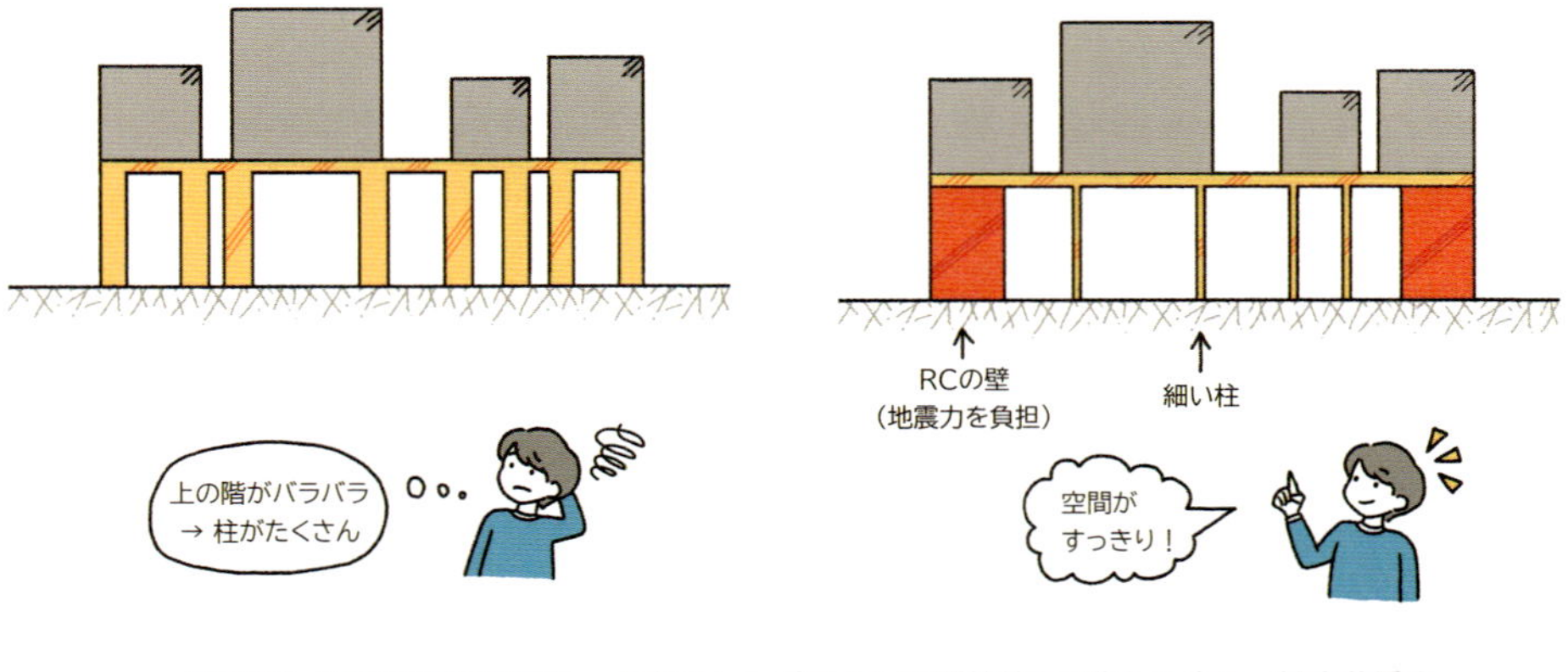

2階に並ぶRCの箱群の下に、大学キャンパスとして開放的な1階をつくる。鉛直荷重を柱で支持し、地震力は耐力壁で負担して役割を分け、広がりのある空間を実現した。

写真/雁光舎(野田東徳)

複雑なかたちでも、荷重の伝達経路を明確にする

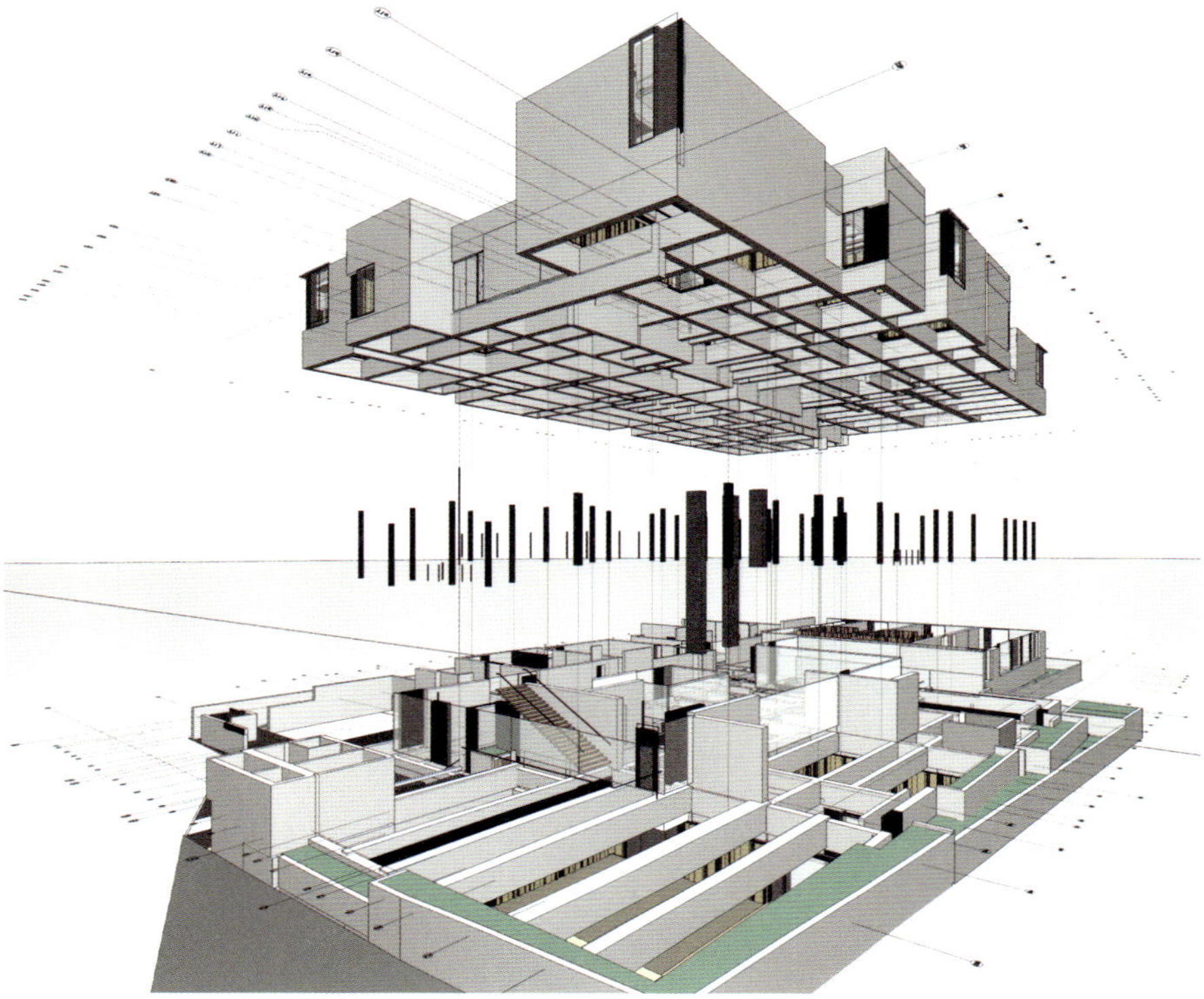

上層は2階のボリューム、下層は地下1階のボリューム。2階と地下1階ではグリッド（壁と柱の位置の基準となる格子）が異なるが、廊下幅で調整してグリッドの交点をつくり、そこに柱を配置。柱の本数を最小化し、長期軸力をスムーズに下階へ伝達できる

上下をつなぐ「鋼管巻きRC柱」

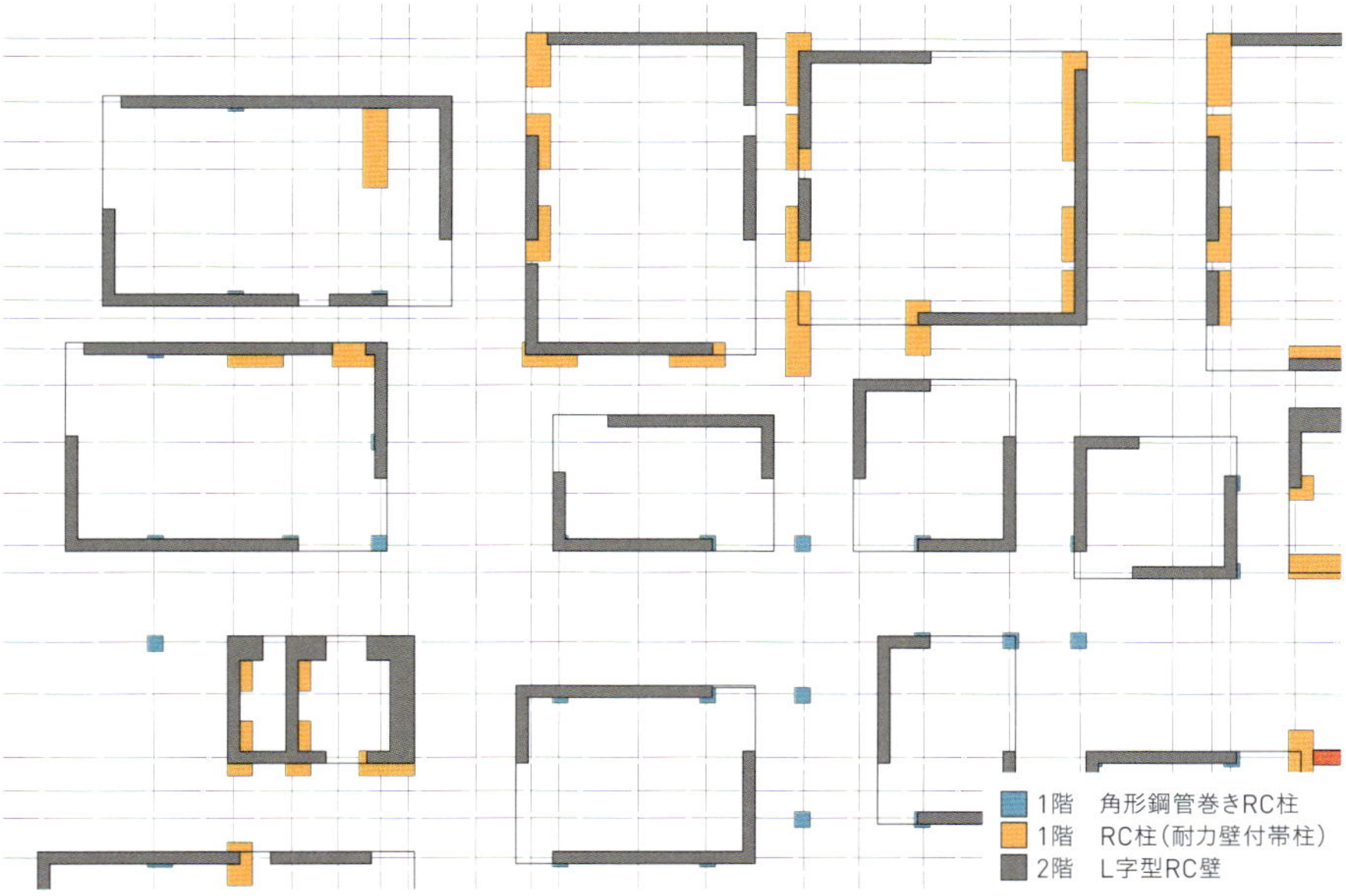

2階のL字壁の下、かつ地下1階のグリッド上にのる位置に効率良く配置された1階の柱。水色で示すRC柱（鋼管巻きで仕上げた柱）は、各柱の負担が概ね等しくなるように、負担面積も考えながら位置を決定した。また、オレンジ色のRC柱は耐力壁の付帯柱となっている

面から線、線から面につなぐ点を生み出す

想いをかたちに部材断面を考える

「細い柱」の断面検討プロセス

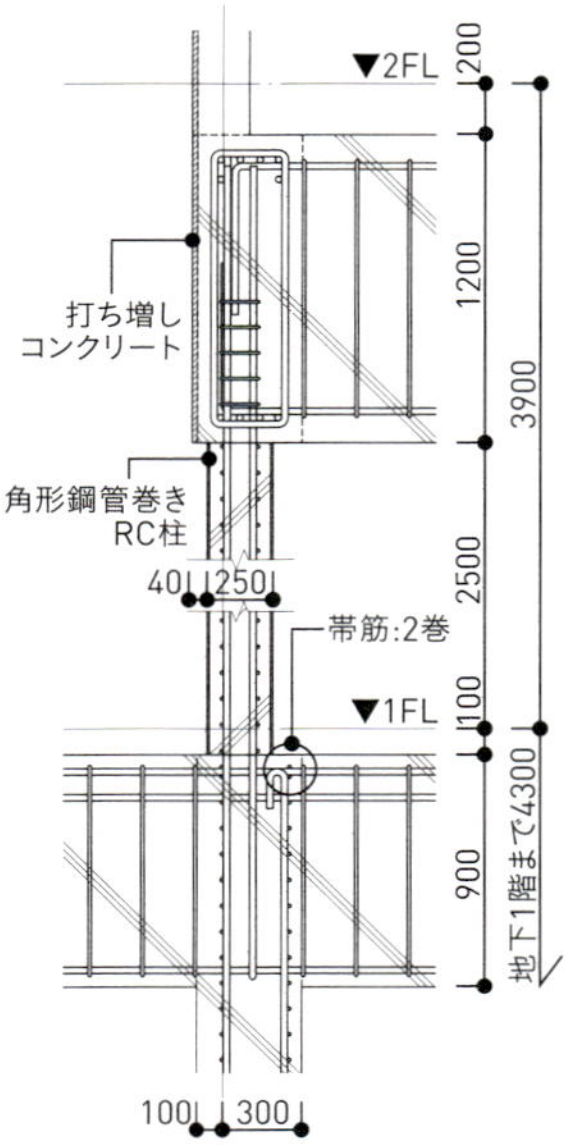

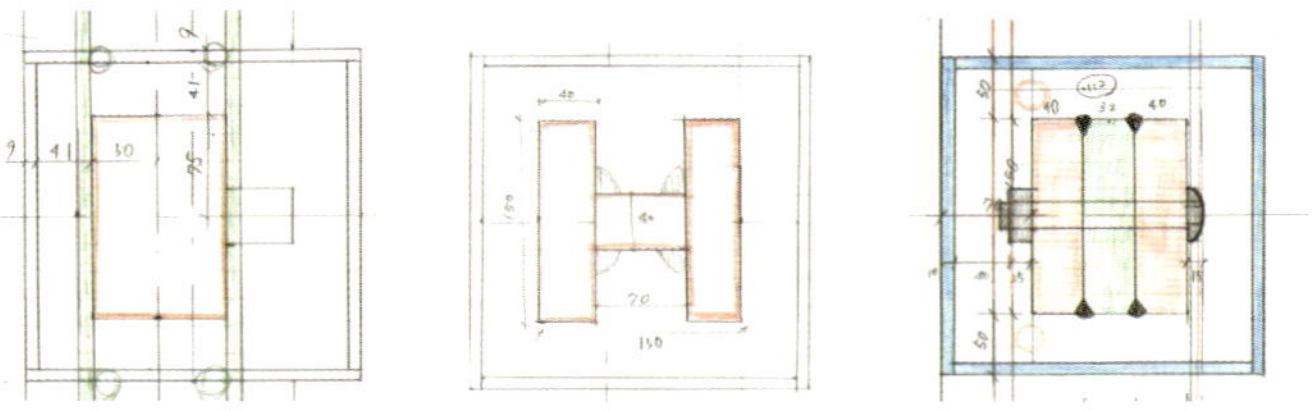

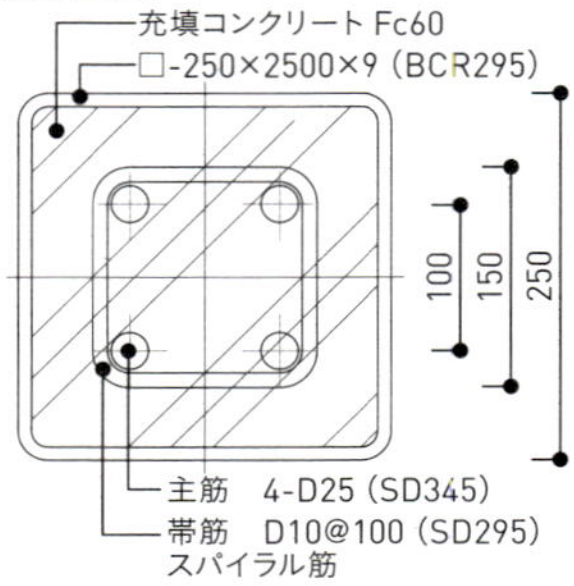

仕上げ込みで250mm角、構造体として230mm角程度の「細い柱」。この条件で、どんな部材ができるか構造検討を重ねた。内部に鉄骨を入れる案（左上）からはじまり、最終案の力の流れと納まりが最もきれいなRC造を採用した。仕上げ材の鉄骨は、建物の使用者への配慮から、角部に丸みを持つ角形鋼管を採用。通常よりかなり小さい柱のコンクリート打設を確実に行うためPCa柱として計画した

「鋼管巻きRC柱」ができるまで

右／コンクリートの充填性を確認するための試験施工のようす
左／コンクリート打設前。鉄筋の精度確認時の状況
下／1階エントランス内観。柱の角形鋼管は溶融亜鉛めっきリン酸処理仕上げとし、天井材は張らず、そのまま現しで使用。2階の梁下端の高さを揃えることで統一感を出している

写真／中段2枚：日建設計、下：雁光舎（野田東徳）

対話と空間共有、そこから構造提案は生まれる

低層市街地に建つ音楽系大学の新キャンパス。建物全体は3層に抑え、1階は生徒たちのためのキャンパスの開放的な玄関とする。対して、地下1階と2階に配置されるレッスン室は、遮音性の高さが求められ、RC造とすることが計画初期からの大方針であった。その上で、1階の柱は本数が多くなっても可能な限り細くしたい、2階のレッスン室は、均等スパンや通り芯にとらわれることなく自由に配置したい、「人工地盤の上にのる箱群」というデザインイメージがあった。この要望をどのように解くかが、構造設計者に与えられた課題であった。

建物構成

この建物は、地下1階と1階は壁厚400㎜の耐力壁付RCラーメン構造、2階は壁厚200㎜の壁式RC造である。壁式構造は、柱ではなく壁全体で荷重を負担するため、より大きな空間を作ることができる。

2階のレッスン室は、学生の視線が交差することを意図しコーナー部に開口を設けたため、結果としてL字型の壁が向かい合う形でデザインされた。構造としても十分な壁量が確保でき、単体でも成立できるバランスの良さがあることから、壁式構造を採用。また、高さ制限が厳しい地域であるため、内部の天井は躯体現しとし、できる限り大きな空間を確保した。壁厚と梁幅を揃えたり、梁下端の高さを統一するなど、建築空間に合わせて梁組を計画した。

角形鋼管巻きRC柱の採用に至るまで

①部材の役割を決める

柱を細くしたいとき、その柱は長期荷重（建物自体の重量）のみを支えるように計画することが多い。すなわち、地震による水平力を負担する耐震要素は別に用意する。この場合、耐震要素に力を伝える経路があること、そしてバランスよく配置することが大切である。この建物では、細い柱＋壁厚400㎜の耐力壁で解決することを考えた。1階平面を4分割し、各グリッドのX方向Y方向に、2階の重量から算出した必要壁量を確保するように調整した。耐力壁までの力の伝達は2階の床スラブおよび接続する梁が担う。

②1階の柱配置

不均質なグリッド上に柱が配置された2階と地下1階のレッスン室。それでも、上から下までの連続性は必要である。まず、2階と地下1階の平面図を重ね合わせ、廊下幅の調整を繰り返して交点をつくり、柱位置を決めた。柱のサイズは、意匠設計者の経験とこだわりから「250㎜角なら細く見える」という目標があった。大きさの目安があることで、1本の柱の許容耐力も概ね決まっていった。各柱の負担面積が大き過ぎないよう、本数を決定した。加えて、想定している重量を超えないようコントロールすることも非常に重要だった。床や壁に必要以上に打増しがされないように、また想定以上の仕上げ荷重にならないように、設計者と施工者との連携を大切に、重量に関わる事項は最後まで注視し続けた。

③細い柱の実現

はじめは、鋼管などの靭性が高い鉄骨柱にする予定だった。しかし意匠設計者から、仕上げをせずに鉄の素地を見せられないか、と要望があった。通常、鉄骨面に施す耐火被覆を避けるには、外側の鉄骨を構造体ではなく「仕上げ材」扱いとするしかない。そこで、内部に鉄骨を入れる案に移行したが、鉄骨に力を伝達するためには上下階の梁に埋め込む必要があり、鉄筋と干渉したり、十分なかぶりコンクリートがなかったりと納まりがとても悪かった。そして行きついた先が、RC造の柱に仕上げ材の鋼管を巻くというものであった。柱サイズは230㎜角でも、高強度コンクリートを採用することで耐力を確保でき、上下階の支圧強度も満足できることを確認した。外側の鋼管は仕上げ材のため上下階の梁の手前で止めているが、RC柱を拘束する余力材として期待できる。

鋼管巻きRC柱は、CFT柱ではないため、内部に主筋と帯筋が必要である。帯筋の大きさは150㎜角と通常より小さくスパイラル形状としたものの、現場での手作業となり、当初試作品の精度は低かった。しかし、かぶり厚の確保は絶対条件なので、職人技術により精度を高めてもらい完成に至った。実際のものを想像し、どのように作るのか、作れるのかを考え設計することは、とても大切である。

必要壁量：地震時に建物が倒壊しないために必要な壁の量／靭性が高い：材料が降伏点を超えて塑性変形が生じてから破断に至るまでの変形量が大きいこと、粘り強いこと／支圧強度：部材に局所的に圧縮荷重が作用するときの圧縮荷重に対する強さ／余力材：構造計算には含めないが、構造強度を上げることが期待できる部材／CFT柱：コンクリートを充填した鋼管の柱。内部のコンクリートで鋼管の座屈を拘束する

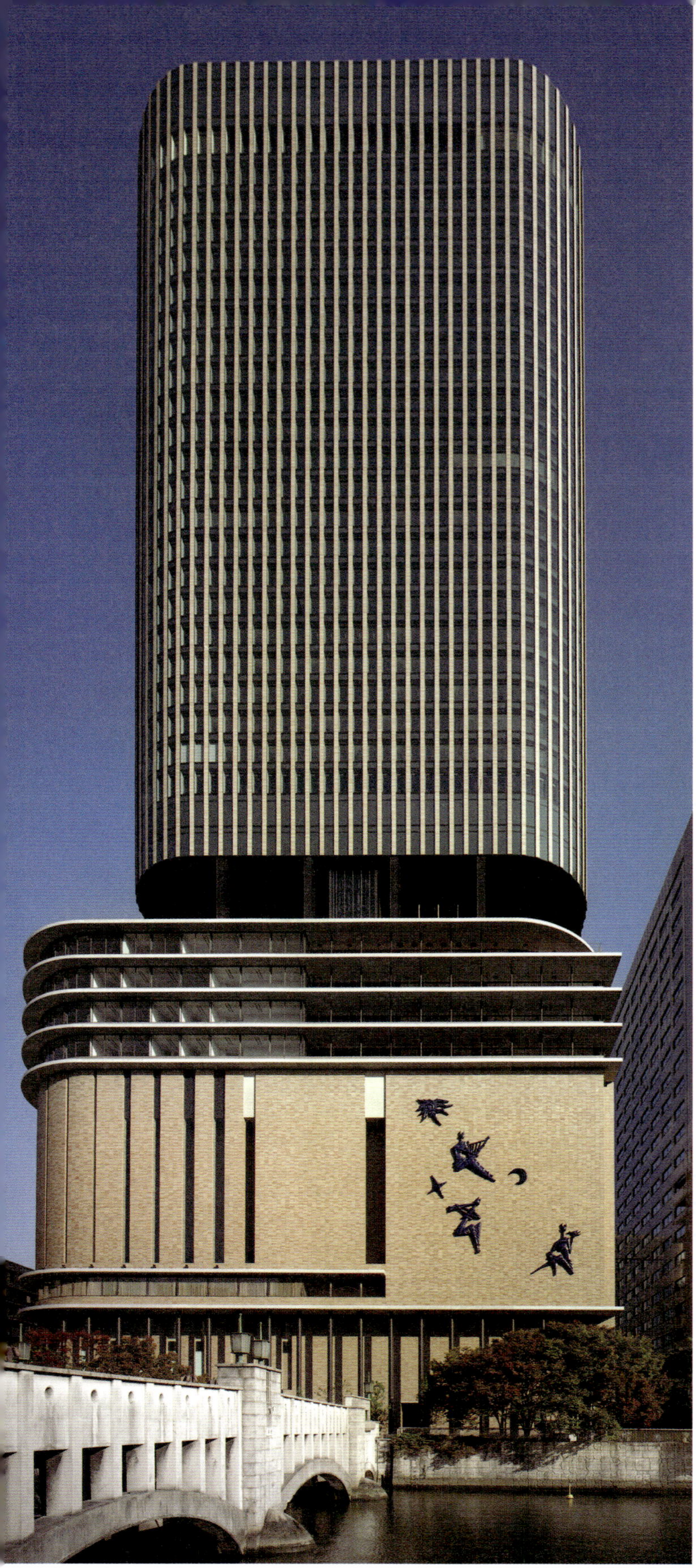

SECTION 018

複雑さのもっていきどころ

複合用途の建物では、用途の変わり目が構造計画上のポイントになる。建築計画に合わせて柱位置の切り替えに用いる場合、この部分のディテールはつくりやすさや構造性能にも影響する。複雑になりがちなディテールをどう工夫するかが設計者の腕の見せどころだ。

写真／古田雅文

用途の切り替えは構造の切り替えに活用するのが合理的

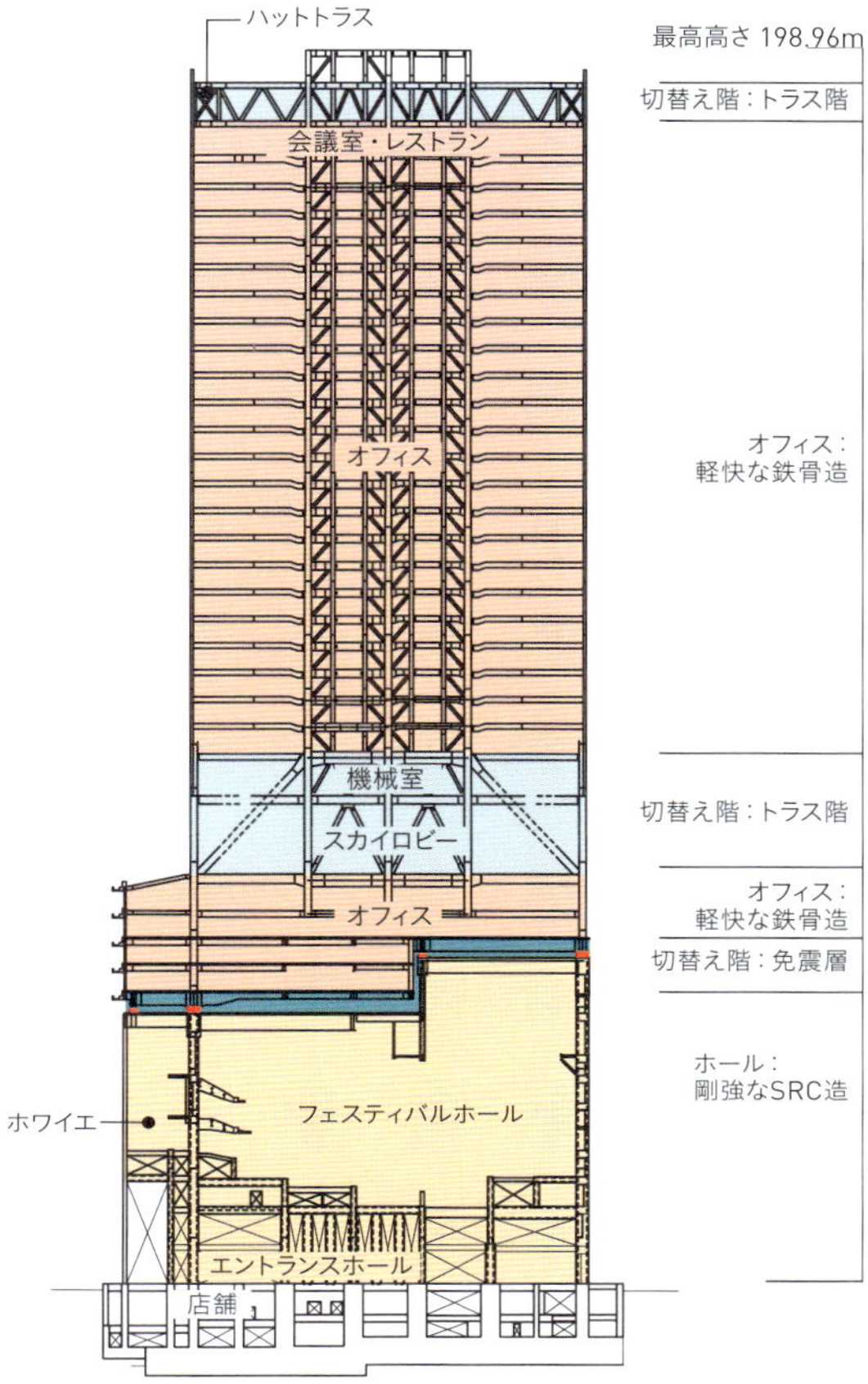

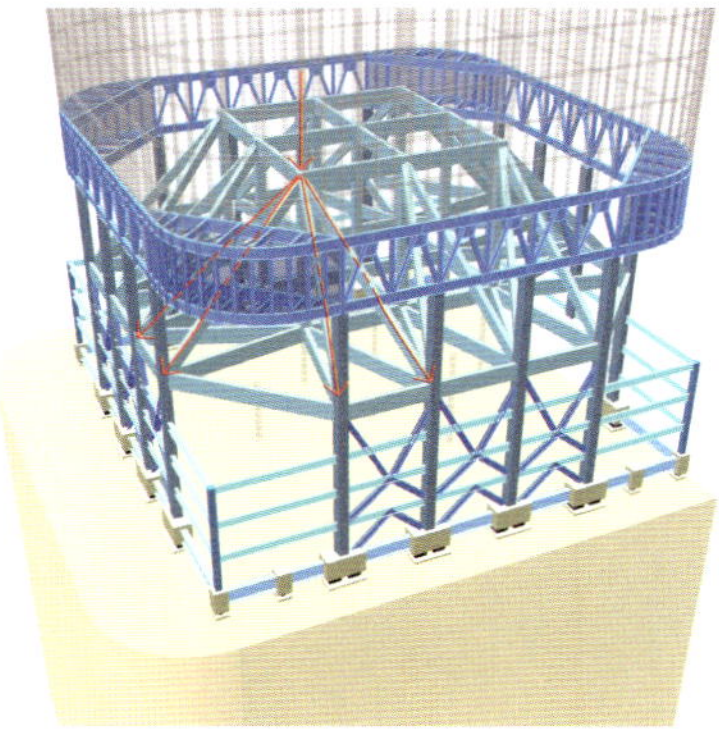

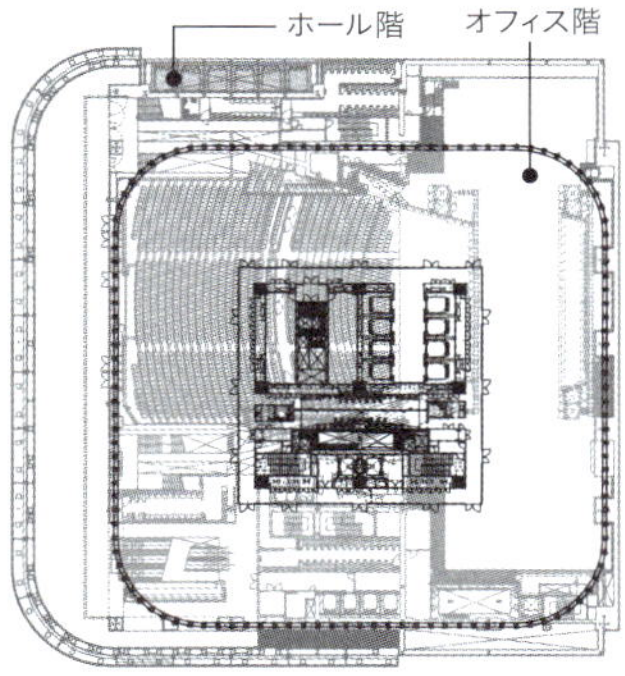

ホール階とオフィス階の重ね書き

複合用途建物における用途の切替え階は、機械室等の特殊用途となることが多い。この建物では切替え階が3層分あり、下から免震層、トラス階（低層、高層）として利用している。免震層はかたいホールと相対的に柔らかいオフィスをゆるくつなぎ、低い方のトラス階はホールの中に柱が出てこないように、柱位置を変えてつないでいる。高い方のトラス階は頂部にあって横揺れにふんばりをきかせている

免震層と下部トラス階周辺の架構パース（上）と、オフィス階とホール階の平面図を重ねたもの（下）。ホール中央に柱を配置できないため、上層階の重量を支えるセンターコアの各柱の軸力を外周架構に伝えるトラスが必要となる。このトラスの接合部をどう作るか、さまざまな案を検証した

用途の変わり目（切替え階）のつなぎ方を工夫する

左から、13階スカイロビー内観、同テラスから見えるメガトラス、オフィスとホールの間の免震層

写真／左：東出写真事務所、中央：古田雅文、右：竹中工務店

柱からトラスへ、スムーズに力を伝えられるかは接合部が要

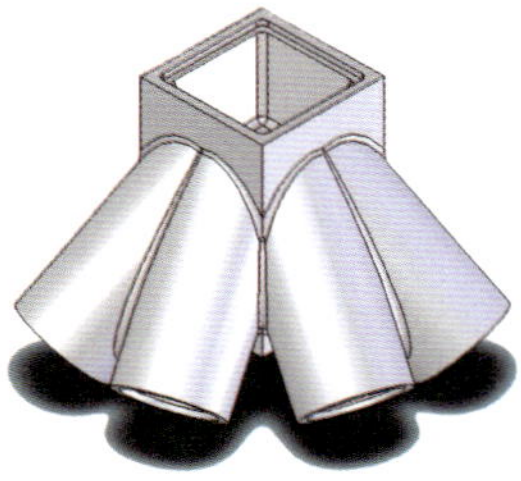

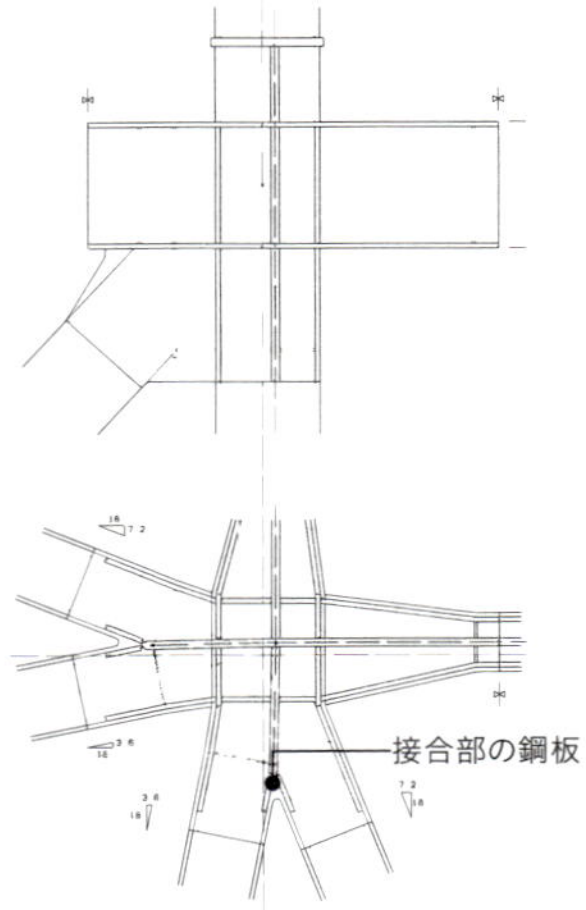

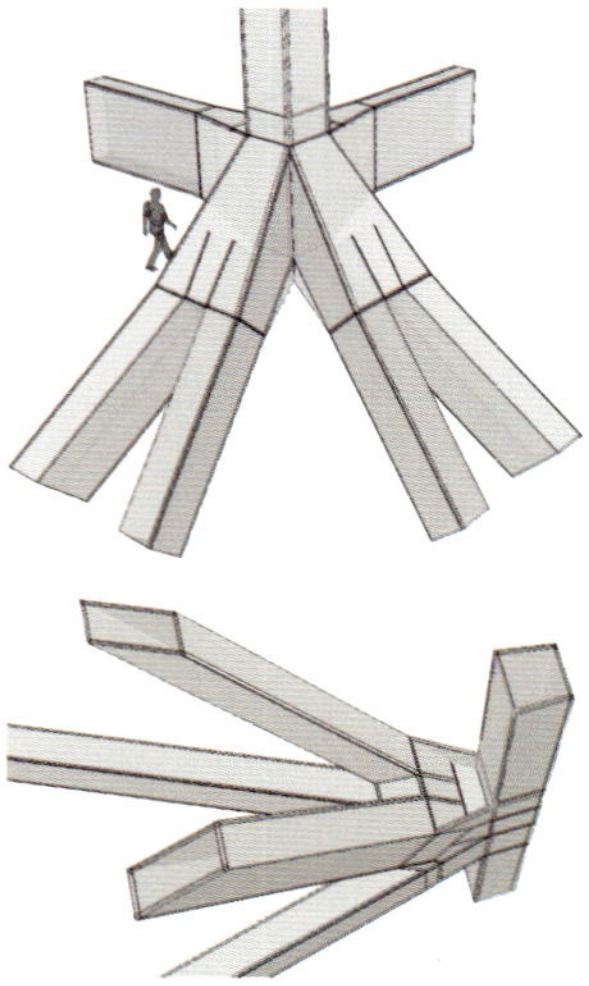

案1：鋳鋼案
斜材を円形鋼管とし、接合部は鋳型に流し込んで作成。作用する大きな力に相応しい寸法とすると、非常に重くなるので運搬・建方・コストに課題があった

案2：長方形断面案
斜材は長方形断面、接合部は鋼板を溶接して作成。部材点数、溶接量が多く精度確保に課題があった

最終案：平行四辺形断面案
斜材を平行四辺形断面、接合部は鋼板を溶接してつくる。案2の弱点を克服し、斜材の断面を特殊な形状とした

問題点を解きほぐし、要因を探し当てる

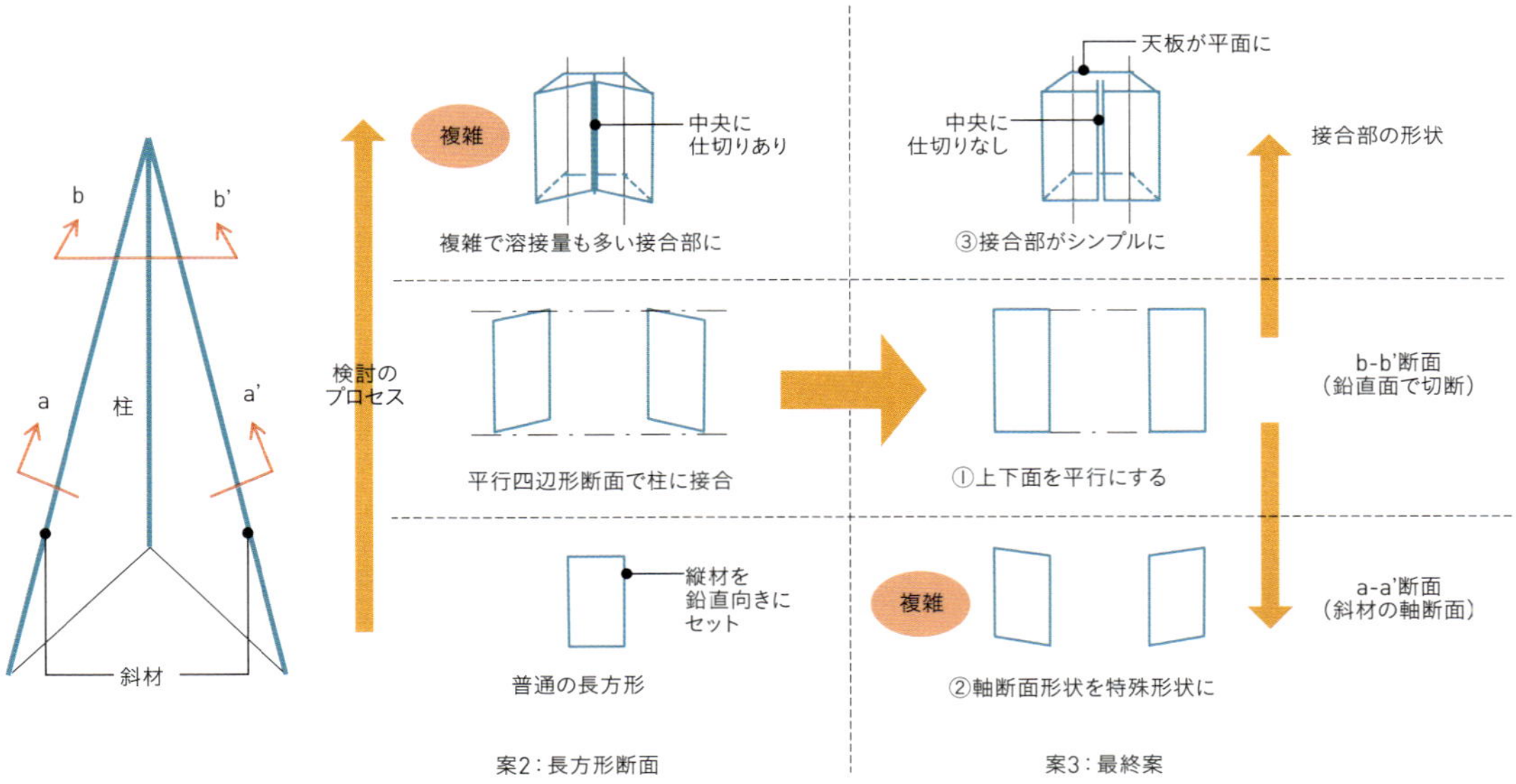

案2から最終案へ
案2で接合部の部材点数が増える原因を精査した。
案2では柱と斜材の接合部に角度がついているので、斜材の断面が長方形の場合、柱の側面にとりつく面（地面に垂直な断面）は平行四辺形となり、これが複雑さの原因となっていた。そこで、接合部が長方形になるような平行四辺形断面の斜材とする逆転の発想で最終案を作成。接合部をシンプルにすることができた

鋳鋼：鋳型をつくり、鋼を流し込んで固めたもの

より管理しやすい“複雑さ”に収束させることで解決への道がひらける

複合用途の建物では、用途の変わり目が構造計画上のポイントとなることが多い。この建物は低層部に本格的な音楽ホールの大空間があり、中層部には専用オフィスを挟み、高層部がセンターコア型のテナントオフィスという計画であった。

設計当初の与条件として、ホール部分は音響を良くするため分厚いコンクリート壁で囲まれた構造とし、オフィス部分は小割で間仕切りがしやすいセンターコア型の平面形状とする必要があった。さらに敷地の制約から、これらを縦に積み重ねることが必須であった。

変わり目のつくりかた

これらの要求を高い耐震性能を備えた建物として解決するため、2つの用途の変わり目に着目した。

下から1つ目の用途の変わり目、ホールと中間階オフィスの間には、免震層を設けている。SRC造のホールと上部の鉄骨造のオフィスでは、層の水平剛性に大きな違いがあるので、直接つないだ場合、柔らかいオフィス側が大きく振られてしまう。免震層を介してつなぐことで、揺れは免震層で吸収され上層には伝わりにくくなる。

中間階オフィスとテナントオフィスの変わり目は、用途としてはテナントオフィスのためのロビーフロアと機械室である。構造的にはこの2層分を利用して、センターコアの柱が支える重量を外周に流すトラス階とした。設計において最も検討が重ねられたのは、センターコアの柱と外周柱をつなぐトラス（以下、メガトラス）の接合部についてであった。

ホールをまたぐメガトラス

田の字型の四隅に設けた4本の斜材には、約25層分のオフィス階の重量として、4本それぞれに常時約２０００tf（２００００kN）もの力がかかる。この大きな重量を支える接合部をどうつくるかが、この建物の安全性を支える大きなポイントになると考えた。

複雑な接合部をつくるのに適しているのが自由な形をつくることができる鋳鋼である。斜材の断面を円形鋼管として最初に考えた接合部が鋳鋼案［案1］である。図で見る限りはそれほど大きなものには見えないが、1つ当たり重量が25tを超え、運搬や建方、コストに問題があることが分かった。この段階で、厚板を組み合せて現場溶接により組み立てる接合部とする方向に舵を切ることとした。

次に考えたのが、斜材断面を長方形断面とする案である［案2］。長方形断面の部材自体は、通常の超高層ビルの柱材としてよく使用されるものである。接合部では板から板への力の流れを意識し、各部の材質や板厚を決めて設計図を作成した。設計図ができたら、実物大の接合部模型を作成、施工者や鉄骨製作会社と協力して、製作手順や溶接性の確認を行った。製作は可能との結論に至ったが、柱内にある十字型のプレートをはじめ、部材数が多く、施工が大変なこと、溶接量が多く、精度確保が大変なことが課題として残った。

シンプルな接合部を目指して

接合部の合理化を目指して、改めてこの巨大トラスを接合部から見直してみることにした。

メガトラス斜材は立体トラスであり、接合部には2方向から立体的に部材が取合ってくる。最終的に取り合う柱の鉛直面に対し、長方形断面の斜材は平行四辺形の断面で接し［b－b'断面］、これが接合部を複雑にする要因であると考えた。ならば、鉛直面に対して取合う斜材の断面を平行にすれば良いのではないか、と考え、斜材は平行四辺形とすることにした。一般的ではない異形な断面形状だが、鉄骨製作会社に確認してみると、一般的な長方形と同様の製作が可能との回答を得て、最終案に辿りついた［案3］。

複雑さのもっていきどころ

出来上がった架構パースを見ても、案2の長方形断面案に対し、部材点数が少なく、接合部が大幅に単純化されていることが分かる。シンプルとなることで、製作時の部材の精度管理が容易なことは、構造品質にも直結する。

出来上がったこのトラスは、誰でも見られる位置にあり、美しくかつ力強い存在感を放っている。

COLUMN 04

超高層建物を設計するおもしろさ

設計外力を決める

超高層建物を設計したくて構造設計者になった、あるいは目指す人も多いのではないかと思う。その設計は中低層建物の設計の延長線上にあるが、ここでは超高層ならではの部分を紹介する。

超高層建物においても、設計に大きな影響を及ぼすのは自重と地震力だ。スレンダーあるいは高さ200mを超える超高層の場合は、風荷重が加わる。地震力について中低層建物と大きく違うのは、地面の揺れ（地震波）に対する建物の揺れを地震応答解析によって確認し、その揺れに対して安全であるように設計する点だ。

検討する地震波には、観測波、告示波、サイト波があるが、特に告示波およびサイト波に対して安全であることが大切である。なぜなら、観測波は建物建設地ではなく観測地の地盤の揺れやすさを示しているので、特定の観測波の揺れやすい周期を避けるように設計することはあまり意味がない。一方で、サイト波は建設地での揺れやすさを反映しているので、その揺れやすい周期の建物を設計すると、地震時には大きく揺れて被害を受けやすい。一般的に、建物の揺れる周期は高さや階数によっておおむね決まるが、地盤の揺れやすい周期と建物の周期を一致させない工夫も一つの考え方として必要になるかもしれない。

想定外の地震に対して壊れ方を制御する

想定した地震に対して安全に設計するのは当然だが、超高層では想定を超える地震に対して「どのように壊すか」を設計するのがより大切だ。想定を超える地震ですぐに建物全体が崩壊してしまう構造ではなく、被害は受けても建物全体は倒れない工夫が必要になる。

そのためにまずは、一部の階だけに被害を集中させないために、梁を先に壊すことで荷重を支えている柱を壊さないこと。壊れる梁は、梁の最大耐力に達してもその耐力を維持して大きな変形ができるように、粘り強く設計する。そのために、鉄骨の梁のウェブを薄くしてリブで補強するなど、独自の工夫をしている。次に、超高層建物では柱が支えている軸力が大きいため、P-δ効果により下層部に被害が集中しやすい。それを回避するためには、心棒となるブレースや鋼板壁の架構を設けることが大切となる。

超高層建物ならではの提案をする

超高層建物は、それぞれの建物について国土交通大臣の認定を得るので、高さ60m以下の建物に適用される建築基準法は適用しなくてもよいものが多くある。つまり、安全性が確保されれば自由な発想の提案が可能になるということだ。

たとえば、一般の免震建物は地盤より下に免震層を設けるが、超高層建物では中間層に免震層を設けることで、免震層より上部は免震建物の性能を、免震層より下部は制振構造の性能を発揮して、それまでにはできなかったような空間を作ることができる。2004年竣工の汐留住友ビルでは、下層部に偏心した大きな吹抜け空間を設け、上層部にはそれまでの超高層では見られなかった大きな無柱の事務所空間が実現した[図3]。この建物を契機に、今では多くの超高層建物で採用されている。超高層建物では、各建物の設計において最先端の技術を採用していくことで、建設技術全体の向上につながっているのだ。

図1 設計用地震波(東京)

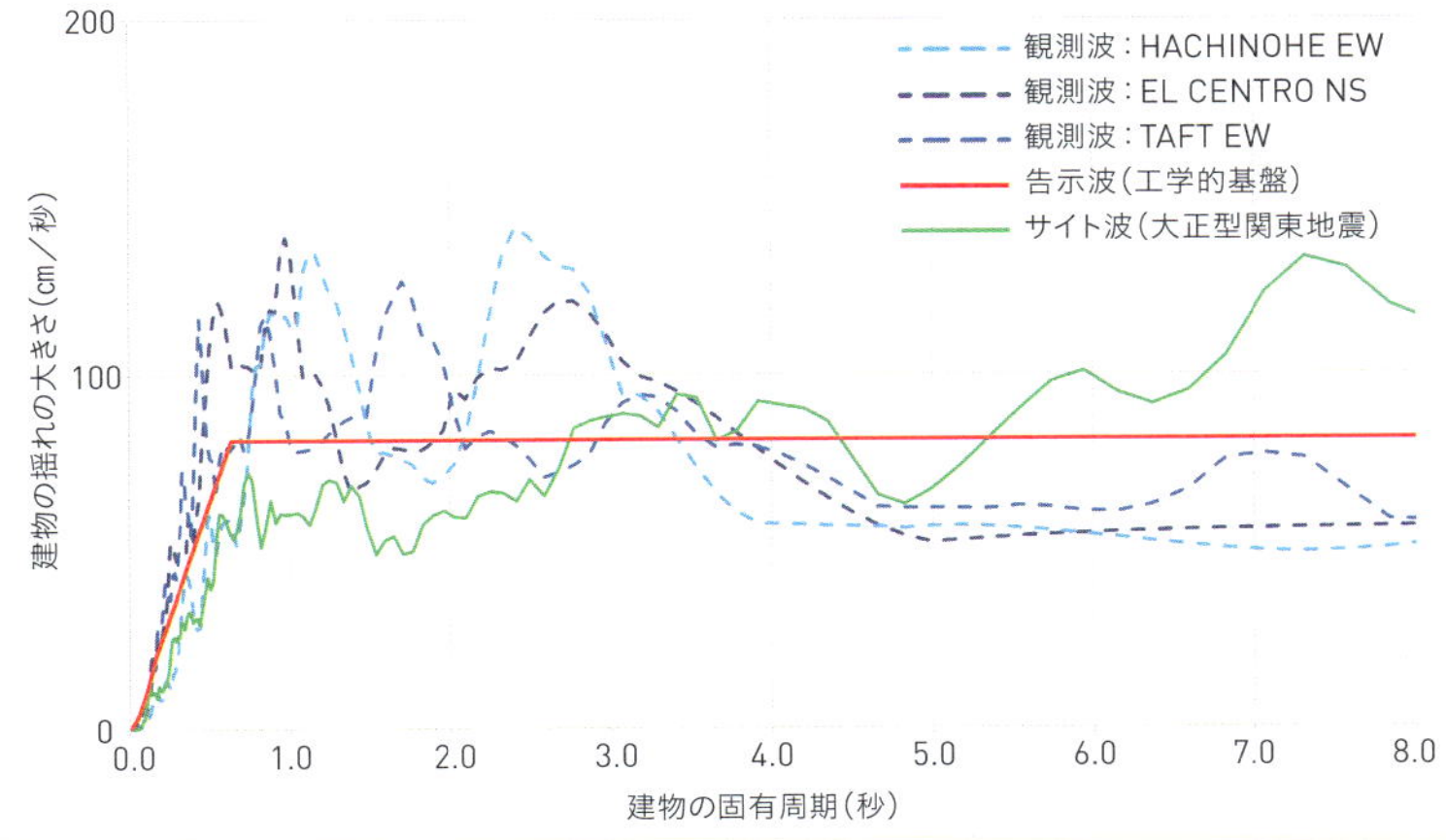

観測地震波は観測地の地盤の揺れやすさを表しており、たとえばHACHINOHE EW波は2.5〜2.9秒の固有周期をもつ建物(高さ100m程度)が非常に揺れやすい地震波だ。そのため、100mの高さの建物でも、少し固有周期が長い3秒となるように設計されていた時期もある。告示波は、建物の固有周期に依存せず、固い地盤に建っていれば、ほぼどの周期でも同じような揺れやすさとなる。サイト波は、建設地の地盤の揺れやすさを反映し、東京駅付近では7〜8秒の固有周期をもつ建物が揺れやすい特徴がある。高さ300mを超える建物はこのような固有周期となる可能性があるので対策が必要になるだろう

図2 心棒の配置

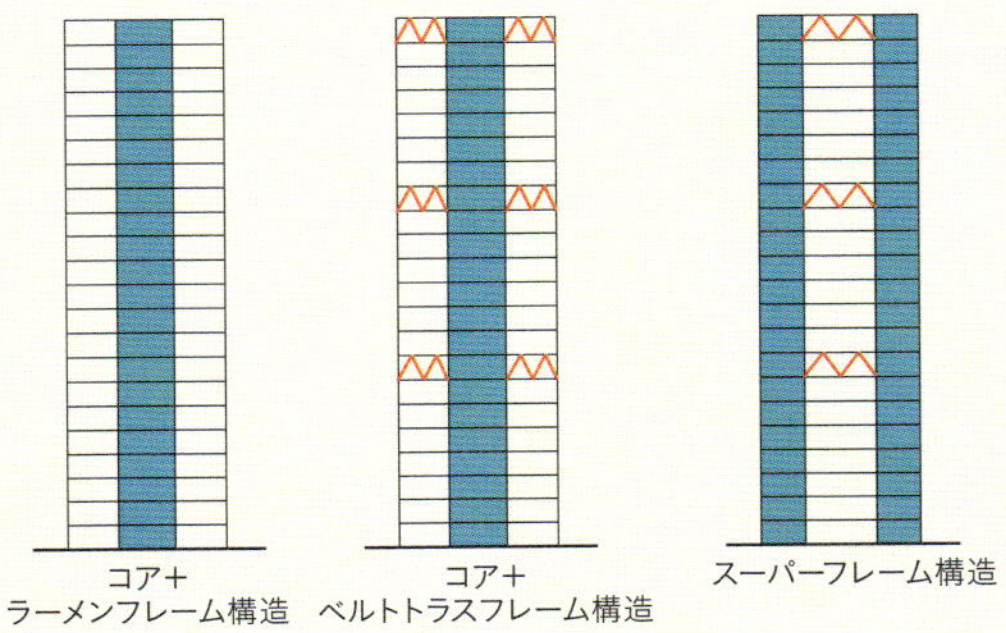

架構計画では、「心棒」となるかたくて丈夫な部分を平面的にどこに、立面的にどのような形で入れるかが重要だ。近年は、「心棒」を入れていた部分に制振部材を入れる建物が増えている。しかし、制振部材は想定内の地震に対しては効果を発揮するが、想定を超える大地震時には十分な効果を発揮できない場合がある。「心棒」と制振部材の役割を再確認し、その配置を検討する必要がある

図3 新技術の提案　汐留住友ビル

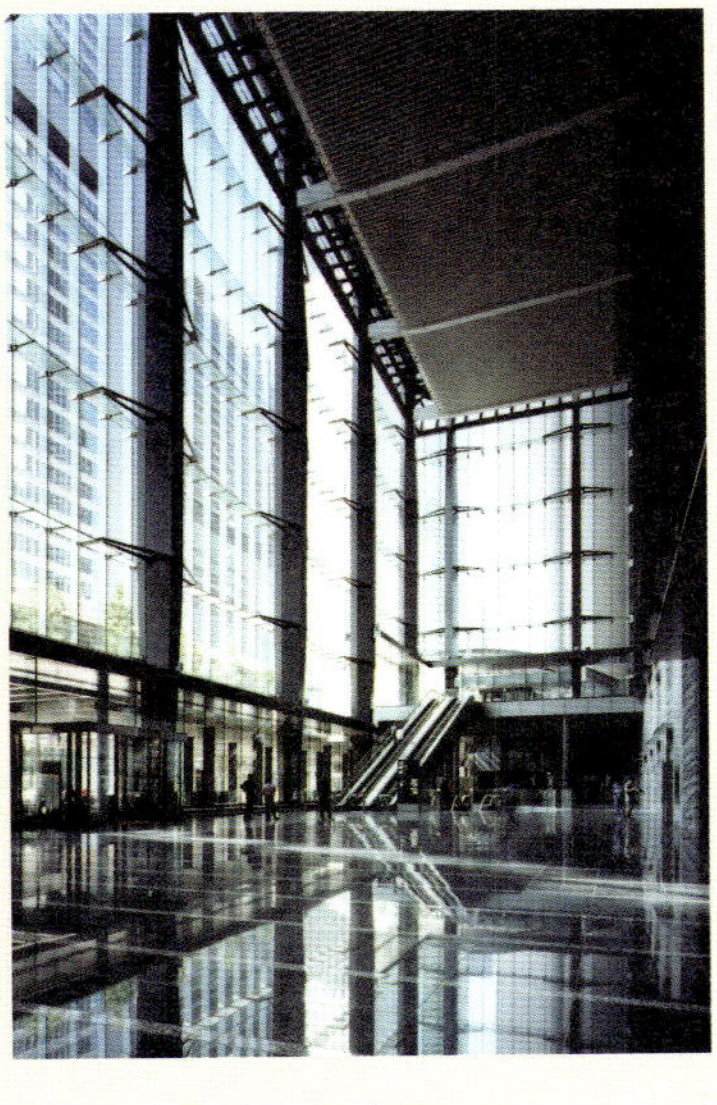

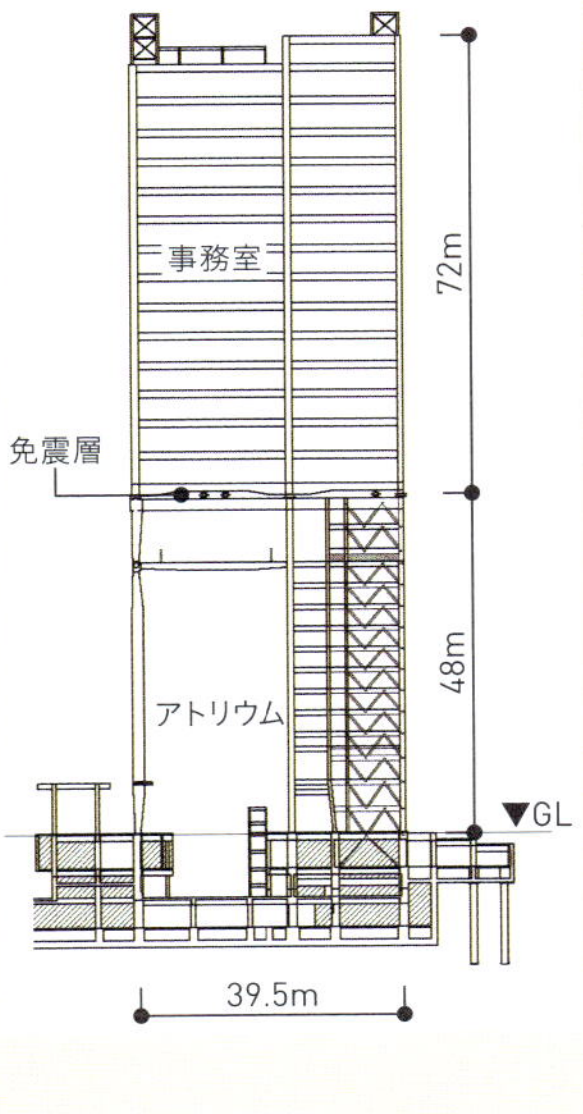

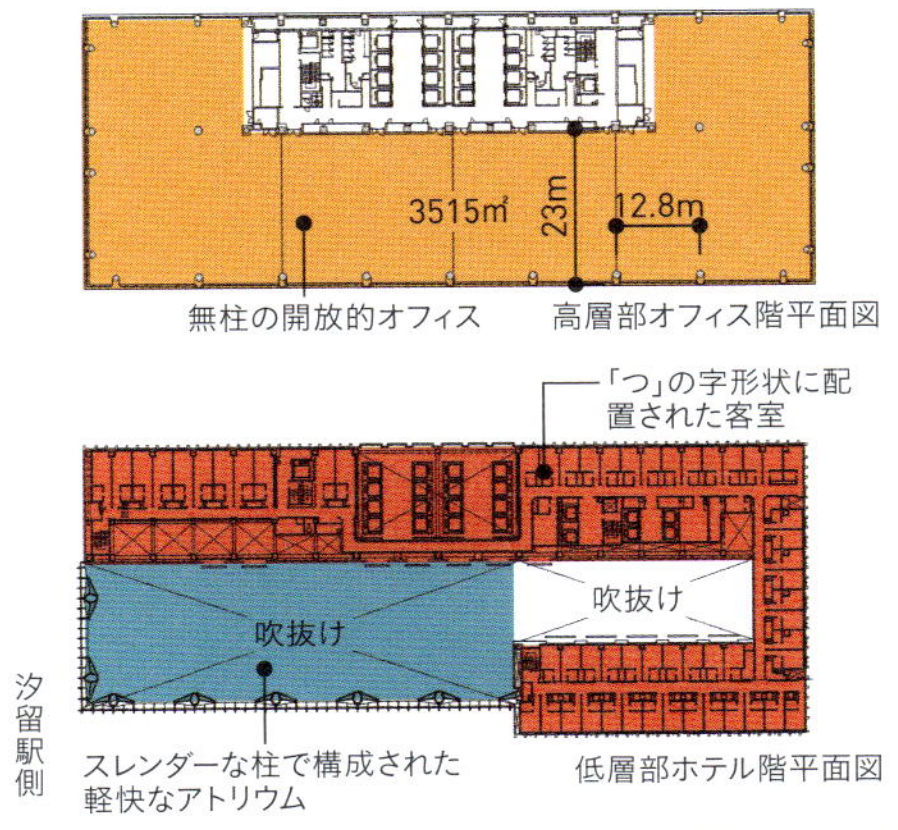

汐留住友ビルでは、超高層建物には前例のなかった中間層免震構造を採用することで、高い安全性を確保したうえで、それまでにない空間を実現している

写真/篠澤建築写真事務所

SECTION 019

超高層ビルで免震の利点を活かすには？

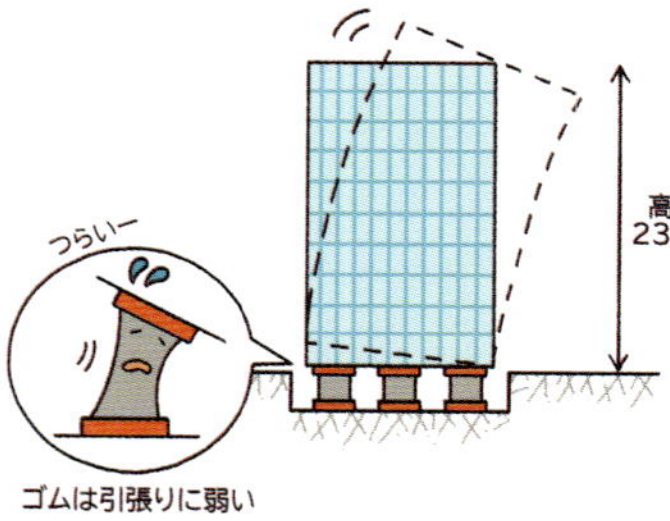

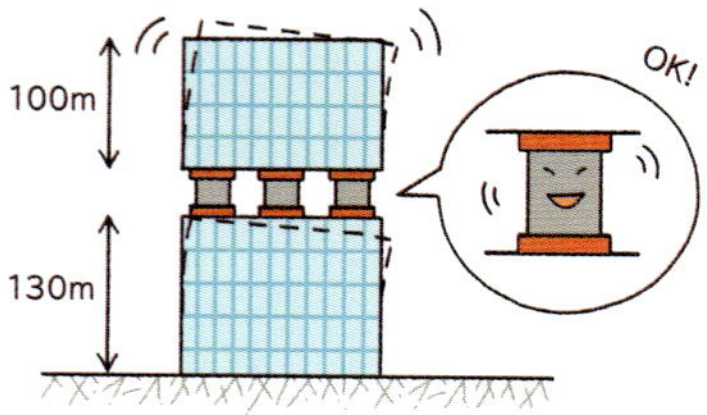

免震構造の弱点のひとつは、積層ゴム（地震の力に対して建物をゆっくり揺らす部分）が引張力に弱いこと。つまり超高層ビルは、高さが高いため地震の揺れで倒れようとする力（＝柱を引き抜こうとする力）が大きく、免震構造とすることが難しいのだ。しかし、建物の中間高さの位置を免震層とし「中間層免震」構造とすれば、引抜力は地下階に免震層を設ける基礎免震構造よりも小さくなり、積層ゴムの利点を生かした免震構造が実現できる。

写真／エスエス

積層ゴム：建物の自重を支え、地震の揺れを緩和させるという役割をもつ

超高層建物における免震層の最適な位置を探る

【建築計画としてのメリット】　【構造面の限界】　【特殊階と免震層の関係】

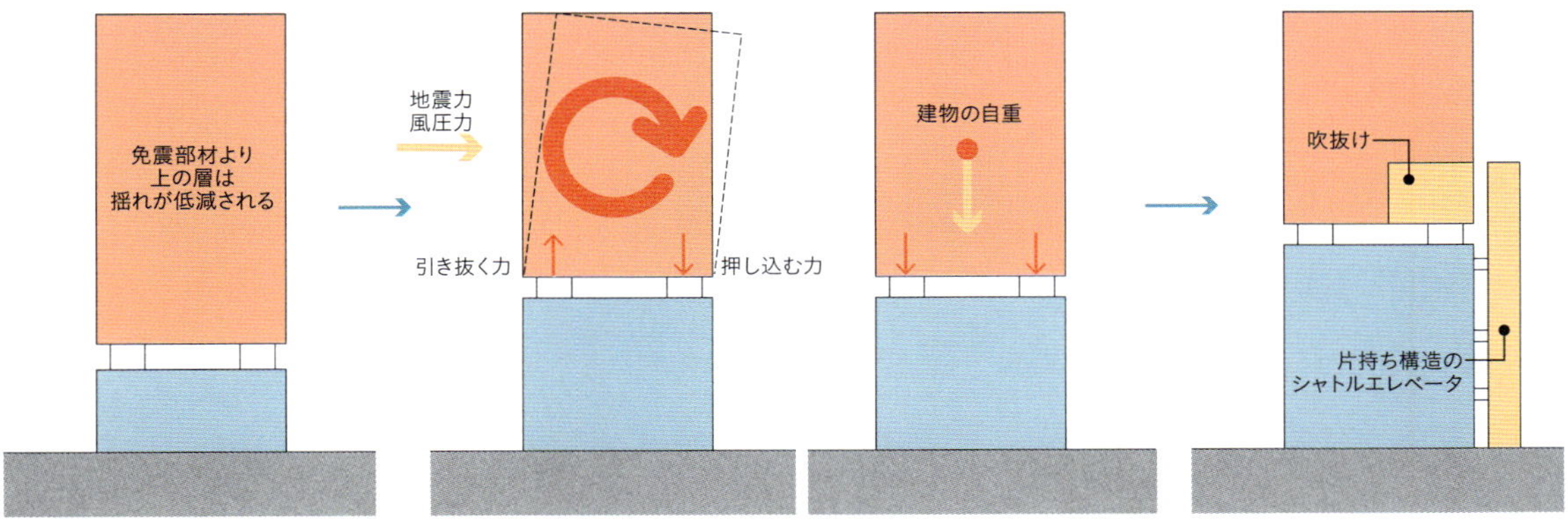

免震効果の恩恵を受ける上層を増やし、居住性の高いフロアを多くする＝建物の価値を高めるために、免震層の位置はできるだけ低くしたい

1柱1支承の場合の転倒モーメントへの抵抗を考える。免震部材に用いた積層ゴムは引張力に弱い

積層ゴムの最大径φ1500で何層分の自重を支えられるか（鉛直支持能力）を考える

免震層の位置は20階より下には下げられない

利便性のため、スカイロビーとシャトルエレベータの設置が必要。免震部材をなるべく低い位置に、かつ中間階付近までのエレベータを通すためには、エレベータを片持ち構造として26階のスカイロビー直下に免震層を配置するのが最適

免震構造の性能を超高層建物で最大限に発揮させる

免震層を境に構造を明確に切り分ける

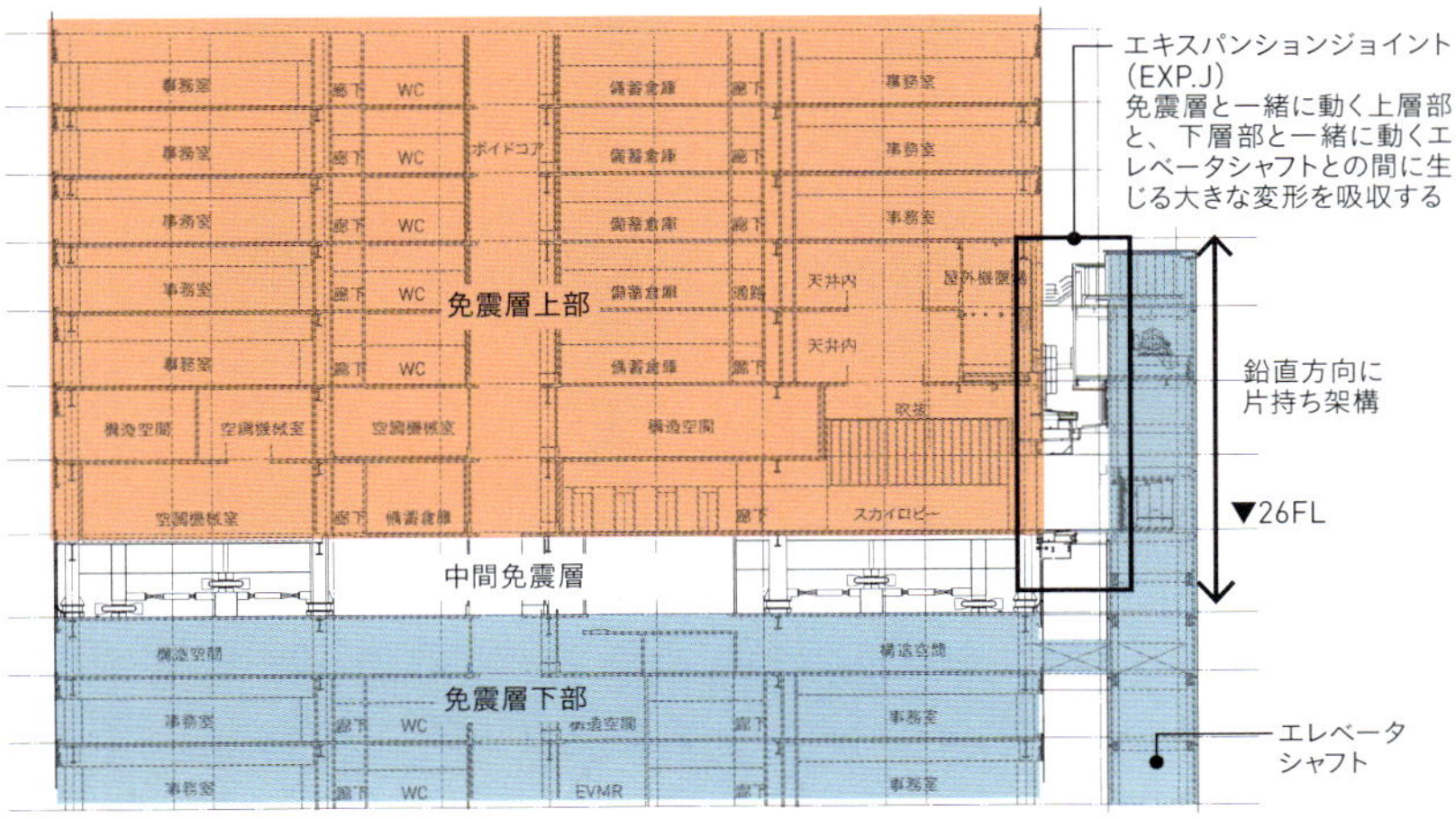

免震層より下の架構と一体であるエレベータシャフトが、免震層より上の架構とつながってしまうと、地震時に免震層より上の架構と同じように大きくは変形できないため、接続部が壊れてしまう。建物本体とシャトルエレベータの間にはEXP.Jを設け、シャトルエレベータは上4層分のみ鉛直方向の片持ち架構とした

支承：ここでは積層ゴムを示す

効率的なダンパー配置により、躯体のコスト削減を図る

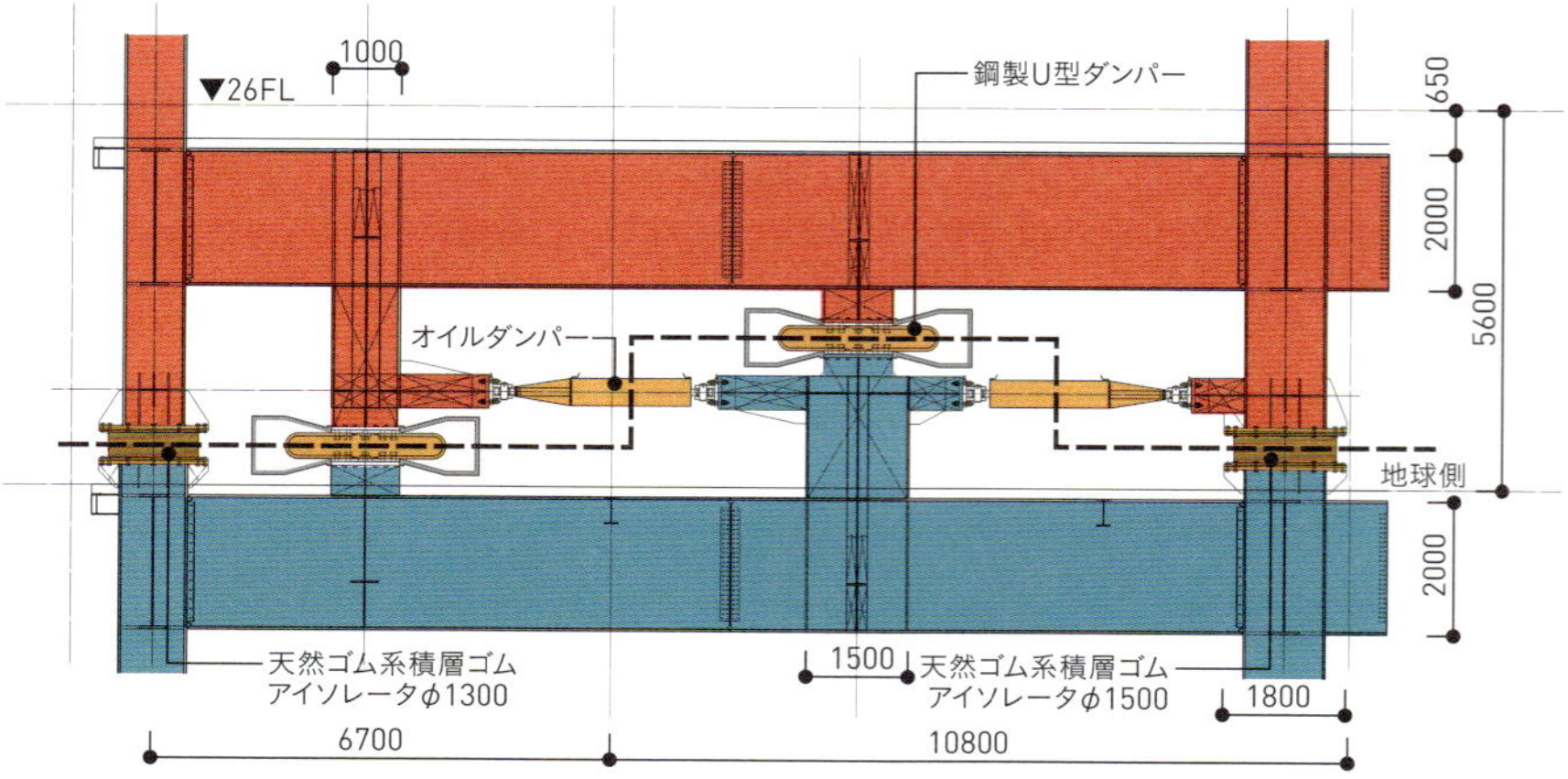

免震層には、多くの免震部材の配置が必要であった。一般的に、地震時の大きな力を免震部材に伝えるための支持躯体が、それぞれの部材の上下に必要となるが、この建物では、オイルダンパーを支持するコンクリート柱の上下部に、鋼材ダンパーを設置し、互い違いのダンパー配置を採用することで、躯体コストを削減できるよう配慮した。免震層が高い位置にあることを活かし、中層部以下に粘性体制振壁を連層配置しすることで、地震のエネルギーを効率良く吸収し、床応答加速度の低減を図っている

免震層の位置を活かした適材適所の制振計画

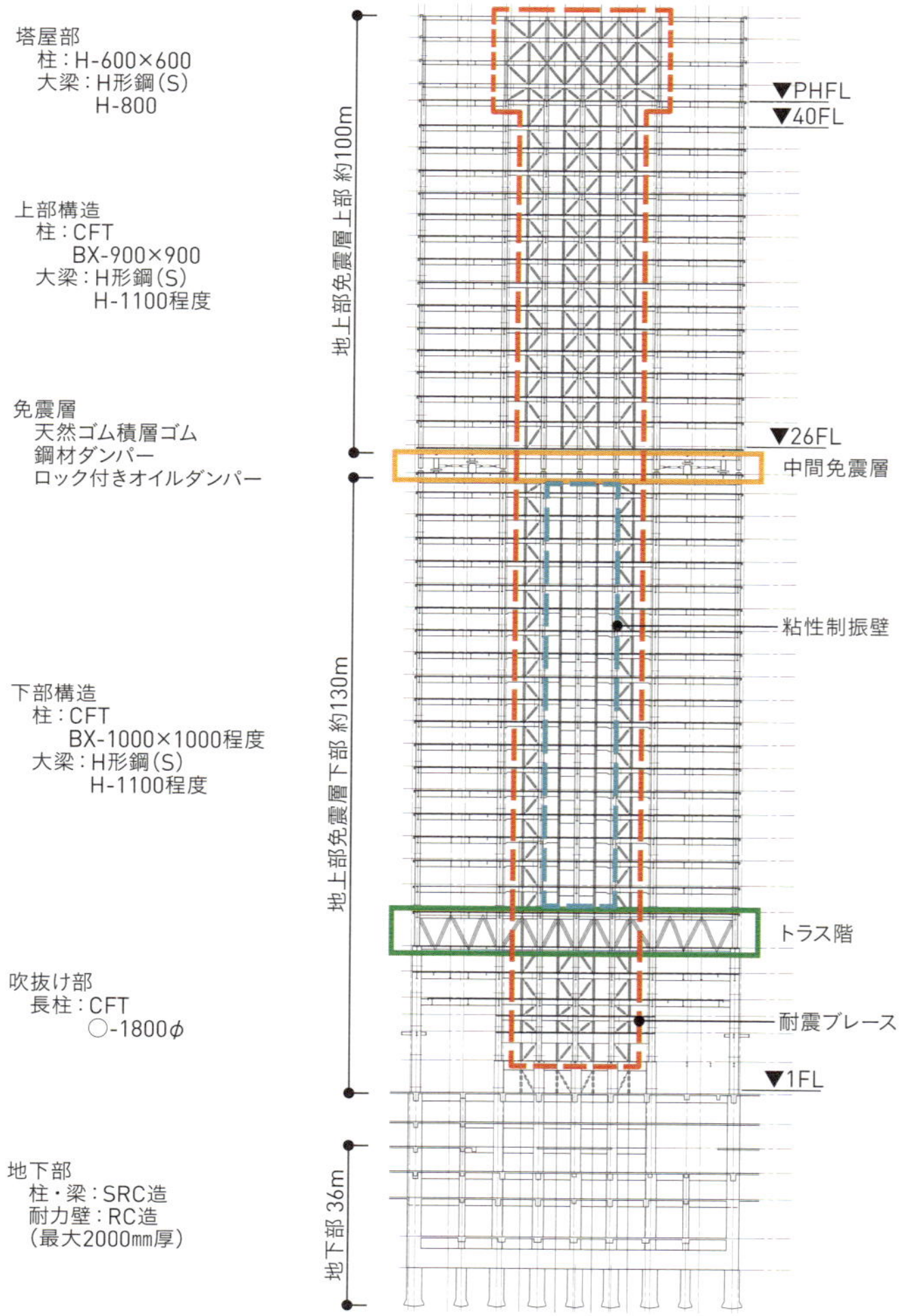

写真／エスエス

床応答加速度：地震時に建築物の床が受ける加速度のこと、体感する揺れの大きさや家具や設備の取り付けに影響する

超高層ビルを免震構造とし より高い耐震性能を確保する

免震構造は、免震部材によって建物の一部または全体を鉛直方向に持ち上げ、水平方向にゆっくり揺れさせる（＝周期を長くする）構造方式である。200ｍを超えるような超高層建物では、建物自体の固有周期が元々十分長いため、免震構造を採用することは少ない。しかし、免震構造の採用によって、地震による加速度の低減効果などを期待できることから、計画によっては採用が効果的な場合もある。この建物は当初、制振構造として計画されたが、基本設計段階の2011年に、東日本大震災の影響でオフィスビルを含めた建物の耐震性に対する社会的な関心が高まり、より高い耐震性能が望まれた結果、免震化の検討を進めることとなった。

免震層の最適な位置を決定する

超高層建物を免震構造で成立させるために、免震層はどこに配置するべきだろうか。免震層位置の検討においてポイントとなるのは、①免震層より上階の床面積の最大化、②地震や風荷重時の水平力に対する免震部材の引抜耐力の確保、③鉛直支持力の確保、④建築計画との整合、である。

①は免震層をできるだけ下の階に設けることで、加速度を低減できるフロア数を増やし、利用者にとって居住性の高いフロアを増やすことで建物の付加価値を高めたいという要件である。次に、②の引抜耐力の確保は、免震部材である積層ゴムが引張力に弱いため、引張力の許容値以下にするというものである。免震化により建物全体に作用する地震力は小さくなるので引張力も小さくなるが、建物形状によっては風荷重による影響が大きくなる場合があり、同様に引張力の問題は生じる。この要件を満たすため、免震層の位置は20階程度以上とする必要があった。③の鉛直支持力は、積層ゴムの最大径1500㎜で何層分の建物重量を支持できるかということである。平面の大きさが65ｍ×65ｍに対して柱が41本であり、柱1本あたりの負担面積が約100㎡と比較的大きい。この条件から、上層30層程度の重量であれば柱1本に対して免震部材1基で支持することが可能である。これより、免震層の限界の位置は②の要件と同様に20階程度以上となった。

免震建物のエレベータ計画

④は、建築計画の影響が大きいエレベータの計画である。

免震構造は、免震層より上部を水平に大きく動かす構造であるので、免震層の上下を貫通する要素にはエキスパンション・ジョイント（以下ＥＸＰ.Ｊ）を設ける必要がある。この建物の建築計画において、建物全体の中間階付近にシャトルエレベータの着床最上階であるスカイロビーが必要であった。シャトルエレベータは、地下3階（地下鉄接続階）および1階からスカイロビーまでアクセスし、平面上、建物本体とは離れた位置に計画されていた。スカイロビーより下部に免震層を設ける場合、スカイロビー（免震層上部側）と、シャトルエレベータ（免震層下部側）の接続部にＥＸＰ.Ｊを設ける必要があった。シャトルエレベータは免震層下部側となるから、スカイロビー階より上部の数層分も免震層上部とは切り離す必要があり、水平力に対してエレベータのフレームを片持ち構造として自立させる必要がある。シャトルエレベータは高さ150ｍ程度にまで達するので、平面規模も小さく耐震要素を設けにくいフレームとなることから、上部の自立の層数の増加は難しい状況であった。以上の①〜④の要件を考慮し、シャトルエレベータの着床最上階となる26階のスカイロビーの直下に免震層を設けることとした。

免震による応答加速度低減効果

中間層免震構造では、一般的に免震層の直下階で床応答加速度が大きくなる傾向がある。この建物の免震層は地上130ｍに位置しており、一般的な免震構造と比べて相当高い位置にある。免震層下部に大きな建物ボリュームがあることを活かし、エネルギー吸収要素として粘性体制振壁を連層配置し、加速度の低減を図っている。大地震時の床応答加速度の大きさは、建物全体の事務室階で概ね200gal以下を実現し、上記のような中間層免震の一般的傾向にも有効な解決をもたらしている。

SECTION 020

建物形状を活かした構造システムの組合せを考える

ファサードと平面計画を構造計画から解放し自由にするため、相乗効果を生み出すようにシステムを組合せて、効率の良い構造を実現した。

写真／ナカサアンドパートナーズ

相乗効果を生むシステムの組合せで最大効率の制振構造を実現

TMDと心棒架構の相乗効果

この建物では、①EVシャフトを利用した心棒架構、②屋上に配置したTMD、③心棒架構の1階部分に柱の代わりに配置した縦置き粘性ダンパーの、3つの組合せによる制振システムを提案した。

心棒架構は各層の揺れ方を均一化する背骨のような役割と、変形を1か所に集約する役割を持つ。

TMDは建物の振動性状にしっかり同調させることで効果が上がる。また心棒架構で変形を集約させることで、1階に置いた少ない本数の縦置き粘性ダンパーでより効率的にエネルギー吸収させることができる。心棒架構はこれら2つのシステムをつなぎ、相乗効果を生み出すシステムでもある。

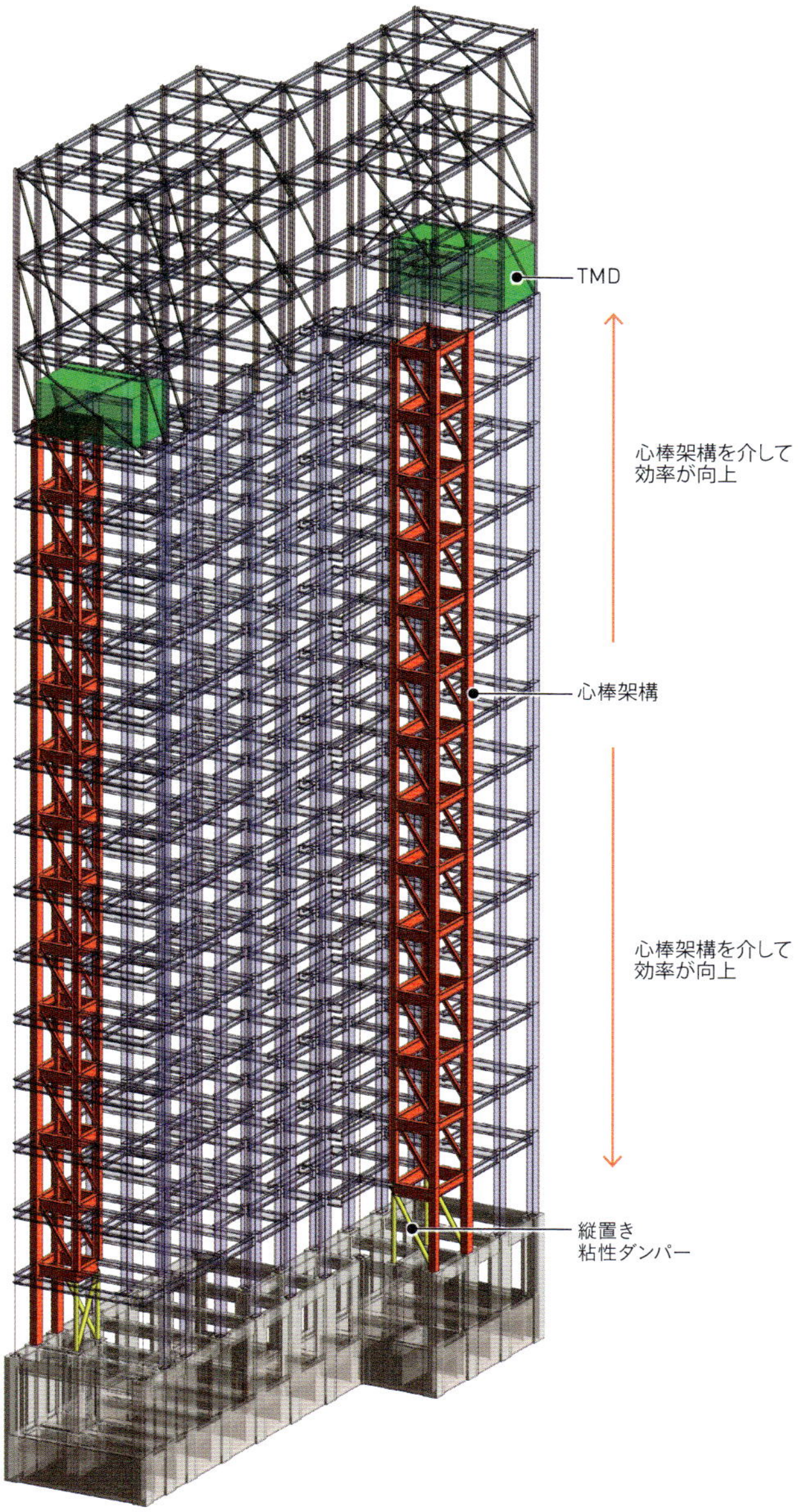

揺れを抑えるシステムのひとつであるTMD（Tuned Mass Damper）は、風荷重に対する耐力や居住性の改善、地震に対する揺れ低減に用いられる。建物の揺れる周期と同調させた振り子を建物屋上に設け、振り子の錘と建物をダンパーで繋ぐことで、慣性により建物の揺れと逆方向に動こうとする力を利用してダンパーを動かし、揺れを軽減させるシステムである

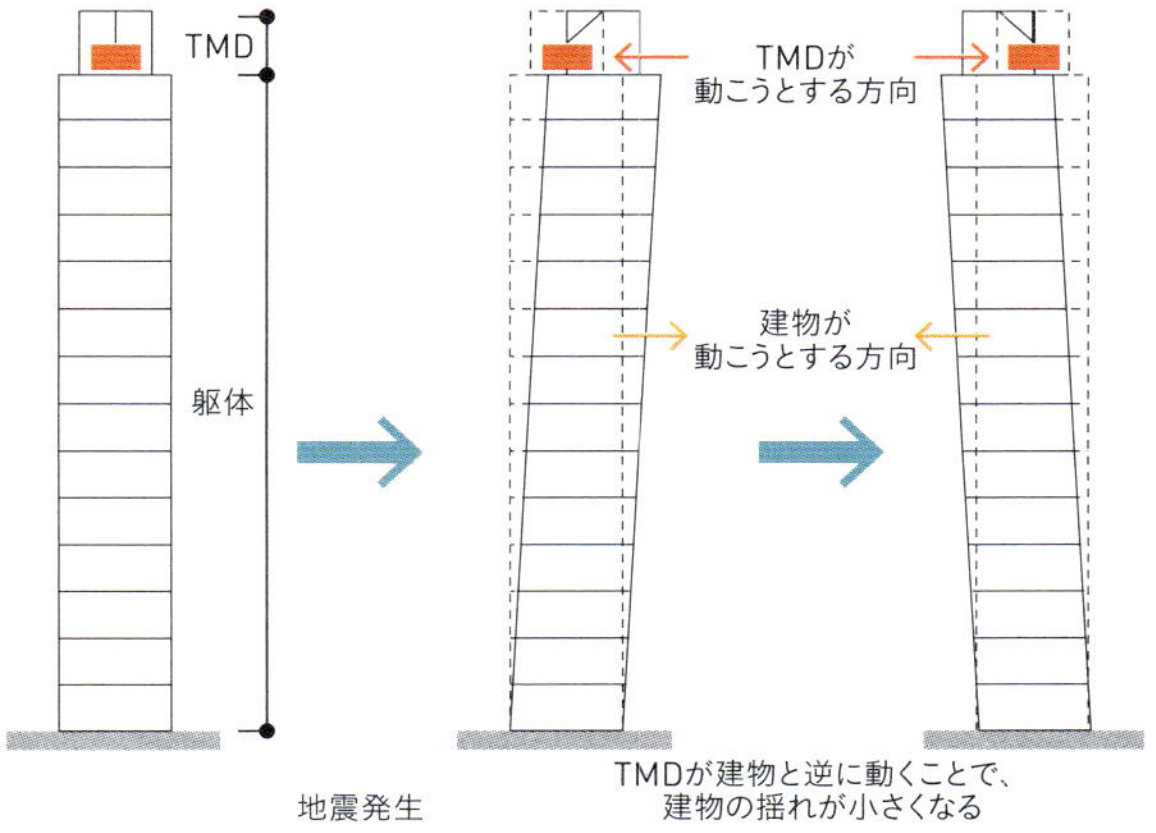

アスペクト比が大きいほど変形も大きくなる

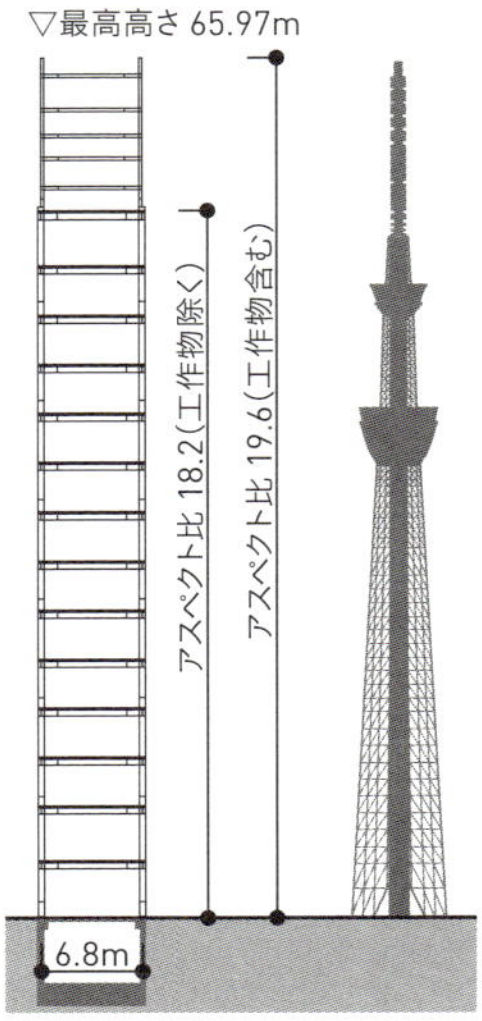

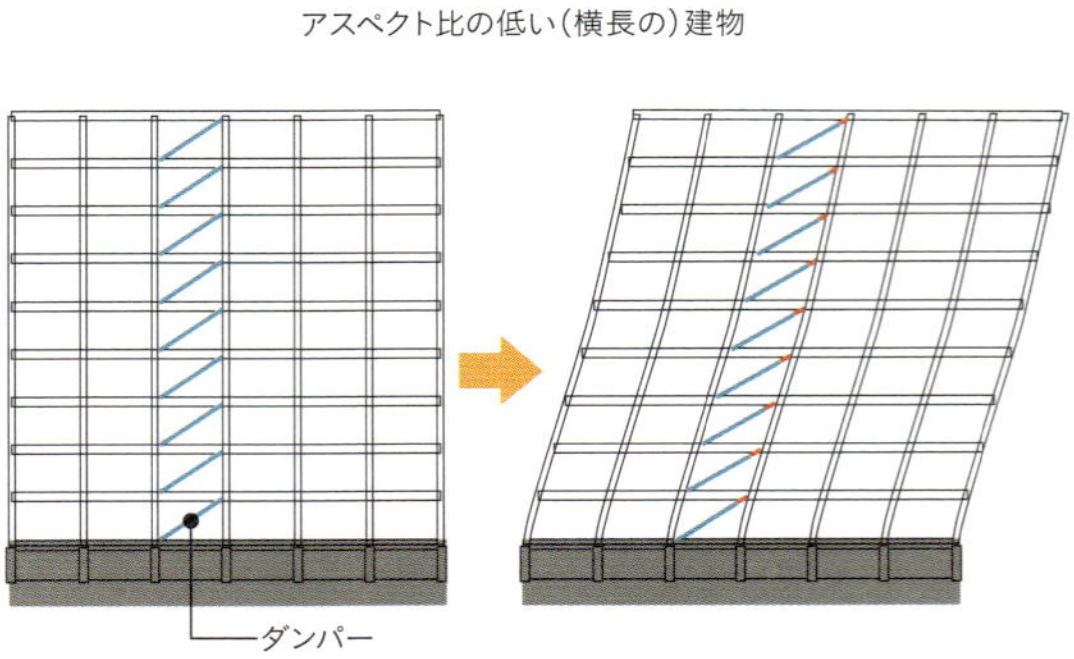

建物全体がひし形に変形するため、いずれの層のダンパーも伸び縮み（赤部分）して、建物の変形を抑えることに役立っている

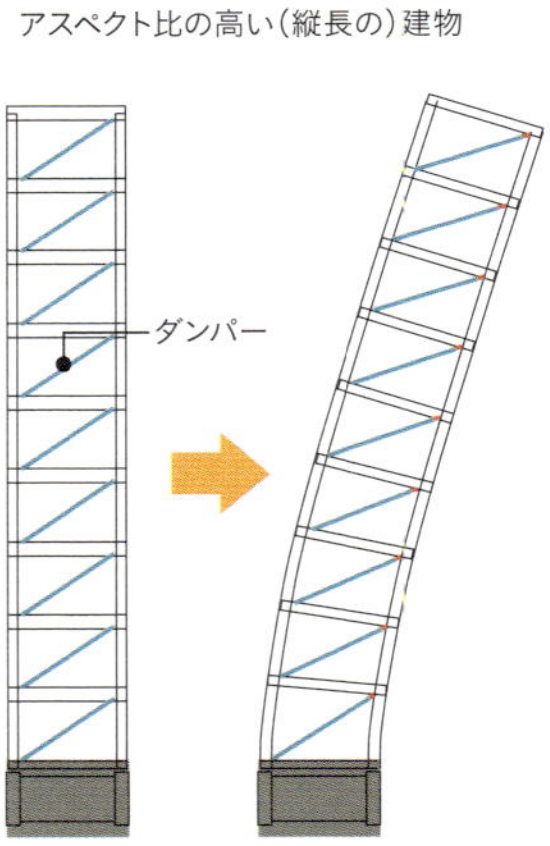

上層部はほとんど形を変えず、下層部が大きく変形するので、各層に配置しても上層部のダンパーはあまり効果を発揮できない

建物の振動性状はアスペクト比（幅と高さの比）に影響され、値が大きい程、上層部の変形が大きくなる。この建物は東京スカイツリーと同等のアスペクト比だが、先端に近づくほど細くなるタワーと異なり上層部でも床面積が大きいままであるため、より揺れに対して厳しい。基本的にアスペクト比の小さい建物では、建物が「ひし形に変形するモード」が卓越するため、ダンパーを連層で配置する計画は効果が高い。しかしアスペクト比が大きくなると、「根元から回転する変形モード」が卓越し、上層部で「ひし形に変形するモード」が小さくなるため、上層部のダンパーは効果をほとんど発揮しない

タワーのように細長い建物の特徴を上手に利用する

建物形状に合わせたダンパーの配置計画が重要

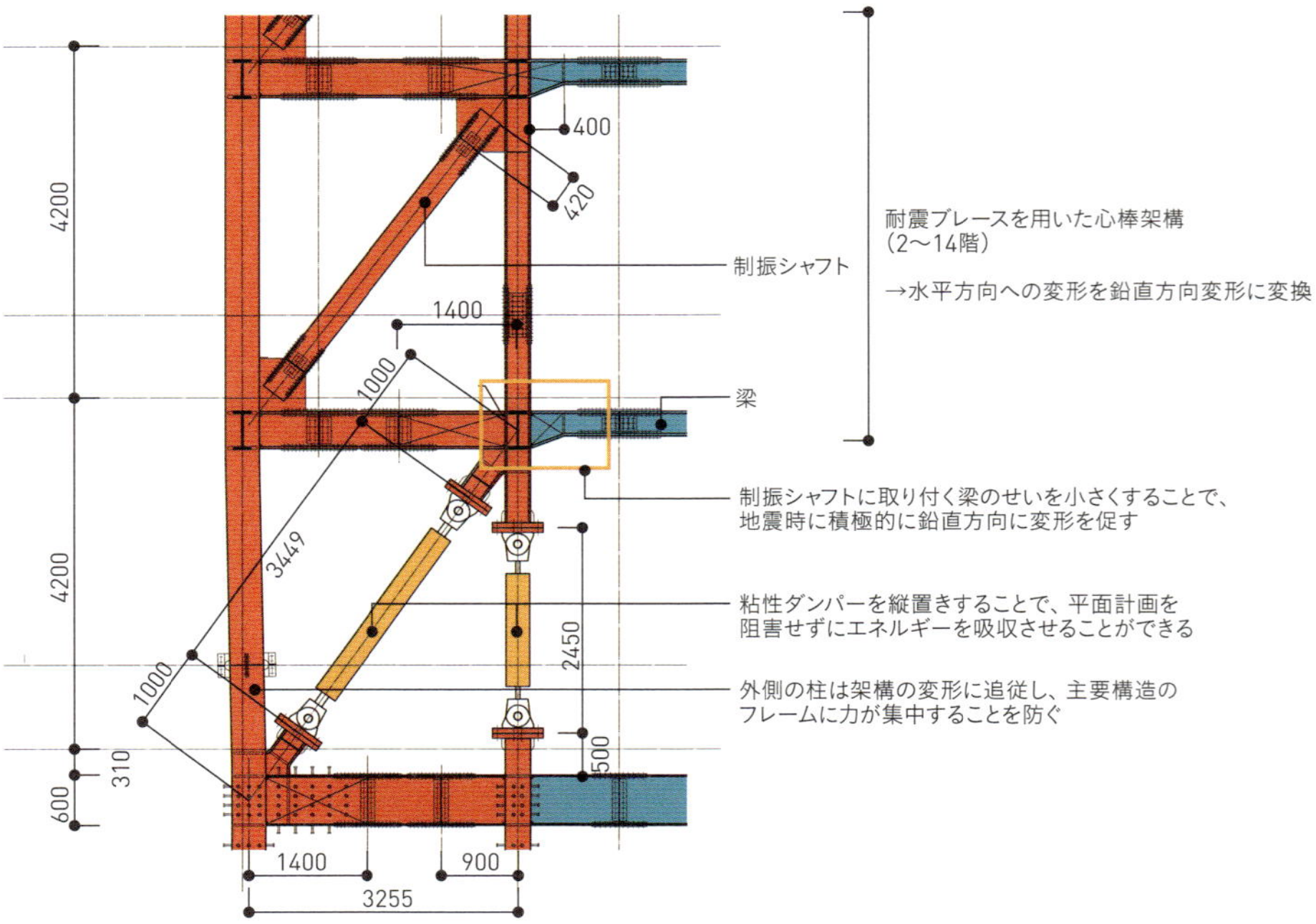

机上論で終わらず、実際に人力で加振して揺れ方を確認することで、設計したシステムの妥当性と構造性能の確認を行った。竣工直前に屋上で建物の揺れる周期で反復横跳びを行って建物を共振させ、建物に被害が出ない程度に実際に少し変形させて確認している

写真／日建設計
粘性ダンパー：内部の粘性オイルにより振動エネルギーを吸収する装置

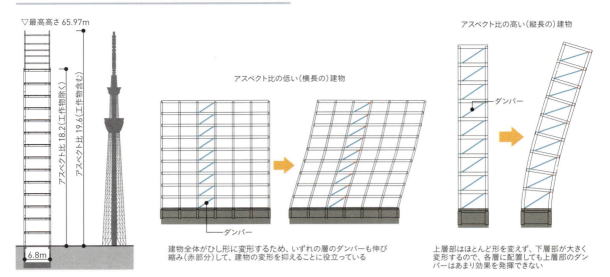

構造面の設計の工夫で建築の経済的価値を最大化できる

建築は、単にデザインや安全性のみを追求するものではなく、経済活動の一種でもある。この建物の敷地は、日本で最も地価が高い土地のひとつである銀座。高級ブランド店が並ぶ超一等地である。そのため、この地域に事業者が投資するには、小さな敷地面積に対してどれだけ多くの床面積を確保できるかが重要である。この考え方を追求すると、多くの場合はスレンダーな架構計画となる。結果として、地震時に建物の変形が過大となったり、場合によっては隣地建物との接触や転倒に繋がるようなケースも想定される。そのため、銀座地区では最高高さとして66ｍまで許容されているにもかかわらず、実際にそこまで利用した計画は多くない。この建物では、幅約８ｍという狭あい地において、アスペクト比（建物幅と高さの比）を約10とした非常にスレンダーな建築の構造計画を行い、「建築の価値を最大化する」ことを目標とした。

意匠性と構造性能のバランス

一般的に、地震時の揺れが課題となる場合、柔らかくして大きく変形させることで地震力を低減する免震構造や、ダンパーなどを用いてエネルギー吸収して抵抗する制振構造を採用することが多い。この建物の敷地は、隣地建物までの離隔が小さく、十分な可動クリアランスを確保できないことから、免震構造の採用は難しく、超高効率な制振構造を模索することとした。

制振ダンパーの配置計画は、架構に対して斜めに連層で配置するケースが多い。しかしながら、ファサードをいかに自由に、いかに目立つように設計できるかは、特に銀座の商業性において重要な観点である。平面計画上邪魔にならないようにダンパーを外側に配置するとファサードを阻害することになり、内側に配置すると平面計画の邪魔になるという、いずれの場合にも建築の価値を落としかねないジレンマに陥る。

スレンダーだからこその制御法

超高効率な制振構造を実現するには、架構の特徴を最大限に利用し、逆に弱点を制御するシステムの組合せが重要になる。

そもそも、先に述べた斜めに連層する配置が本当に効率が良いのだろうか。この建物のようなスレンダーな建築においては、実は上層部のダンパーがほとんど効果を発揮しておらず、上層ほどその効率が落ちる傾向にある。これは、通常の建物では架構がひし形になろうとする変形モードが卓越するのに対し、スレンダーな建物では「根元から回転する変形モード」が卓越するためである［右頁上段］。この影響で上層部はほとんど変形が生じず、下層部に変形が集中してしまう。結果、上層部のダンパーは十分に効果を発揮せず、この建物にとって非効率な配置となってしまう。

そこで、心棒架構となっているEVシャフトを利用して、平面計画上邪魔にならず、変形が最大となるよう粘性ダンパーを縦置きで配置した。また、屋上にはＴＭＤを設置し、心棒架構の変形を集約・均一化する特性により、ＴＭＤと心棒架構が相乗的に効果を発揮するよう工夫［95頁下段］。応答を効果的に低減しつつも、平面計画・ファサードデザインともに自由にすることに成功した。

机上の空論で終わらせない

出来た建物が本当に設計で想定した挙動をするか確信を持つことは、構造設計者が建物に向き合う上で非常に重要である。建築には、構造計算上評価しない内壁や、金物などによる剛性上昇、想定されているほど積載荷重が発生しない、といった状況が頻繁に発生する。そのため、重量や剛性の算定に、安全側にだがざっくりとした部分がある。結果として、想定と実情がズレる事象は十分起こり得ることで、その場合でも安全性上問題が無いか・性能を十分に発揮できるシステムとなっているか判断・配慮しておく必要がある。

本計画では、ＴＭＤの質量を通常より大きめに設定し、ダンパーの機構を複数取り入れることで、システム全体が地震や風による力に対して鈍感になるよう工夫を凝らし、あらかじめばらつきに対する感度を評価して設計している。また、実際に建った建物に対して人力加振による振動測定を行い、実情が設計で想定したばらつきの範囲内にあるかの確認も行い、安全性・システムの妥当性を評価した。

安全側：部材の検討をする際など、耐力に余裕をみておくこと（⇔危険側）／鈍感：ここでは、外力が加わった際に影響を受ける度合いを鈍くする意味

SECTION 021

BIMが実現する一体成型のようなルーフトップ

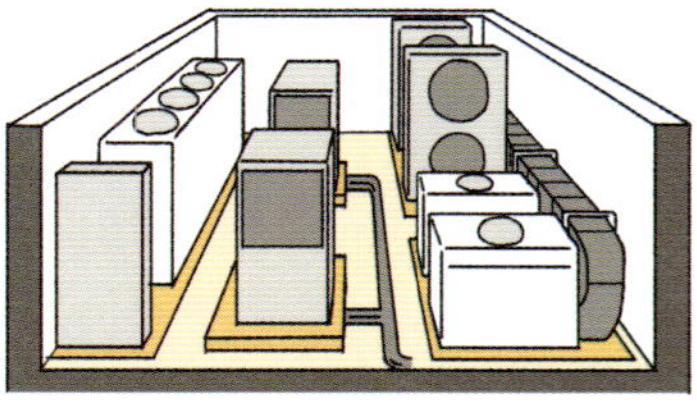

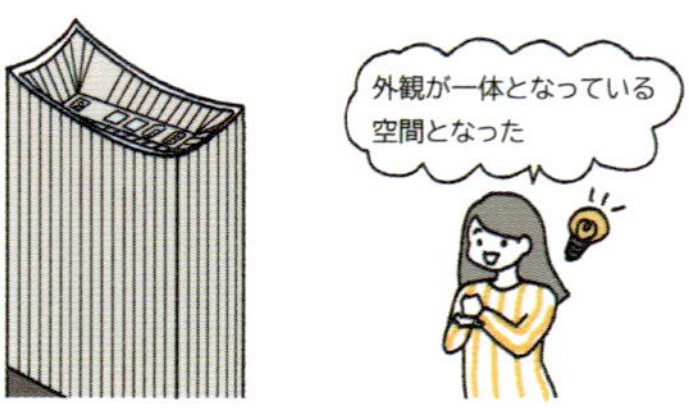

通常、超高層建物の屋上には多くの設備機器が置かれ、それらは外装材で覆って隠すことが多い。この建物では、建物の外形のデザインや屋上庭園を計画するとともに、設備置き場や外装を支持する鉄骨を一体の構造架構として計画した。

写真／雁光舎（野田東徳）

複雑な全体像をモデリングしながら、思考をシンプルにしぼっていく

高さ30mの壁面と屋上に必要な架構をダイナミックに構成

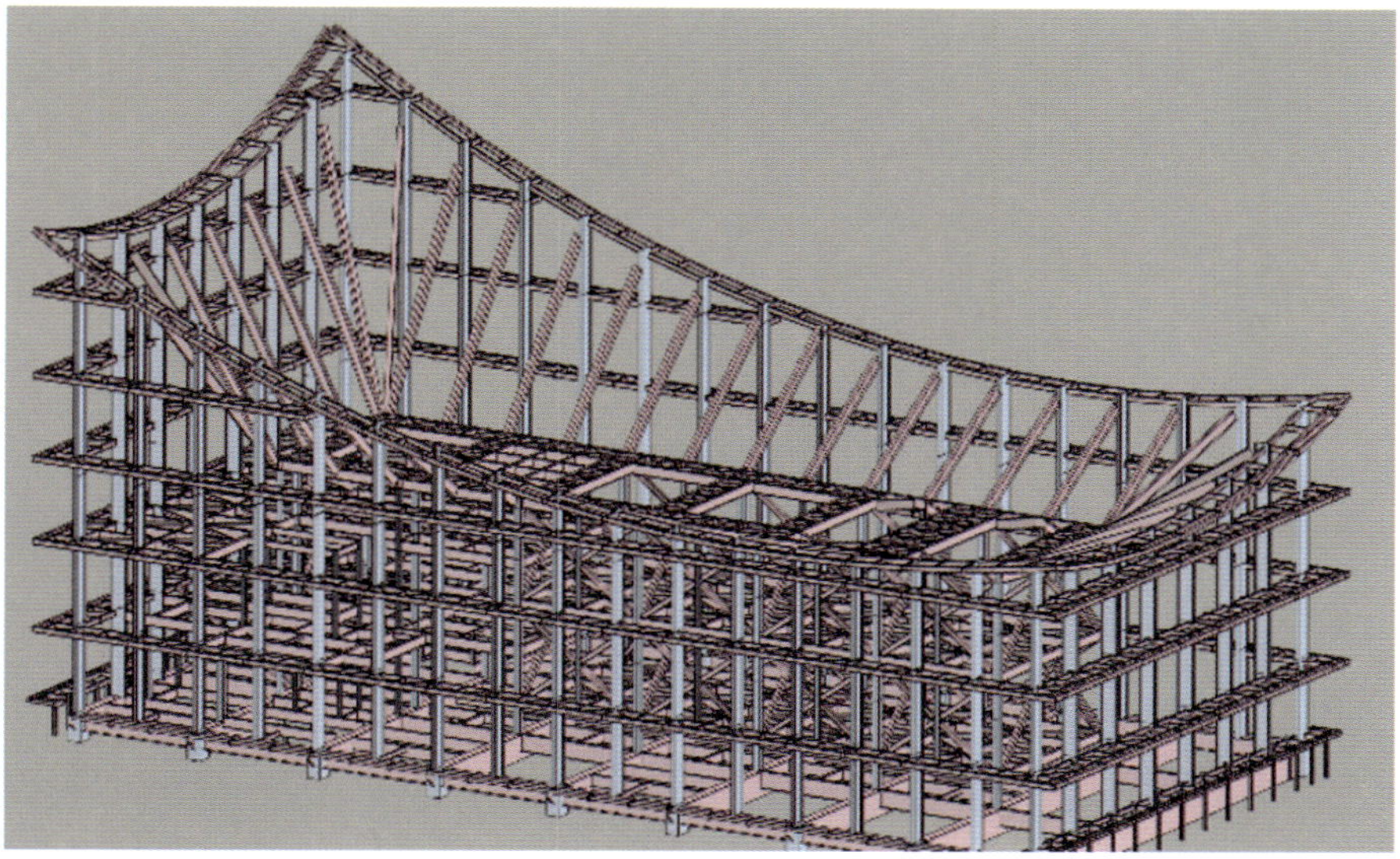

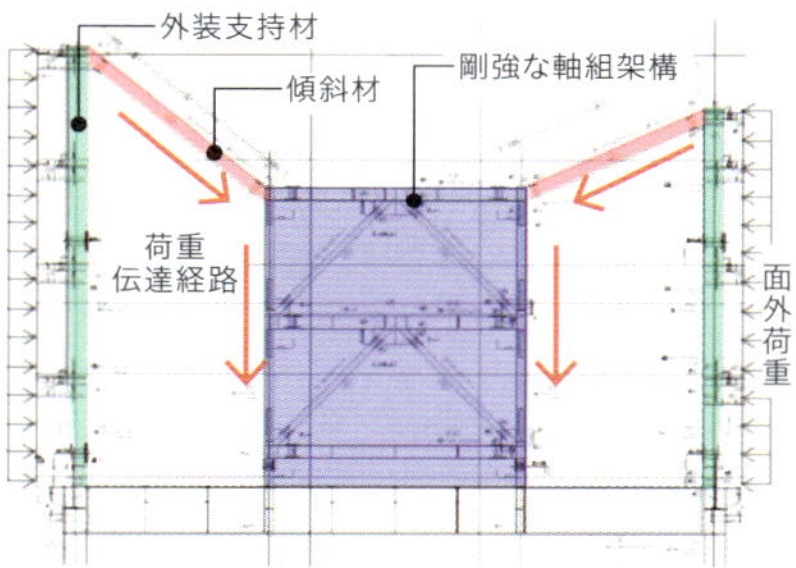

全体の3次元BIMモデルを作成し、複雑な形状を確認しながら、ディテールの単純化と統一化をしていった

超高層建物屋上の厳しい風に耐える架構計画

植栽の防風対策を行う最大高さ約30mの壁面にかかる風荷重は、頂部の斜材で中央部の架構に伝わり、本体架構まで伝達させる。地上100mのルーフトップデザインと調和した構造架構を計画し、屋上庭園を実現した

上段モデル図／戸田建設、写真／雁光舎（野田東徳）

3次元の形状は遠くからでも分かる印象的なシルエットをうむ

屋上庭園に十分な高さを確保するとともに特徴的なシルエットの外観が求められた。曲線の外周頂部と中央に設けた設備置き場を傾斜材でつなぐことで、傾斜材の長さや角度が連続的に変化していくダイナミックな空間を実現した。なお、最大高さ約30mの壁面構造は、外装支持とメンテナンス機能に加え、スキップフロア状の屋上庭園の防風などの役割も担っている

BIMを活用し3次元で検討したルーフトップの設計・施工

立体的な納まりの検討にこそBIMが役立つ

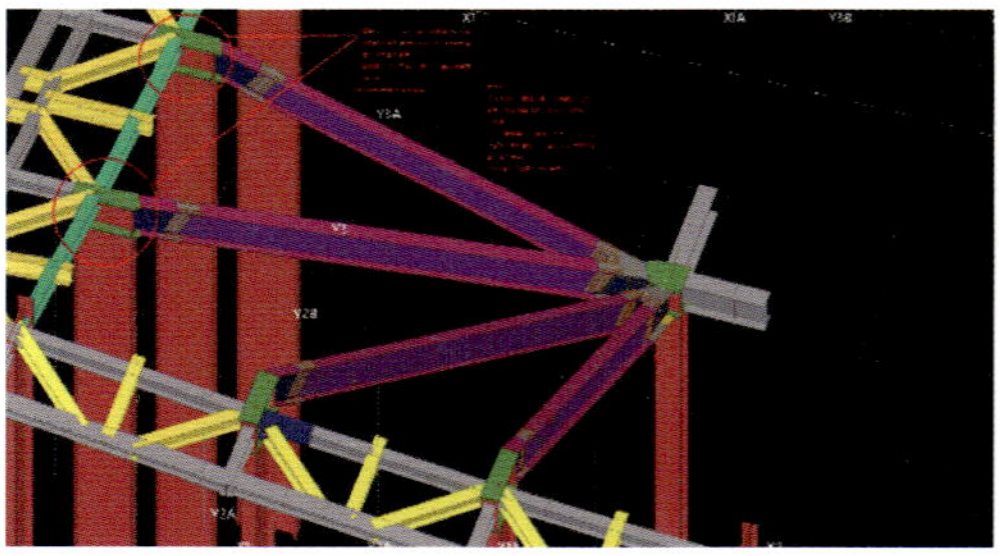

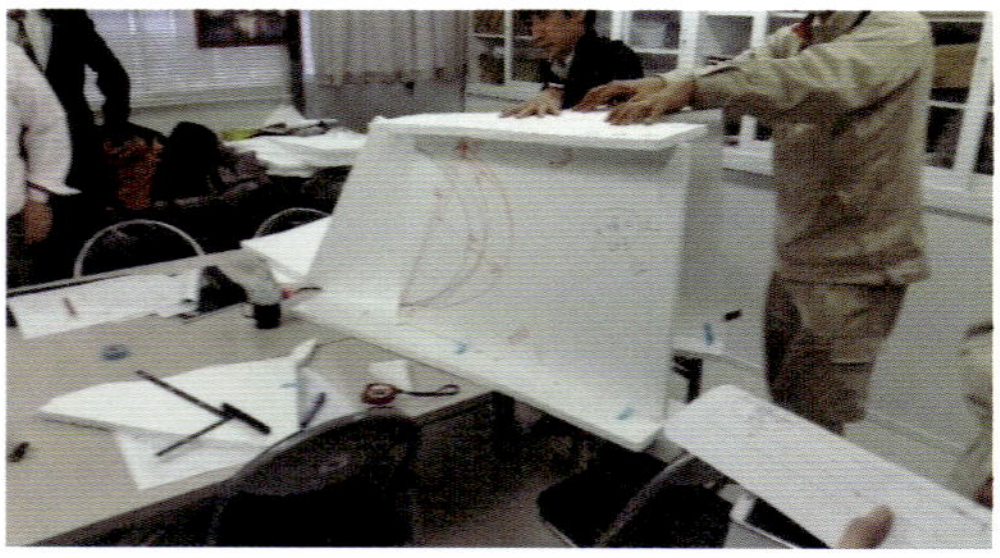

複雑な角度の部材が1箇所に多数取り付く場合、納まりの検討にはBIMが大いに役立つ。立体的な納まりは2次元（図面）で直感的に理解しにくい場合があり、3次元（BIM）で表現することで理解しやすくなる

写真／上：ナカサアンドパートナーズ、下4枚のうち左上・右上・左下：戸田建設、右下：日建設計

デザインに合致する架構を
BIMを活用しながら検討

社会環境と技術の先端をデザインで体現する、「新たな価値創造」を施主より求められた。これを受けて、デザインと統合された先進技術により、環境負荷を削減し、環境や街とつながる「開放系の超高層建物」を目指すこととなった。

自然を感じる超高層建物

オフィス街に立ち並ぶ超高層建物では、自然を感じることが難しい。だが、最近は都市の建物でも公開空地や外壁を緑化するなど、自然と共生する取組みが多く見られ、また人々もそれを求めている。この建物では、屋上庭園をスキップフロア状にオフィスに隣接して配置し、超高層オフィスでありながら緑を感じられるエリアを計画した。地上１００ｍに屋上庭園を計画するため、植栽に対する防風対策として、最大高さ30ｍの外壁面が必要となった。風圧力は高度が高いほど大きくなり、超高層建物の屋上部の耐風圧設計はより厳しいものであった。

また、施主が求める新しい時代の建築を表現するため、耐風圧の課題解決とデザインを統合し、先進技術によってデザインされたのが、球面で切り取られた稜線を持つ3次元ルーフトップだ。

外壁や設備置き場を一体の架構で解く

屋上庭園の開放性及び架構に生じる力の流れを勘案し、外壁面の稜線頂部と中央の設備置き場をそれぞれ傾斜材でつなぎ、傾斜材の長さや角度が連続的に変化していくダイナミックな架構を考えた。

外壁にかかる風圧力による荷重は、外周頂部につながる傾斜材から中央部設備置き場の剛強なブレース架構に伝達される。また、地震による外壁面の荷重は、面内に設けたブレースで主体構造に伝える計画とした。傾斜材に主にかかる力は、強風時や地震時の圧縮・引張軸力である。

部材設計のプロセス

部材断面を設計するにあたって、シンプルなディテールを目指した。まず、外部仕様であることから防錆性能の高い溶融亜鉛めっき仕様が必要であり、その適正からH形断面部材で構成することを始めに決定した。傾斜材と外周部の取合いは、外周部稜線の角度が変化するので、傾斜材の角度がすべて異なり、同じ納まりが一つもない。加えて、稜線四隅は平面的にも角度が変化するのでさらに難しくなり、中央の設備置き場も部材の集中による難しさが伴う。このような状況下で、２次元(図面)による検討に加えて、ＢＩＭモデルを適用しながら3次元による詳細検討を行い、ディテールの単純化と統一化をした。

最初に、最も複雑な外周部稜線と取り合う「辺」(4面)と「角（隅)」、中央設備置き場と取り合う「辺」と「角」、の4部位について、ディテールの方針を決めた。製作段階でのＢＩＭは、全体構成を把握する全体モデル（Revit）と、立体的に納まりを検討する詳細モデル（Tekla）を、それぞれ適性に応じて使い分けた。ＢＩＭは設計・製作・現場施工の各担当者同士で問題意識を共有するのにも効果的だった。

隅部の傾斜材は、ウェブを鉛直面、同じ外壁面に取り合う部材のフランジが同一面になるように考え、フランジとウェブが直角にならない異形Ｈ型断面とすることで、接合部のディテールの単純化を図った。ＢＩＭ詳細モデルで接合部の納まりの方針を決めた後、原寸図及び原寸模型を用いて、問題なく溶接ができるかという製作性や、現場での施工性の詳細検討を行い、必要によりディテールの微調整を行った。

原寸模型での確認は、溶接技能者や溶接部の検査担当も交えて行うこともあり、施工性の検討のみならず、溶接の難易度、品質の担保、溶接部の健全性をどのように確認するかなど、具体的方法を関係者で共有できる優れた手段である。一方で、立体モデルを仮想空間で吟味していく日もそう遠くはないだろう。

SECTION 022

開放的な待合所と安心できる避難施設の両立を目指して

街の顔となる船客待合所、それは島に来た人々を受け入れ、また島を出る人を送り出す開放的な佇まいが求められる。一方、有事の際人々を津波から守る津波避難施設は堅牢な建物である必要がある。相反する機能にも見えるこの2つの機能をいかに両立するかに挑んだ。

写真／EwixInc. 永江一弘

フィンアーチで受け流し、耐力壁で支える

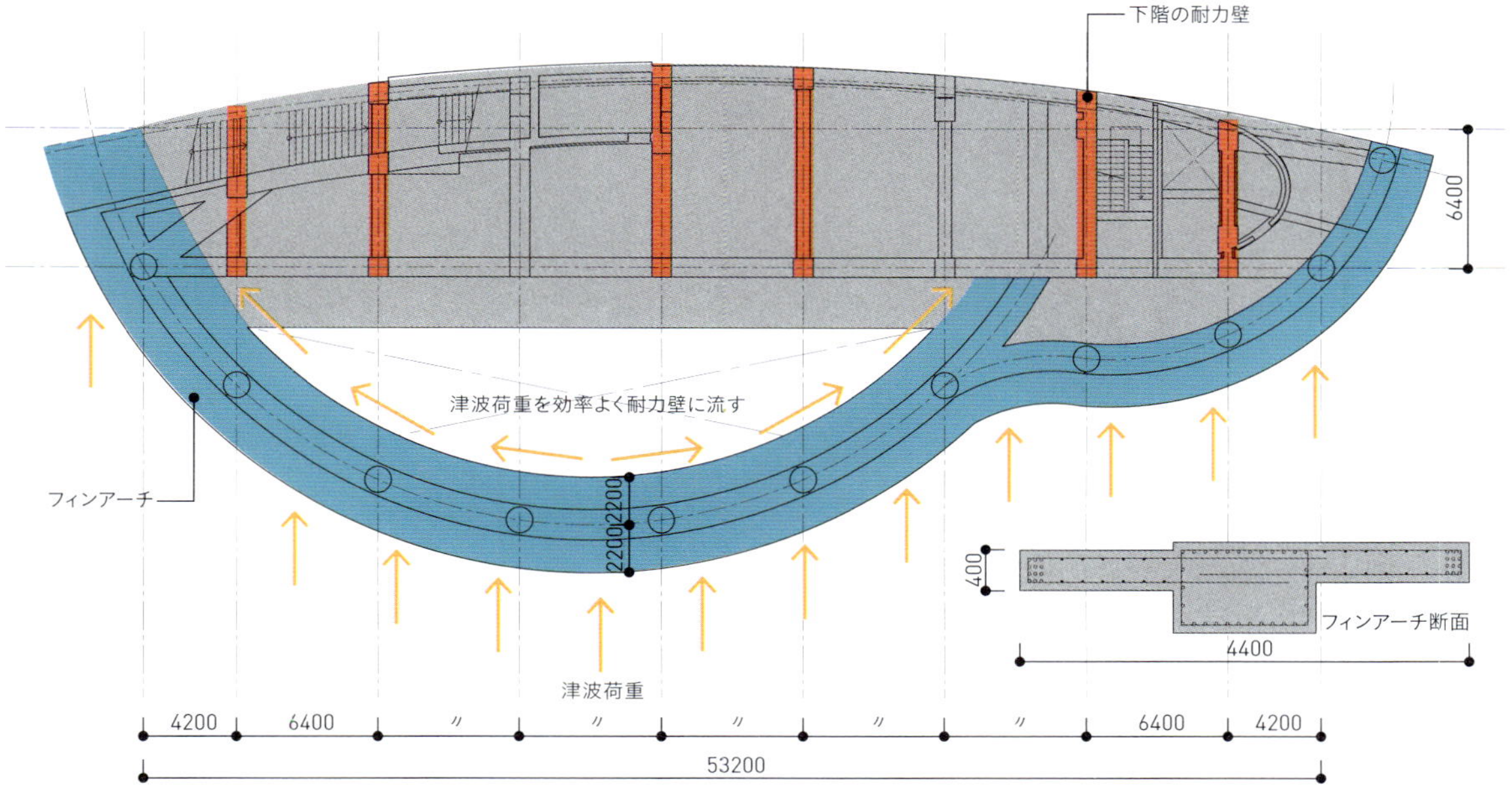

厚さ400mm、幅4,400mmのフィンアーチを建物前面の外周に設けることで、吹抜け周りの外壁に作用する津波荷重を水平抵抗要素であるコア部の耐力壁等に伝達できるよう計画した。2階のフィンアーチには42tf/mの津波荷重が作用し、これに抵抗する

アーチ形状を利用した力を受け流して耐える工夫

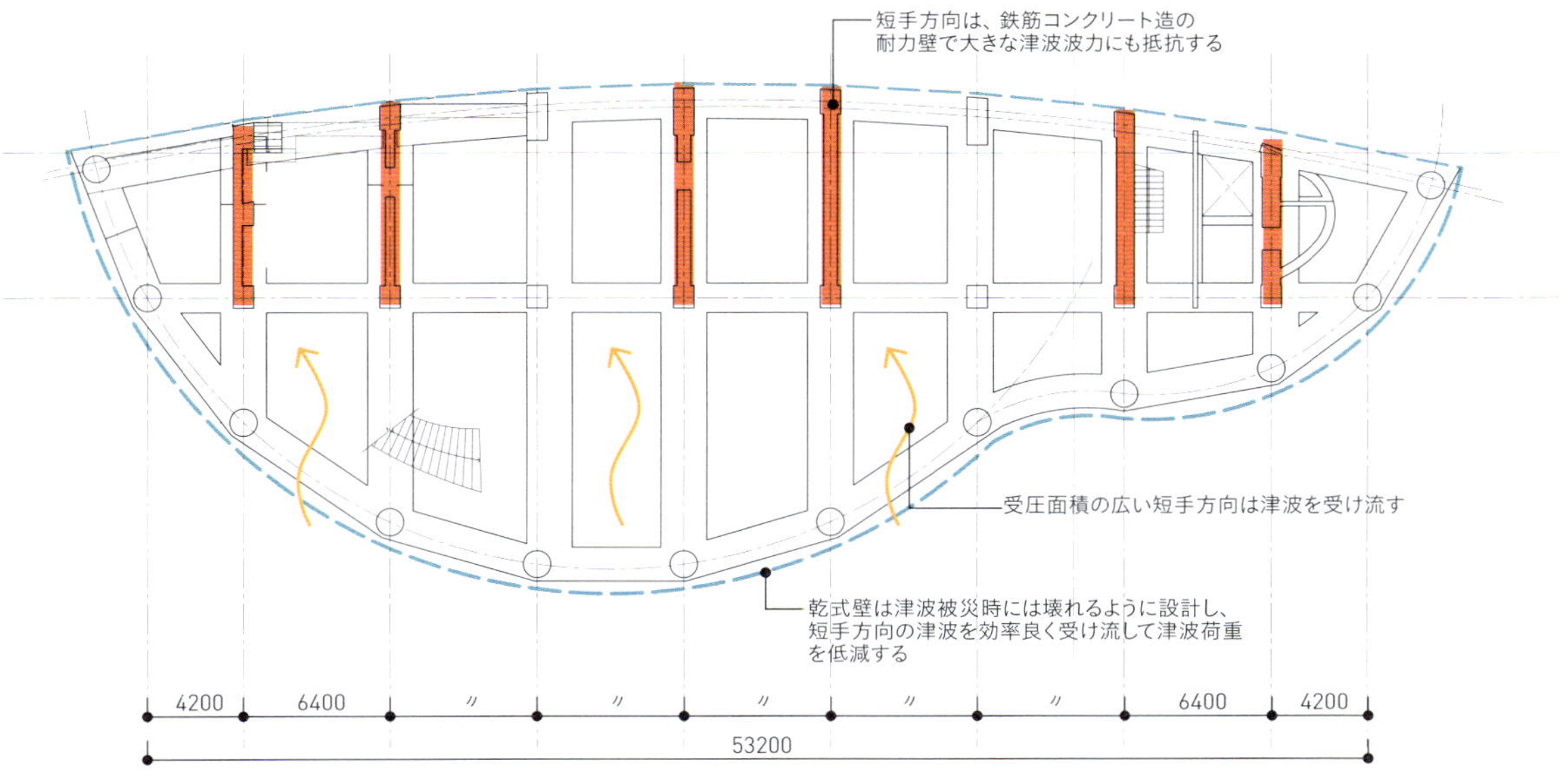

津波荷重が大きく、吹抜けにより梁本数が少ない短手方向を耐力の大きい耐力壁付きラーメン架構とした。一方、津波荷重が小さい長手方向は短手方向の津波を通過させやすくするため耐力壁のない純ラーメン架構としている。これにより、津波を受け流しつつ、短手方向の耐力壁で抵抗して建物の崩壊を防ぐことができる。乾式壁は、被災時にあえて津波に抗わず壊れるよう設計することで、建物にかかる津波荷重を低減できるよう配慮した

乾式壁：工場で製作されたパネル等をボルトなどで取り付けた壁（⇔湿式壁：建設現場で製作された壁、コンクリート壁など）

津波は地震よりも長く継続し、大きなエネルギーが発生する

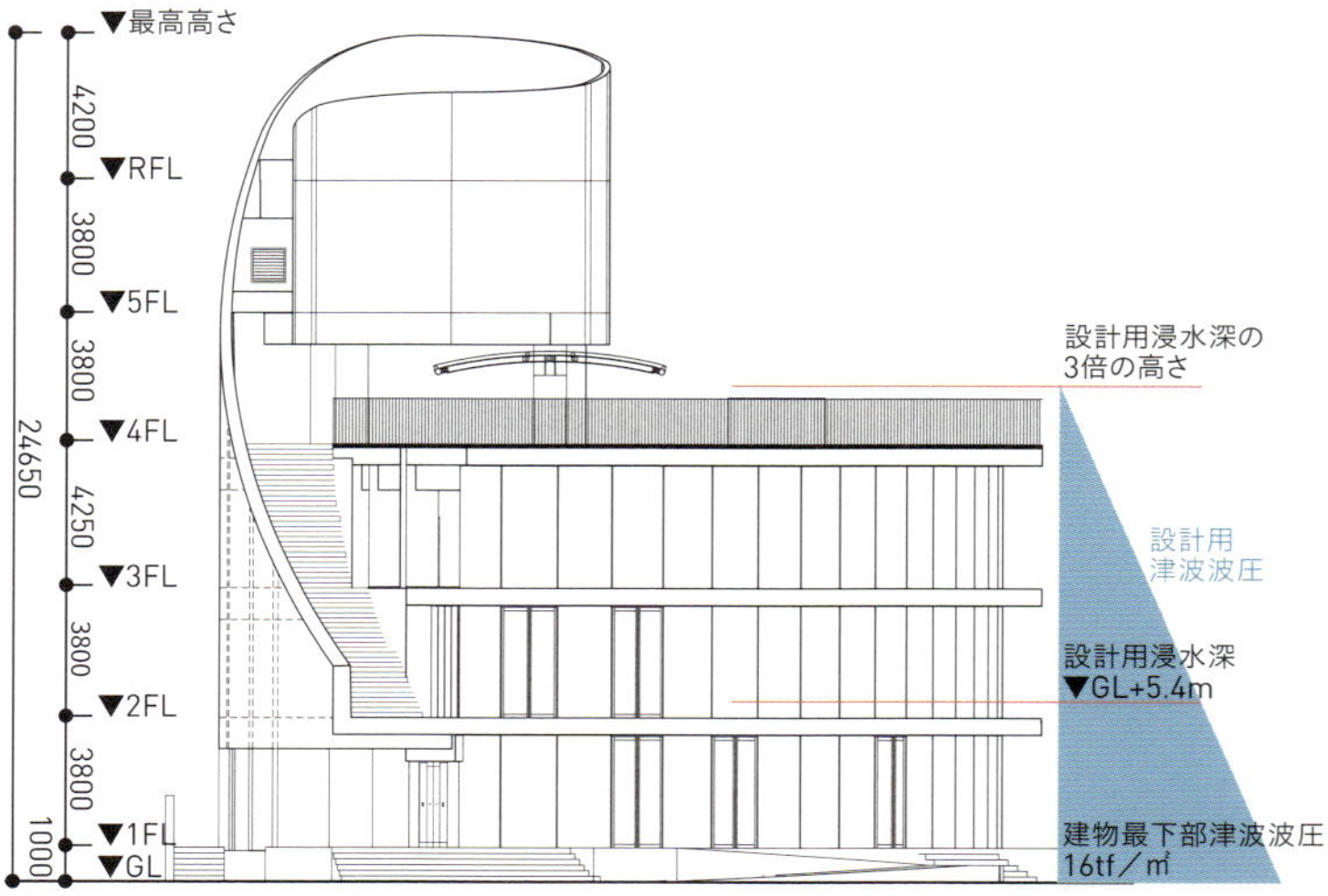

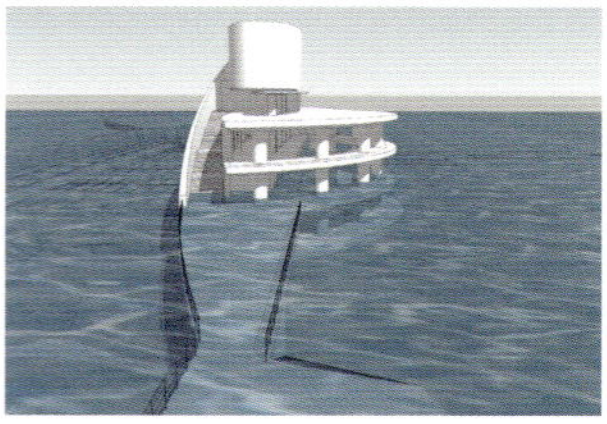

指針では、津波で押し寄せる水の波圧を設計用の荷重として算出する際、浸水深の3倍の深さの静水圧に置き換えることとされている。本建物の想定浸水深はGL＋5.4mなので、最下部の水圧は16tf/㎡にもなる。右は南海トラフ巨大地震時の船客待合所をシミュレーションしたようす。避難階は浸水する階の2つ上の4階とし、建物内に浸水しても救助開始まで建物がもちこたえられるように設計する

複数の検証から設計用数値の妥当性を確認

吹抜けを取り囲むフィンアーチが建築に明るさと安心をもたらす

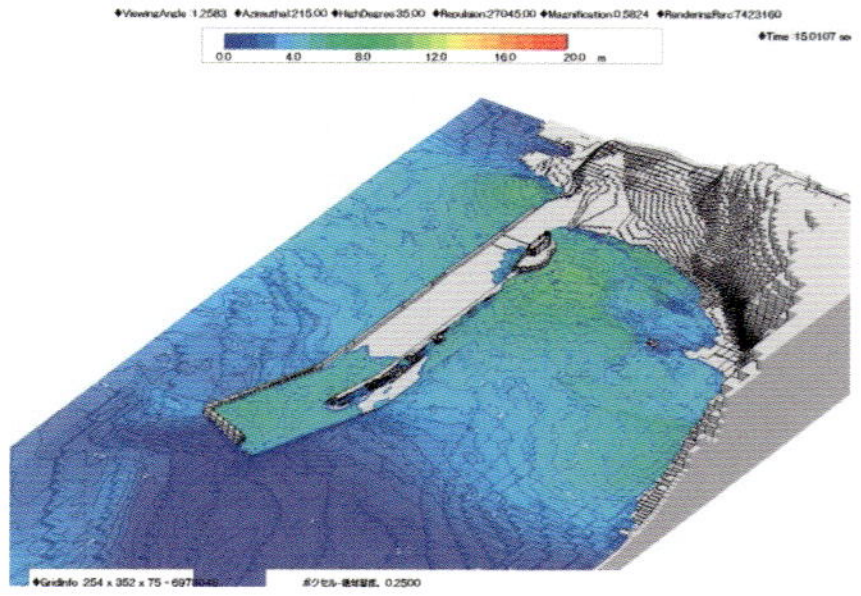

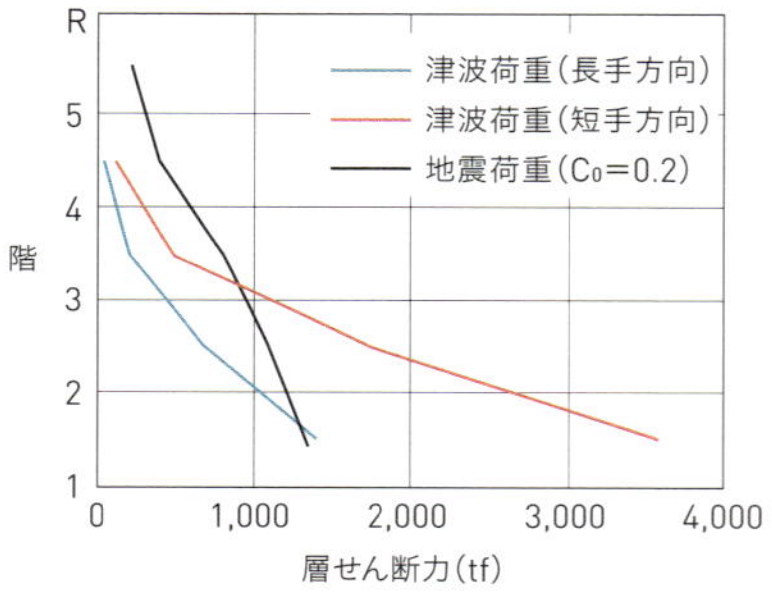

津波荷重と地震荷重の比較（右）。低層階では津波による負荷の方が大きく、高層階では地震による負荷の方が大きいので、それぞれの荷重に対して設計した。さらに、岡田港周辺の海底地形、地上の起伏をモデル化して津波シミュレーションを行い、設計用に設定した津波荷重の妥当性を検証した（左）

フィンアーチにより船客待合所に相応しい開放的な空間を実現した

写真／日建設計

心地よく、そして安全に海と付き合い続ける未来のために

東日本大震災以降、各地で津波避難施設が整備されている。伊豆大島にある岡田港でも津波避難施設の整備が求められ、平時は船客待合所としても利用する建築を計画した。船客待合所は、島の玄関口として、あるいは地域の賑わいの拠点として、開放的で賑わいがあり人々が気持ちよく過ごせる建物であることが重要と考えた。一方、津波避難施設は、非常時津波から避難する人々を受け入れ、津波に対して安全な建物である必要があるため、しばしば閉鎖的な建物になる。この2つの相反するようにも見える機能の両立をいかに実現するかを考え、待合スペースの大きな吹抜けとそれを囲む船のフィンのようにも見えるアーチ形状の床スラブ（以下、フィンアーチ）を考案した。

未知の津波荷重を設定する

津波による荷重の計算方法は当時指針が出たばかりであり、前例がなく確立されていたとは言えなかった。そこで、より安全性を高めるために指針から求められる津波荷重だけでなく津波シミュレーションを行ったうえで津波荷重を設定することとした。

指針により求めた設計時の計算で用いる津波波圧は、南海トラフ巨大地震を想定した浸水深5.4mに水の流れや周囲の環境を考慮した水深係数である3をかけた16mの深さの静水圧となる[右頁上]。建物最下部での津波波圧は1㎡あたり16tfである。建物にかかる水平荷重として津波荷重と地震荷重を比較すると、低層部では津波荷重が大きく上回っていることが分かる[右頁中段]。

津波シミュレーションでは、岡田港周辺の海底地形、地上の起伏をモデル化した解析を行った。震源が近い元禄型関東地震と、震源は遠いがよりエネルギーの大きい南海トラフ巨大地震を想定した解析を行い、それぞれの地震による津波高さや津波荷重、到着時間、船などの浮遊物の挙動を確認した。

この津波シミュレーション結果と指針を比較し、より大きい指針の値を設計時の計算で用いる津波荷重とした。

津波に耐える仕組みを考える

地震荷重に対する構造設計の考え方には、建物の粘り強さで地震エネルギーを吸収して地震に抵抗する靭性型と、建物の強度を大きくして地震に抵抗する耐力型がある。津波は地震よりも継続時間が長く、建物が受けるエネルギーが大きいため、今回の建物では耐力型の設計を選択し、耐力壁で大きな耐力を確保できるRC造とした。また、離島でのプロジェクトのため、その島の工場で生産可能なコンクリートを使用し輸送燃料やコストを削減できること、コンクリート強度等により耐久性の向上とメンテナンスの省力化を図れることからもRC造が適していると考えた。

基礎は杭基礎とし、津波による浮力と津波荷重が同時に作用した場合も建物が転倒しないことを確認した。

敷地の制約上、建物は細長い平面形状とした。そこで津波荷重が大きく、吹抜けにより梁本数が少ない短手方向を耐力壁付きラーメン架構とし、長手方向を純ラーメン架構とした。長手方向を純ラーメン架構とすることで、津波被災時は乾式壁が壊され、津波の受圧面積の大きい短手方向の津波が建物内を通過して津波荷重を低減できるよう計画した。

波や漂流物を受け流すフィンアーチ

吹抜け回りの柱を津波から守るためには、柱をある程度のピッチで水平方向に支持する必要がある。建物のコア側と梁でつなぐ方法があるが、それだと吹抜けがジャングルジムのようになり開放感が阻害されてしまう[102頁下段]。そこで、スタジアムや橋梁などでよく用いられるアーチを取り入れた。水平方向に寝かせたアーチ（厚さ400㎜、幅4400㎜）を吹抜け周りに配置することで、吹抜け外周に作用する津波荷重をコア側の耐力壁まで効率よく伝達できる。フィンアーチを柱よりも外側に張り出すことで、津波により流されてきた漂流物が柱梁などの主要構造部に直接衝突することを防ぐ。

津波シミュレーションで得られた津波の性状や漂流物の流れ方などを考慮した曲線の建物形状と、船のフィンにも見えるこのフィンアーチは、建物のファサードを特徴づけている。明るい吹抜けを持つこの建築が、地域の賑わいの場となるとともに、万が一の際には人命を守ってくれるよう願う。

COLUMN 05

事例から学ぶ免震・制振構造

地震被害の考察から中間層免震構造へ

1995年1月17日に発生した兵庫県南部地震（阪神大震災）は、建築に携わる我々にとって衝撃的な出来事であった。数々の建物が倒壊や大きな被害を受け、神戸の三宮地区でも多くの建物に中間層崩壊が起こった。調査の結果、中間層崩壊した建物の下層階の骨組は、計算上相当の損傷があるものの、実際は比較的健全なままであった。そのため、崩壊した建物の上部のみ撤去し、その後も使い続けている建物は多くある［図1］。これはなぜかという疑問が、中間層免震構造の発案に繋がっている。つまり「中間階に地震エネルギーが集中し崩壊したことで、その分他階への地震被害を抑えているのではないか。むしろ、水平変形しても鉛直荷重を支えられるシステムがあるなら、中間階にエネルギーを集中・吸収する仕組みができ、建物の損傷を軽減できるのではないか」と考えたのだ。これを基に設計されたのが、本格的な中間層免震構造となる、「飯田橋」「飯田橋ファーストビル・ファーストヒルズ飯田橋」［図2］である。

運動方程式の再考と免震・制振構造

我々が行なっている構造設計は、単純な構造力学の組み合わせを基礎としたもので、静的な質量（荷重）とバネ（剛性）の釣り合いが基本である。しかも多くの設計荷重は、振動現象をあたかも静的荷重に置き換えたのみになっている。一方で、建築以外では数多くの振動現象に対峙している分野があり、その分野では、図3に示す振動方程式のMやCを上手く利用して制御を行う。減衰のCをどうすれば効率よく効かせられるのか、質量（慣性質量）のMを利用できるると、もっと振動制御ができるのではないのか、またいかに少数のダンパーで効果を発揮させせられるかが、設計の根幹にある。「ドトール名古屋栄ビル」［図4］では、建物の1階に縦置き型の粘性ダンパーを配置し、その上部に剛性の高いシャフトを組み合わせた。幅高さ比（アスペクト比）の大きい建物の地震時変形制御を、少ないダンパーでも効率よく実現した。この考えは、「i-l-i-v」にも繋がっている［94頁］。また「ヒューリック本社ビルアネックス」［図5］では、階高の高い1階の剛性が相対的に小さい事を逆手にとり、回転慣性質量ダンパーを使った1階集中制振構造とした。「減衰」という要素を上手に使うと、今までの構造設計の概念にとらわれない設計が可能となった。

免制振構造に対して思うこと

制振構造は不思議なものだ。建物の水平剛性をできるだけ小さくする事で、ダンパーの変形効率が向上し、逆に建物の地震時変形を小さくさせる、一見矛盾した考えにも感じる。確かに地震応答解析を行うとそのような傾向にある。しかし制振構造は、いわゆる急激な運動性能を発揮できるジェット戦闘機みたいなもので、翼の大きいプロペラ機やグライダーとは異なり、ひとたびダンパーの想定以上の地震が起こると、例えるならエンジンが壊れたジェット戦闘機が失速墜落するように、建物の変形抑制効果が十分に発揮できないのだ。構造設計は地震だけが対象ではないので、ダンパーの効率を上げるために地震に特化して変形しやすい骨組を優先すると、風などの自然現象に対し問題が生じてしまう、そういった点に留意し設計する事が重要である。

図1 神戸市本庁舎2号館の被災前後

被災直後

現在

神戸市本庁舎2号館は被災し中間階が崩壊した。構造的には、上階を撤去することで大幅な荷重が軽減されたため、耐震壁の補強にて耐震改修と同様の効果が得られると判断し8階建てから5階建てに減築された。2022年に解体

図2 飯田橋ファーストビル・ファーストヒルズ飯田橋

中間層免震構造は、水平剛性が小さく、かつ大きく水平変形できる中間階に設ける。そこで積極的に地震エネルギーを吸収して、建物全体の耐震性を高めるのが特徴である

図3 振動現象について

多質点の運動方程式→耐震構造・制振構造

$$[M]\{\ddot{y}\}+[C]\{\dot{y}\}+[K]\{y\}=-[M]\{\ddot{y}_0\}$$

耐震構造の設計基準（告示・Code）では、この減衰項を全体外力の低減としてある程度見込む程度で、そのほかの特性を十分に考慮していない

一質点の運動方程式→免震構造

$$M\ddot{y}+C\dot{y}+Ky=-M\ddot{y}_0$$

免震構造の設計基準（告示）では、この減衰項を入力の低減として見込んでいる。しかし、可能性を十分追求した設計は少ない

図4 ドトール名古屋栄ビル

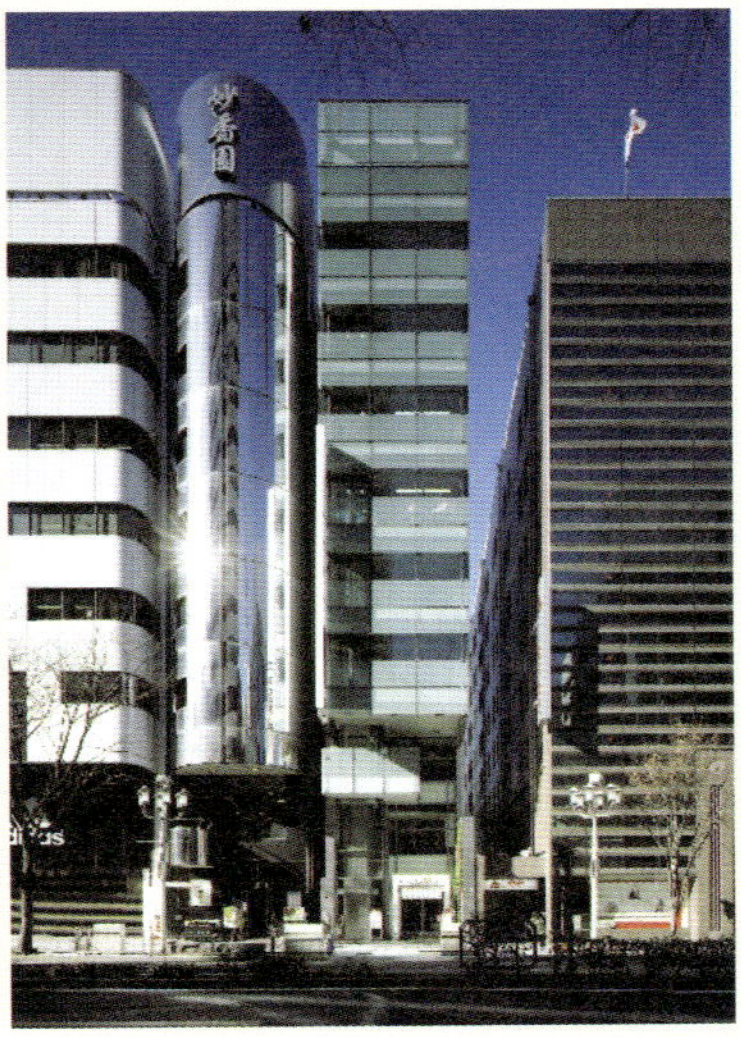

図5 ヒューリック本社ビルアネックス

［図4］幅高さ比の大きい建物で、ダンパーによる建物の水平変形を効率よく制御するために、建物に設置するダンパーを1階に縦置きにしたのが特徴である

［図5］回転慣性質量ダンパーは、建物の1次固有周期を考慮したチューニングをすると、ダンパーが取り付く部材側に高い剛性を付加する必要がないため、ダンパーを設置する建築平面スペースが小さく済むのが特徴である

図1出典：本庁舎2号館再整備基本構想（平成30年3月策定）（https://www.city.kobe.lg.jp/documents/29404/kihonkousou.pdf）
写真／図2・4：エスエス、図5：三輪晃久写真研究所

SECTION 023

築50年の超高層オフィスを使いながら強度UP

約50年前に設計された建物を最新のビル以上に地震の揺れに強くすることが求められた。最大の課題は「建物を使いながらの改修」。通常、制振性能をあげるためにはダンパーなどの制振装置を追加するが、そのためのスペースが問題となる。この建物の角部にある設備機械室の発見が計画の発端となった。

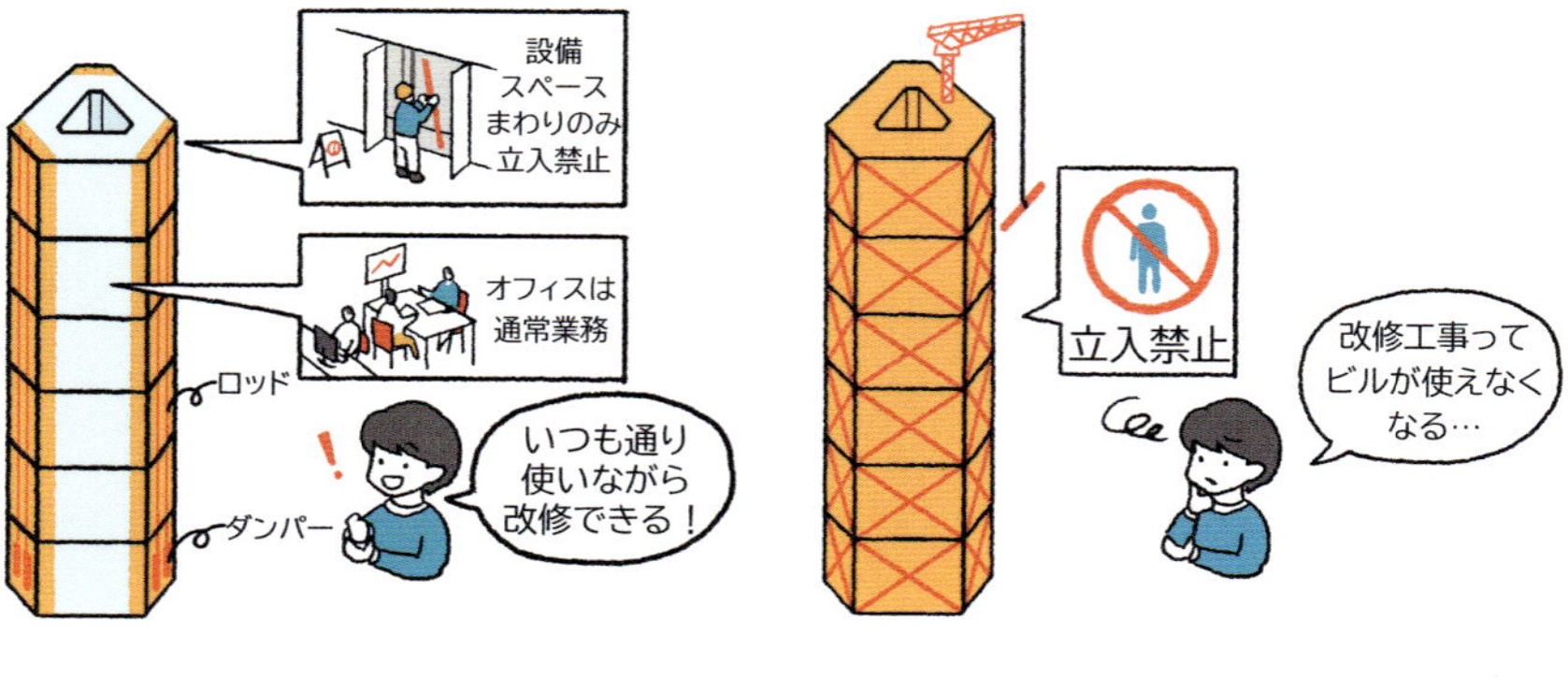

写真／エスエス

既存建物のスペースをきっかけにダンパーの効率的な使い方を考えた

メンテナンススペースの発見が課題解決の糸口に

最初の課題は、建物を使いながら改修工事を行うことだった。建物を利用中の空間では工事を発生させず、工事の動線も建物利用に支障を与えないことが条件。空調機械室と外壁の間にあった幅40cmの点検スペースを制振システムに利用できれば、これが解決できるのではと考えた。

一般的に制振構造は、ダンパーを動かすために建物の層間変形や層間速度を効果的に利用するが、この建物のような長周期建物では、層間速度が小さくダンパーの効きが悪い。大量のダンパーが必要となってしまうので、ダンパーの使い方を工夫する必要があった

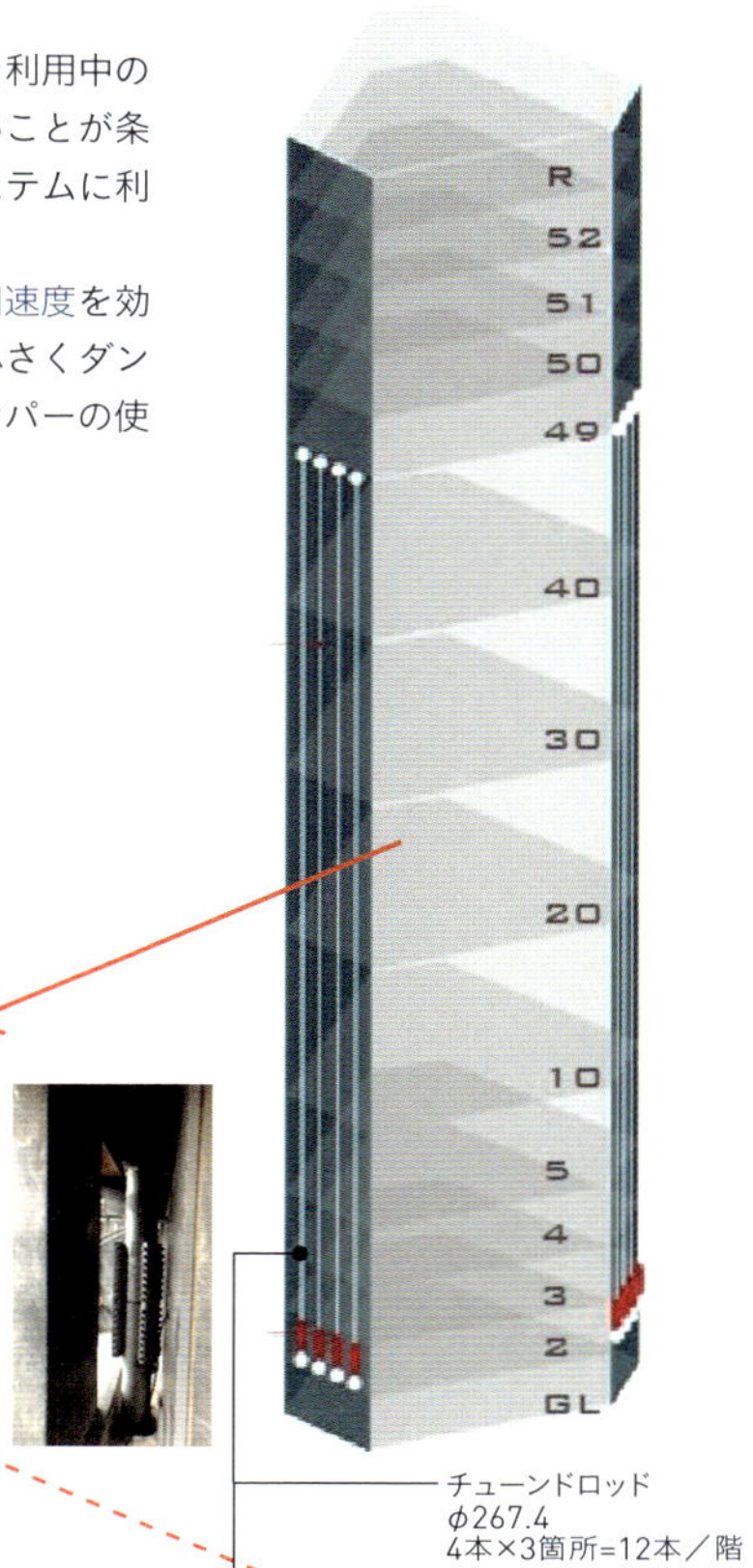

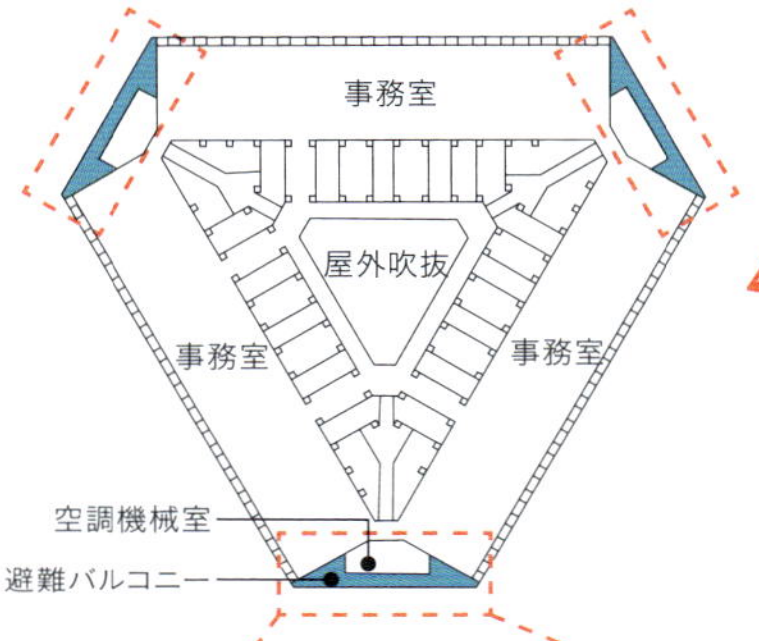

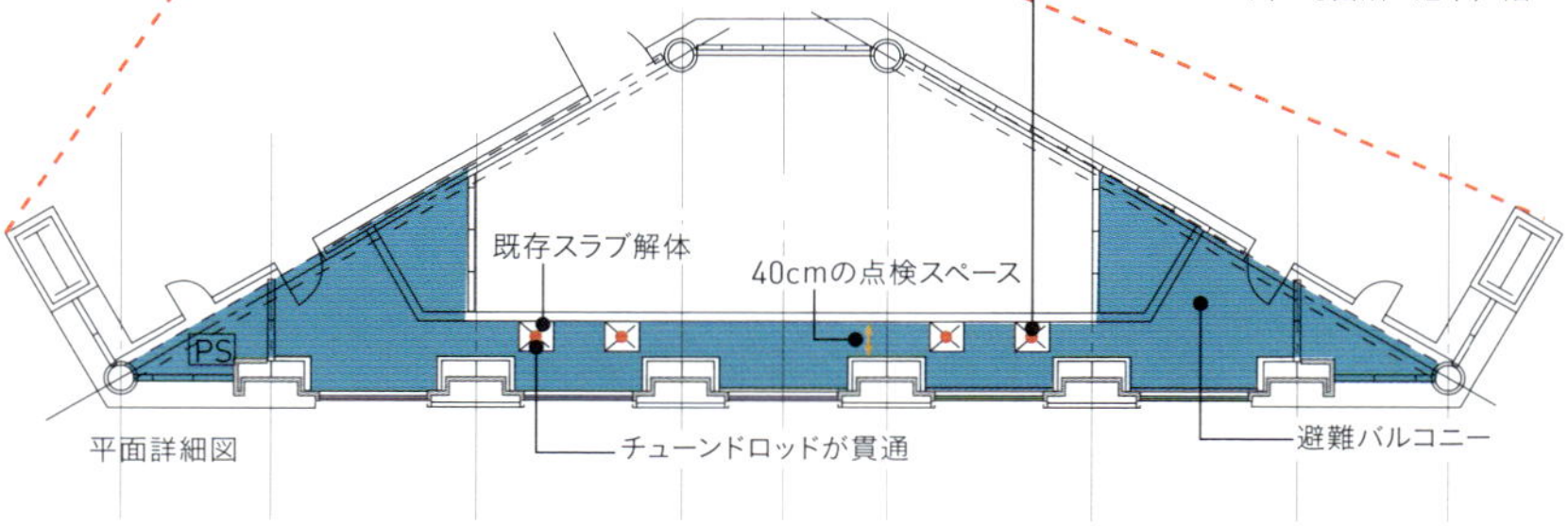

細長い建物は上下の変形が大きい

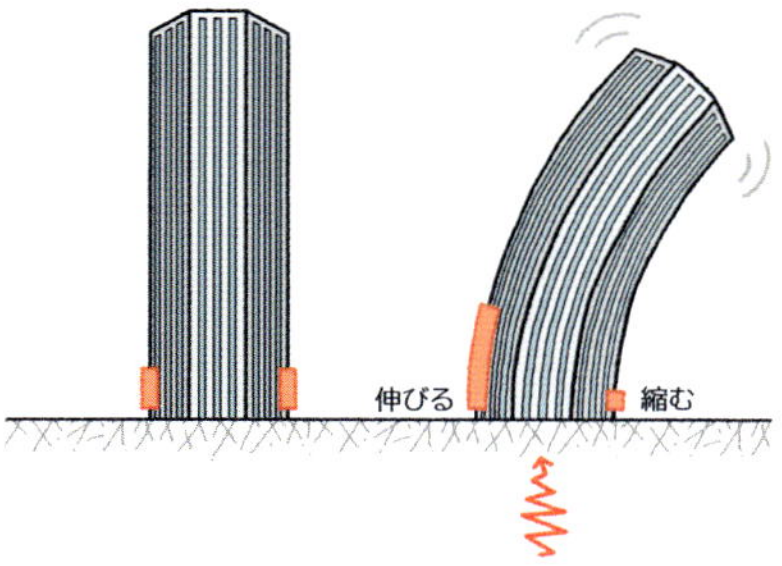

三角形の頂点を切り落とした変則六角形状の新宿住友ビルは、アスペクト比が4と大きく、外周チューブ構造により全体曲げ変形が支配的となる。この曲げ変形で建物に生じる上下方向の変形をダンパーに利用して、効率的に地震エネルギーを吸収する

層間変形、層間速度：地震における建物のある階（層）の床と下階の床の変形差、そのときの速度のこと

上下方向の変形をおもりの回転運動に変換する

建物の上下の動きがダンパーの回転運動を増幅させる

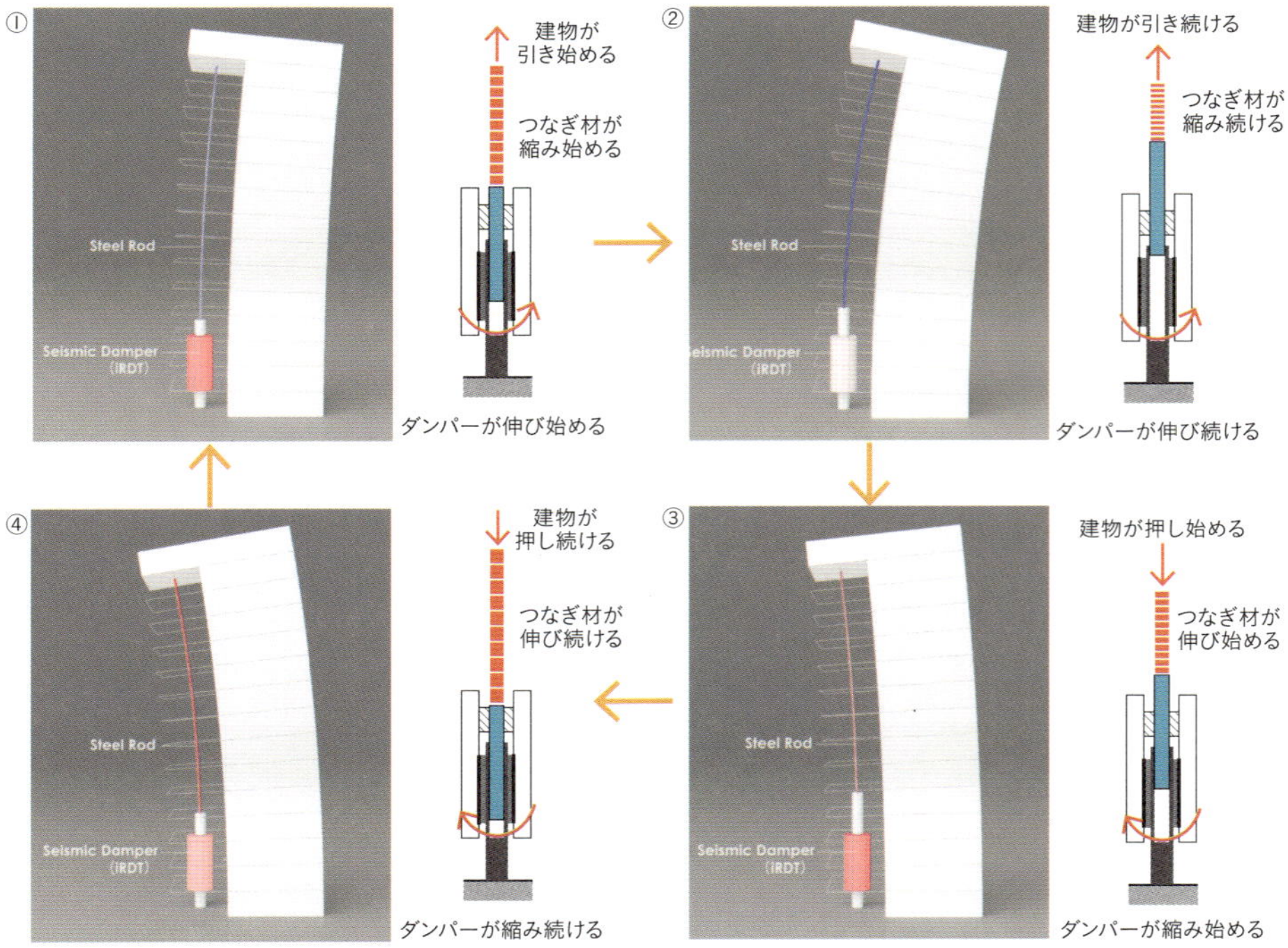

今回使用した回転質量ダンパー（iRDT）の仕組み。1辺に12台、合計36台のiRDTを配置した

少ないダンパーで十分な制震効果を得る

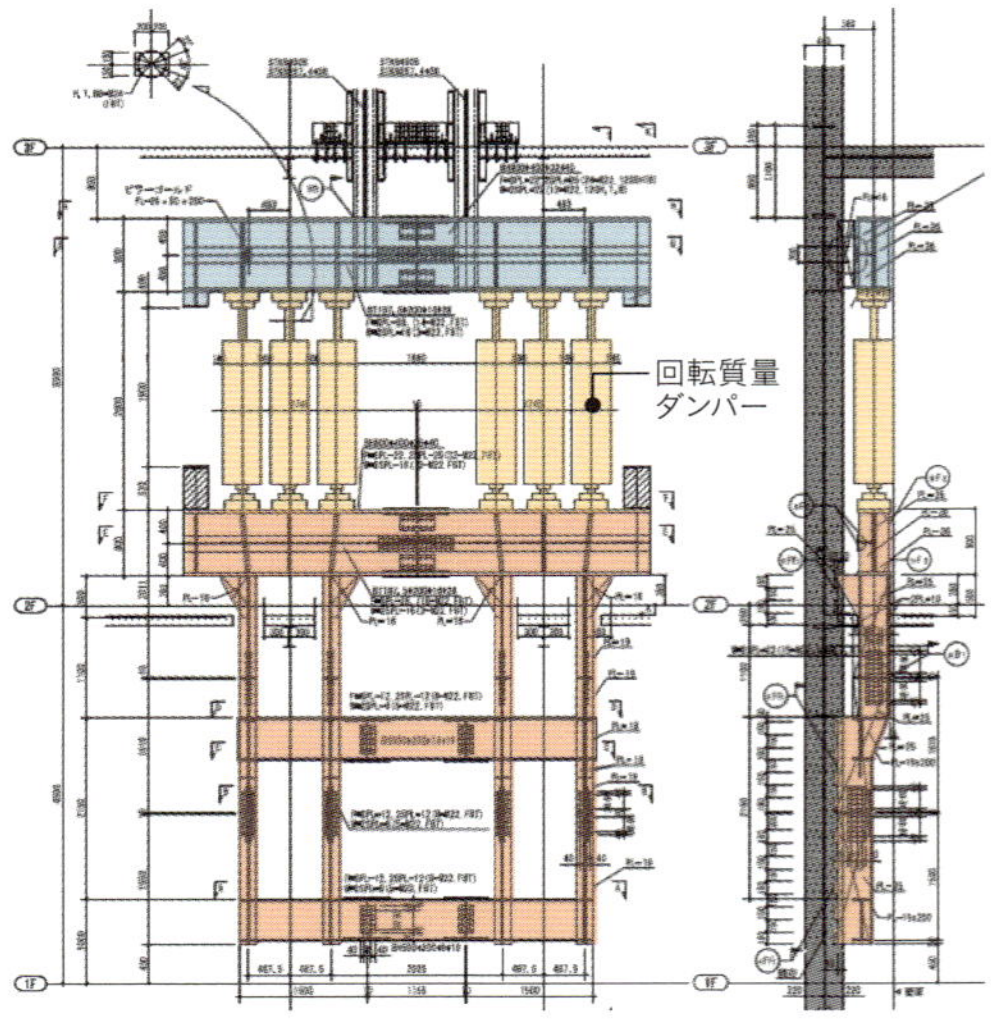

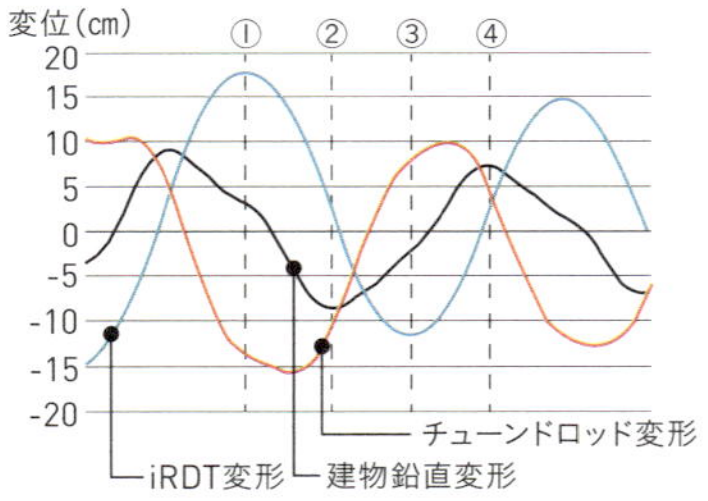

回転質量ダンパーは、小さな軸変形で大きな回転運動を生み、小さいおもりで軸方向に大きな慣性力を発揮する（上図）。建物が変形し、ロッドを通じてダンパーを押し引きする。右図はダンパーとチューンドロッドと建物の共振のようす。建物の最大変形とダンパーの最大変形が遅れて生じていることが分かる。この建物では、回転質量ダンパーのエネルギー吸収により、長周期地震の揺れを約40％削減できた

回転質量ダンパー3台に対して1本のチューンドロッドを組み合わせている。ダンパーは全て2階のみに配置しており、ひとつのコーナーに3台×4箇所、計36台である。1階の階高を利用して既存本体鉄骨と現場隅肉溶接で接続し、力を伝達させる。（左写真はダンパーの姿図で、φ450）

写真／日建設計

回転質量：ダンパーの回転部分の質量で、吸収エネルギーに寄与する／チューンドロッド：ダンパーと建物本体を連結し、共振させるために用いたロッド

既存のビルを使いながら耐震性能をアップさせる

1974年竣工の超高層ビルの足元に新たな価値を付加するため、大屋根を架け広場をつくるという計画が持ち上がった[112頁]。新しい広場を既存の超高層ビルと一体利用することに伴い、「既存遡及」(既存の建物に現行法規を適用させること)が免れないことや、長周期長時間地震への対策と耐震性の向上を目的に、築50年となる既存超高層ビルの制振改修に取り組んだ。

既存建物からヒントを得る

既存の超高層ビルをどのように補強しようか、まずは当時の竣工図や設計資料を調査した。この建物は日本初の高さ200m超の高層ビルで、当時、経済性を追求しつつさまざまな工夫が施されていることが分かった。構造計画は、トリプルチューブ構造を採用し、外周のチューブには大型の柱を3mごとに配置することで、建物の大部分の地震力を負担させていた。また、このチューブ構造とアスペクト比4という細長いプロポーションが起因となり、全体曲げ変形が支配的な架構であるという特徴があった。

一般的に、スレンダーな形状の建物は、地震時に建物自体がしなり、外側が伸び縮みする全体曲げ変形が、建物全体の変形の大部分を占める。建物の揺れを低減させるためには、制振装置をどれだけ効率良く変形させるかがポイントとなる。そこで、曲げ変形時の建物外縁部での上下方向の変形を利用することをアイデアの中心に置いた。

鉛直方向に回転質量ダンパー(iRDT)とチューニングロッド(以下チューンドロッド)を配置し、ダンパーの回転質量を共振させることで鉛直変位を増幅して、より大きなエネルギー吸収能力を発揮させるという新しいシステムとした。地上部分の重量70000tfの建物に対し、出力が120tfのダンパー36台のみという、同規模の制振建物と比較しても非常に少ないダンパー基数で地震時の性能の大幅な向上を実現した。

使いながらの制振改修のために

このアイデアは、既存建物から得たもう一つの発見と合わせ、実現に至ることができた。改修にあたって、事業主から求められていた、建物を使いながら改修する「居ながら改修」とするため、制振部材をどこに設置するかということも課題であった。この建物では、各階の三角形の各コーナー部に幅40cmの設備バルコニーが設けられており、ここにチューンドロッドが配置可能であることを見つけ出した。建物最外周であるため、建物の曲げ変形が大きく、ダンパーの効果を最も発揮できる場所でもあった。ここに、建物頂部49階から2階に設置したダンパーまで約170mの長さのチューンドロッドを設置することとした。

ダンパーを動かすために必要なロッドの剛性はφ267㎜、厚さ36㎜の鋼管で十分であったため、この狭いスペースへの設置が可能となった。チューンドロッドには圧縮力も生じるためコンパクトな補剛装置を開発したり、部材を細かく分割して運搬可能としバルコニーのみで揚重・取付けを行ったりするなど工夫を重ね、外装材や執務空間に一切影響を与えず、居ながら工事で構造性能を大きく向上させる改修を実現することができた。

既存建物の周期を確認

このシステムの効果を発揮させるには、建物との周期をチューニング(同調)させることが重要となるため、既存ビルの周期を正確に把握することが必要であった。設計段階では、既存ビル竣工後に起こった地震の観測記録をもとに、建物の設計用一次周期を5.0秒、減衰定数を1.0%と評価し、改修設計に反映させた。その後、工事着手前には振動測定を行い、常時微動時一次固有周期は4・55秒で、設計一次固有周期5秒が妥当であることが確認できた。また、チューンドロッド施工後には加力実験を行い、その剛性を測定し、設計時の想定範囲内であることを確認した。

高い性能を実現、今後につなげる

制振ダンパー設置後の2019年10月の台風19号接近時にも振動測定を行うことができ、制振効果が確認できた。今後もモニタリング(B面モニタリング参照)装置による振動計測を行い、この新しい制振システムの効果検証を継続することで、これからの建物の設計に応用・活用していくための基礎資料を蓄積していく。

補剛装置:座屈を防ぐために部材を拘束する装置/設計用一次周期:建物の固有周期のうち最も長いもの/減衰定数:振動系におけるエネルギーの損失を表すもので、大きいほど振動が急速に収束し、エネルギーが効率よく散逸される

SECTION 024

賑わいを創出するシングルレイヤーガラス大屋根

大スパン建築でよくみられるトラス梁ではなく、屋根の立体形状を活かした合理的な計画により、施工性やデザインにも配慮したガラス屋根を実現し、開放的で使いやすいアトリウム空間を創出した。

写真／エスエス

デザイン・コスト・施工面のバランスを考えた架構

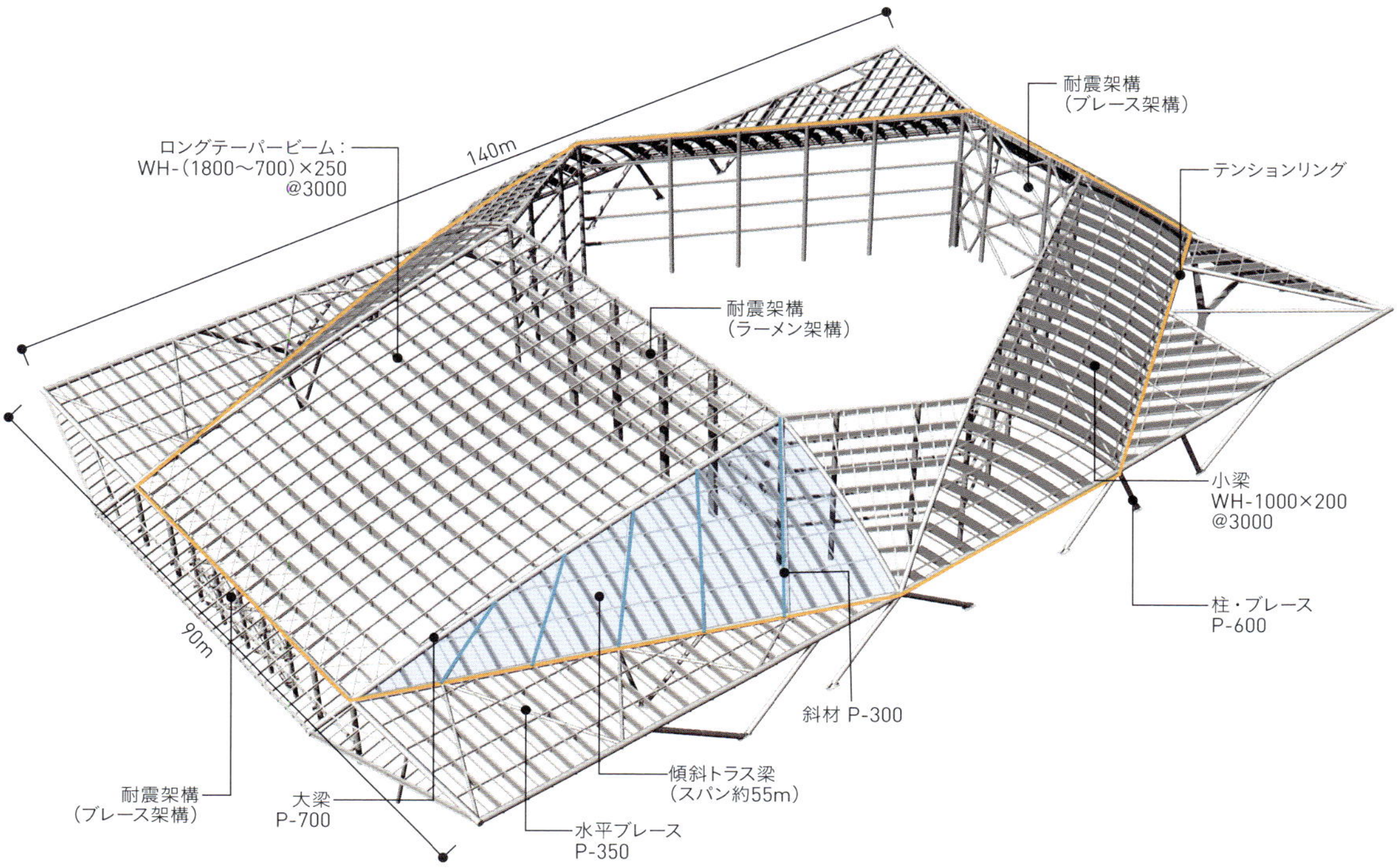

既存躯体への負担を最小限に 合理的な計画で自立する大屋根

大屋根設計の課題をひとつひとつの工夫でクリア

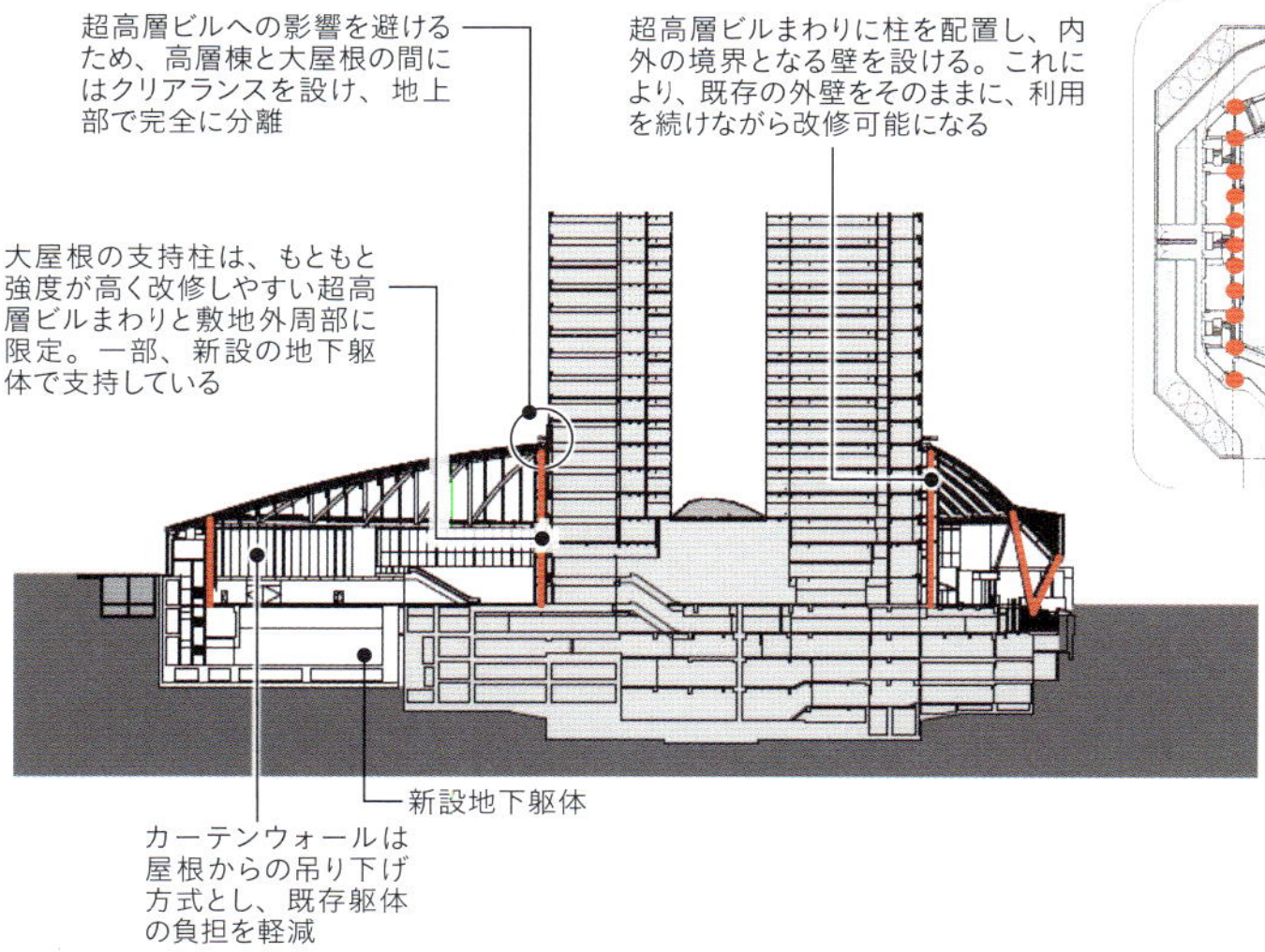

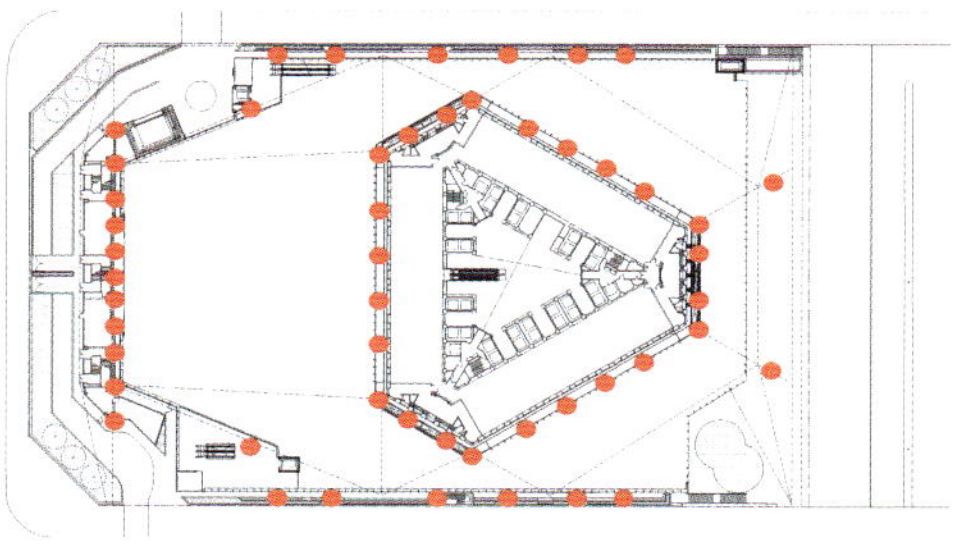

大屋根を架けるうえでの課題は大きく3つ。既存の超高層ビルへの負担を最小限にすること。大屋根の下の空間の自由度を高めるために、無柱空間とすること。デザイン、コスト、施工面のバランスがとれていることだ

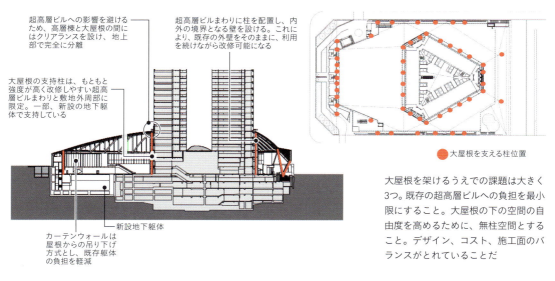

梁＝線ではなく、面全体を梁ととらえてスッキリさせる

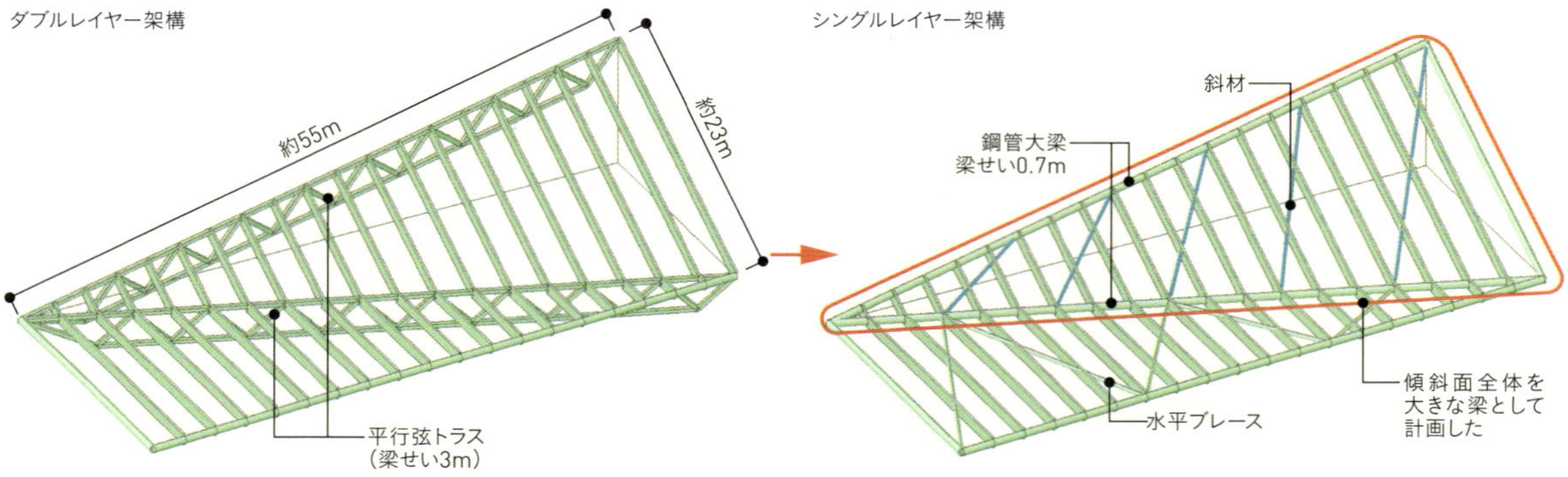

平行弦トラスのような組立梁は大スパン建築としてデザイン的に既視感があり、また部材数が多くなることからすっきりしづらい（左）。そこで、高低差のある多面体の斜面を大きな梁として効かせることで、稜線に大きなせいのトラス梁を配置することなく、スパン55mの大梁を直径700㎜の鋼管で実現した（右）

単一材のシンプルな架構で無柱空間をつくる

ありきたりを脱却し、見上げた空の美しさを追求

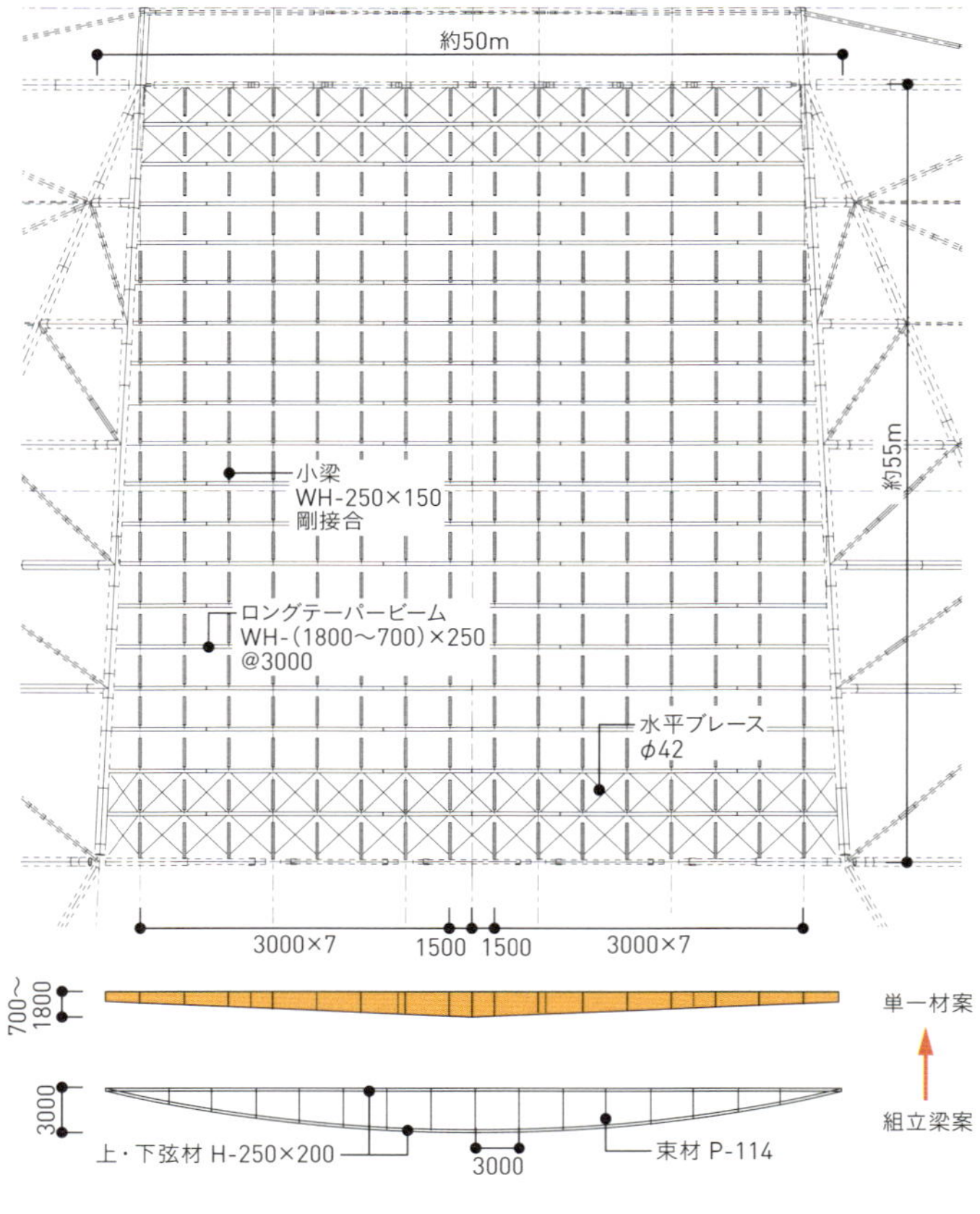

広場（敷地北側）の屋根伏図。屋根面の梁は、フィーレンディールの組立梁も考えたが、製作性・施工性およびデザイン性の観点から最終的にテーパー形状のH形鋼で設計（テーパービーム）。曲げモーメントに忠実なテーパー形状とし、青空ができるだけ見えるように配慮した。テーパービームと直交する小梁が補剛の役割を果たす

部材のプロポーションや空間イメージは、VRを活用して関係者で共有した（上）。完成後、テーパービームの屋根を下から眺め、想定通りの見え方であることが確認できた（下）

写真／上：日建設計、下：エスエス
テーパー形状：部材が先端に向かって傾斜している形状

空がよく見えるための
シンプルな架構計画とディテール

既存超高層ビル全体の価値向上のために、何もなかったビルの足元に全天候型アトリウムとしてのガラス大屋根「三角広場」の計画が進められた。この三角広場には、いろいろな人が多目的に利用することができる、建築的自由度の高い無柱空間を、既存躯体への構造的影響を最小限としてつくることが求められた。

既存ビルへの影響を最小限に

既存超高層ビルと低層の大屋根では、地震時の挙動が異なるため、地上部にエキスパンションジョイントを設け、構造的には完全に分離する明快な計画とした。既存躯体への荷重影響を最小限とすることが重要であるため、大屋根を支える柱は、補強が少なくて済む箇所として、もともと強度が高い既存ビル足元周りと広場外周部の地下躯体、および新設躯体の上に配置する方針とした。さらに、既存超高層ビルと一体の施設として利用するために、施工者や設備工事業者との協議を重ね、既存設備の盛替えが可能な箇所を選定した。既存ビル周りに大屋根を支える柱を設け、屋根との間を外部空間とすることで、既存ビルの外装をそのまま残した「使いながらの改修」が可能となる点にも配慮した。また、外装カーテンウォールの重量を直下の既存躯体に負担させることは耐力上難しいため、全て大屋根から吊り下げる計画とした。敷地全体を覆う大屋根は、既存地下躯体と新設躯体の両方に跨るため、既存と新設の地下躯体は緊結し一体化することで、大屋根の地震時挙動に配慮した計画とした。

青空が見える大空間をつくる

ガラス屋根の空間はさまざまな人が多目的に利用するため、その平面はできるだけ広く、かつ無柱空間とすることが事業主の強い要望であった。そして、青空が見える解放感のある屋根が求められた。敷地全体を覆う屋根の平面は、長さ140m×幅90mと非常に大きく、無柱空間とするための合理的な架構を計画する必要があった。検討の初期段階では、大スパンの屋根架構としてトラス案を中心に複数の案を検討したが、どの案もデザイン的に満足できるものではなく、なかなかアイデアが見つからず苦戦した。あるとき、サグラダ・ファミリアの逆さ吊り模型実験を模したシミュレーションを手掛かりに、自由曲面のラチスシェル案に考えが及んだ。しかし、このラチスシェル案はデザイン的には魅力的であったが、製作難度の高い鉄骨や異形のガラスが大量に必要となるなど、工期や施工難度の面で課題があった。そこで、デザイン性だけでなく施工面でも優れた合理的な架構とするため、この曲面を多面体で近似した立体的な屋根として検討を進めた。

多面体案の初期検討では、屋根の稜線となる部分にすべてトラス（最大スパン55mに対し3m程度のせい）を配置していたが、大スパン建築のデザインとしてはありきたりで、また、トラスでは構成する部材が多くなり、内部から空を見たときにうるさく感じ、ガラス建築ならではの開放感や透明感を損なうのではないかと考えた。何か良い方法がないものかと頭を悩ませていると、屋根の立体的な形を利用し、傾斜面にブレースを配置し大きな梁として効かせることで、稜線のトラス梁を無くすことができることに気が付いた。この発想をもとに検討した結果、梁せい3mのトラス梁は姿を消し、直径700㎜の鋼管で設計することが可能となった。

シンプルな架構とディテール

敷地北側の最も大きなアトリウム空間を構成する部材には、力学的合理性だけでなく、施工者や鉄骨ファブリケーターへのヒアリングを踏まえ、製作性・施工性およびデザイン性の観点からシンプルなH形鋼の小梁を採用した。小梁形状は、単純梁の曲げモーメントに配慮し、約50mスパンに対して、スパン中央の1.8mせいを端部で0.7mせいに絞ったテーパービームとした。梁端部の断面を小さくすることで、空ができるだけ見えるように配慮した。また、テーパービームに直交する小梁を剛接合とすることで、梁せいが大きなテーパービームが地震時や暴風時に回転しないように補剛の役割も兼ね、別途補剛材を配置しないようにも工夫した［右頁下段］。

シンプルかつダイナミックな架構となるよう意識し、屋根全体の断面やディテールの設計を行うことで、意匠性が高く開放的で使いやすいアトリウム空間を創出した。

効かせる：として働かせる、〜の役割を果たさせる

Cafe de
COACH

SECTION 025

新たな価値を生み出す180mタワーの免震レトロフィット

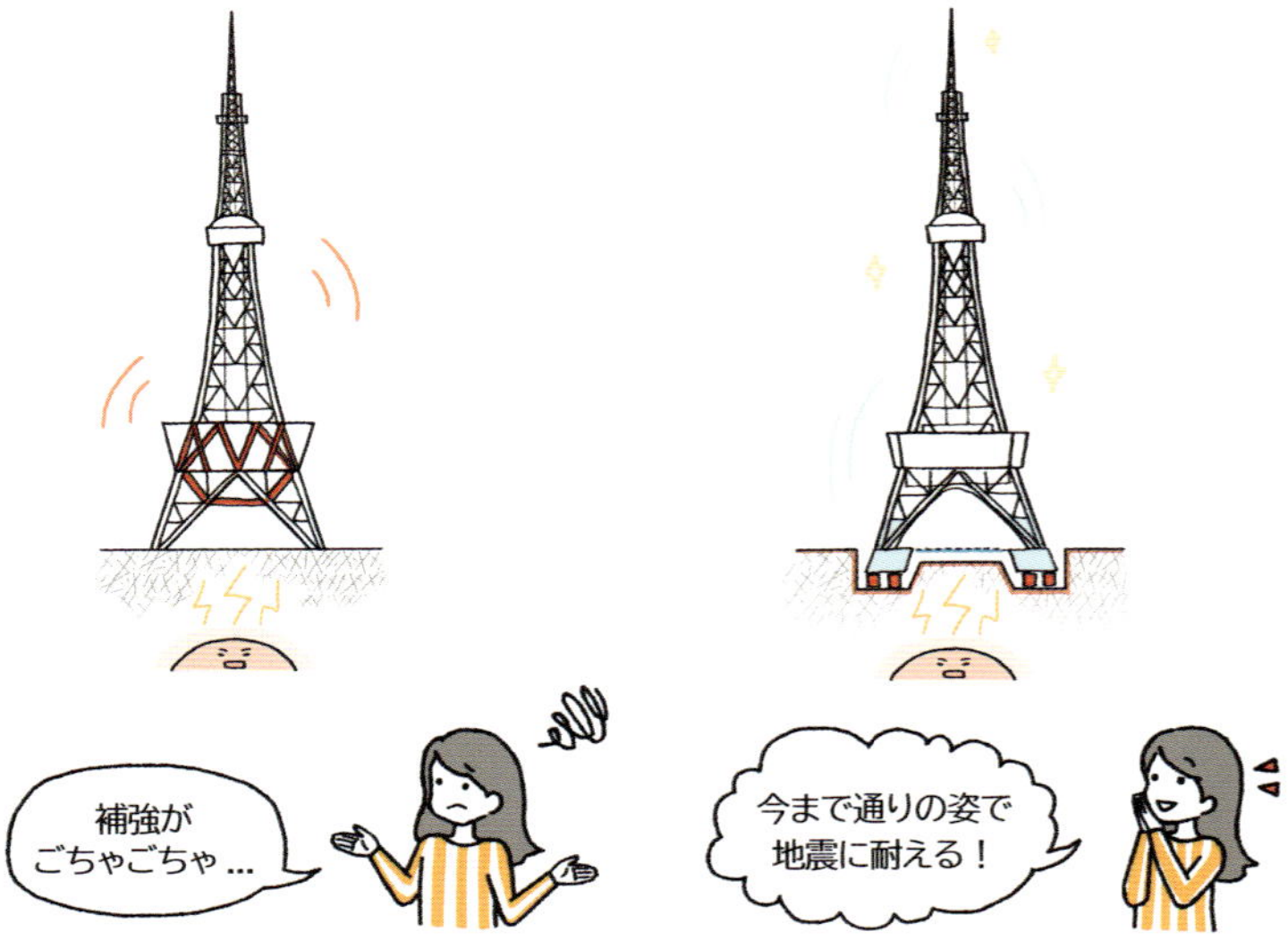
補強がごちゃごちゃ…
今まで通りの姿で地震に耐える！

文化財の多くは耐震性に問題を抱え、安全に使い続けるための課題に直面している。たとえばタワーの場合、架構を補強することは比較的簡単だが、利用者に親しまれてきた外観を損なってしまう。そこで、既存の条件を読み解きながら、タワーでは前例のない柱脚部で免震層に載せ換えるという難工事をやり遂げた。

写真／フォワードストローク

数ある改修法のメリットとデメリットをシミュレーション

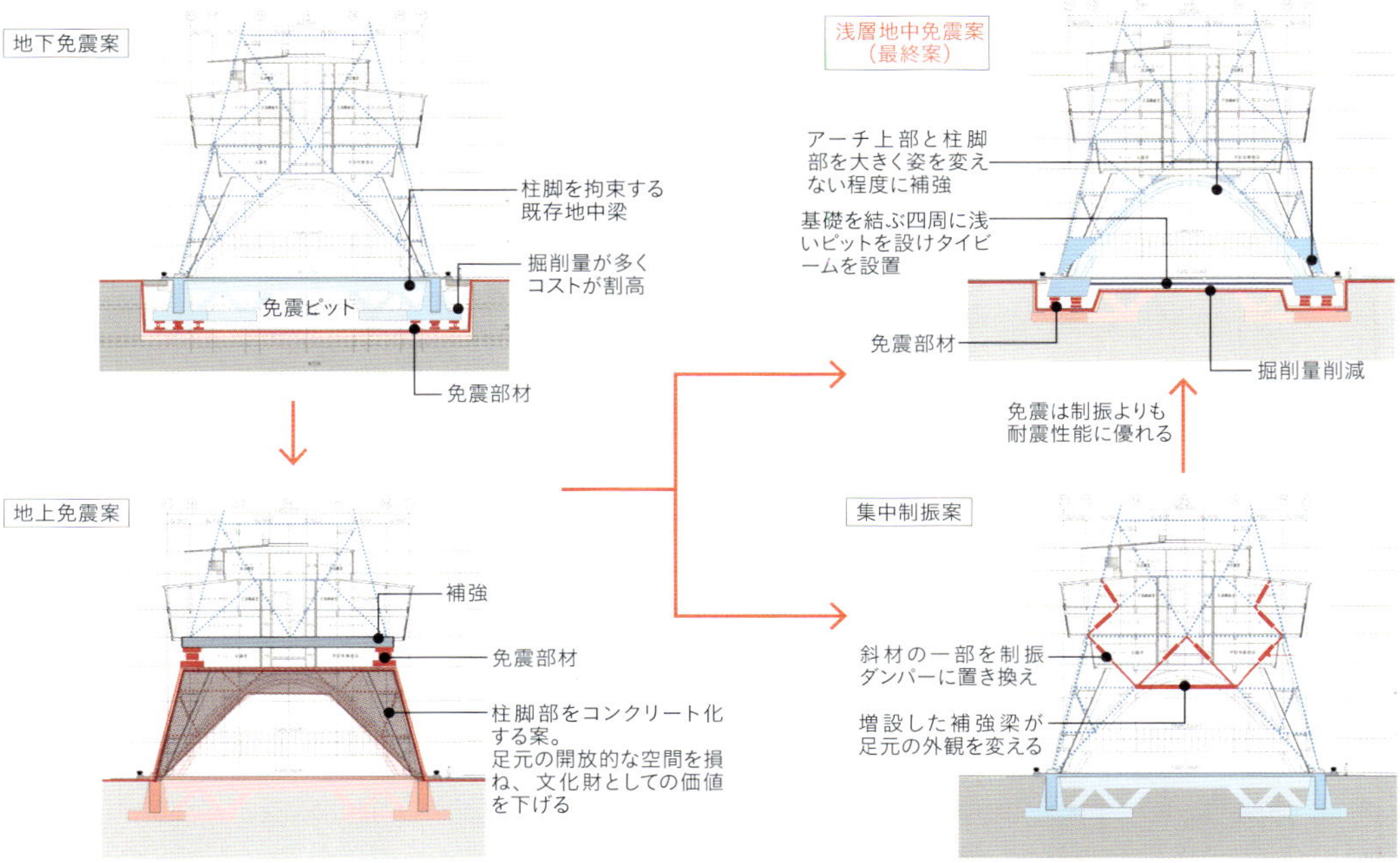

構造システムを変えずにタワーを丸ごと免震化する「地下免震」を検討したが、掘削量が多く周辺に与える影響が大きいため断念。掘削を行わない「地上免震」及び「中間免震」については、足元の開放的な空間を損ねるためテレビ塔の改修計画としてはふさわしくないと判断した。「集中制振」と掘削量を抑えた「浅層地中免震」の比較検討を行い、耐震性能・コスト・工期・外観に与える影響から既存基礎以深を掘削しない「浅層地中免震」を免震改修案として採用することになった

長年の試行錯誤から最適な手法へとたどりついた

建物の特徴を生かしてタワーの免震化を実現

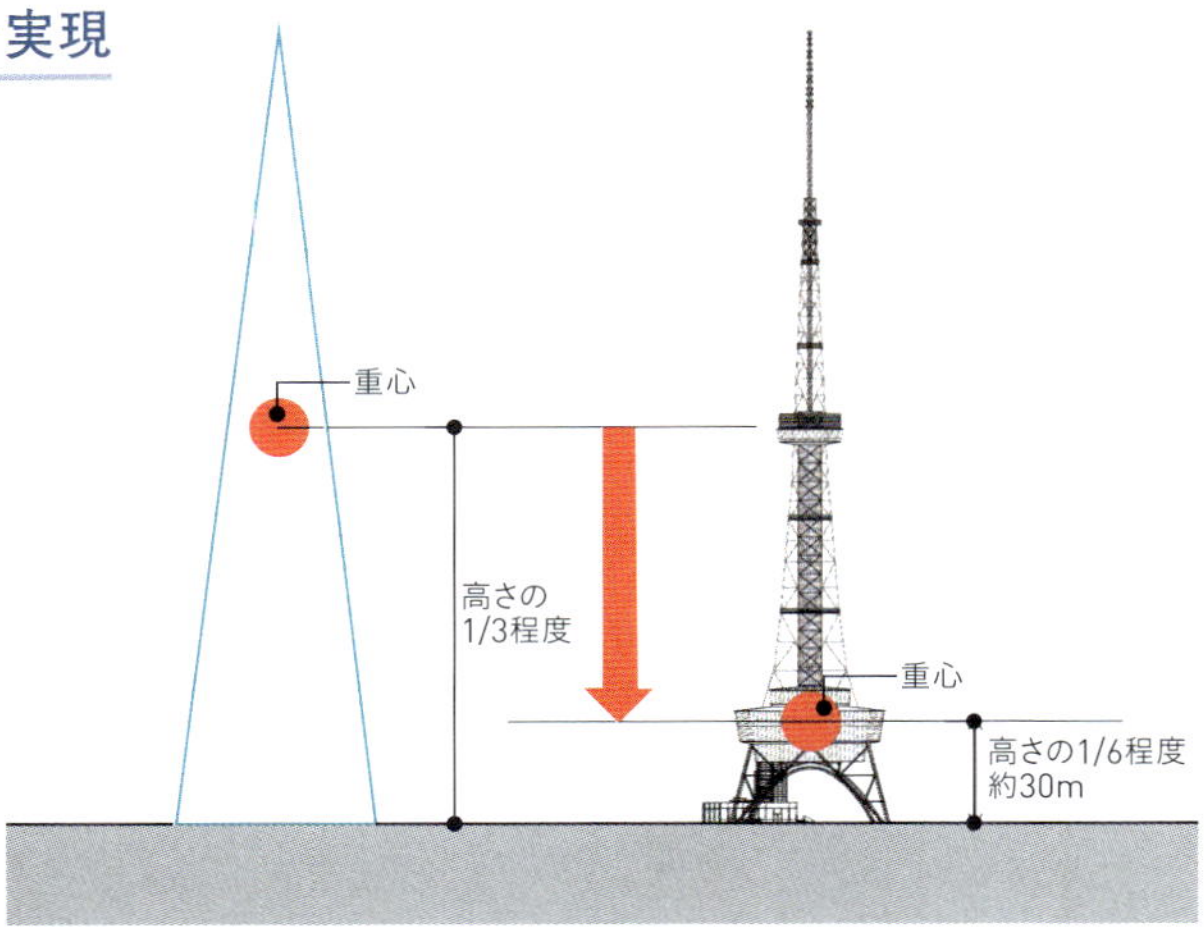

高さが高く重量が軽いタワー構造物は、一般的に免震構造を採用しにくい。なぜなら、免震構造では足元に積層ゴムなどの免震部材を挿入するため、建物が転倒する力に抵抗しづらいという特徴があるからだ。一方で、名古屋テレビ塔は鉄塔下部のSRC造の対角アーチ（左写真）や、RCスラブの居室空間が鉄塔下部に配置され、総重量約4,000tfのうちの半分程度が地上から30mまでの範囲に集められた、”低重心で転倒に強い”構造計画であった。そのため、この改修では免震構造の採用が選択肢のひとつとなった

写真／日建設計

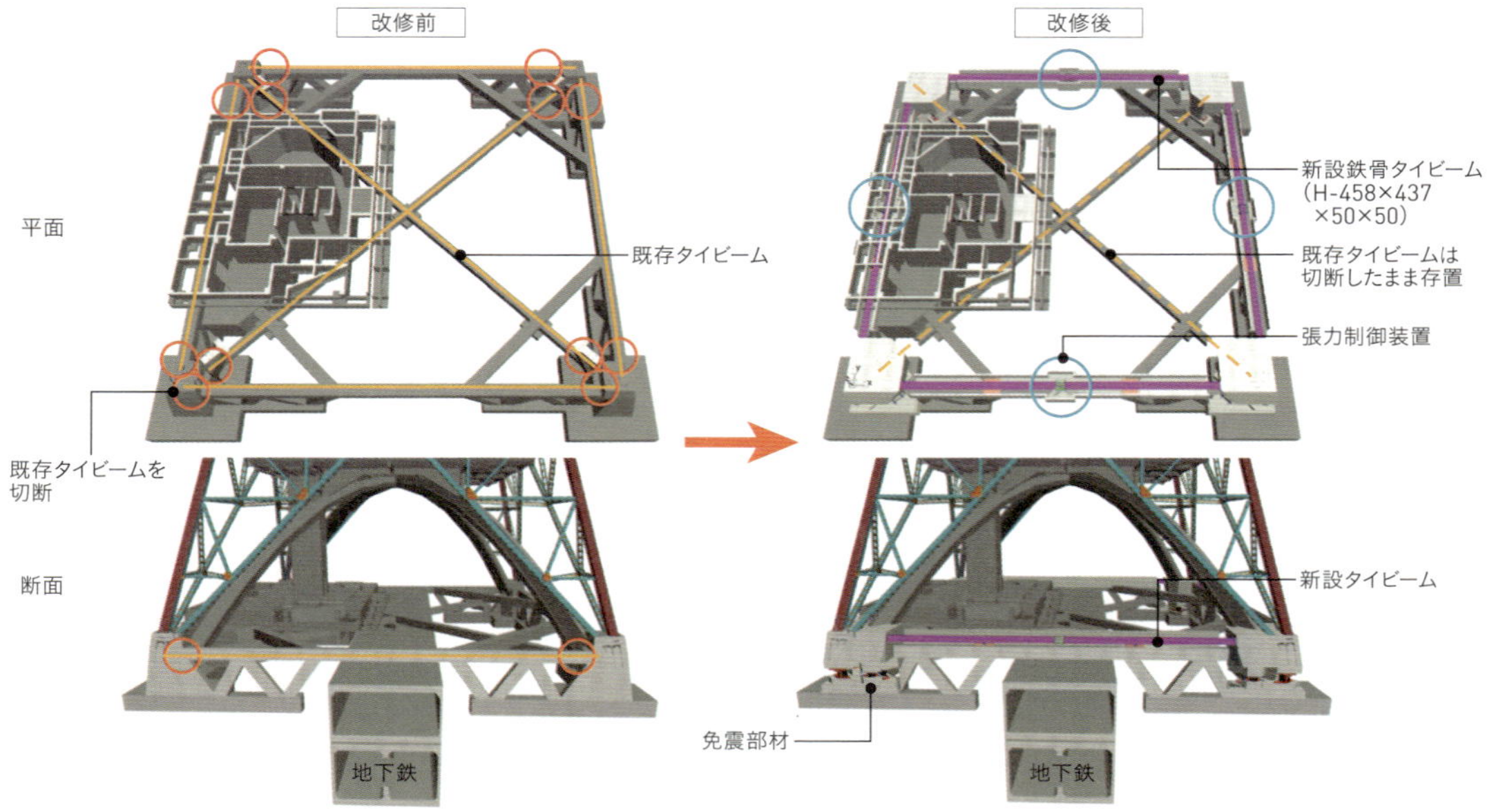

既存底版と基礎の間に免震層を構築するため、浅い位置に新設タイビームを設置する。4方向に配置していた黄色の既存タイビームに対して、地下を残置するため紫色の新設タイビームは2方向にしか設置できない。2方向の剛強な鉄骨タイビームでスラスト力（タワーの足元が広がろうとする力）を処理する改修計画とした。既存タイビームにかかっている力を、新設タイビームに確実に移すために、新設タイビームの中央にPC鋼棒を用いた張力制御装置を配置した。改修後にタイビームにかかる軸力を初期張力としてあらかじめ導入し、スラスト力によるタイビームの伸びを制御しつつ、ひずみゲージを使って張力の変動をモニタリングしながら既存タイビームを切断することで、スラスト移行工事を安全に行うことができた

各分野のエキスパートの知見を集約して世界初の難工事を完成させた

免震層と新設タイビームの位置関係

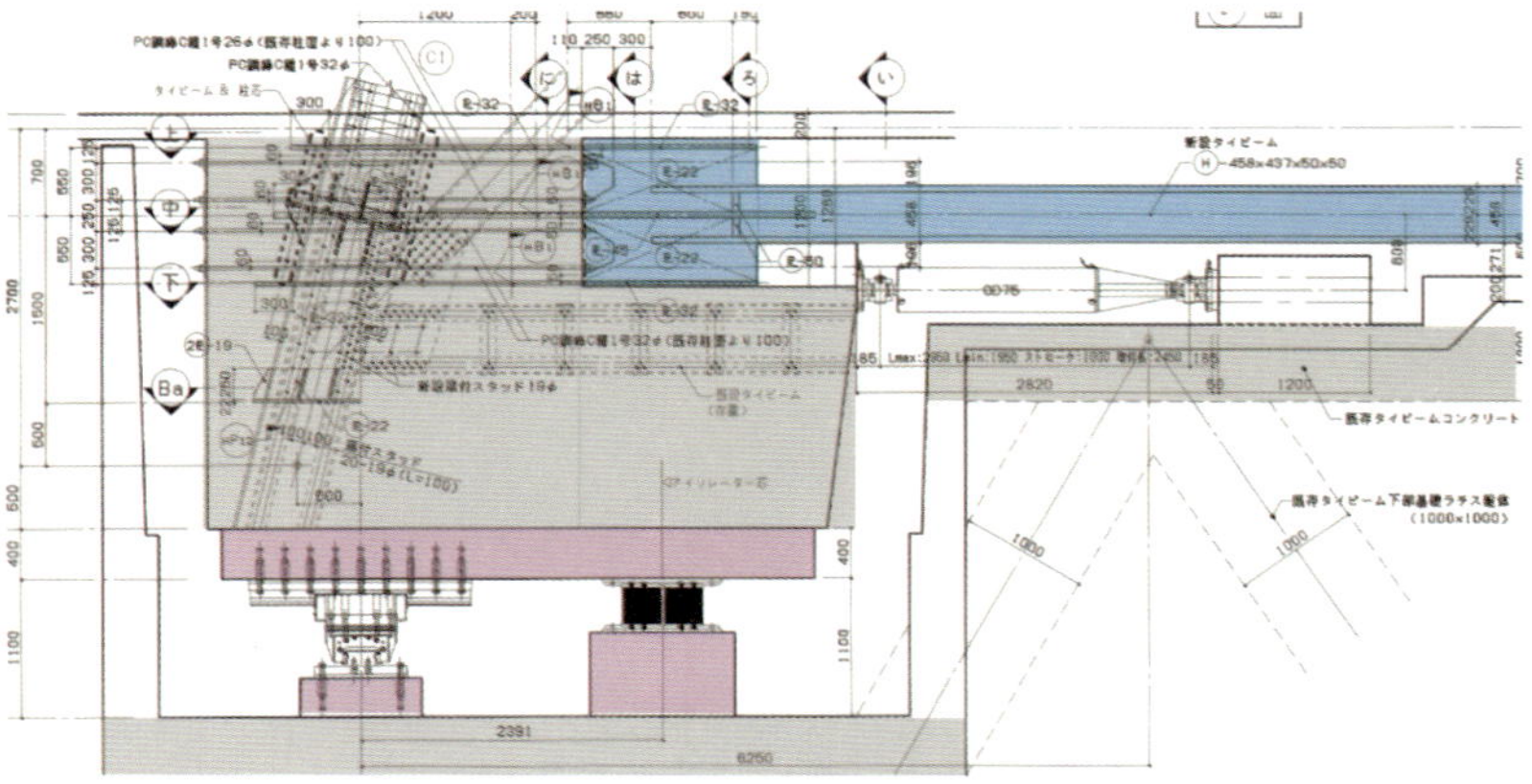

右の写真では、対角方向の既存タイビームを切断したようすが分かる。下段が張力制御装置

写真／アクア

タイビーム：タワーの足元が開こうとするスラスト力に抵抗する部材／初期張力を導入する：あらかじめ部材に張力を作用させておくこと

敷地の制約から改修計画を紐解いていく

名古屋テレビ塔（2021年5月より中部電力MIRAI TOWER）は、東京タワーをはじめとする日本国内の数々のタワーを設計し「塔博士」と呼ばれた内藤多仲（1886-1970）が設計した、日本初のタワー構造物である。細かい部材をリベットボルトで組み合わせた繊細で美しい鉄骨の設計に加え、タワー下部にSRC造のアーチ等を設けることで、低重心で転倒に強い構造にするなどさまざまな構造の工夫が盛り込まれている。1954年の竣工以来、名古屋のシンボルとして市民に親しまれており、2005年に国の登録有形文化財に登録されている。リニューアル計画にあたり、文化財としての価値を守りつつ耐震性能を向上させる耐震改修計画が求められた。

さまざまな改修案を試行錯誤

計画に対する検討は10年という長いスパンで行われ、耐震性の向上方法についてもいくつものパターンを検討してきた［117頁上段］。基礎を含めすべてを免震化する案から、塔体の中間に免震層を設ける中間免震案など多岐にわたり、塔の内外に地震エネルギーを吸収するダンパーを設置する制振改修案も検討されたが、使い勝手や外観に与える影響が大きいことから、「外観に影響を与えない免震改修」の実現に最も重点を置いて検討は進められた。　地上の外観に影響を与えないことを第一条件とするならば、手を加えられるのは地下ということになる。しかし、テレビ塔直下には地下鉄や地下街が通っており、地下を大きく掘り込み基礎を免震化する工法では、周辺の地下躯体を保護する必要があり工事費と工期に大きな影響を与える。そこで、テレビ塔の既存基礎以深の掘削を行わず、なるべく浅い位置に免震層を設ける「浅層地中免震工法」を提案した。

制約の中で最適解を見つける

タワーのように足元が開く形状の構造物の足元には鉄塔の足元を開こうとする力（スラスト力）が発生する。テレビ塔も柱脚のスラスト力を処理するため、足元をSRC造のタイビームでつなぐ構造となっていた。既存のタイビームは四周と対角に配置されていたが、浅い位置に免震層を構築するためには、既存タイビームより浅い位置に新設タイビームを設置する必要があった。加えて、タワーのエレベータピットなどの既存地下躯体の位置を考えると、浅い位置で対角方向にはタイビームを設置できないということが判明した。このため、4方向の既存タイビームで負担していたスラスト力を2方向の新設タイビームのみで負担することが必要となるので、剛性・耐力ともに既存タイビームを大きく上回る鉄骨の新設タイビームを設置して、改修後のスラスト力を負担する方針とした。免震化により、テレビ塔が受ける地震エネルギーが減少することと、低層部に設けられているSRC造アーチの効果によって、対角方向のタイビームを設置できなくても構造安全性に影響のない改修計画が実現できた。

業種の垣根を超えて世界初の難工事に挑戦

180mタワーの免震改修という世界初の難工事に挑戦するにあたり、改修設計の段階から施工者や各種メーカーと定期的に打合せを行い、専門領域を超えた議論を積み重ねて改修案を実現させた。最大のポイントとなったのが、既存タイビームから新設タイビームへスラスト力を移行する施工方法の検討で、設計者・施工者両者の観点から課題を出し合って検討を重ねた。構造解析の結果からは、柱脚が5㎜以上開くとアーチに付加応力が発生し、その安全性に影響を与える可能性があることが分かった。そこで、工事中の柱脚の開き量の上限値を5㎜と設定し、工事方法や施工手順についての議論を重ねる中で、新たな機構の開発に至った。新設タイビームの中央に配置したPC鋼棒を用いて、初期張力を導入できる機構である。工事中は、新設タイビームにかかる張力の値をリアルタイムでモニタリングしながら既存タイビームを切り離し、既存から新設に、安全に力を移行させることができた［右頁下段］。2022年12月にはタワーとしては初となる国の重要文化財に指定された。これからも名古屋のシンボルとして市民に愛され続けることを願う。

リベットボルト：頭部とねじ部のないボルト、穴を開けた部材に差し込み、差し込んだ先を専用工具でかしめて塑性変形させて接合する／付加応力：フレームモデルに生じる応力（一次応力）に、他の要因で付加される応力

SECTION 026

世界最大面積の伝統木造軸組構造未知に挑む

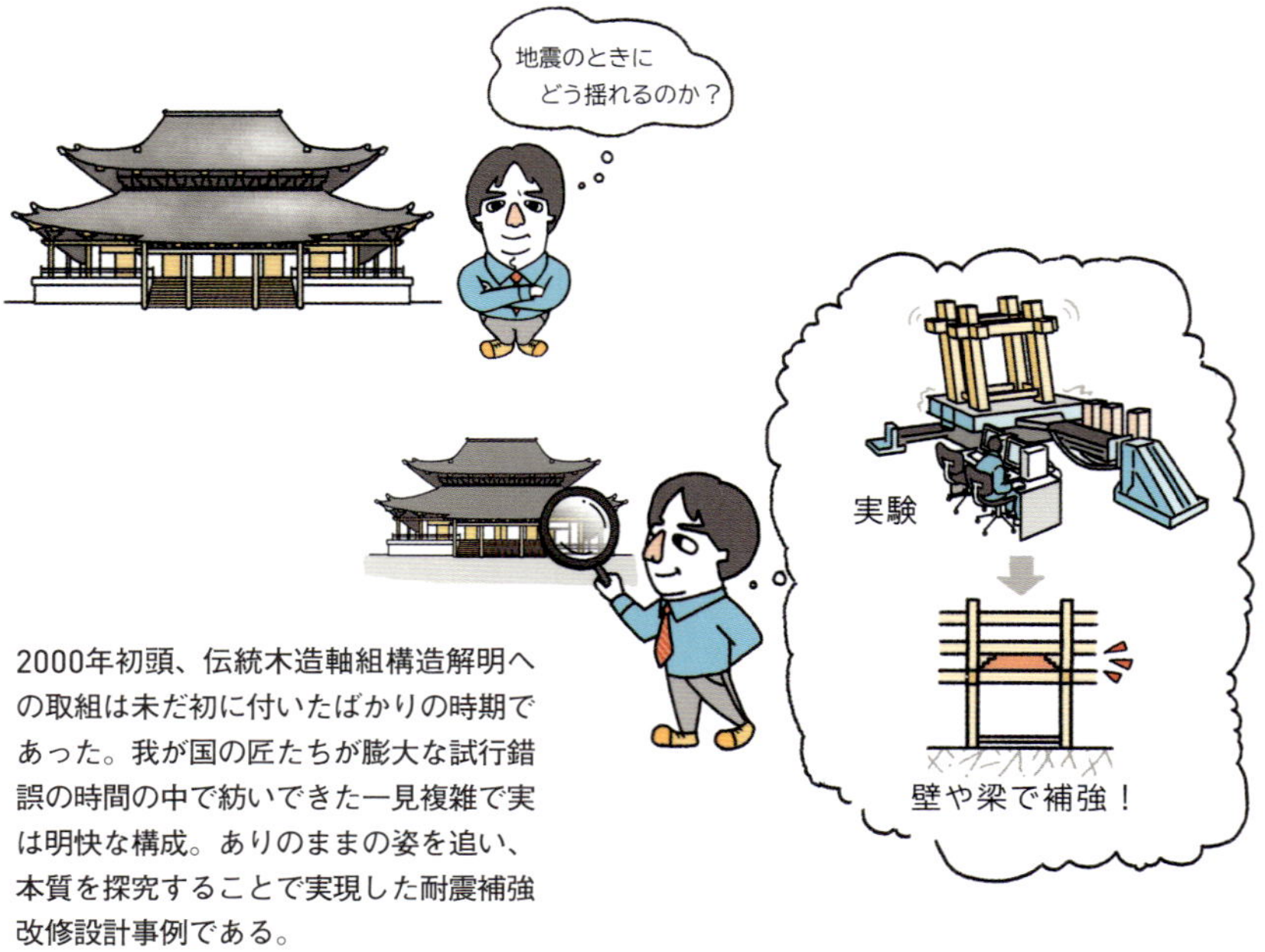

2000年初頭、伝統木造軸組構造解明への取組は未だ初に付いたばかりの時期であった。我が国の匠たちが膨大な試行錯誤の時間の中で紡いできた一見複雑で実は明快な構成。ありのままの姿を追い、本質を探究することで実現した耐震補強改修設計事例である。

写真／柄松写真事務所（柄松稔）

木軸組の性能を計る

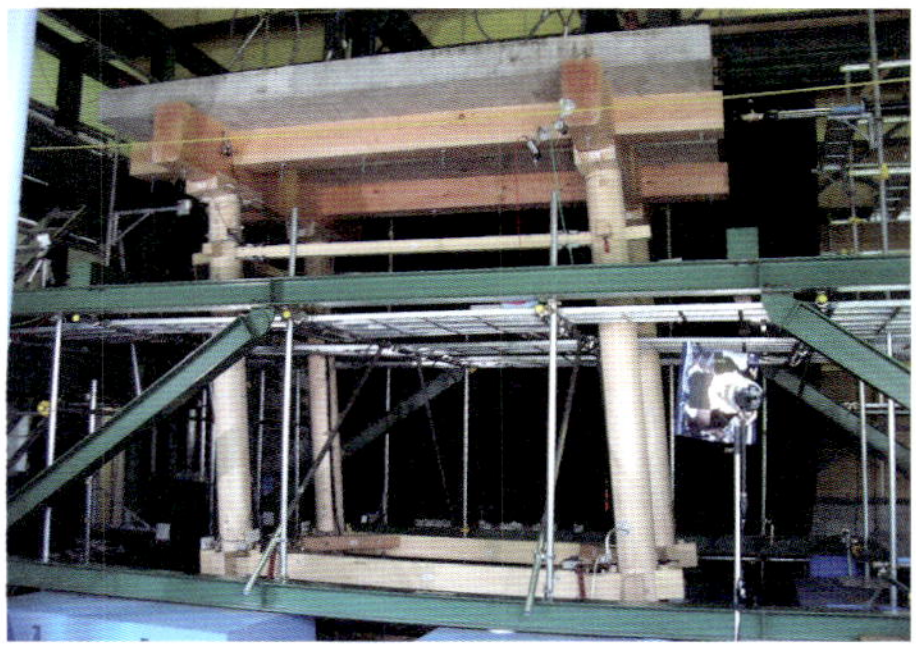

一見複雑に見える御影堂の軸組も、本質を辿れば①石場建ての柱、②柱頂部に載せた受け材（土居盤）、③その上に両方向の桁梁（土居桁・牛引梁）が交差して載り、④柱の中間部には足固・虹梁・通し肘木の横架材が差された基本構成が見えてくる。京都大学防災研究所鈴木祥之研究室により、この基本軸組の縮小試験体を用いた振動台実験が実施された

人の背ほどの一木材である牛引梁に支えられる小屋組。御影堂の外観は二重屋根の構成だが、建物としては1階建て。巨大な屋根形はすべて小屋組で埋まる天井内。神々しいばかりの圧倒的な巨木が積み上げられている

木軸組の変形能力を活かす

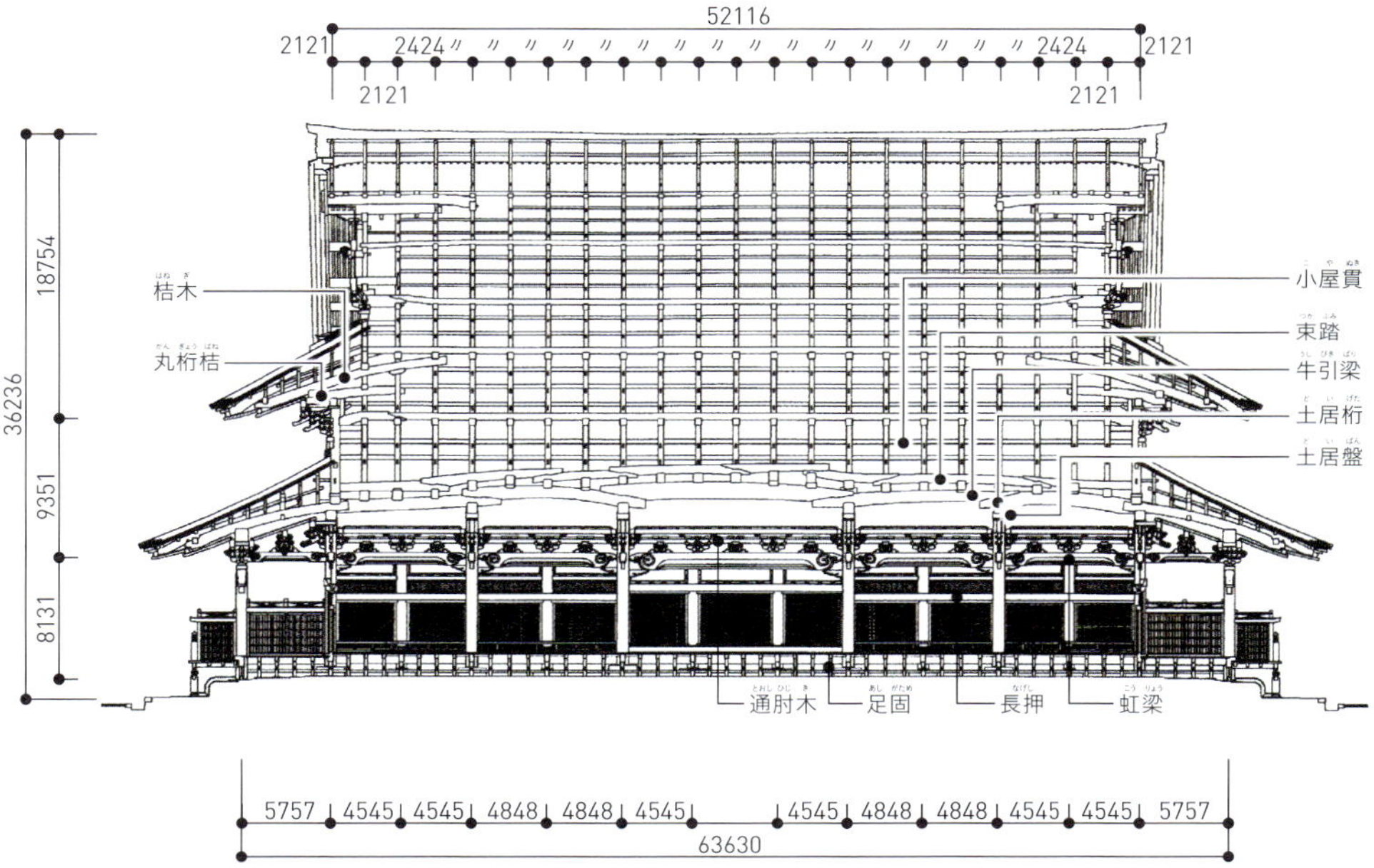

耐震補強部材の配置

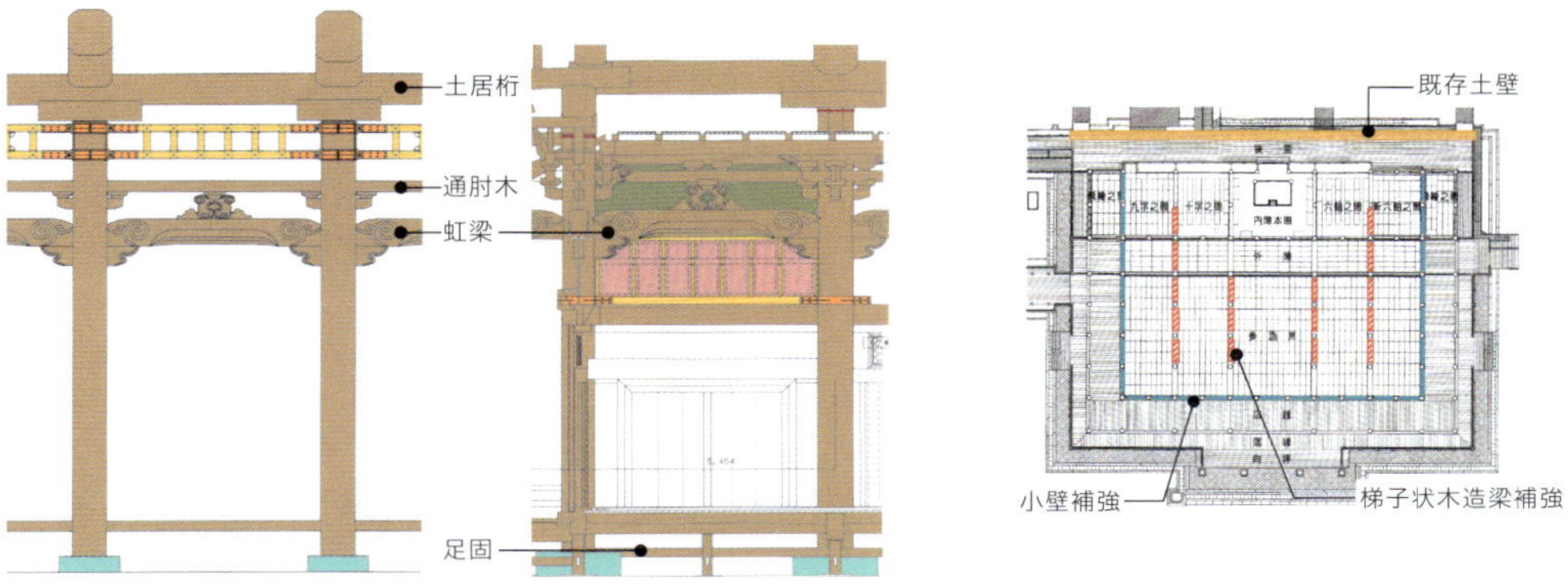

瓦の空葺き化により葺土を減らすことで軽量化を図ると共に、小屋内の柱頭部に梯子状の木造梁と、外周架構の小壁部に乾式木造パネル貼り木組壁を設置。変形能力の高い補強要素を用いて各所の柱の曲げ戻し効果を高めることで、建物に適度な水平耐力を付加した

写真／日建設計

倒壊とは何か？——柱の傾斜復元力

大きく変形させても、倒さない

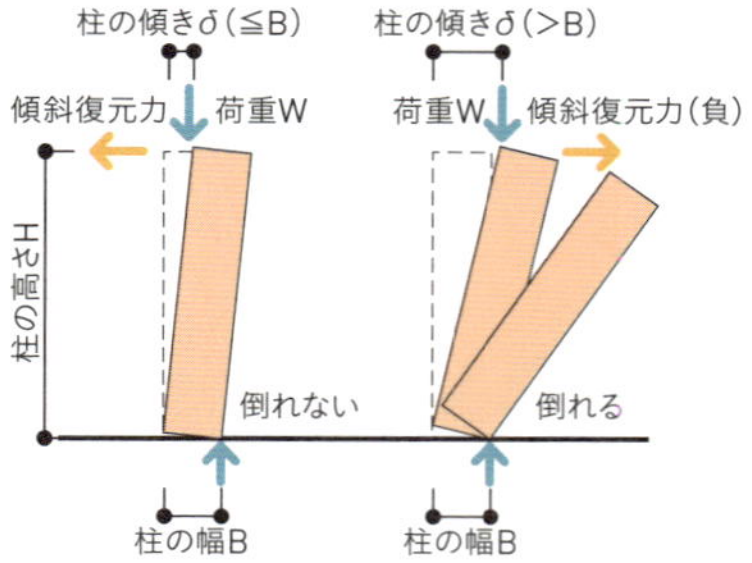

太い柱は、地震などにより水平方向の力を受けると曲がることなく同じ形で（剛体的に）傾く性質をもつ。柱が傾くと足元（反力点）はつま先立ちのように1点で支えられ、屋根の重量を支える桁梁と柱頂部木口の接触点（作用点）は柱が傾く方向と逆に移動する。すると、反力点・作用点のズレにより柱の傾きを戻そうとする傾斜復元力というものが生まれる。太く短い柱では傾斜復元力は顕著な現象となる。傾きが大きくなるほどに傾斜復元力は小さくなり、やがて負に即ち柱を倒す方向に転じる。これが倒壊である

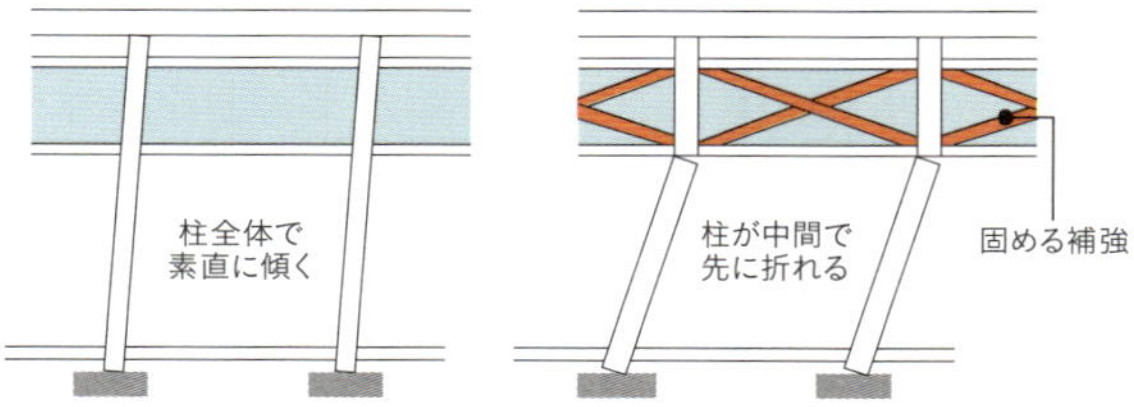

柱は素直に傾きたい性質を持つ。下手に固める補強を施してこれを阻害すると、柱が中間で先に折れる事態を招いてしまう。そこで、鉛直荷重を支えていない周辺部材を先に壊して、柱を守る

復元力特性の分解

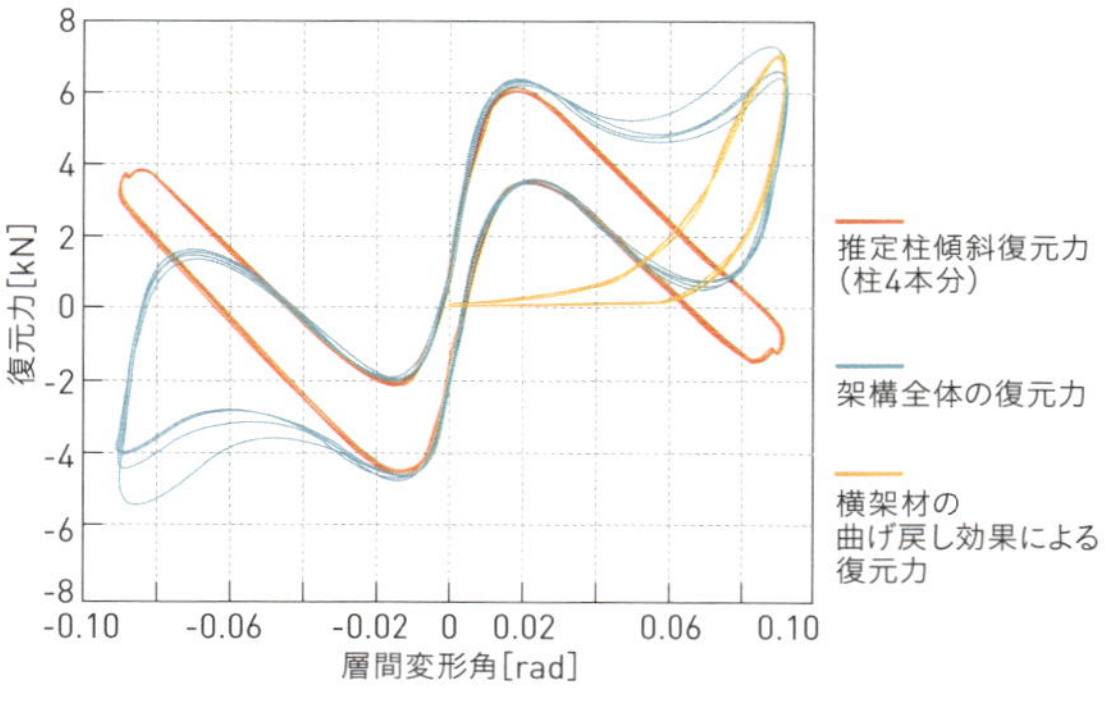

復元力特性はさまざまな現象の重合。個々の現象に着目して、それぞれを分解し法則化。歪測定により求まる梁の曲げ戻し効果（黄）を全体復元力（青）から差し引くと、傾斜復元力（赤）の形が現れる。本来傾斜復元力は弾性非線形という性状になる。残った履歴の幅は柱頭・柱脚の摩擦・めり込み効果となる

梯子状木造梁載荷実験

弦材に束材を貫通させた梯子状の木造補強梁。弦材の繊維方向と束材側面の繊維直交方向の接触面での束材のめり込み効果により高い変形能力を保持し、各材の断面の組み合わせにより適切な補強抵抗力を得る

乾式土壁パネル貼り木組壁載荷実験

葺土にパルプ繊維を混ぜて固めた乾式土壁パネルを木枠内にも嵌め込み、かつ表面に貼り込んで耐力壁を構成。土壁の粘りと木枠のめり込み効果により高い変形能力を保持し、パネル厚により適切な補強抵抗力を得る

写真／上：神戸新聞社、下2枚：日建設計

歪測定：歪（ひずみ）は材長Lの部材に力が作用する際の変形量δと材長の比（δ/L）。歪測定とは「ひずみゲージ」というセンサーを用いて、物体の変形に追従する電気抵抗の変化をひずみとして測定・数値化すること／弾性非線形：弾性は外力に対して生じる変形が外力を除いたときに元の状態に戻る

軸組の基本特性を知る
得られた知見を法則化する

真宗大谷派（東本願寺）宗祖・親鸞聖人の750回御遠忌記念事業の一環として、本山の象徴たる御影堂と阿弥陀堂の耐震性能評価・耐震補強設計を実施する機会を得た。両堂は本堂形式の伝統木造軸組構造の巨大な建物で、特に御影堂は世界最大の面積規模を誇る。

巨大な木造軸組を前にして

近世に広まったRC造や鉄骨造は現在では設計法・耐震診断法共に確立している。昔からある伝統木造軸組建物については、逆に経験的な信頼の下、最近まで構造科学的な評価はなされてこなかった。先例のない課題に遭遇した時、暫し呆然としながらも、技術者は解決を目指して歩みを進めなければならない。先人の成した事績をあれこれ探究し、時間を掛けてモノを深く観察する。やがて解決の糸口が見えてくる。

基本軸組の構成

伝統木造軸組構造は、基本的に縦横の木部材が積層されてできている。礎石上に建つ柱の頂部には幹の方向である繊維方向を横に倒した横架材（土居盤・大升など）が載り、その上に桁材と梁材が直交して積まれて、そのさらに上の小屋組を支える。柱には下から足固め、虹梁、貫き、通し肘木などの横架材が取り合う。柱に対する横架材群の接合は、貫通して楔締め、ほぞ差し、込み栓打、雇ほぞ車知栓打ちなど、さまざまな技法が用いられる。これらの力学的な仕組みを現代の一般的な建物と同じように骨組の解析で設計しようとすると、たちどころに壁にぶつかる。縦横に積層された部材は1点で交わらないし、変形すれば節合点は移動する。離間と接触を繰り返す仕口の力学的な特性は複雑で、現在の解析で用いられる回転バネの特性に容易には反映できない。組んだモデルがどこまで正しいかすら、簡単に判断することはできず、解析の道は暗礁に乗りあげた。

地震時挙動の俯瞰―振動台実験

京都大学をはじめ在阪学識経験者からなる調査研究委員会が発足し、御影堂の基本軸組を再現した縮小試験体を用いた振動台実験が実施された。振動が加えられ、ギシギシと音をたて揺れる軸組。揺れが大きくなる程に音も大きくなるが、大きく傾斜しても倒れない。建物の水平方向に力がかかる際の力と変形の関係を表す復元力特性の形は、既存の構造モデルでは見たことのない、非常に個性的な結果を示した。この特徴的な形をなんとかモデル化して再現できれば、応答解析によって構造体の挙動を再現できるはず…。

復元力特性の定式化―振動応答解析

基本軸組の挙動を分析すると、水平方向の力に抵抗する要素は、①梁材の曲戻し効果、②傾斜復元力、③柱頭柱脚の摩擦とめり込みの効果、である。これらを分解し、①をスリップ型、②をバイリニアー＋負勾配リニアー、③をノーマルバイリニアーという性状で表現した振動応答解析によって、試験体の挙動を精度よく再現できた。これらをもとに、土壁・小壁等の各部の挙動の特徴（履歴法則）を加算して建物全体の復元力特性をモデル化。

正体の分からないものの解明に挑む時は、局部の正確性に拘らず、全体を大きく捉え、俯瞰することが、本質に迫る第一歩となる。

変形能力を活かした耐震補強

実験と分析により、柔性を活かし、建物の倒れを柱の傾斜復元力が喪失しない範囲に収めれば、倒壊しないということが分かり、目標が定まった。これを実現するために、天井内で柱頭を梯子状の木造梁で繋いだ。上下弦材に束材を貫通させ、交差点に込み栓を打ったもので、梁せいや、弦材と束材の断面・個数により曲げ耐力を調整できる。また、建物外周の小壁に乾式土壁パネル貼り木組壁を設けた。土壁パネル壁は、粘り強く地震のエネルギーを吸収しながら適度な耐力を与える効果がある。両者とも、柱を先行折損させることのない、木特有の変形能力を活かした補強である。これらの補強を施すことにより、伝統木造軸組建物の耐震性向上を実現することができた。

性質のこと。非線形は力と変形が比例関係とならない状態のこと。弾性非線形とは力と変形の関係は非線形だが、除荷されると同じ道を辿って元に戻る性状のこと／柔性：柔らかさ。コンクリート造や鉄骨造よりも水平方向の変形が大きい木造の特性を指す、建物の変形しやすさのことで、剛性が低いともいえる

COLUMN 06

改修設計は構造設計者が主役

構造設計者の活躍の機会

改修設計は、構造体の耐震性向上が主題になることが多く、構造設計者が主体的に活躍できる業務である。例えば既存建物を免震化する改修の場合、構造設計者がまとめ役となり意匠や設備の担当者を選定し設計チームを構成する。クライアントとの窓口対応も担いながら、設計条件や目標性能に適合した構造体の免震化の手法を先行して定め、必要となる意匠や設備面の対応を手当てする形で改修設計をまとめる。いわゆるプロジェクトのマネジメントを担う中で、自身の統合力とサービス精神を発揮し、技術力と対応力をクライアントに直にアピールして信頼関係を築くことで、設計や技術コンサル等の新たな業務の受託に繋げることも可能となる。

改修設計の意義と現状

ＳＤＧｓが掲げられ、建築においても自然や地球環境への配慮を重視する時代となった。これにより、新築設計によってクライアントのご要望に適った建物を実現するばかりではなく、既存建物を改修して永く有効活用を図るプロジェクトも増えている。改修設計では、一般に劣化部位の修復や耐震性強化のための構造補強により、建物の性能向上及び長寿命化を目指す。その中で、広範囲の内外装材の更新、設備機能の全面更新、ＺＥＢやカーボンニュートラルを目指す省エネ化、更には、建物用途や空間構成も改変するコンバージョンの適用など、総合的に建物を再生する取り組みも見られる。

構造体の耐震改修の手法

地震国日本にあっては、構造体の耐震性確保が最優先課題である。設計年代の旧い建物には耐震診断を適用し、保有性能や弱点を評価した上で耐震改修を施し、建築基準法が求める安全性を満たす必要がある。その際、クライアントと十分に協議し、建物の要求性能や機能に見合った最適な耐震改修手法を選択することがポイントである。耐震改修は単に丈夫で安全な建物にするだけでなく、大地震時の建物の揺れや被害の制御、建物の機能や継続使用性の保持、建物価値の向上などを図ることもできる。具体的には、建物の強度や粘り強さを高める改修、制振構造や免震構造を導入し建物の振動性状を改善する改修、或いはこれらを組み合わせた改修等から、得られる性能、施工条件、工期や工事費等を比較検討し、最適な手法を選択する［図1］。

ヘリテージビジネスとは

改修設計の対象は、一般のオフィスビルや災害時の機能維持が特に求められる防災拠点の庁舎や病院、避難所となる学校施設ばかりではなく、文化財、国宝、世界遺産といった歴史的、文化的な価値を有する施設を改修して将来に残す、いわゆるヘリテージビジネスにも多く関わっている［図2〜4］。

鉄筋コンクリート造や鉄骨造の建物もあるが、築後数百年が経過した伝統的木造のお城の天守閣や寺社建築、明治期や昭和初期の煉瓦造や木造施設等の耐震診断や改修設計にも注力している。対象建物の創建当時の時代背景、歴史や文化に思いを馳せて資料収集や建物調査を行うなど、楽しみながら心を込めて向き合っている。建物への安心安全の確保が基本であるが、周辺の開発整備も含めた形での施設の新たな利活用方法に関する提案の機会等も増やしてゆきたい。

図1 構造体の耐震改修手法

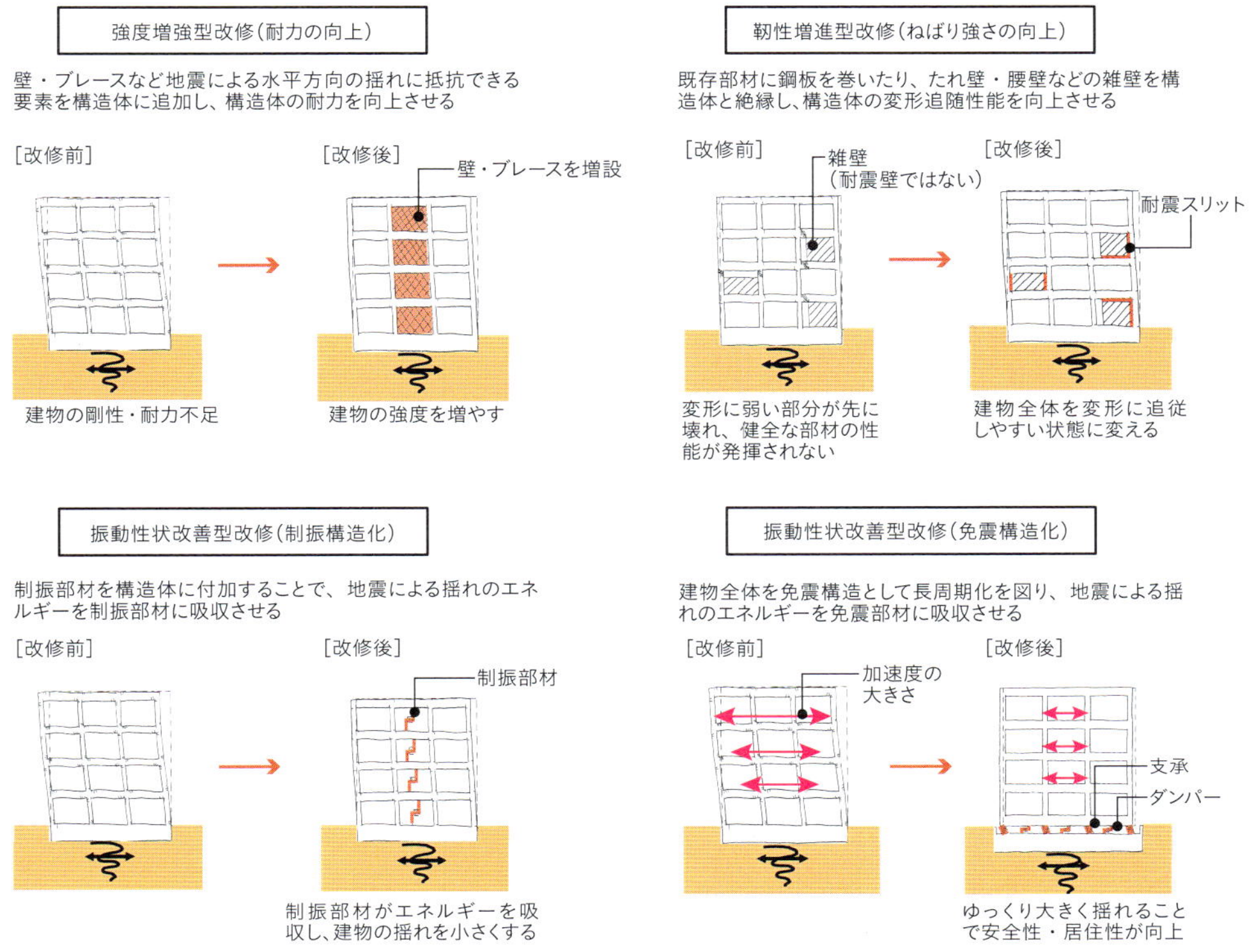
強度増強型改修(耐力の向上)
壁・ブレースなど地震による水平方向の揺れに抵抗できる要素を構造体に追加し、構造体の耐力を向上させる
[改修前]
[改修後]
壁・ブレースを増設
建物の剛性・耐力不足
建物の強度を増やす
靭性増進型改修(ねばり強さの向上)
既存部材に鋼板を巻いたり、たれ壁・腰壁などの雑壁を構造体と絶縁し、構造体の変形追随性能を向上させる
[改修前]
雑壁
(耐震壁ではない)
[改修後]
耐震スリット
変形に弱い部分が先に壊れ、健全な部材の性能が発揮されない
建物全体を変形に追従しやすい状態に変える
振動性状改善型改修(制振構造化)
制振部材を構造体に付加することで、地震による揺れのエネルギーを制振部材に吸収させる
[改修前]
[改修後]
制振部材
制振部材がエネルギーを吸収し、建物の揺れを小さくする
振動性状改善型改修(免震構造化)
建物全体を免震構造として長周期化を図り、地震による揺れのエネルギーを免震部材に吸収させる
[改修前]
加速度の大きさ
[改修後]
支承
ダンパー
ゆっくり大きく揺れることで安全性・居住性が向上

図2 原爆ドーム

図3 国立国会図書館 国際子ども図書館

図4 旧李王家東京邸(赤坂プリンスクラシックハウス)

[図2] 世界遺産原爆ドームの煉瓦壁に、視覚上の外観変更が生じないように鉄骨部材で最小限の補強を行う耐震改修を施した
[図3] 明治及び昭和初期に建造された旧帝国図書館の免震化とともに、ガラスのエントランスやカフェテリアを新たな要素として付加して再生した
[図4] 昭和初期のRC造の邸宅を曳家にて移動しつつ免震化を施し、かつ内外装の修復により往時の姿をよみがえらせた

写真／図2：日建設計、図3：宮沢洋、図4：岩崎和雄

SPECIAL DISCUSSION

構造設計という、世界で一番面白い仕事

瀧口真衣子
（たきぐち・まいこ）

2007年、日本大学大学院理工学研究科修士課程を修了後、清水建設株式会社名古屋支店で勤務の後、日建設計に入社。

杉浦 盛基
（すぎうら・しげき）

1991年、名古屋工業大学工学部社会開発工学科を経て、日建設計入社。京都迎賓館（2005）、名古屋市科学館理工館・天文館（2011）、ZHA案新国立競技場（2013-2015）など、タワー、超高層ビル、スタジアムなどさまざまな用途のプロジェクトを担当。

山梨 知彦
（やまなし・ともひこ）

1986年、東京大学修士課程を経て日建設計に入社。2009年「木材会館」にてMIPIM Asia's Special Jury Award、2019年「桐朋学園大学調布キャンパス1号館」にて日本建築学会賞（作品）、2011年「ホキ美術館」にてJIA建築大賞など受賞多数。

大谷 弘明
（おおたに・ひろあき）

1986年、東京藝術大学美術学部建築科卒業後、日建設計に入社。「積層の家」で日本建築学会賞を受賞。手がけた設計は「ザ・リッツカールトン京都」「宮内庁正倉院事務所」「愛媛県美術館」など多数。

音楽に例えるなら、意匠は旋律、構造はベース。互いが響き合ってはじめてシンフォニーになるのです（大谷）

構造設計は「世界で一番面白い仕事」

杉浦　本書では、構造設計を「世界で一番面白い仕事」と称しました。このタイトルは、我々が仕事にそれだけの誇りを持っているという意思表示でもあります。ではその「面白さ」とは何なのかを、ここで議論したいと思います。まずは二人から見て、構造設計はどのような仕事だと思いますか？

大谷　私は、構造というのはダイナミックな世界だと思っています。しかしそのことを構造の人は語らないから、とても静的な冷たい世界に見える。実際は人間の熱いドラマの中で建築が生まれているのですが、そのことを伝えるのはとても重要だと思います。

山梨　構造設計の仕事は、科学と工学の違いで説明できると思います。理論だけの科学とは違い、実際のモノにあてはめる時には工学的な解釈が必要です。モノに落とし込む時に、色々な矛盾の解消や、すり合わせが必要になる。意匠からすると、そこが構造設計の醍醐味だと感じます。

杉浦　確かに。色々なアイデアを出したうえで、最後に建築として成立させる時には、構造設計者がいないと成り立たない。その大事な役割を実感しているからこそ、誇りを感じています。

大谷　音楽で例えるとしたら、表で華やかに見える意匠はバイオリンやフルートといった旋律を奏でる楽器。構造は、チェロやコントラバスといった土台を成す楽器だと思います。ここがしっかりしていないと薄っぺらな音楽になってしまいますが、一方で、構造だけで作った面白味のない音楽もある。常に二者はパートナーであり、お互いに響き合ってはじめて、シンフォニーになるんですよね。

山梨　そもそも昔は、意匠と構造は分かれていませんでした。ブルネレスキ［※1］がサンタ・マリア・デル・フィオーレ大聖堂のドーム建設のコンペに勝利したのは、仮設足場をつくらずにドームを建設するという施工的な発想と、鎖を入れてドームを支えるという構造的な発想を持っていたからです。それが現代では2つの職に分化していますが、これは分かれざるを得なかったからなのか、パートナーシップを組むことで生まれる面白さがあるからなのでしょうか。

杉浦　どちらもあると思います。1人のスーパーマンの考えに基づいてモノをつくることもありえると思いますが、関わる人数が増えれば、当然違う考え方が出てくる。それを合わせて上手く昇華した時に、前者を超えるケースもたくさんあると思います。そこが、分業も正しいと言えるポイントだと思います。

山梨　音楽でいえばソロもカルテットもあるように、両方に持ち味があるのでしょう。分かれている現状を、建築や工学が複雑になったから致し方ない、ではなく、そうでなければ生み出せない面白いものがあるからだ、と考えた方が楽しいですよね。

構造と意匠のコラボレーション

瀧口　では、構造と意匠の関係性について話を進めましょう。両者がアイデアをぶつけ合うプロセスについて、印象深い思い出や作品はありますか？

大谷　私が感動したのは、シドニーオペラハウスですね。オーストラリアと言えば誰もが思い浮かべるアイコンです。代々木の国立競技場もそうですが、あれは「構造が作り出した」アイコンで、意匠は添え物です。若い頃に見て、こんな建築があるのか、と衝撃を受けました。

その経験からか、自分の建築でも、構造的な見せ場を作ろうと心掛けるようになりました。構造がいかに主役として美しく見えるか、を考えるのが意匠の役目だと捉えているので、

シドニーオペラハウス／1973年竣工／ヨーン・ウッツォン設計

写真／日建設計

※1 フィリッポ・ブルネレスキ（1377-1446）は、初期ルネサンスのフィレンツェで活躍した建築家・彫刻家・金細工師

構造設計とは、デザイナーの野性に、理性で串を刺す行為だと考えています（山梨）

表面にくっつけたようなデザインはしません。その意味では、正直、構造の人に頑張ってもらえると、自分はごちゃごちゃとデザインをしなくて済むので楽ですね。（笑）

例として挙げられるのは、新居浜の図書館［左］です。30m×50mの鉄骨の楕円形ドームを、梁せい250㎜×幅125㎜のH鋼で作ったものです。楕円の1／4を25に分割し、25通りのアールの鉄骨を各4本作り、計100本の鉄骨で骨組みを構成しました。当初、私がオペラハウスのようにRCでやりたい、と言った時、構造担当の西田さんはぼそりと、鉄骨シェルでいきたい、と提案してくれた。鉄骨だからこそ、施工がパターン化できて、スーパーゼネコンでなくても施工できたのです。あのブレイクスルーには感激しました。

新居浜市立別子銅山記念図書館／1992年竣工。番傘のような天井に、開閉可能な天窓から明かりが差す

杉浦　内部に入ると繊細な部材がリズミカルに並んでいる、そのさまには圧倒されました。次に、コラボレーションをする上で、設計意図を上手く伝えないと、意図と異なる方向に行ってしまうことがあると思います。設計コンセプトの共有について、意識していることはありますか？

大谷　構造の偉大さが顕れるのは、キャンティレバーの設計だと思っています。だから私が設計する建物は、何故か庇は長いし、キャンティレバーは大きい。どうやって持たせているのだろう、と感じさせるトリッキーなことをします。その大元にあるのは、「美しいプロポーションにしたい」という意思です。壁面が大きければ、その分庇も大きく出さないと、美しい影ができないのです。私は、プロポーションに関しては譲ったことがありません。

杉浦　先端は、あまり力がかからない部位なので、色々なやり方があります。それをどう繊細につくるかは我々の力の見せ所でもあるし、互いにその意匠の意義を分かって知恵を出し合う、というのは醍醐味ですね。

山梨　私も、オペラハウスは良い建築だと思います。ウッツォンが作った良く分からない形を、球面シェルの同じアールの形に分割して実現している。私は構造設計という仕事を、デザイナーの野性に近い直感に、理性で串を刺す行為だと思っています。

私が担当したプロジェクトでいうと、2000年に飯田橋ファーストビル［次頁］という再開発計画のビルがありました。地元の商店街、オフィス、住宅が含まれ、最初は南北に長い敷地の南側に高いオフィス棟、北側に住宅棟が建つという計画でした。私は、デザイナーとして何か新しいことができないかと考えた時に、オフィスの超高層をバタンと

写真／日建設計

年齢の上下や部署を越えて、技術やデザインのアイデアをぶつけ合える環境が魅力的（杉浦）

飯田橋ファーストビル／2000年竣工。手前の階段状の層までが商業施設、空中庭園から上の層が住宅となっている

横に倒し、下に商業施設を入れ、住民はその上の空中庭園のような空間に住むのはどうかと思いつきました。これは野性ですね。

しかし、住宅をオフィスと同じS造にするとコストが高くなってしまう。次にS造のオフィスの上にRC造の住宅を建てたいと考えましたが、オフィスと住宅ではスパンも異なるし、構造が異なると地震の時に大きな力がかかってしまうので、構造としてはダメダメだと言われました。

その頃、構造と意匠の人が同じ場所に席を並べるという試みをしているスタジオという部署がありました。そこに、川合さんという、構造の知識は豊富だけれど計算が不得意という面白い人が居ました。彼は、構造設計の一つの手法として、応力が集中するところでエネルギーを吸収するという考え方があるよ、と教えてくれました。その言葉がブレイクスルーとなって、住宅とオフィスが不連続なことで悪さをしてしまうなら、そこに何かをかませればいいのではと考えました。これも直感的な思い付きです。それを川合さんに伝えたら、それは面白い、だけど俺じゃ計算できないと言われて（笑）、北村さんという人に相談しました。

北村さんは、まだ誰もやったことがないけれど、「中間層免震［※2］」という考え方があると教えてくれました。しかしまだ若い私の挑戦的な提案に、周囲は頷いてはくれませんでした。その時、20も年上の北村さんが一緒にその構造の素晴らしさをプレゼンしてくれたのです。

この経験で、私たち意匠の軽い思い付きに理性の串を刺して、工学的に建物を存在させてくれるのが、構造の醍醐味だと感じました。構造の面白さは、社会人になって初めて知ることができたのです。

杉浦　建築を産み落とす瞬間のブレイクスルー、というのが、お二人のお話では共通して起こっていますね。我々としてはそれが大きな喜びであり、やりがいです。

山梨　オフィスビルは、普通18mか24mのスパンですが、飯田橋ファーストビルでは部分的に40mスパンが実現しました。それは上に住宅が載っていることでエネルギーを吸収してくれるから。そのことを説明すると、住人の方々も、他人事ではなく当事者意識を持って前向きに捉えてくれました。これは構造の理性の串刺しの力だな、と感動したことを覚えています。

大谷　上に住んでいる人の住居は、免震のマンションだからきわめて安全性が高い。不動産的な価値も高い提案だったと思います。

杉浦　中間層免震は飯田橋ファーストビルが始まりで、以降色々なところで採用されてきましたが、最近はこういうチャレンジが少ないですね。コラボレーションの機会を増やしていくのは、これからの設計の大きなポイントになるかもしれません。ほかにも例はありますか？

大谷　キーエンスの本社ビル［次頁］ですね。構造を担当した陶器さんとは当時から仲がよく、組んだ経験もあったので、コンペの話が来た時に自分から指名しに行きました。

私は、24m角くらいの小さめの居室を、建物のコーナーを完全に開放したキャンティレバーでやりたい、と伝えました。建物の一辺の真ん中にわざと柱を立てて、ダイアゴナルな構造にしたい、というところまでは思いついていたのです。ところが、4本足で1本の梁を架けても、このキャンティレバーは持たない。陶器さんは、2〜3本の組柱なら、組み合わせれば剛性が出て、やりやすくなると提案してくれました。加えて、45度に持ち出そうとすると、根元をかたくしないといけな

写真／エスエス

※2 地震力を吸収する柔らかい層（免震層）を、基礎ではなく中間のフロア間に設けること。90頁参照

「構造＝意匠」であることは、数ある名建築に共通する必須条件です（大谷）

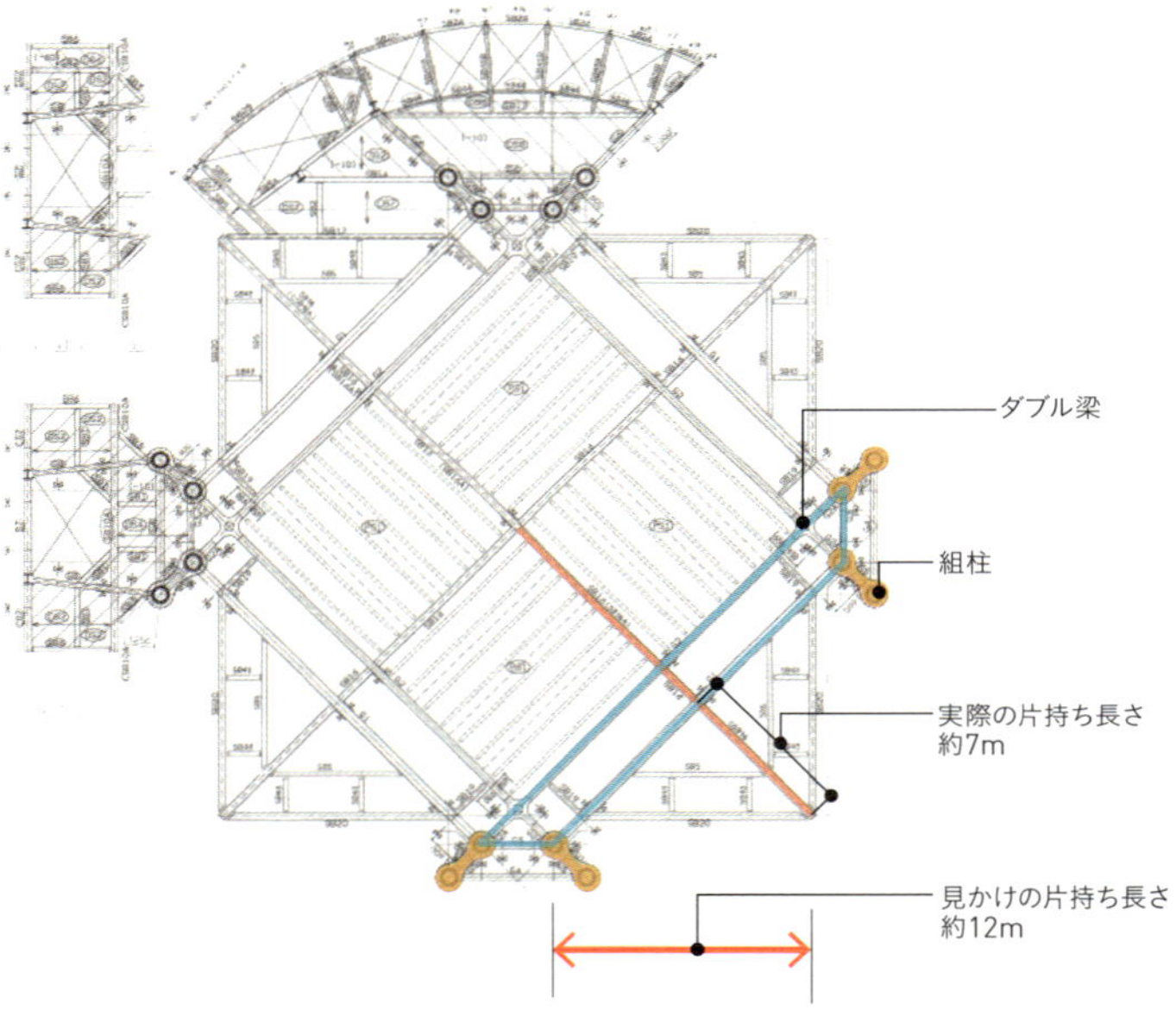

キーエンス本社・研究所／1995年竣工。外観（左）では大きなボリュームが浮いているような印象を受けるが、基準階平面図（下）を見ると、各辺の中央に建つ組柱から角部に向かってキャンティレバーを持ちだしていることが分かる

いので、支える梁の剛性を高めるためダブル梁にしてはどうかとも言われました。ダブル梁でダイアゴナルを作って、その中央から角に向かって持ち出すということです。こうして、見た目には12mのキャンティレバーに見えますが、実際は7m弱のキャンティレバーで済むというトリックを、彼が思いついてくれました。

そうすると、ダブル梁の間や組柱の内部などの余剰スペースにはダクトや空調機を入れられるなど、色々な問題が解けるようになりました。おまけに、これだけ剛性のある柱ならば、建物全体を持ち上げることもできる、となったのです。

杉浦　持ち上げるというアイデアが後だったのですね！

大谷　そうなんです。そして、持ち上げたからには、その24m角の空間に何もないようにと、建物の下部に球面を作って、それを見上げる天井にしました。陶器さんの、そうした挑戦の仕方は過激でしたね。一方、比較的手堅い趣向である、陶器さんの上司の花島さんは、上部にしっかりとしたトラス階を作るべきだと言いました。ところが小さな建物なので、それをするとオフィス空間の有効率が下がってしまいます。そこにある晩、当時役員の青柳さんがやってきて、トラス階なしで成立させなさい、と言ったのです。

構造チームには色々なキャラクターの人がいて、代わる代わる私の前に現れては、さまざまなアドバイスをしていきました。年齢も上下も関係なく自由に会話できた。それが面白かったですね。

積み重ねから生まれる新しい建築

瀧口　技術論とかデザインの話をする時に上下なく、部署を超えてアイデアをぶつけ合えるのは魅力的ですよね。

山梨　私の場合は、向野さんとの付き合いが大きな経験ですね。ホキ美術館［18頁］の大きなキャンティレバーは良く知られているかもしれませんが、いきなり出てきたものではなく、彼との仕事の積み重ねから自然と生まれたものでした。

向野さんはクセが強い人で、最初は正直煙たかった（笑）。あるビルで、ガラスのファサードを提案したのですが、関係者は前例のないデザインにとまどっていました。そこで私は、何か小さいビルを一つやらせてください、そこでガラスのファサードを作ってみせます、と豪語したのです。そのビルの設計で、向野さんと初めて組みました。

ここで、もう一つ新しいことをやりたい、と

写真／柄松写真事務所（柄松稔）

細分化されたエンジニアをまとめあげる「コーディネーター」としての構造設計家が求められる（山梨）

考えたアイデアが、CFT柱［※3］を無耐火被覆で使うということです。当時、超高層住宅用に、軸力を大きくするためのCFT柱が開発されており、それを中層オフィスに使うことで柱本数を減らせるのではないかという話になりました。更にコアも工夫して、海外で一般的なRCの壁式構造を採用しました。すなわち、RC壁式構造のコアとCFT柱の構造のオフィスを組み合わせ、それぞれ揺れ方が違う点は免震で解決する。こういうアイデアの半分以上は向野さんがまとめてくれました。やりたかったガラスのファサードも実現できた。最初は煙たかった存在でしたが、私の直感に理性の串を刺して、工学的に位置づけてくれる人だと思いました。

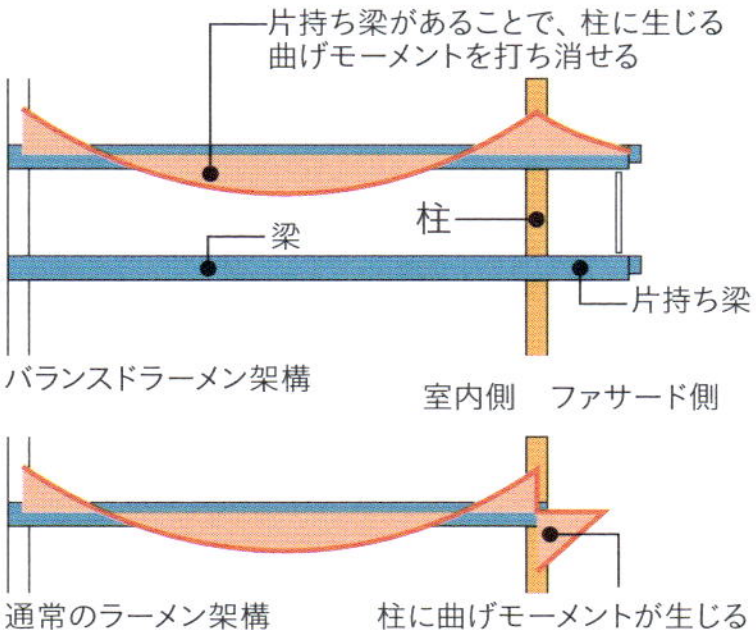

乃村工藝社本社ビル／2007年竣工。ファサード側を1スパン分片持ちとすることで、柱に生じる曲げモーメントが打ち消される（バランスドラーメン架構）

次に手掛けた乃村工藝社のビル［上］では、バランスドラーメンという考え方を向野さんが示してくれました。柱を外周ではなく1スパン分内側に配置し、1スパンをキャンティレバーにすることで、柱の応力を打ち消すという構造です。

そんな時に、ホキ美術館のプロジェクトが始まりました。ホキ美術館は、円弧状のチューブを重ねたような建築ですが、命題となったのは長さ100mのチューブをなるべく少ない柱で支えることです。向野さんは、先端から25mの位置に柱を置き、バランスドラーメンにすることで、柱の応力が打ち消され、柱を一番細くできると言いました。しかし私は、構造家・坪井善勝の「真の美は、構造的合理性の近傍にある」という言葉が好きなので、5mだけ柱の位置をずらした。結果、キャンティレバーの長さは30mになりました。

このようにホキ美術館のデザインを分解すると、いずれも突然実現したものではなく、鉄板で構成したモノコックのボディはRC壁式構造のコア、鉄板の使用はCFT柱（無耐火被覆での利用で構造素材を表現）、キャンティレバーはバランスドラーメンの延長にあります。意匠と構造は、コラボレーションだけでなく、連作することも必要だと考えます。

幻の新国立競技場

杉浦　お二人のお話を伺っていて思い至ったのは、ZHA案新国立競技場［42頁］です。ザハチームの直感を実現できる形に落とし込むために、こちらが論理的に提案すると、彼らもその主旨を理解しリデザインしてくれたことで、実現可能な実施設計図ができました。お互いの対話がとても大切でした。

山梨　私は、新国立競技場にデジタルデザインのBIMチームの一員として参加しました。それまでのザハの作品において、意匠的には複雑な自由曲面を扱っていますが、構造はそれと切り離されていました。ザハは構造を無視しているという見解もありましたが、私には、構造と意匠を一体化した、ロシア・アバンギャルドのような建築を目指しながら、技術が追い付いていないと感じているのではないかと思えたのです。

昔の建築には外皮と構造の間に大きな隙間があって、それが近代建築になるとどんどんなくなっていきます。外皮＝構造＝内皮、ホキ美術館はまさにそうです。新国立競技場でも、キールアーチ自体が外観であり内観である状態こそが、ザハの構想の本質だと思いました。

杉浦　ちょうど検討していた頃、ザハ側からも、躯体そのものを表わすことで力強さを表現したいと言われていました。工期が決まっていて、無理と言うべきではという意見もありましたが、自分達の中のワクワク感もあり、

写真／ナカサアンドパートナーズ
※3 コンクリート充填鋼管構造（Concrete Filled Steel Tube）の略。鋼管にコンクリートを流し込んで構造体とする手法のこと

設計とは、「何を諦めるかを決めること」。それはAIにはできないことです（大谷）

新国立競技場の内観パースイメージ

NOとは言いませんでした。当時は橋梁や造船の技術を学び、これを延長した建築にできないか、と思って取り組んでいました。日本では学究として分かれている土木と建築の融合点になりうるとも思っていました。あのプロジェクトは、構造設計の醍醐味の真骨頂を体験できた機会でした。

山梨 よく見ると、ザハの初期案はキールアーチがトラスの張りぼてになっていましたが、設計JVが入ったあとの案では、セミモノコックになっています。我々が新しい時代に目指すべき建築の姿は、そこにあったのではないかと思いました。

大谷 「構造＝意匠」であることは、名建築の条件として外せないですね。ファーンズワース邸、落水荘など、世の中で名建築とされている建築はすべて、力学が意匠に直結しています。セミモノコックをあの規模で実現するのは、もはや土木の領域、アーチ橋の域でした。

これからの構造設計者のあり方

杉浦 ところで、瀧口さんはなぜ構造の世界を選んだのですか?

瀧口 子どものころは、大工になりたかったんです。職人になるつもりでいましたが、学生時代、親に大学に行けと言われて初めて建築学科を知りました。入学してからはまさに、意匠設計で圧倒的に輝いている同級生を見て、進路に悩みました。その時「人が入れる空間を実際にものづくりする」という課題で、授業で習った力学が実際にカタチになるプロセスを目の当たりにしました。それがとても楽しくて、構造設計に進みました。研究室の先生は空間構造の専門でしたが、話はいつも意匠目線でした。構造と意匠が互いに互いの視点で話すと良い建物が生まれるということは、忘れがちですが心に留めたいと思っています。

杉浦 なるほど。瀧口さんは学生さんと接する機会も多いですが、構造を志す学生さんにはどんな人が多いと感じますか?

瀧口 構造や環境の学生には、BIMを学んだ方がいい、という情報が流れているらしく、自分でBIMを勉強している人が多いです。それが肌に合っていると、BIMを自分の特技として働いていこうと考えるようですね。ただ、建物を見に行くことは少ないようなので、BIMへの意欲と「建築が好き」という想いはリンクしていない人が多いようにも感じています。

山梨 構造家にも、コラボレータータイプと、解析オタクタイプと2つのタイプが居るかもしれないですね。最近はどの仕事でもそうした2タイプが居るのかもしれません。どっちもあっていいのだと思います。

杉浦 そうですね。オタクのほうが、自分の領域を突き詰めればよいので、自分の道を進みやすいのかもしれません。ただ、コーディネーターになるためには、色々な分野を分かっていなければいけない。そのためには自分の興味ある部分だけでなく、広い視野を持つ必要があります。

山梨 さらに、今後は人間だけでなくAIなんかとも付き合っていかなきゃいけない。中国などでは、計算のパッケージがあるから構造設計をやる人が減っているという話がありますが、構造計画って実は計算じゃなく、計算までのモデル化の話じゃないですか。そこがまだ理解されていないと思いますね。

大谷 私は、設計とは「何を諦めるかを決めること」だと思っています。やりたい事全部

力の流れへの理解と最新の知識をつなぐ力があれば新しい建築を生み出せる（山梨）

はできないから、何かは諦めないといけない。やめようと決めることはしんどくて、それはAIにはできないことです。地球の重力に逆らって、無から有を作り出すって、すごい事ですよね。

杉浦　これからの構造設計者のあるべき姿、こうなってほしいという想いはありますか？

山梨　専門家が意匠と構造に分かれているという話をしましたが、実際にはさらに解析や環境、設備などに細分化していますよね。これらのエンジニアをまとめあげ、力学的に成り立つように理性の串を刺すコーディネーターが、意匠と同じくらい必要なのではないかと思います。たとえ自分で計算ができなくても、世界の最新構法の知識や、大きな力の流れを理解する力があれば、それをつなぎ合わせて新しい建築を生み出すことができる。そういうことのできる構造家がいるといいですね。そうしないと、自分の考えや自社の技術に閉じた人になってしまいます。

杉浦　新しい職能ですね。情報が増えて、色々な事柄が複雑化している中で、1人の人物にそれができるかは分かりませんが、チームを構成するならば可能かもしれません。

山梨　一方で重要なのは、そのカギを握る人が、ものづくりの現場から離れないこと。離れた瞬間、理想の串しか刺せなくなってしまいます。ものづくりのバックグラウンドや経験のある人がコーディネートする立場になっていく、そうしたキャリアパスを作ることも、次の課題でしょう。

杉浦　一足飛びにコーディネーターに到達することはできませんから、どのように育成するかは組織としても大事ですね。

大谷　私からは、構造を目指す人の人間像についてお話しします。多くの構造設計者は、大学の頃などに意匠に進む絵の上手い人間と自分を見比べて、構造に行くしかないと悟った、と言います。しかし私は、それは間違っていると思います。絵が描けないのなら、描ける意匠家を捕まえて利用するくらいの気持ちでいればいい。意匠ができないから構造に行ったというマイナスな発想はやめるべきです。意匠にも、構造に行きたかったけど行けなかった人がいるのです。

山梨　そう。私だって行きたかった。

大谷　互いにコンプレックスはあるものですから、したたかであることも必要です。若い時に自分のためになる人をまわりに侍らせ、しっかりとした協力者を得た人は伸びていきます。学生には、よく映画に例えて話します。エンドロールに多くの名前が出るように、多くのコラボレーション、あるいは格闘がなければ実現しないという意味で、映画と建築は同じです。構造家はその中で、脚本家にも、原作者にも、監督にもなることがあります。常に意匠に従属している立場だと考えるのは間違いです。

山梨　私もそう思います。構造が自分の能力を最大に生かせる仕事だと感じた、自分の直感を信じてほしい。私は子どもの頃建築家に憧れ、大学は理系に行きたかったけれど、数学がからっきしだったので芸術大学に行ったんです。だから私には、意匠しか選択肢がなかった。杉浦さんたちと話していると、私にはない、数学的なモデルを思い描く能力に長けていると感じます。だから、自分のセレクトに自信をもって、もっと世の中を引っ張っていってほしいですね。

杉浦　ありがとうございました。我々も、その自信をもって構造設計の仕事をしていきたいと思っています。その魅力を、今の学生さんに少しでも伝えられると嬉しいです。

2023年1月、日建設計竹橋オフィスにて。左から、山梨氏、大谷氏、杉浦氏、瀧口氏。撮影＝岡田尚子、文・編集＝太田紀子

構造設計と技術の歴史年表

構造設計は、社会と無縁ではいられません。社会的な要請と物理的な制約の結節点として、建築というモノの最適解を求め続ける職業です。

設計には、より安価でより高品質な材料の選択、材料使用量や人手の最小化など、時代によって求められるものが変化します。たとえば、大きな地震の後には、世の中の需要が耐震性能向上や事業継続性の確保に大きく傾倒し、建設費用のかかる制振・免震構造の採用が劇的に増えました。また、技術に栄枯盛衰はあれど、一度発明されたものは設計の世界に残り続けます。ある建物で採用された最新技術が、形を変えて次の建物に採用されることもあれば、長年使われていなかった技術が、時代の要請に応じて新しい形で花開くこともあります。

では、これからの構造設計はどこに向かうのでしょうか？日本を含む先進国では、本書に例示したさまざまな要素技術の組み合わせに加え、今後は働き手の高齢化と就業人口減少に伴い、資材縮減よりも工事の人手を減らす設計が求められるかもしれません。発展途上国では、都市化の進展と人口集中から、資材量の最小化と環境負荷の低減が求められるでしょう。建設現場のオートメーション化が進むにつれて、それらに最適な設計要素が選択されるようになる可能性もあります。

この年表では、社会と技術との関係性から日本の構造設計の歴史を追っています。どんな技術が開発され、それらが社会の要請に対してどんな建物を実現してきたのか。その変遷を見れば、この先の未来が想像できるかもしれません。

年表のみかた

年表には、竣工年にその斬新さ・新技術などで話題となった建物や、構造関係の受賞履歴があるものを中心に示した。

縦に積む

【ラーメン】

柱と梁を剛に接合して四角い枠を作り、安定させる最も基本的な構造形式。

【メガストラクチャ】

トラスやラーメンなどを組み合わせて構成する、大型の組柱や組梁を用いた構造システム。柱スパンが大きい空間や大きな吹抜空間を作ることが可能。

【チューブ】

建物外周に柱梁を密に配置して剛性を高め、水平力に抵抗する構造システム。外郭構造とも呼ばれ、建物内部の空間を広々と使うことができる。

【免震】

地震のエネルギーのほとんどを免震層で吸収し、建物の揺れを免れる構造システム。

【制振】

地震や風のエネルギーをダンパーなどの制振部材で吸収し、柱梁などの構造躯体の損傷を少なくする構造システム。

【タワー】

日本ではタワーを軽量化して地震力を減らすために、鉄骨で立体的にトラスを組む形式が多用されている。

【レトロフィット】

既存の建物を、デザインを損なうことなく修繕すること。建築では耐震補強を指すことが多い。斜材を追加する手法や免震を利用する手法などがある。

横に広げる

【アーチ】

円弧状の構造。重力が作用するとアーチ両側の根元には鉛直方向力と水平方向力(スラストカ)が生じる。

【シェル】

曲面で構成されたダイナミックな構造。RC造または鉄骨造で作られることが多い。

【トラス】

三角形を組み合わせて作る架構。曲げモーメントよりも、軸力の方が材料の強さを効率的に使えることを活かし、大スパン架構を少ない素材量で支持する。

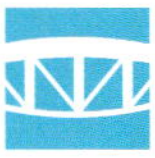

【張弦梁】

アーチのスラスト力を引張りと圧縮材で釣り合わせ、低いアーチでも大きなスパンを支える構造。

【サスペンション】

部材を吊る構造形式で、重力を感じさせるしなやかな曲面を生かした意匠を表現できる。

【膜】

薄くて軽い膜材は風船や傘のように引っ張られることで形状が安定する。膜材は繊維や樹脂で構成され、透明な膜材もある。一般には施工時に張力を導入するが、膜を張るため室内外の気圧差を張力として用いることもある。

材料

【木(製材)】

高精度の加工機や手加工により作り出される木の緻密な架構は、魅せる構造であるとともに表情豊かな深い陰影を生み、温もりのある空間が実現できる。

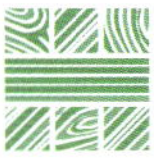

【木(集成材・CLT)】

製材に比べ、構造材として長い・広い空間へ活用できる。大断面木材として印象的でボリューム感のある架構、空間を実現できる。

【RC・SRC・PCa・SRC】

アーチやシェルなど、線材にとらわれない自由な造形が可能であるとともに、独特の質感や空気感により質実剛健な空間を実現できる。

縦に積む・タワー

法政大学富士見ゲート (p.14)

ダイヤゲート池袋 (p.36)

住友不動産 六本木グランドタワー (p.90)

ミュージアムタワー京橋／アーティゾン美術館 (p.98)

JRゲートタワー
同調粘性慣性マスダンパー制振

i liv (p.94)

中之島フェスティバルタワー・ウエスト
減衰装置群を低層部に集中的に配置した制振構造

横に広げる

新宿住友ビル三角広場 (p.112)
スパン約55m・梁成700mmの屋根梁

武蔵野大学 武蔵野キャンパス
第一体育館 (p.54)

有明体操競技場 (現 有明GYM-EX) (p.46)

日光ゲストハウス On the water

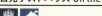

日本リーテック総合研修センター (p.50)

世界的な環境意識の高まりに伴い、低炭素化・炭素固定化の視点を含む建物の評価が普及。

木造採用の機会が増加し、大規模建築でも鋼材と木材とのハイブリッド化、電炉鋼材、高炉セメントなど、リサイクル材の採用が浸透した

素材表現・改修

岡田港船客待合所・津波避難施設 (p.102)

天草市庁舎 (P.60)

天草市複合施設ここらす (p.64)

コープ共済プラザ (p.76)

選手村ビレッジプラザ (p.68)

豊中市立文化芸術センター
大型のRC組積造

早稲田大学高等学院講堂棟
目地なしRC壁にプログラム配置された多数の開口

小学館ビル (p.72)

脱炭素化の流れに沿って木造採用の機会が増え、木目の美しさ、組み方の美しさをあらわしで表現する案件が増加。

同時に、大規模建築では木目を鉄やコンクリートと対比的に見せることで、新規性を感じさせる事例が増えた

東京タワー改修
地上波デジタルTV放送開始を契機に延べ約15年にわたって改修。地上約250mから伸びるスーパーゲイン脚部には制振システムを導入

新宿住友ビル改修計画 (p.108)

名古屋テレビ塔
(現 中部電力 MIRAI TOWER) (p.116)

超高層建物をはじめとする大規模建築の黎明期から半世紀が過ぎ、
既存建物の評価点を保持しつつ、制振・免震構造を用いる耐震補強の需要が増加

2020

経済
- SDGs
- 新型コロナ

地震
- 熊本地震
- 平成30年北海道胆振東部地震
- 大阪府北部地震

イベント
- 東京五輪

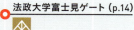

モード学園スパイラルタワーズ
2つの制振システム
（制振コラムとマスダンパー）

汐留住友ビル
超高層建物へ免震構造を適用

大阪弁護士会館

ミッドランドスクエア

大塚グループ大阪本社 大阪ビル（p.24）

中之島フェスティバルタワー（p.84）

東京スカイツリー

建物耐力だけではなく建物の地震エネルギー吸収量に着目した設計手法が一般化し、
多様な個性を持った免震・制振構造が普及
局部制振（ソフトファーストストーリー）構造、中間層免震構造などがある

東日本大震災を経て、事業継続性
の観点から免震・制振建物が普及

ZHA案新国立競技場（p.42）

ホキ美術館（p.18）

名古屋市科学館（p.10）

松江市総合体育館（p.28）

羽田クロノゲート ヤマトフォーラム（p.32）

立体解析プログラムの普及により、ダイナミックな形態の
構造架構をありのまま検証する方法が一般化していった

木材会館
在来製材の重ね梁で大空間を構成

金光教大阪センター

昭和学院 伊藤記念ホール
RC折板構造

桐朋学園大学音楽学部調布キャンパス1号館（p.80）

真宗本廟（東本願寺）御影堂御修復（p.120）

白金の丘学園
曲面PCaの表現

躯体を露出させ、空間のデザイン要素として
「魅せる」設計手法が普及

環境配慮と林業存続を視野に入れ、大規模建築において
在来木製材の採用が広まる

2005　2010　2015

- 新潟県中越地震
- 愛・地球博開幕
- 新潟県中越沖地震
- リーマンショック
- 岩手・宮城内陸地震
- 東日本大震災
- 安倍首相が国立競技場計画の白紙撤回

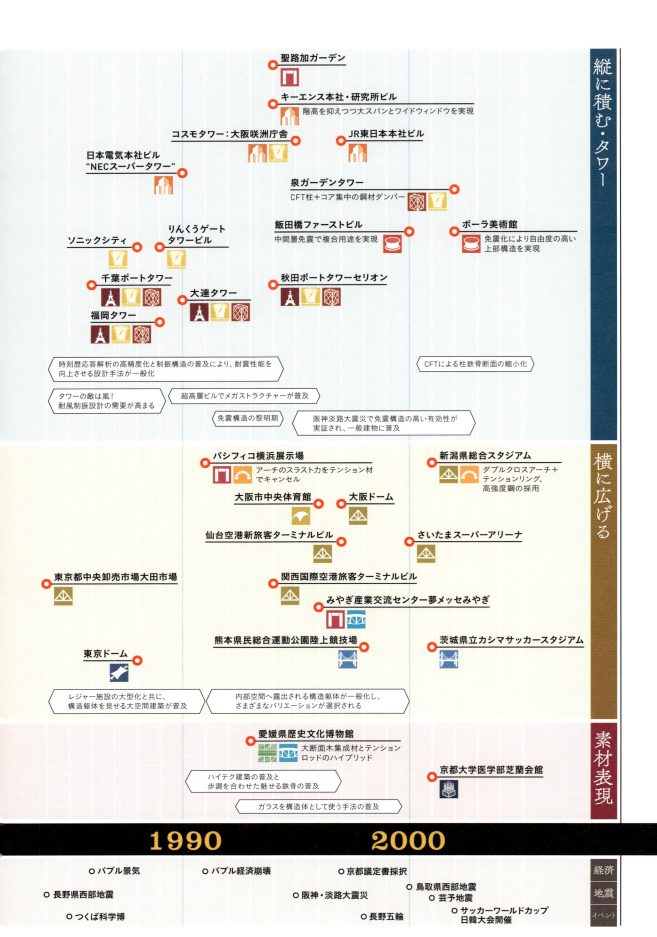

縦に積む・タワー

聖路加ガーデン

キーエンス本社・研究所ビル
階高を抑えつつ大スパンとワイドウィンドウを実現

コスモタワー：大阪咲洲庁舎

JR東日本本社ビル

日本電気本社ビル
"NECスーパータワー"

泉ガーデンタワー
CFT柱＋コア集中の鋼材ダンパー

飯田橋ファーストビル
中間層免震で複合用途を実現

ポーラ美術館
免震化により自由度の高い
上部構造を実現

ソニックシティ

りんくうゲート
タワービル

千葉ポートタワー

大連タワー

秋田ポートタワーセリオン

福岡タワー

時刻歴応答解析の高精度化と制振構造の普及により、耐震性能を
向上させる設計手法が一般化

CFTによる柱鉄骨断面の縮小化

タワーの敵は風！
耐風制振設計の需要が高まる

超高層ビルでメガストラクチャーが普及

免震構造の黎明期

阪神淡路大震災で免震構造の高い有効性が
実証され、一般建物に普及

横に広げる

パシフィコ横浜展示場
アーチのスラスト力をテンション材
でキャンセル

新潟県総合スタジアム
ダブルクロスアーチ＋
テンションリング、
高強度鋼の採用

大阪市中央体育館

大阪ドーム

仙台空港新旅客ターミナルビル

さいたまスーパーアリーナ

東京都中央卸売市場大田市場

関西国際空港旅客ターミナルビル

みやぎ産業交流センター夢メッセみやぎ

熊本県民総合運動公園陸上競技場

茨城県立カシマサッカースタジアム

東京ドーム

レジャー施設の大型化と共に、
構造躯体を見せる大空間建築が普及

内部空間へ露出される構造躯体が一般化し、
さまざまなバリエーションが選択される

素材表現

愛媛県歴史文化博物館
大断面木集成材とテンション
ロッドのハイブリッド

京都大学医学部芝蘭会館

ハイテク建築の普及と
歩調を合わせた魅せる鉄骨の普及

ガラスを構造体として使う手法の普及

1990 **2000**

経済 / 地震 / イベント

- バブル景気
- 長野県西部地震
- つくば科学博
- バブル経済崩壊
- 阪神・淡路大震災
- 京都議定書採択
- 長野五輪
- 鳥取県西部地震
- 芸予地震
- サッカーワールドカップ
  日韓大会開催

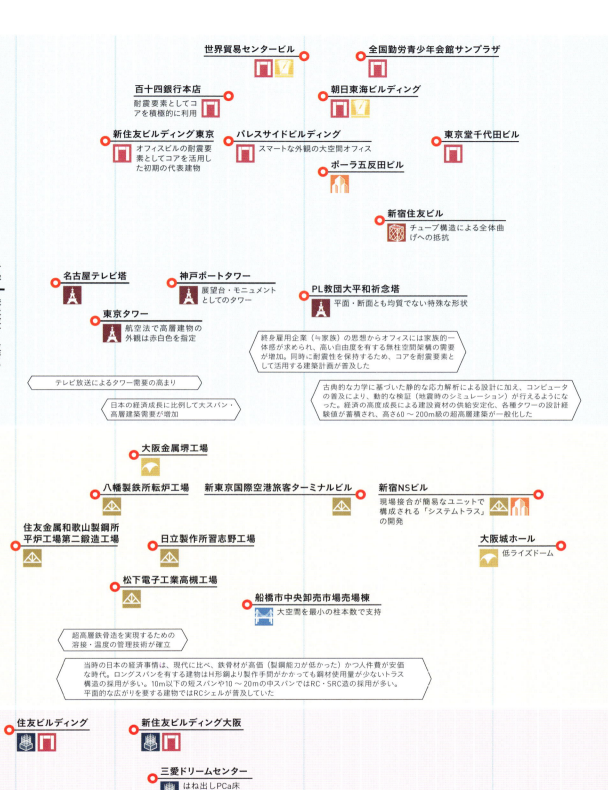

世界貿易センタービル

全国勤労青少年会館サンプラザ

百十四銀行本店
耐震要素としてコアを積極的に利用

朝日東海ビルディング

新住友ビルディング東京
オフィスビルの耐震要素としてコアを活用した初期の代表建物

パレスサイドビルディング
スマートな外観の大空間オフィス

東京堂千代田ビル

ポーラ五反田ビル

新宿住友ビル
チューブ構造による全体曲げへの抵抗

名古屋テレビ塔

神戸ポートタワー
展望台・モニュメントとしてのタワー

PL教団大平和祈念塔
平面・断面とも均質でない特殊な形状

東京タワー
航空法で高層建物の外観は赤白色を指定

終身雇用企業（≒家族）の思想からオフィスには家族的一体感が求められ、高い自由度を有する無柱空間架構の需要が増加。同時に耐震性を保持するため、コアを耐震要素として活用する建築計画が普及した

テレビ放送によるタワー需要の高まり

古典的な力学に基づいた静的な応力解析による設計に加え、コンピュータの普及により、動的な検証（地震時のシミュレーション）が行えるようになった。経済の高度成長による建設資材の供給安定化、各種タワーの設計経験値が蓄積され、高さ60～200m級の超高層建築が一般化した

日本の経済成長に比例して大スパン・高層建築需要が増加

大阪金属堺工場

八幡製鉄所転炉工場

新東京国際空港旅客ターミナルビル

新宿NSビル
現場接合が簡易なユニットで構成される「システムトラス」の開発

住友金属和歌山製鋼所平炉工場第二鍛造工場

日立製作所習志野工場

大阪城ホール
低ライズドーム

松下電子工業高槻工場

船橋市中央卸売市場売場棟
大空間を最小の柱本数で支持

超高層鉄骨造を実現するための溶接・温度の管理技術が確立

当時の日本の経済事情は、現代に比べ、鉄骨材が高価（製鋼能力が低かった）かつ人件費が安価な時代。ロングスパンを有する建物はH形鋼より製作手間がかかっても鋼材使用量が少ないトラス構造の採用が多い。10m以下の短スパンや10～20mの中スパンではRC・SRC造の採用が多い。平面的な広がりを要する建物ではRCシェルが普及していた

住友ビルディング

新住友ビルディング大阪

三愛ドリームセンター
はね出しPCa床

1950 1960 1970 1980

第一次オイルショック
第二次オイルショック
日本列島改造計画
宮城県沖地震
十勝沖地震
伊勢湾台風
新潟地震
十勝沖地震
日本海中部地震
大阪万博
東京五輪
札幌五輪
沖縄国際海洋博

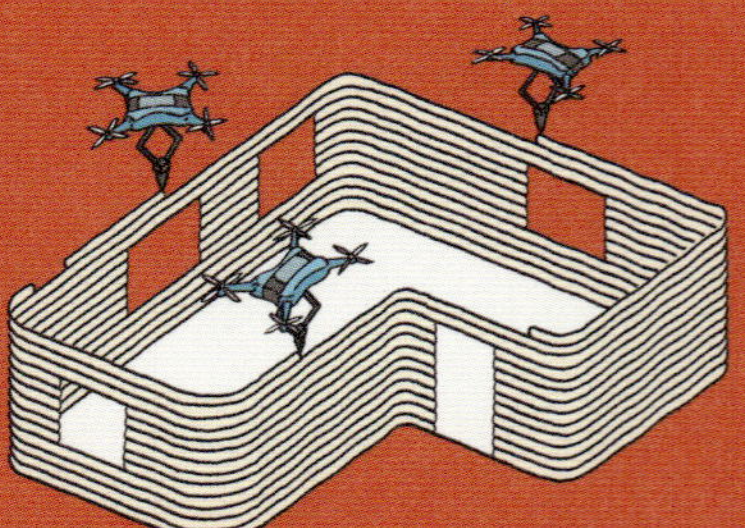

CHAPTER 2

構造設計の技術が分かるQ&A

構造設計の背景には、数多くの技術があります。構造設計者は、それらの技術を常に引出しとして持ち、クライアント・意匠設計者の要望に応じて適切なタイミングで必要な引出しを開け、プロジェクトをよりよいものへと変化させていかなくてはなりません。

本章では、この「技術」を切り口として構造設計の仕事を一問一答形式で紹介します。構成は、大きく4つに分かれます。1つ目は、建築の構造材料として使われる一般的な素材を紹介する「素材の技術」。次に、構造体を計算するとは具体的にどういうことなのか？という疑問を解き明かす「解析の技術」。3つ目は、近年急速に発展しているデジタルデータを活用した「表現の技術」。最後に、構造性能をきちんとクライアントに理解してもらうという観点から近年開発が進んでいる「安心の技術」。建築の構造技術が、これまでの歴史のなかでどのように発展し、これからどこへ向かっていくのかを見ていきましょう。

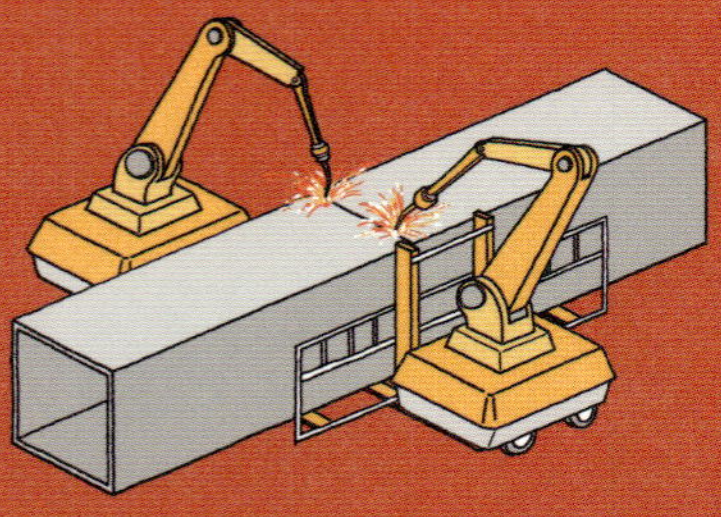

【素材の技術】

構造体は、建物を支えているとても大切な要素なので、しっかりと性能が分かっているものでないと現代の日本では使うことができません。構造設計者には、構造材料の特性を広く正しく理解して、プロジェクトの状況を見ながら、適材適所でどの材料を使うべきかを総合的に判断することが求められます。

本節では、構造設計の世界では欠かせない素材である「鉄骨造」と「鉄筋コンクリート造（RC）」をはじめ、日本人には最もなじみ深い建築材料であり、近年CO_2の排出量が少ないといった環境的な視点からも注目されている「木造」についても解説します。

鉄骨造が分かるQ&A…1

Q1 鉄骨造とは何ですか？

A1 鉄板を加工したさまざまな形状の部材を組み合わせて作る構造です。

次の表に代表的な鉄骨形状と使用用途を示します。

代表的な鉄骨形状と使用用途

名称	形状	主な使用用途
H形鋼		梁、柱、トラス、ブレース
円形鋼管	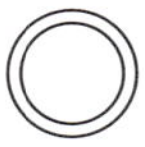	柱、トラス、ブレース
角形鋼管		柱、トラス、ブレース
一般形鋼	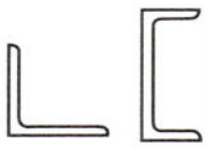	トラス、ブレース
平鋼		各種接合部

Q2 鉄骨造の設計で大切なことは何ですか？

A2 力をスムーズに伝え、「座屈」を防ぐことが重要です。

コンクリートのかたまりで柱・梁・壁部材を構成して力を伝達するRC造と異なり、鉄骨造はQ1で示したような板で構成された部材で力を伝達します。

かたまりの部材ではないということは、部材の断面積が小さく、力がかかると曲がってしまいやすいということです。これを構造設計では座屈と呼びます。そのため鉄骨造の設計は、座屈をしない、させないということに尽きるともいえます。座屈させないためには、想定以上の負荷が材にかかってしまわないよう、部材の組み方や接合部をどうつくるかが肝になります。鉄骨造の設計では、接合部をどのように構成すれば力をスムーズに伝えられるかを設計開始当初から考え続けることが大切です。

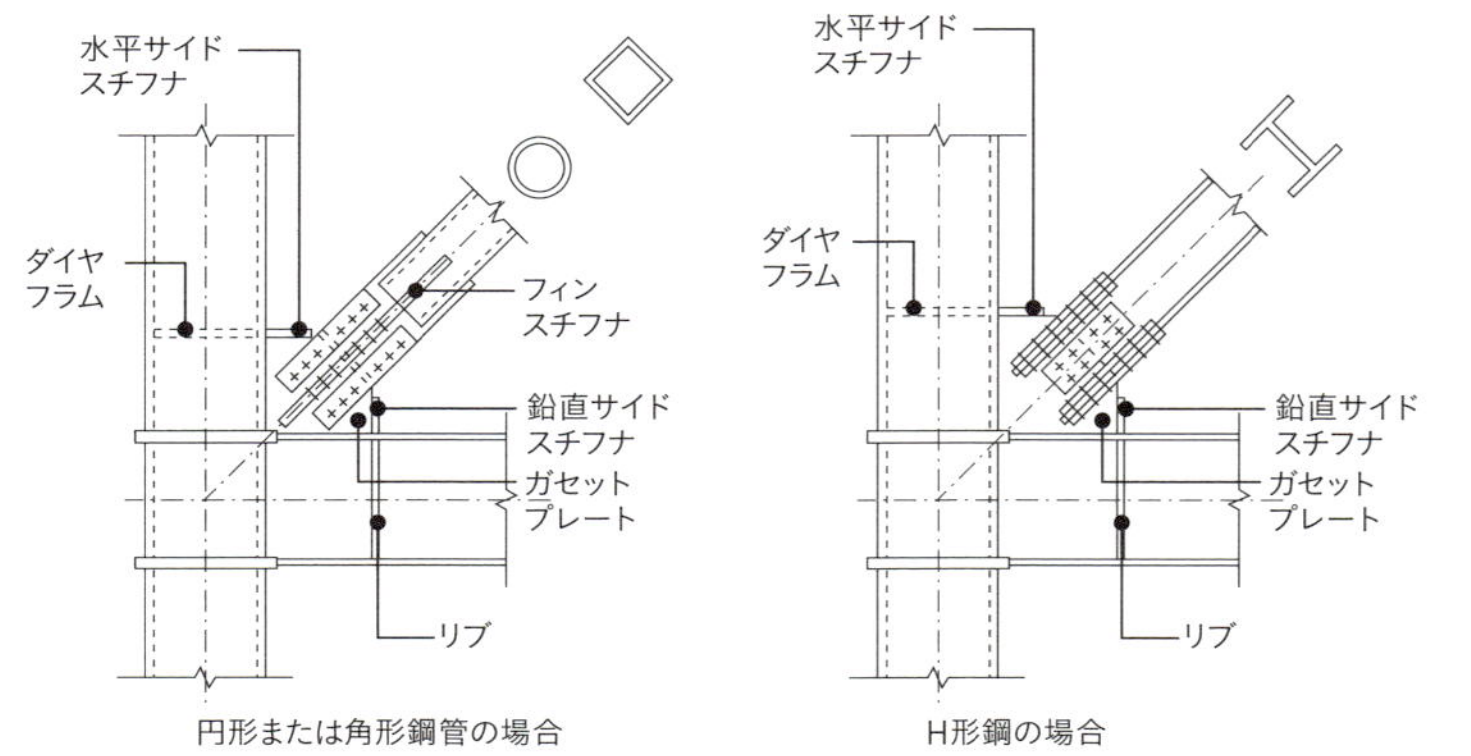

接合部設計のパターン

座屈のイメージ

Q3 実際に鉄骨造の建物を建てる過程では、どのような人が関わり、設計者は何をするのですか？

A3 部材を作る、組み立てる、施工する段階があり、設計者はそのプロセス全体を把握しなければなりません。

鉄骨部材はミルメーカー（鋼材製造者）が板や形鋼の形として生産し、ファブリケーター（鉄骨製作者）が柱や梁といった現場で施工しやすいように設計されたユニットの形に製作し、施工者が現場でそれらを組み立てて施工します。設計者には、そのプロセス全体を「監理」する役割があります。これは、建築の規模にかかわらず同じです。

監理とは、製作工場での部材製作や現場での施工が、設計図通りに正しく行われているかを確認する業務です。設計の意図を理解したうえで、製作や現場施工を円滑に進めるために、関係者と協議をしながら助言や確認を行います。特に溶接作業の品質を確認することは高度な知見が求められるため、最近では施工者が検査会社から報告を受けるのではなく、より第三者性を高めるため、設計者が検査会社から報告を受ける機会も増えてきました。

また、設計者は設計の段階から、工場での作りやすさや、現場で組み上げていくときの施工のしやすさを配慮しています。

鉄骨造建物ができるまで

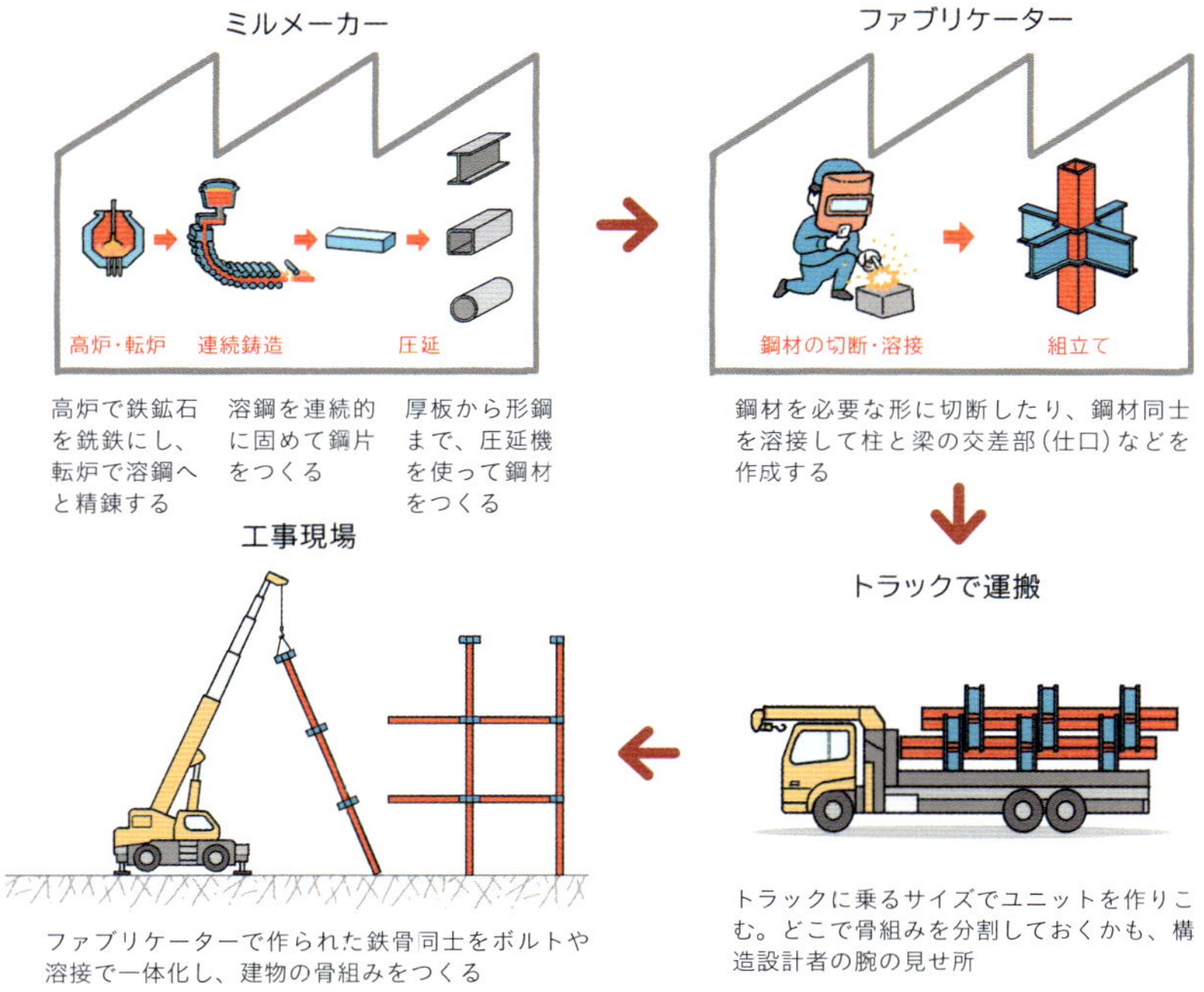
ミルメーカー
高炉・転炉
連続鋳造
圧延
高炉で鉄鉱石を銑鉄にし、転炉で溶鋼へと精錬する
溶鋼を連続的に固めて鋼片をつくる
厚板から形鋼まで、圧延機を使って鋼材をつくる
ファブリケーター
鋼材の切断・溶接
組立て
鋼材を必要な形に切断したり、鋼材同士を溶接して柱と梁の交差部（仕口）などを作成する
トラックで運搬
トラックに乗るサイズでユニットを作りこむ。どこで骨組みを分割しておくかも、構造設計者の腕の見せ所
工事現場
ファブリケーターで作られた鉄骨同士をボルトや溶接で一体化し、建物の骨組みをつくる

Q4 鉄骨造のブレースとは何ですか?

A4 効率よく地震の力に抵抗するための構造材です。

ブレースとは、日本語では筋交いとも呼ばれ、柱や梁の間を斜めに結ぶ構造材のことをいいます。下の2つの図は、建物全体の剛性は同じですが、構造形式が異なります。ブレースがなく柱と梁で構成される純ラーメン構造(右)は、間取りや窓の位置など計画の自由度は高いですが、柱・梁のサイズが大きくなり建物を作るのに必要な鉄骨の量も多くなる傾向があります。一方、ブレース付きラーメン構造(左)は、ブレースを足すことで計画の自由度は下がりますが、必要な柱・梁のサイズは小さくなります。つまり建築計画との整合が取れれば、少ない鉄骨量で設計することが可能です。

鋼の強度は色々ありますが、材料自体の硬さ(ヤング率)は一定なため、建物全体に必要な硬さ(剛性)をどのように確保するかに、いつも頭を悩ませます。

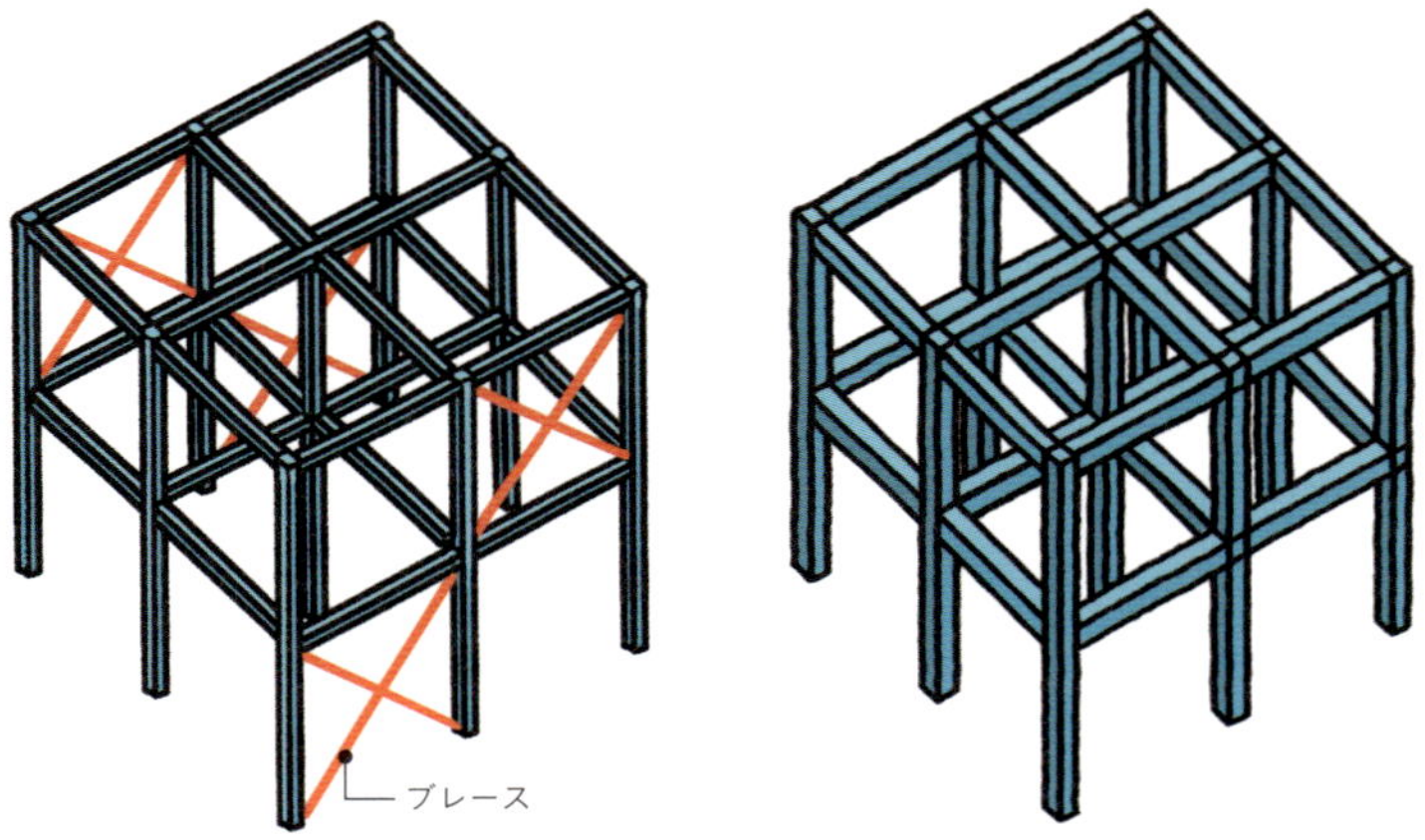

ブレース付きラーメン構造　純ラーメン構造

Q5 鉄骨造はどのような建物に使われていますか?

A5 アリーナや超高層など、規模の大きな建物によく用いられます。

RC造に比べて材料の部材自重が軽く比強度[※1]が大きいため、部材をスレンダーにすることが可能です。このような性質を利用して、柱間隔(スパン)が広い大空間をつくりたいアリーナやホール、自重の影響を小さくしたい超高層ビルなどによく用いられています。開放感のあるアトリウムや軽快な屋根などにも向いています。

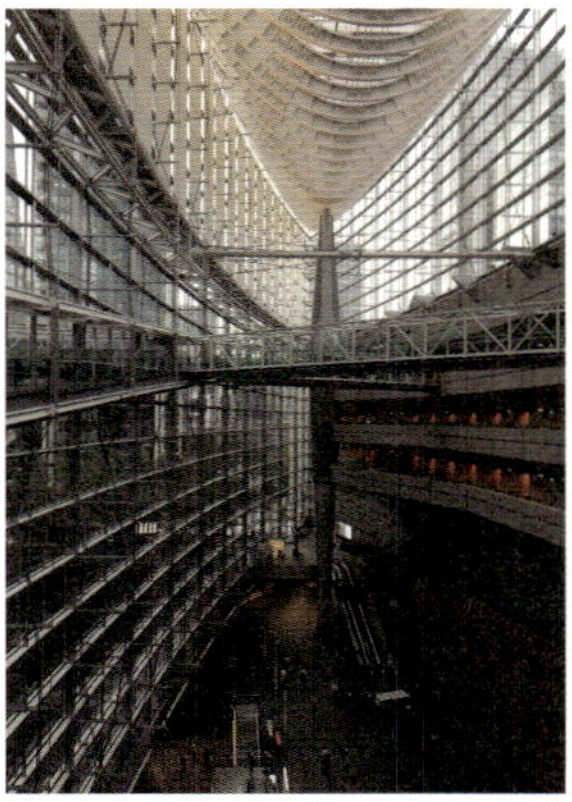
東京国際フォーラム アトリウム(設計:ラファエル・ヴィニオリ)

写真/日建設計

※1:単位密度あたりの引張強さをさす。比強度の値が大きいほど軽くて強い材料ということ

6 Q 日本の鉄骨技術の独自の点は何ですか？

A6 地震対策や、改修技術に強い点です。

日本では、一定以上の荷重を受けて材料が降伏（塑性化）［※2］した後の挙動を制御することで、地震等のエネルギーを安定して吸収できる梁や壁などの部材の技術開発が盛んに行われています。

部材の塑性化まで視野に入れた研究は、世界的に見ても地震の多い日本ならではといえます。

また、柱や梁などの主架構の損傷を避けるために、建物に設置して地震時のエネルギーを吸収するダンパー［※3］も独自のものがあります。

既存超高層建築物にダンパーをつけた事例（静岡県庁 東館）

7 Q 30年後、鉄骨造はどうなっているでしょうか？

A7 材料の高強度化や、ロボットを導入した施工の省力化が進むでしょう。

RC造でも同じですが、「材料の高強度化」が進んでいくと考えられます。ただし、強度が高くなっても座屈によって必要な部材の大きさが決まるという鉄骨造の特徴は変わらないので、極端に部材が小さく、細くなるということにはなりません。また高い強度の材料は溶接など取扱いが難しいので、現状の最大強度程度かもしれません。

さらに、今は国内品よりも品質の劣る海外材料（鋼材、溶接材料、ボルトなど）も、今後は高品質化が進み、海外材料を利用する機会が一般的になることが考えられます。

また、板と板を組み合わせる溶接技術には、ロボットが多く導入されて省力化が進んだり、環境負荷の低いまったく新しい接合方法が主流になっているかもしれません。30年後には、人がほとんど関わることなく材料の製造から現場の組立て、検査まで、自動化、機械化されて鉄骨造建物が完成する、そんな時代になっていると期待されます。

写真／エスエス｜※2：柱や梁などの長い部材に力を加えると変形する。この時、力が小さければ、力を取り除くと元に戻る（弾性変形）が、一定以上の大きな力を加えると、力を取り除いても元に戻らず変形したままとなる。これを塑性変形と呼び、そのような変形状態に入ることを降伏と呼ぶ｜※3：建築物の振動を減衰させるための装置のこと。エネルギーの吸収方法の違いにより、鋼材ダンパー、オイルダンパー、粘弾性ダンパーなどがある

RC造が分かるQ&A…1

Q1 RC造とは何ですか?

A1 鉄筋コンクリートを使った構造のことです。

RC造のRCは、英語のReinforced Concrete（直訳すると強化コンクリート）の頭文字を取った略称です。日本語では鉄筋コンクリート造といいます。鉄筋コンクリート部材は、鉄筋を組立て、その周囲に型枠をして、型枠の中にコンクリートを打設して作成されます。コンクリートは、通常レディーミクストコンクリート工場（生コン工場）で製造され、ミキサー車で現場に運搬。現場でポンプ車を用いて所定の場所に圧送後、打設されます。コンクリートは、セメント、水、砂（細骨材）、砂利（粗骨材）を練り混ぜて作られます。コンクリートと似たものにモルタルがありますが、モルタルは、砂利（粗骨材）を含まず、セメント、水、砂（細骨材）で作られます。

Q2 「鉄筋」と「コンクリート」を組み合わせるのはなぜですか?

A2 それぞれの構造的強みが異なるからです。

コンクリートは圧縮に強く、引張りに弱い性質をもつ一方で、鉄筋は引張りに強く、座屈により圧縮に弱い性質をもちます。コンクリートに圧縮力を負担させ、鉄筋に引張力を負担させることで、それぞれの長所を活かすことができ、組み合せが良いといわれています。

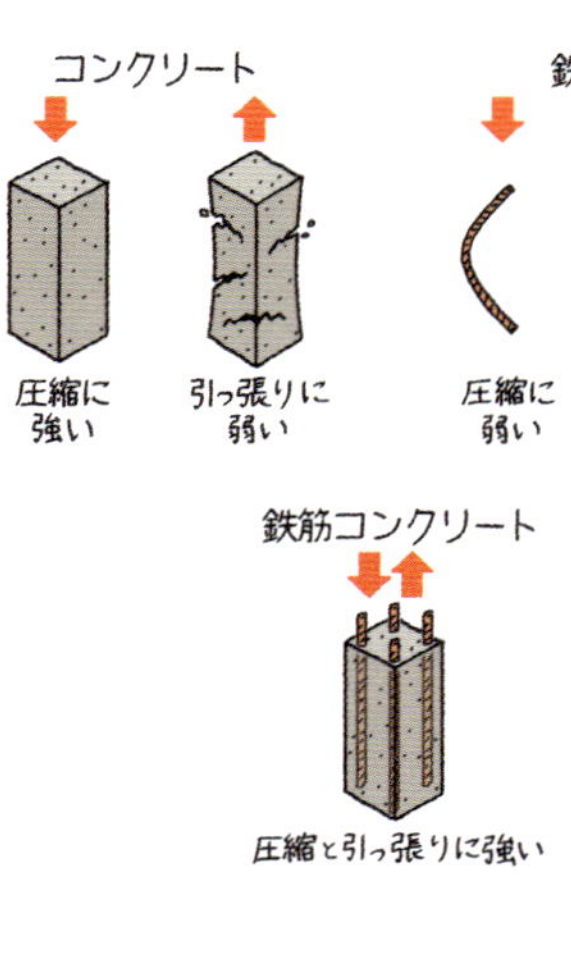

3Q ほかの構造材とは違う、RCの強みは何ですか？

A3 仕上げ材や複雑な形状にも使用できることです。

鉄筋コンクリートは、構造材としてだけでなく、打放しコンクリートとして仕上げ材としても良く利用されています。また、鉄筋コンクリートは、曲面等の自由な形状をつくることができ、さまざまな特徴のある形状の建物が作られています。

コンクリートを活かした代表的な例としては安藤忠雄氏の一連の作品等が挙げられます。

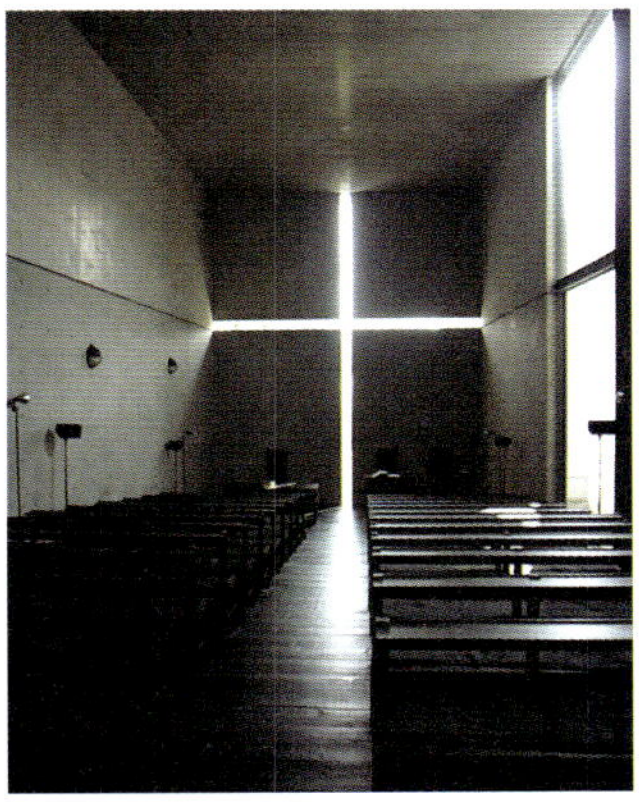
光の教会（設計：安藤忠雄）

4Q RC造でも超高層ビルは建てられますか？

A4 建てられます。ただし、地震の多い日本では、建物全体を耐震架構とする必要があります。

RC造は、海外では以前からマンションや事務所ビルなどの超高層建物で利用されてきました。構造形式は、コア部に水平力を負担する耐力壁、外周部に主に自重を負担するフレームを設け、その間をスラブで繋ぐ形式が良く使われています。これに対し、日本では地震力が大きいため、海外のように水平力をコアの耐力壁で負担する設計には無理があり、通常全ての架構を耐震架構とする必要があります。日本でも1995年頃から超高層RC造が建設されるようになりますが、RC造は重量が重く地震力が大きいため、柱が多く取れて大きなスパンが必要なく、階高も比較的小さいマンションがほとんどです。架構形式は、耐力だけでなく靭性（粘り強さ）を確保するため、純ラーメン構造が多く採用されています。

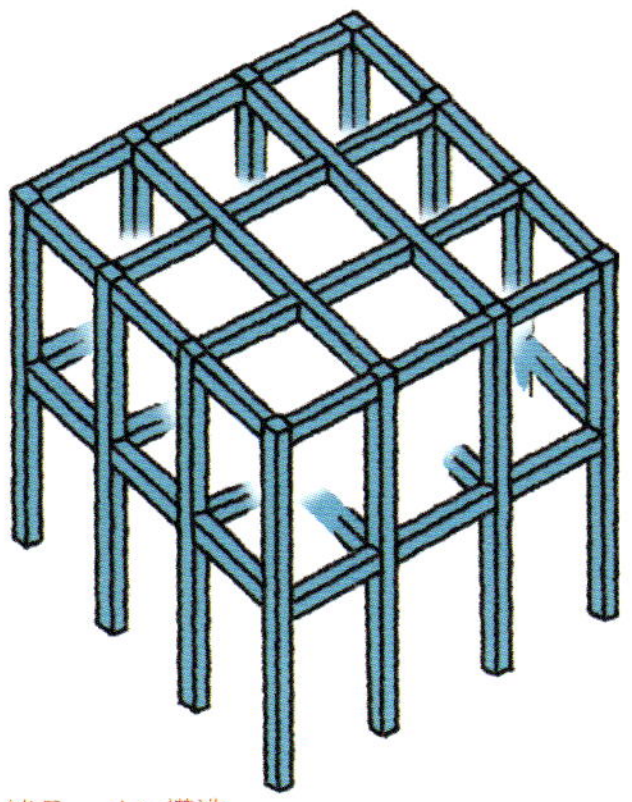
純ラーメン構造

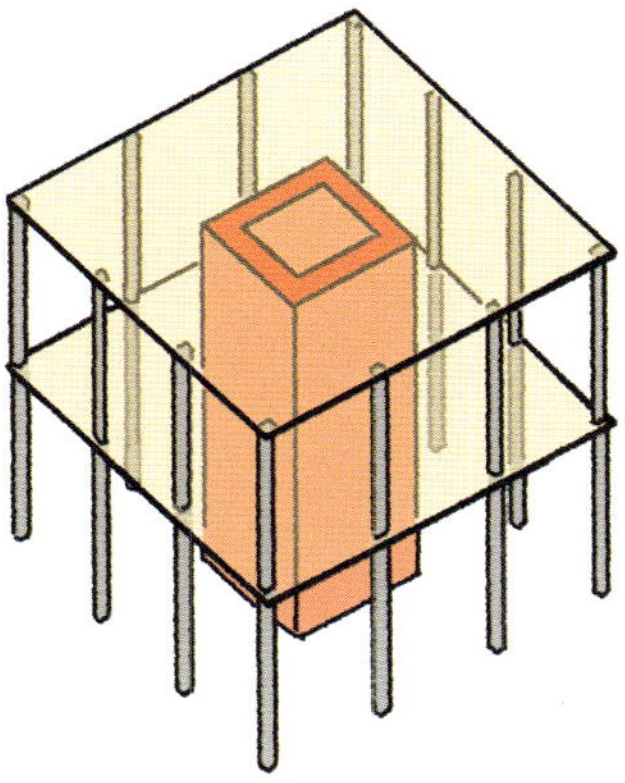
RCコアウォール＋フラットスラブ構造

Q 5 RC造の建物は、どれくらいの期間使うことができるのですか？

A5 一般的には65年とされています。

RC造は、コンクリートのアルカリ性で鉄筋が錆びないようにしている構造です。高いアルカリ性によって、鉄筋の表面に不導体被膜ができ、鉄筋の腐食を防いでいます。コンクリートは表面から中性化［※1］が進行するので、中性化が鉄筋まで進んだ時点、つまり鉄筋が錆び始める時点までを計画供用期間（耐用年数）としています。一般のコンクリートで通常のかぶり厚さの場合、これが65年程度といわれています。実際には、メンテナンス・補修・補強等により65年以上維持されている建物も多々あります。

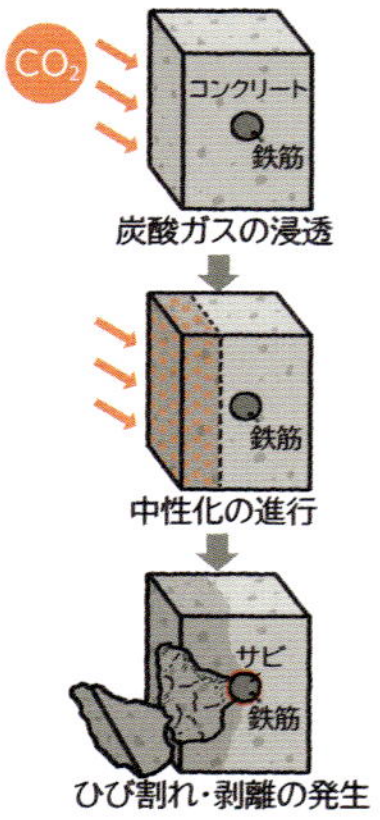

Q 6 近年、コンクリートの技術にはどんな進展がありますか？

A6 強度の高い材料が開発され、RC造の高層化が進んでいます。

1995年頃からコンクリートの高強度化が進行し、1990年頃以前では設計基準強度は高くても36N／㎟であったものが、2010年頃には150N／㎟程度までの高強度コンクリートが製造可能になり、使われるようになっています。それまでの強度ではRC造は重いので高層化すると柱が大きくなり過ぎる等の理由により実用化できなかったものが、コンクリートの高強度化と鉄筋の高強度化により、RCマンションの超高層化が可能になっています。

Q 7 30年後のRC造はどのようになっているでしょうか？

A7 より強く、しなやかなRCができていると思います。

コンクリートの高強度化は、より進んでいると考えられます。また、コンクリートで現在一番問題となることが多いひびわれについて、ひびわれの無い、または少ないコンクリートが手軽に使用できるようになることも期待されます。さらに、コンクリートを材料とした3Dプリントの技術が進み、ボタン一つで複雑な建物の構造が作られる時代になっているかもしれません。

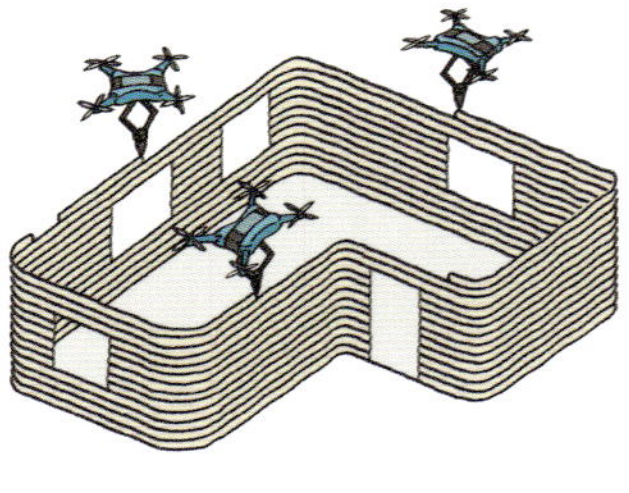

※1：コンクリートは、セメントの成分から生じる水酸化カルシウムによって強いアルカリ性をもっている。これが空気中の二酸化炭素に触れると、化学反応を起こして中性の炭酸カルシウムと水に変わる。こうしてアルカリ性を失うことを中性化と呼び、中性化したコンクリートが鉄筋部分にまで達すると、鉄筋が錆び、コンクリートにもひび割れなどの劣化を引き起こす

木造が分かるQ&A…1

Q 1 木造とは何ですか？

A1 木構造、木質構造ともいい、建物の骨組みの主要な部分に木材を用いる構造です。

木造の形式は、寺社建築などの伝統木造、住宅木造、非住宅の中大規模木造と大きく3つに分類されます。伝統木造は、金物を用いず柱と梁を貫《ぬき》などで接合する構造形式です。住宅木造には、伝統木造を簡略化・発展させた柱と梁の軸組で支える在来軸組工法《ざいらいじくぐみこうほう》と、枠組壁工法《わくぐみかべこうほう》（ツーバイフォー工法）、木質パネル構法があります。いずれも主に一般に流通する製材を用いて作られる構造です。これに対して、集成材を組み合わせた大断面集成材を主要な構造部材に用いた中大規模木造があります。

世界最大級の木造建築（メトロポール・パラソル／設計：ユルゲン・マイヤー）

Q 2 木材にはどんなものがありますか？

A2 加工方法により、製材（無垢材）と集成材に大きく分けられます。線材か面材かという形状の分類もあります。

伝統木造や住宅を含め、従来の建築には製材（無垢材）が利用されてきました。丸太を切り出してそのまま利用する材料なので、純粋な木材である一方、木そのものの大きさによって材のサイズが限定されてしまいます。そこで、製材を薄くスライスした材（ラミナ）を積層し接着剤で一体化させた集成材を利用することで、さまざまなサイズの安定した強さや剛さを持つ材が利用できるようになりました。これにより、大規模建物や体育館、アリーナ、ドームなどの大スパンの空間を木造で建設可能となりました。

その他には、木材を薄くスライスしたベニヤ［※1］を交互に重ねた面材である構造用合板も非常に広く利用されています。最近では、CLT（クロス・ラミネイティッド・ティンバー）が利用され始めています。ラミナを直交するように重ねて接着した大判のパネルです。欧州などでは一般建築にも広く普及しており、床や壁に用いられています。日本においても2016年に建築基準法に取り入れられ、利用が可能となりました。

重ね方／切り方	繊維方向を揃えて重ねる	繊維方向が直交するように重ねる
ラミナ	集成材	CLT
ベニヤ	LVL	合板

※1：原木や製材をノコギリなどで厚さ30㎜程度の板状に切り出した材をラミナと呼ぶのに対して、原木や製材をシート状に剥ぎ取った材をベニヤと呼ぶ。ベニヤの切削方法には主に、原木をかつら剥きのようにするロータリー加工と、角材を薄くスライスするスライサー加工がある

Q 3 木材の特徴やメリットは何ですか？

A3 構造面では軽いことが強み。心理面や環境面でのプラス効果もあります。

材料としての木材は、鉄やコンクリートに比べて比重が小さいこと（鉄骨7・85、コンクリート2.3、スギ0.4）が特徴です。強度は低いものの、比強度（引張強さ／密度）は鉄と同等以上の優れた性能を持ちます。よって、同じ規模の建物でも、構造体が軽い木造のほうが建物全体の重量を軽減でき、基礎への負荷低減・躯体数量の軽減、結果として環境の負荷を抑えられます。

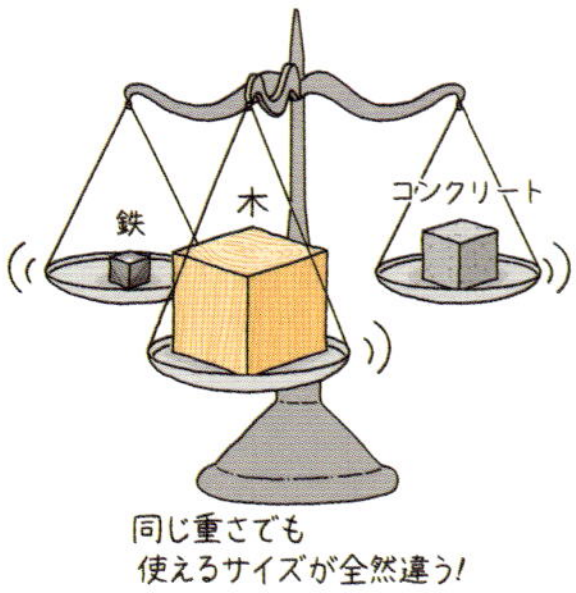

Q 4 木造が環境にいいといわれているのはなぜですか？

A4 CO_2の貯蔵・排出抑制の効果があり、地球温暖化防止に貢献できるためです。

木材は自然素材であるため、鉄をはじめとする金属やコンクリートなどの材料に比べて、その建設・製造時のCO_2排出量が少ない材料です。また木が成長する間は、光合成により大気中のCO_2が炭素として吸収され、根や幹、枝葉を構成する基本的な物質となります（固定化）。樹木が木材になって木造建築になっても、炭素は材料の中に固定されたままなので、大気中のCO_2を削減することにつながるのです。

Q 5 近年、木造の大きな建物が増えているのはなぜですか？

A5 世界的に、環境に配慮した建築づくりの意識が高まっているためです。

地球温暖化防止のため、低炭素社会を目指す動きが世界規模で始まっています。また、日本国内では戦後植樹された国産材の有効利用の観点から、構造体に集成材等の木材を利用する機会が増えています。国土の7割近くを森林が占める日本は世界でも有数の森林国ですが、その内の4割の人工林は林業の衰退により活用が著しく鈍っています。活用されずに放置された人工林は、CO_2の吸収能力が低下するだけでなく、保水能力が衰え山崩れなどの災害の要因にもなっています。

木造利用の促進のため、国内では法律の整備や支援が進んでいます。2000年の建築基準法改正で大規模構造に関する規制が緩和されたのもその一例です。

Q 6 木造の技術開発には、どんな事例がありますか？

A6 木の長所を生かし、短所をカバーするために、他の建材と組み合わせた構造を考案しています。

多くの魅力がある木造ですが、いくつか弱点はあります。たとえば構造材としての木材同士の接合は、剛接合が容易ではなく基本的にピン接合となります。そのため、地震や風の力に対して柱梁で抵抗できず、建物を支えるために多くの耐震壁が必要となるという課題がありました。そこで、日建設計では木材の良さを生かしながら、シンプルで施工性の高い剛な接合部ができないか、と考え、木の集成材の上面、あるいは上下面を鉄板と一体化させる新しい接合形式「木鋼ハイブリッドラーメン構造」を考案しました[※1]。

新しい構造にチャレンジする時は、机上計算に加え、実物で確認することがとても重要です。延べ5年間60体以上の試験体実大実験や構造解析を行いました。

この構造は、中低層の学校、事務所、ホテルなどの一般的な建物で、高さ60m（12～14階建て）程度までは実現可能です。

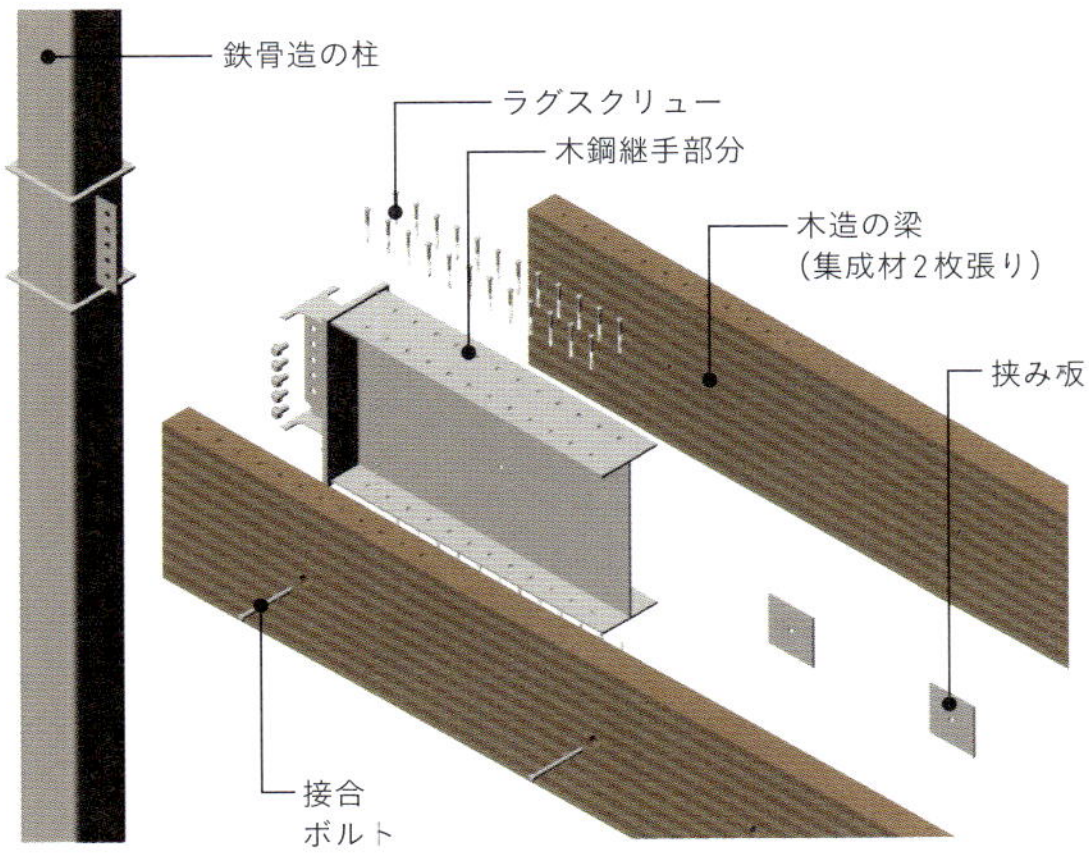

※1：東京工業大学（現 東京科学大学）の竹内徹教授、坂田弘安教授の指導のもと、日建設計と日鉄エンジニアリングの両社で開発した。2020年9月に日本ERIの構造性能評価を取得し、一般確認申請でも設計が可能になった

Q 7 日本の都市で木造を増やすには、何が必要ですか？

A7 耐震、耐火など日本独自の制約をクリアするため、ほかの建材や構造と組み合わせた新しいつくり方を考える必要があります。

日本は世界でも有数の地震国で、台風もあるので構造に求められる条件はとても厳しいです。耐火条件も欧州や米国と比べて厳しく法制化されています。また欧州・北米に比べると材料コストも高く、普及への課題は山積みです。国産材料の流通が上手くまわっていない現状もあります。

そんななか構造面では、S造やRC造とのハイブリッド構造、あるいは制振・免震構造を組み合わせるなどの工夫で、地震国日本においても木造高層建物の実現の可能性はあります。たとえば、日建設計が2024年に発表した次世代の超高層ビルのプロトタイプでも、鉄骨と木のハイブリッド構造を採用し、外周架構の大幅な木造化を提案しています。構造・耐火面でも日進月歩で新しい技術や工法が出ていることや、脱炭素に大きく貢献できる木造建築を社会が求めていることから、都市木造はこれから広がっていくと予想されます。

次世代超高層ビルのプロトタイプ提案（日建設計）

Q 8 30年後の木造建築の技術は、どうなっていると思いますか？

A89 従来の「弱い」「腐る」「燃える」木材から、「強い」「腐らない」「燃えない」木材の実現。

木材は自然素材のため基本的な強度、つまり非常に柔らかくて弱いという材料特性を変えることはできないというのが一般的でした。30年後であれば、遺伝子組み換え技術を用いた「スーパー木材」の技術が開発されて、今までにない強度に優れた樹種が生産可能となり、大規模建築の構造材として活用が進むのではないかと想像します。バイオテクノロジー技術とDNA解析などが組み合わさることで、構造材としてより合理的な木が開発される時代がくれば、環境にやさしい都市づくりがますます進んでいくかもしれません。

【解析の技術】

構造設計では、材料を選ぶだけではなく、構造材としての大きさや、接合方法を決定する必要があります。その時に構造設計者が利用するのが、解析です。ひと昔前はすべて手計算で行われていましたが、急激なコンピュータ技術の発展により、パソコン上でさまざまなものをモデル化し、シミュレーションする解析は、構造設計の中核をなす技術の１つとなっています。

本節では、そもそも“構造の解析”が具体的に何を指すのかという「構造解析」の前提から、日本の構造設計でとても大切な地震に対する設計技術として、地震時の敷地の揺れを推定する「地震の解析」に関する技術や、地震に強い建物をつくる「耐震設計」の技術まで、最先端の技術を解説します。

構造解析が分かるQ&A…1

Q1 構造解析とは何ですか?

A1 建物に力がかかったとき、建物がどのように変形し、どんな力が発生するかを検証することです。

構造設計とは建築物を構成する部材の配置（柱の位置や壁・ブレースの配置）や部材のサイズを決定するプロセスです。構造解析はそのプロセスの一部で、建築物に作用する荷重によって部材に生じる力や変形をコンピュータで計算する作業です。構造解析の対象を建築物全体とする場合もあれば、部材同士が取り合う接合部を対象として詳細に解析する場合もあります。構造解析の結果を見て設計を見直し、再び構造解析を行うということを繰り返して構造設計を収束させます。

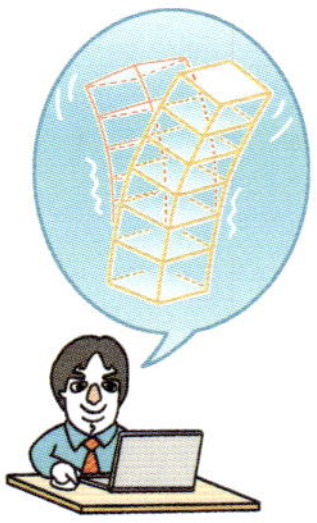

Q2 解析は、どんなツールを使って行うのですか?

A2 専用のソフトを用いて行います。役割や機能が異なる多様なソフトがあります。

構造解析ツール（ソフト）には、構造解析機能に特化したソフトと、構造解析機能に加えて建築基準法に準拠しているかの検証が可能な一貫計算ソフトがあります。前者は解析モデルを構築し、静的荷重や動的荷重を与えて構造解析を行います。後者は静的荷重による構造解析に加えて、法適合検討、構造計算書の出力に至るまでを一貫して行います。ただし、一貫計算ソフトの適用範囲は限定されているため、特殊な形状の建物では構造解析に特化したソフトを用いる必要があります。特に「世界で初めて」の設計を実現しようとすると、設計者のノウハウや先端的な設計理論や実験結果などをタイムリーに取り入れることができるオリジナルのソフトが活躍します。

Q3 構造解析は、具体的には何をするのですか?

A3 荷重設定、モデル化、計算、検証の4段階のプロセスに分かれます。

まず、建物に作用する力（荷重）を数値として設定します。荷重の種類には、建物自体の荷重（自重）、建物内の家具や設備の荷重（積載荷重）、地震荷重、風荷重、雪荷重、通過する人やモノによる振動荷重などがあります［※1］。

次に、計算がしやすいように建築物を部材モデルに置き換えて表現するモデル化を行います。モデル化と荷重設定によって、変形を求めるための方程式を構築することができ、これを計算すると部材の応力や変形の数値が求められます。

最後に、モデル化は適切であったか、計算自体が正しく実行されたか、設計条件への適合性、安全性、日本の法規制への適合性等を判断する検証を行います。

※1：地震や風などの時間に応じて変動する荷重は、そのまま時間と共に変化する動的荷重として扱う動的解析と、等価な静的荷重として扱う静的解析がある

Q4 構造の「モデル化」とは何ですか？

A4 建築物を、解析がしやすい単純な形状の組み合わせに置き換えることです。

建物は、柱、梁、壁、ブレース、床などで構成された複雑な3次元の連続体ですが、一般的に建築物の解析モデルは柱、梁、ブレースを線状のモデル（線材モデル、梁モデル）で構成することが一般的で、壁も同様に線材モデルで置換する方法が採用されています。

しかし、実際の壁や床は面状の部材であり、厚い基礎のスラブなどはコンクリートの固まりに近い部材です。部材同士の接合部など複雑な形状をした部分もあります。これらを線材モデルだけでモデル化することには限界があり、どのようにモデル化すべきか悩むこともあります。その場合、面状のモデル（板モデル）や塊のモデル（ソリッドモデル）を適所に組み込んだり、建物全体のモデルとは別な詳細モデルを作成したりして、より実状に合った解析モデルを構築する必要があります。知りたい情報や必要な精度によって適切なモデル化が異なります。

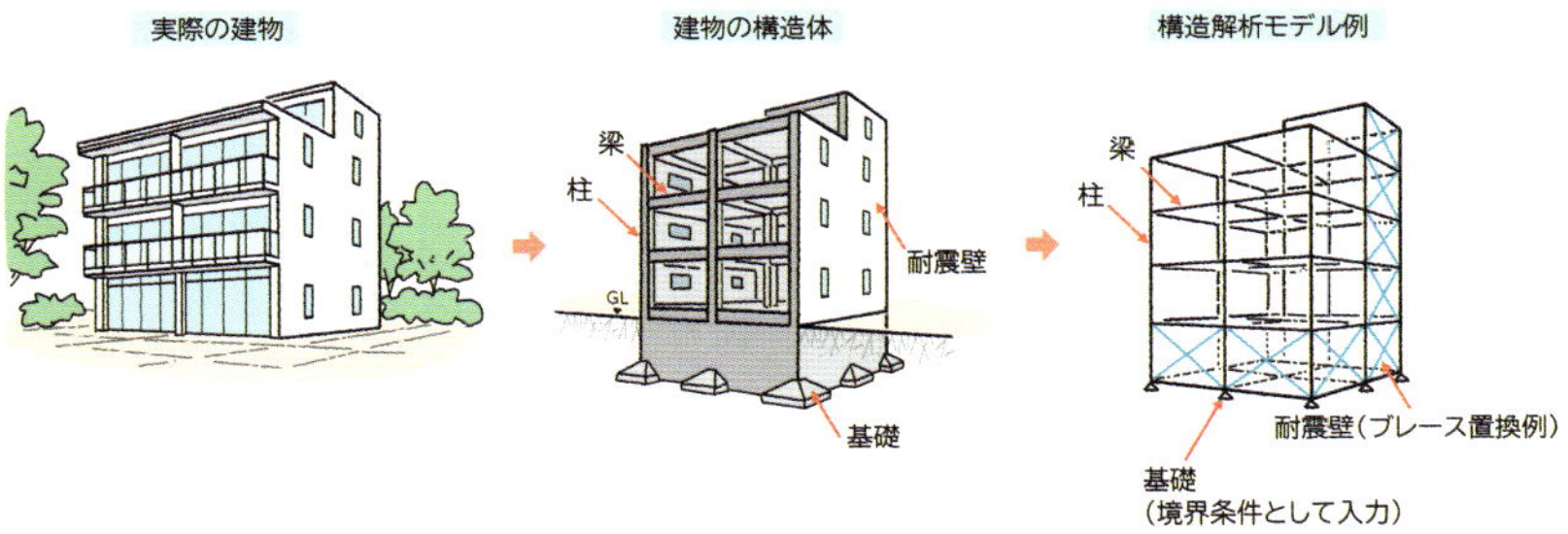

複雑な建物全体をそのままモデル化するのではなく、構造的な特徴をとらえて、大きな力の流れを考えながら解析することも大切

Q5 解析結果が実際の建物の状況と一致するのか、確認できるのですか？

A5 計算と実験を繰り返し、再現性を検証しています。

構造解析が実際の状態を再現できているかの判断は、実験結果と解析結果を比較したり、完成した建物にセンサーを設置してモニタリングを行った結果を解析モデルで再現できるか確認したりすることにより行われます。実験は、柱、梁、柱と梁の十字型などの建物の部分を切り出した試験体で行われることが多く、このレベルでの解析モデルの妥当性はかなり高まっています。近年では建物全体の振動実験によって、建物レベルでの検証も可能となってきています。

実大実験で、建物レベルでの検証をした例

Q6 構造解析のソフトはいつ登場したのですか？

A6 1960年代にはじまり、90年代に大幅に普及しました。

日本での建築分野へのコンピュータ導入は、イリノイ大学を視察した構造エンジニア、工学博士の服部正《はっとりただし》が1961年に輸入した真空管式電子計算機であるIBM1620が最初とされています。当時、日本初の超高層ビルである霞が関ビルの設計において、これと同機種のコンピュータが使用されました。1970年代には大手ゼネコン各社でホストコンピュータが導入され、一貫計算ソフトの開発も進められました。1980年代には、EWSと呼ばれる当時としては高性能なマシンが登場し、建物を構成するすべての主要部材をモデル化した詳細な解析モデルで解析を行うことができるようになりました。1990年以降はパソコンの飛躍的な性能向上と普及により、解析ソフトが急速に広まり市販ソフトも充実して、誰でも解析ソフトを利用できるようになって現在に至っています。

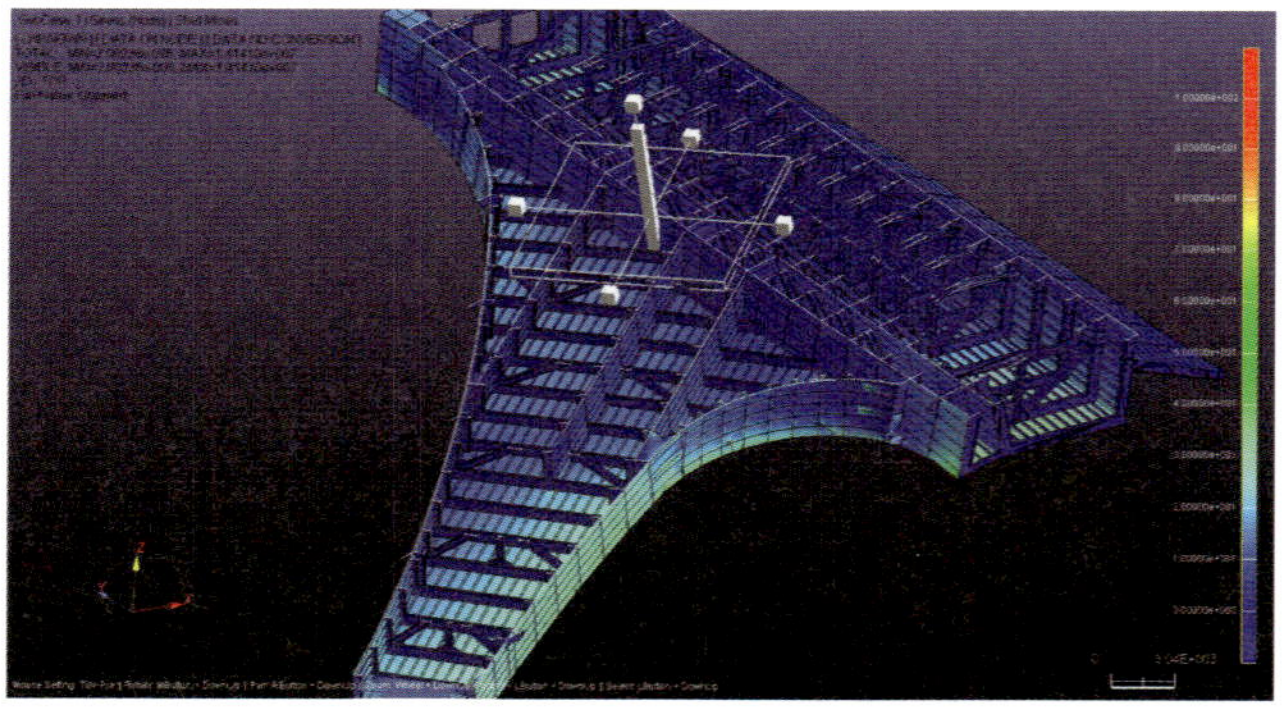

現在では、複雑な構造の解析もパソコンで行うことが可能

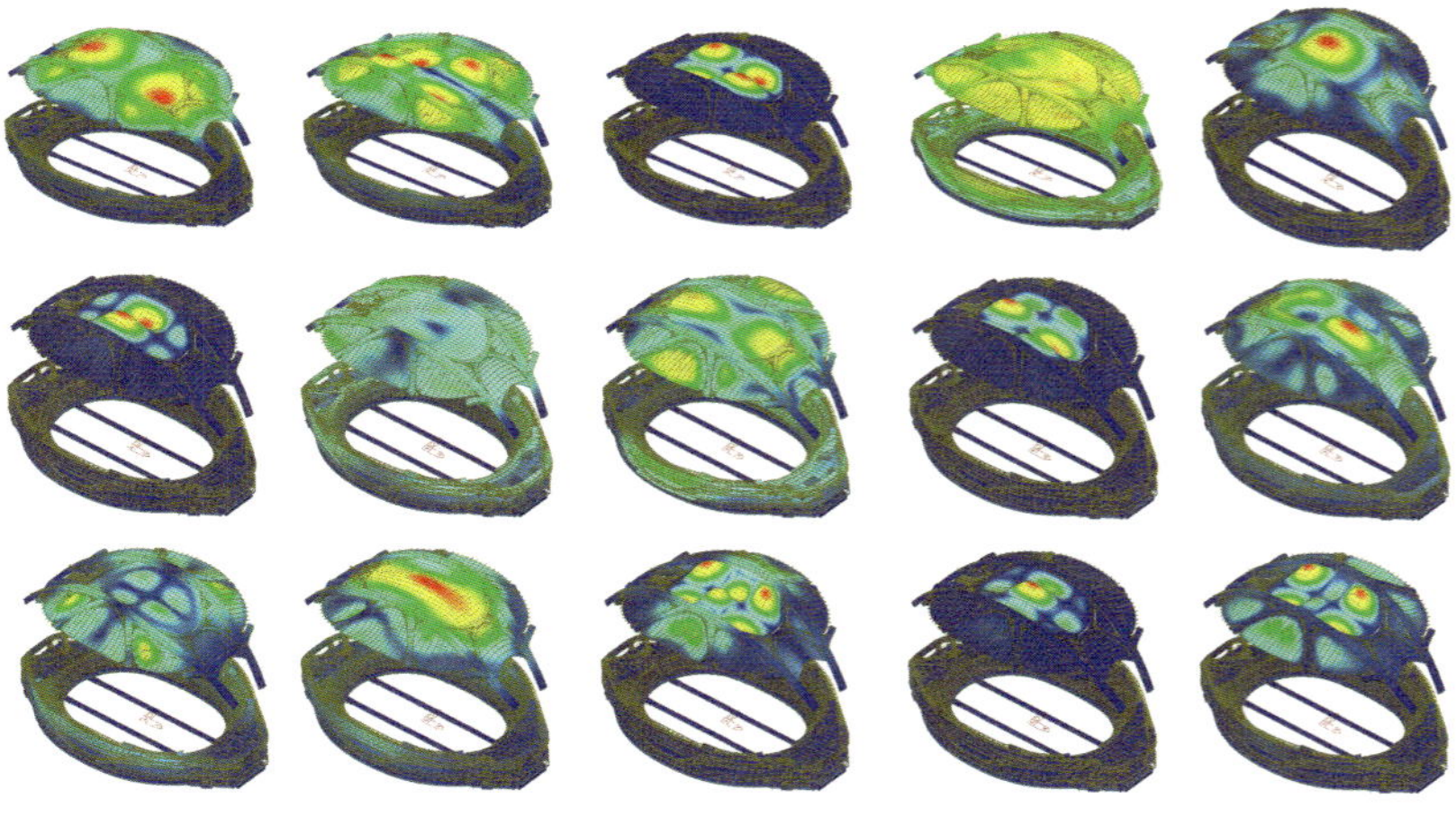

建物がどのような揺れ方をするのか、コンピュータでシミュレーションを行った例

Q7 30年後の解析ソフトはどう進化するでしょうか？

A7 ソフト側からのアシスト機能が充実したものになっているでしょう。

近年では機械学習の応用が進み、30年後は量子コンピュータが実用化されるといわれています。新材料も出現するでしょう。物理現象自体は変わりませんが、同じ時間で計算できることが高度化すれば、実現できる建築デザインの幅も広がるでしょう。

ソフトの進化に関しては、AIが過去の事例から学習して近い答えを提案してくれるようになると考えられます。その時、設計者の役割はAIが学習していない新たなものを創造すること、提案を受けて判断して決めること、責任を持つこと。これらは人間にしかできません。設計者とAIは役割を分担しながら共存していくことが望ましいでしょう。

一方、ハードの進化によって「頑張れば計算できる」ことが増えれば、設計者が検討を求められる項目とその説明資料も増えていきます。そういう意味では、未来の解析ソフトはソフト側のアシストがより重要になります。設計から解析による検討までをシームレスに、利用者にストレスを与えないように行い、結果として設計の創造的時間を多くとることができるようなソフト開発が重要です。

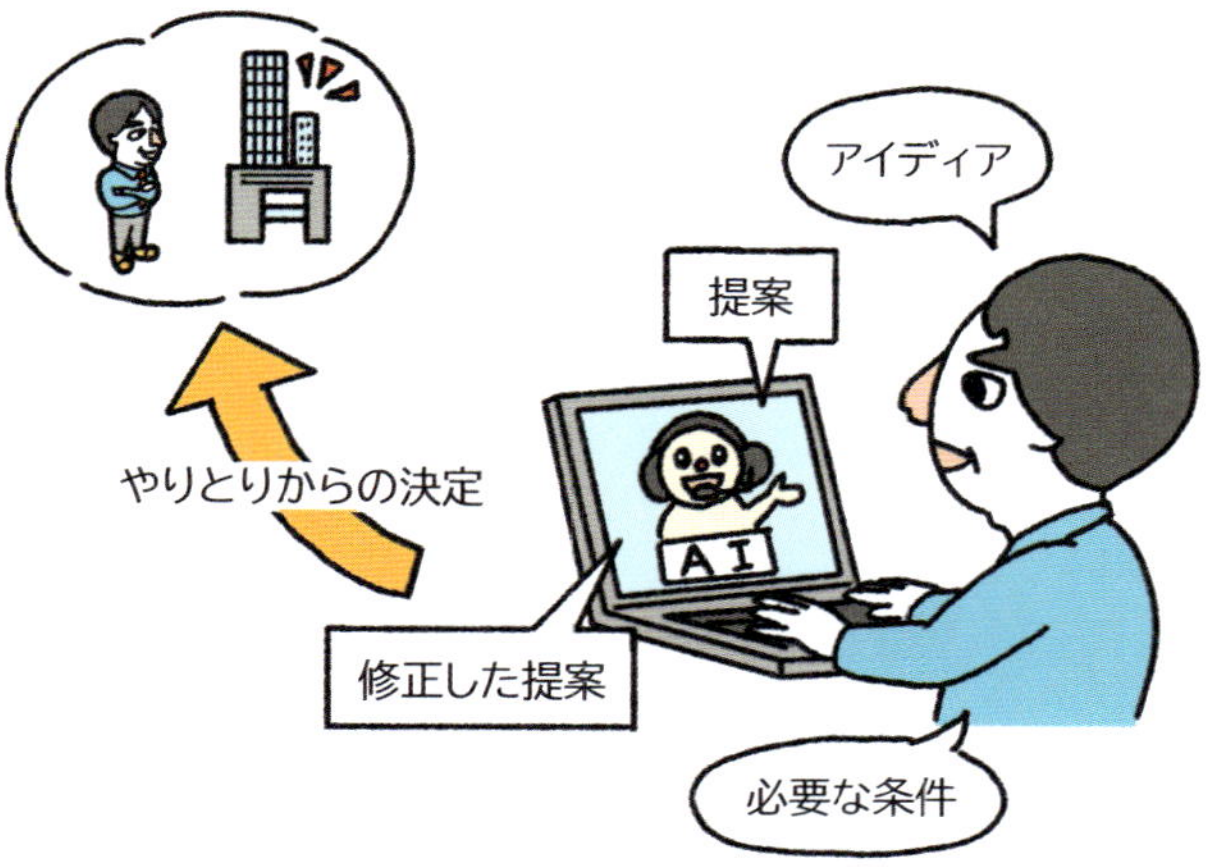

地震の解析が分かるQ&A…1

Q1 構造設計では、地震はなぜ重要なのですか?

A1 建物に働く力や変形のうち、最も影響の大きい力の1つだからです。

構造設計では、建物の形を決めるために構造体に働く力や、その結果生じる変形を見積もる必要があります。その外力の1つに、地震による力があります。日本は世界の中でも最も地震の多い国の1つで、歴史的にも大きな地震が頻繁に起こってきました。地震の力をどのように解析し、どう考えるかは、構造設計においてとても重要なのです。

Q2 地震、地震波、地震動はどう違うのですか?

A2 地面が震える現象を〝地震〟、伝わる衝撃波を〝地震波〟、地盤の動きを〝地震動〟と呼んでいます。

〝地震〟は、地中深部の不連続面である断層が動き、その衝撃が波となって地中を伝播し、建物が立っている地面まで伝わることで起きているとされ、この現象全般を指して〝地震〟と呼んでいます。詳しい用語として〝地震波〟は地中を伝わる波、〝地震動〟は地盤の揺れを指して使い分けることが多いです。ただしこの2つの用語は、設計実務上では明確に区別されずに使われることも多くあります。

地震動が原因であり建物振動が結果といえます。原因の方を入力、結果の方を出力ととらえ、設計のための地震動は設計用入力地震動と呼ばれます。超高層などの特殊な建物は、その敷地における設計用入力地震動を想定し、それによる建物振動を考慮して設計を行います。

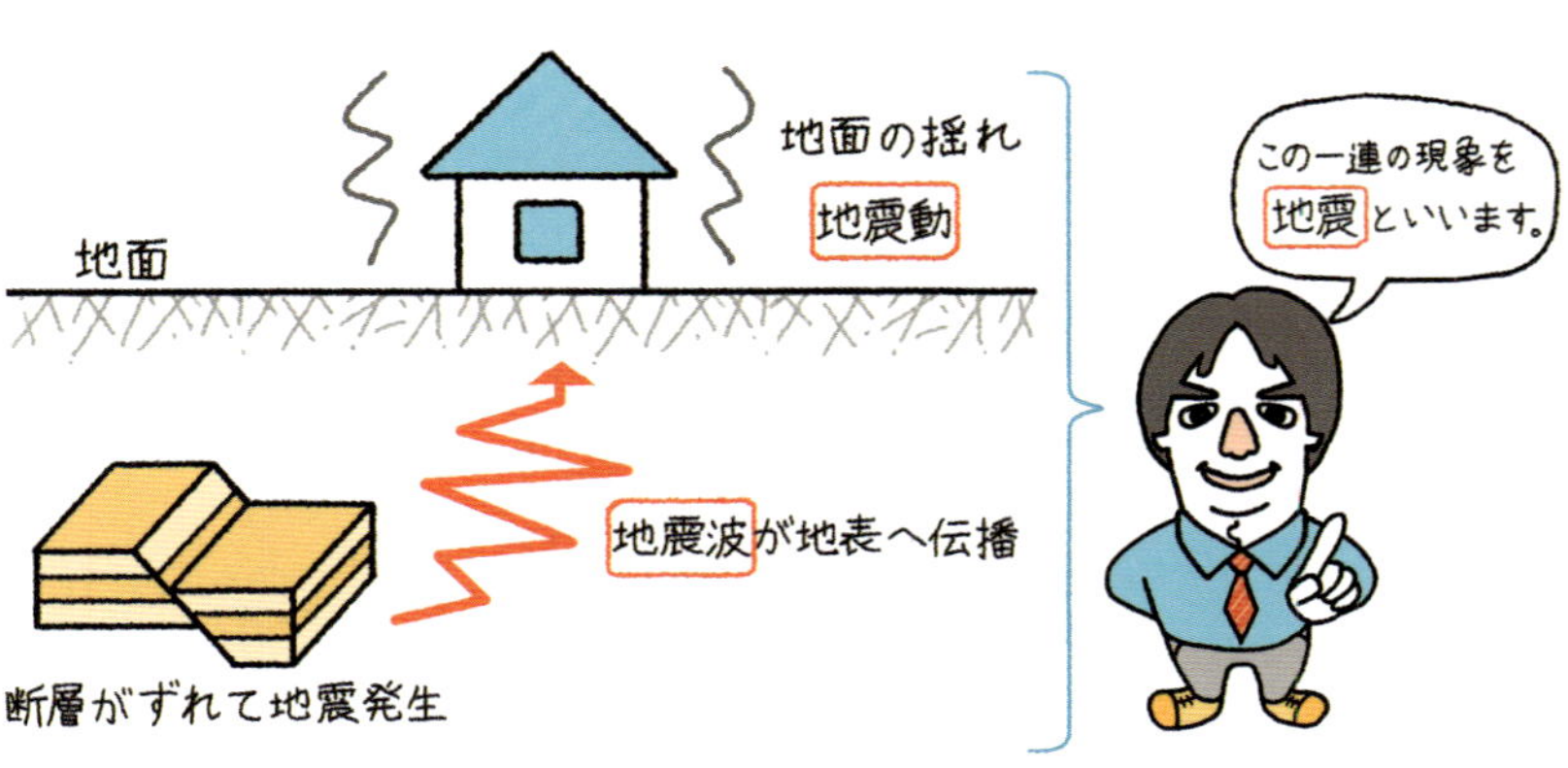

Q3 地震動をあらかじめ知ることは可能なのでしょうか？

A3 予知はできませんが、地震時の建物の揺れを想定し、設計することはできます。

いつ、どこで、どんな地震が起こるかをピタリと当てて設計することはできません。そのような予知ができないからこそ、将来建物に起こりうるいくつかの地震ケースを設定し、設定した現象に対して建物の安全上の問題が生じないよう、必要性能を建物に持たせるという考え方を基本としています。

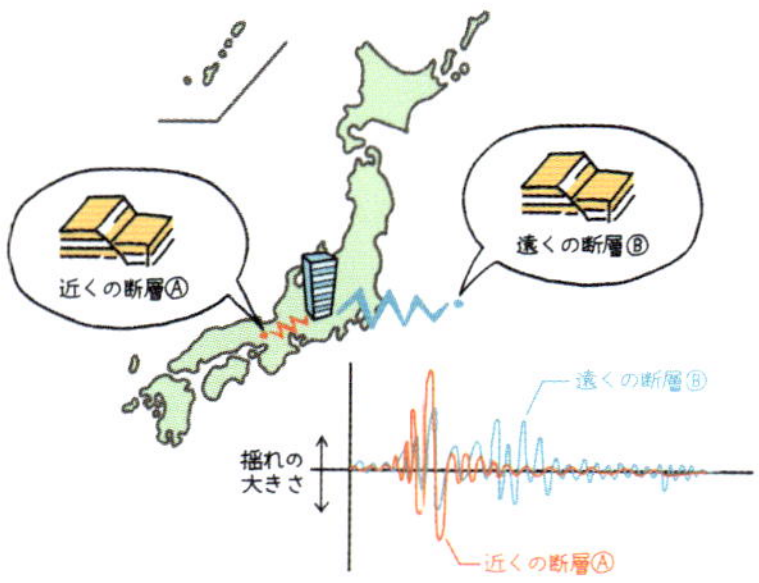

Q4 どんな方法で揺れを想定するのですか？

A4 設計では「地震応答解析」という方法を用います。

現在の超高層ビル等の設計で一般に用いられるのは、設定した地震動で建物がどのように揺れるかをシミュレーションする「地震応答解析」という技術です。この技術の目的は、地震動に対して建物がどんな大きさで揺れ、ダメージがある場合にはそれがどの程度かなどを明らかにすることです。

過去の被災経験の中で培われてきた工学的知見や、数値解析をコンピュータに実装する計算科学の知見などの蓄積により利用可能になった、総合的な技術といえます。

Q5 設計の地震動にはどのような歴史があるのでしょうか？

A5 １９９５年の阪神・淡路大震災を一つの契機として移り変わってきました。

日本の超高層ビル建設の黎明期である１９６０年代では、地震動の観測記録自体が貴重でした。この頃の構造設計は、現在利用されている技術的知見の多くが未実装であり、建物の計画敷地と異なる場所で記録された地震動を、強さを調整して構造安全性の検証に用いていました。

その後、１９９５年の阪神・淡路大震災を契機に、日本国内の地震観測網の整備が進められました。以降、観測記録の量的充実によって研究が進み、２０００年の建築基準法改正では、全国一律で確保すべき最低水準としての地震動強さが設定されました。現在では、敷地ごとに異なる地震波の伝わり方を考慮した地震動も設計に用いることができます。

Q6 設計の地震動にはどんな種類がありますか?

A6 観測波、告示波、サイト波の3つがあります。

現在の構造設計では大きく分けて3種類の地震動を用います。1つは過去の大きな地震で地点観測された地震動時系列データの強さを調整した地震動で、観測波と呼びます。2つめは全国どこでも同じ水準の強さを確保するための地震動で、告示波と呼ばれます。3つ目は敷地固有の地震環境を考慮した地震動で、サイト波と呼ばれるものです。告示波とサイト波は模擬的に計算された作り出された地震動であり、総称して模擬地震動と呼ばれます。

これら3種の地震動における敷地の固有性の再現度は、サイト波が最も高く、告示波、観測波の順に低くなります。固有性が高いほど再現のために多くの設定が必要になるため、設計に実用された順番はサイト波が最後になりました。

Q7 地震動に関わる技術の発展は、建物の設計にどんな影響がありますか?

A7 安全で経済的な構造設計、より実現象に近い検証が可能になります。

技術の発展によって事前に分かることが増えていけば、建物に余分な安全性を持たせることが減り、より経済的な設計が可能になります。

ただし、構造設計とはたった1つの正解を求める行為ではなく、未来に起こりそうなさまざまなことを想定しながら構造安全性と経済性のバランスを取って建物の形やサイズを決めていく行為です。地震動に関わる技術も進歩していきますが、建物に要求される構造性能も種々の社会的要因の影響を受けて変わり続けます。そのため、完全な予測を立てることよりも、時代に応じてその時々の技術知見を踏まえながら、設計技術を調整し続けることが重要だと思います。

耐震設計が分かるQ&A…1

Q1 耐震設計とは何ですか？

A1 地震時に、建物が倒れず人を守るために必要な強さを確保するための設計のことです。

建物は、快適な環境を提供する装置であると同時に、人を災害から守る役目を持ちます。建物が地震時に倒壊してしまえば、人を守るどころか大いなる凶器になってしまいます。これを防ぐために耐震設計があります。

明治時代に西欧の文化を取り入れた当初、建物は煉瓦造が主流でしたが、1891年に発生した濃尾地震でこれらの煉瓦造が多くの被害を出しました。ヨーロッパでは大きな地震が発生しないため、当時の建築技術に耐震設計の概念がなかったことが原因です。その後も大きな地震が発生するたびに、耐震設計は進化を続けています。現在用いられている耐震設計の技術は、耐震・制振・免震に大きく分類できます。

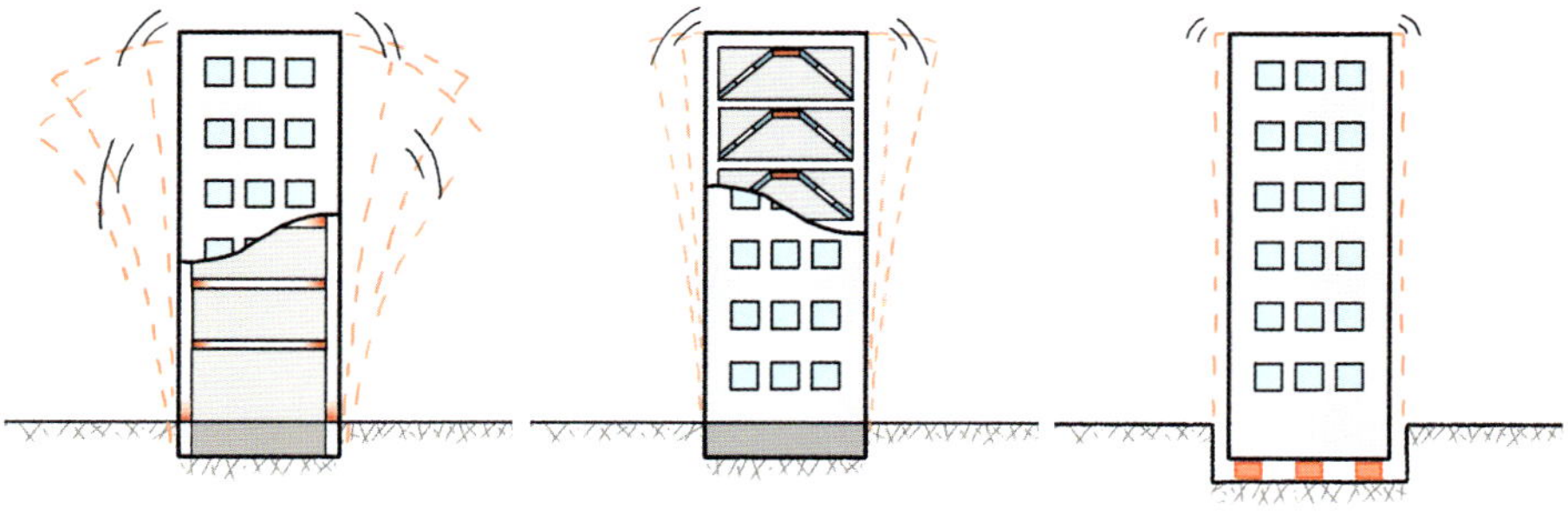

耐震構造　制振構造　免震構造

Q2 耐震構造とは何ですか？

A2 耐震構造は、揺れに抵抗する強い構造体を作るシステムです。

耐震構造には、大きく分けて2種類あります。建物の自重（鉛直荷重）を支える柱や梁で地震時に受ける水平力（慣性力）にも抵抗する「ラーメン構造」と、壁やブレースなどの水平力に抵抗するパーツ（耐震要素）を追加して水平力に抵抗する構造です［144頁Q4］。

前者は柔らかく、後者に比べると弱くなりがちですが、柱と梁というシンプルな構成のため、連続した空間を作りやすいメリットがあります。また、気を付けて設計をすれば、多少損傷しても粘り強い構造になります。

後者は、より地震に強い設計をすることが可能ですが、耐震要素が建物内で空間を遮るデメリットがあります。

Q3 免震構造とは何ですか？

A3 建物をスライドさせ、地面の動きの影響を受けにくくするシステムです。

テーブルクロス引きをイメージして下さい。うまくテーブルクロスが引ければ、コップはテーブルクロスの上を滑らかに滑って倒れず、コップの中の水もあまり揺れません。一方、コップがテーブルクロスに引っかかると、ひきずられて倒れてしまいます。これを建物に置き換えると、地面（テーブルクロス）に固定されない建物（コップ）を作ることができれば、地面が動いても建物は滑ってほぼ同じ場所にとどまることになります。

実際は建物を地面に固定する必要があるので、建物の自重を支えながら地震時には地面に対して滑らかに大きく動けるように、柔らかいゴムやすべり材などの免震部材で建物を支持するのが免震構造です。地震時には免震部材が大きく変形し、建物自体の揺れを小さく抑えます。免震構造は１９８０年代から建設され始め、'95年の阪神淡路大震災を機に多くの建物が建てられました。

耐震構造や制振構造に比べて、建物の揺れの強さ（加速度）を小さく抑える特徴があり、建物が壊れにくいだけでなく、家具などが転倒しにくいメリットがあります。このため、地震後も継続して建物を使用することが可能になり、災害拠点や病院などで多く採用されています。

耐震構造

免振構造

Q4 制振とは何ですか？

A4 地震のエネルギーが集中する箇所をつくることで、建物の主要な構造を守るシステムです。

耐震構造では、耐震要素や柱・梁といった建物の自重を支える材が地震時に損傷してエネルギー吸収をすることで、建物が倒壊することを免れます。しかし大きく損傷してしまった建物は地震後には継続使用が難しくなる可能性があります。そこで、地震のエネルギーを積極的に吸収する別の部材を追加することで、柱や梁の損傷をおさえ、地震後も健全な状態を保とうとするのが制振構造です。

地震に対する制振部材の代表的なものにダンパーがあります。鋼材の強さと粘り強さを利用した鋼材系ダンパーや、車などの「ショックアブソーバー」にも使われているオイルダンパーなど、さまざまなダンパーが使われています。

Q 5 制振だけ〝振〟が〝震〟でないのはなぜですか？

A5 地震以外の揺れも考慮している時は、〝振〟の漢字を用います。

地震の揺れを制御する「制震」に対して、地震に限らず風揺れ（水平方向）なども含めた広い意味での揺れを制御する手法として「制振」構造という呼び方があります。

地震に対する「セイシン」構造には、「制振」「制震」の両者が混在しており、必ずしも「制振」で統一されていませんが、近年では地震に対しても「制振」を使うのが主流になってきています。

Q 6 それぞれの建物でどの構造を利用するかは、どうやって決めるのですか？

A6 地震被害をどの程度許容するか、コストや用途に応じて検討します。

地震に対する性能という視点では、大雑把にいえば耐震→制振→免振の順に耐震性能が高まり、建物を作るコスト（建設費）も概ねこの順番で増加します。一方で、地震で被害にあった場合の補修費用まで考えると、初期コストをかけて高い耐震性能にした方が長い目で見ると安い、という考え方もあります。

建物の用途や使い方によって、地震で被害が生じることを許容するか、地震後にすぐ使えなくてはならないか、などの要求性能もさまざまです。費用対効果も含めて建築主と対話をしながら、その建物に適したシステムを決めていくのが一般的です。

Q 7 耐震設計のシステムは、建物のデザインにも影響を与えるのですか？

A7 耐震設計によってデザインの自由度が高まったり、逆に耐震要素をデザインとして見せたりすることができます。

耐震要素をデザインに用いるという点では、ブレースを建物の外側に配置して特徴的な外観デザインにすると同時に、内部計画の自由度を高めたダイヤゲート池袋［36頁］や、建物を支える柱と地震に抵抗するブレースの機能を兼用した斜め柱による格子を外観に表した大塚グループ大阪本社［24頁］などがあります。

また、制振構造や免震構造は、耐震性能を高めることを目的に採用しますが、これらを採用することにより、柱や梁が地震時に負担すべき力が小さくなります。これを利用して、耐震構造では実現できないようなスレンダーなフレームで建物を建てる、ということも考えられます。

Q8 建築基準法を守っていれば震度7でも安全なのですか？

A8 基準法は〝最低限の安全〟でしかないといえます。

建築基準法は、大地震時に人命を守るための最低限の基準を定めています。したがって、建物が倒壊・崩壊しないことを目標としていますが、ある程度の被害は許容しています。また、地震による建物の被害は、柱や梁といった構造体の被害だけではなく、仕上げ材や設備機器、什器備品などさまざまな被害が考えられますが、構造体以外については具体的な規定はほとんどないのが現状です。

したがって、大地震後にも建物の機能を継続する必要があるなどの理由で、建物の被害を抑えたい場合には、建築基準法の規定よりも高い耐震性能を持たせる必要があります。これを「耐震グレード」と呼び、設計時には建物の用途や要求性能に応じたグレード設定を行います。

Q9 耐震設計に4つ目のシステムが生まれるとしたら、どういったものが考えられますか？

A9 建物が可変し、地震の揺れを能動的に制御するシステムができるかもしれません。

そろそろ実現が見えてきたリニアモーターカーのように、地面から少し浮いて地震の影響を全く受けない、でも風などで飛ばされない、完全免震のようなものが生まれる可能性も考えられます。

また、巨大な構造物である建築はじっと動かず、地震や風にも耐える、受動的な構造が一般的ですが、能動的に地震の揺れを制御する、その時々の状況に応じて硬さを変える可変剛性など、アクティブな制御という考え方は以前からありました。実際に使われている事例もありますが、現在の技術では大々的に使用できていないのが実状です。

アクティブな制御をさらに推し進め、建物各所にセンサーを設置して建物が自らを観測し、状況に応じてアクティブに制御する、損傷を自己修復する、といった、ロボットにも似た「スマート構造」という概念も2000年頃を中心に話題になりました。

かつては夢物語のように聞こえたこれらの技術が、30年後には当たり前になっているかもしれません。

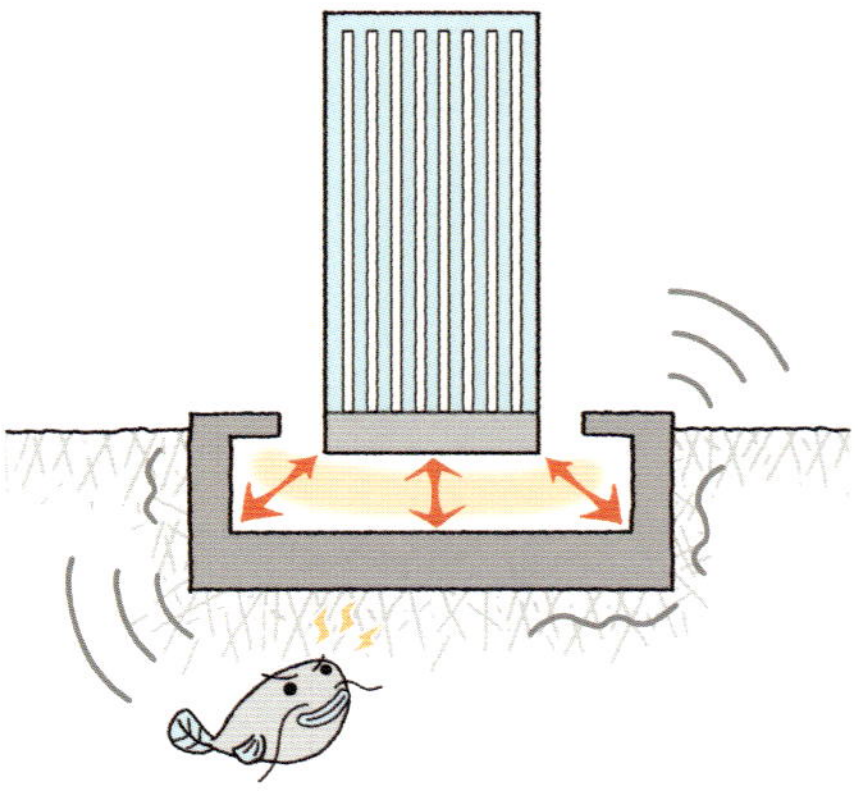

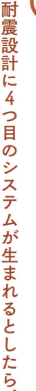

【表現の技術】

解析の後は、選定した構造材の大きさや接合方法を図面で表現します。数十年前は三角定規を用いて図面を手書きするのが一般的でした。30年ほど前からは、CADといわれるコンピュータ上のソフトを用いて2次元の図面を書くようになりました。ここ数年では、建物の3次元モデルを作り、その情報から2次元の図面を作り出す、もしくは3次元のデータそのものをBIMモデルとして共有する、というような、大きなパラダイムシフトが起こっています。

本節では、3次元モデリングと図面化の中心的な技術である「BIM」、進化したコンピュータ技術を設計に用いる「デジタルデザイン」、これらを使うことで設計のプロセスさえも進化させようという「コンカレントエンジニアリング」について解説します。

BIMが分かるQ&A…1

Q1 BIMとは何ですか？

A1 建物を構成するすべての情報をひとつのモデルに集約することです。

BIMとは、Building Information Modelingの頭文字を取っています。コンピュータ上に作成した主に3次元の形状情報に加え、室等の名称・面積、材料・部材の仕様・性能、仕上げ等、建築物の属性情報を併せ持つ情報モデルを構築するものです。設計だけでなく、施工、維持管理までデータを一括管理し利用できるので、それぞれのプロセスでの効率化・最適化を図ることはもちろん、各分野の迅速な連携を促し、さらに生産性の向上が期待できます。

従来の線や面の集合体であるCADと比べ、3次元上のそれぞれの要素が個別の属性情報を持っている点が大きく異なります。

Q2 3次元でモデルを作ることのメリットは何ですか？

A2 ヒューマンエラーを防止し、関係者間のコミュニケーションが円滑になることです。

常に2次元と3次元を行き来しての整合が図られるので、作図工程においては、ある平面部分の修正を行うと、連動して立面図、断面図などが自動修正されます。そのため、いざ建物を建てる時に、変更漏れなどで現場に運び込まれた建材部品同士が合わないことや、サイズが違う事を防ぐことができます。さらに、こうしたことを複数の図面を横断して修正していくための時間や手間を大幅に削減することができます。結果的に建築コスト削減や工期の短縮にもつながります。

また、2次元の図面は線だけで描かれていて専門家しか読み解けませんが、3次元の図なら誰でも立体的な構造が視覚的に把握できます。建築主、設計者、施工者などさまざまな立場の人と完成イメージを共有し易くなり、プレゼンテーションや打合せがスムーズになります。更にはBIMデータ（3Dモデル）があれば、設計の初期段階から照明、空調、風等の各種シミュレーションが行いやすいですし、建設コストの見積においても、モデル化と同時に面積、体積が算出されるので、躯体や仕上げ建材などの数量を正確に把握でき、簡単に概算できます。

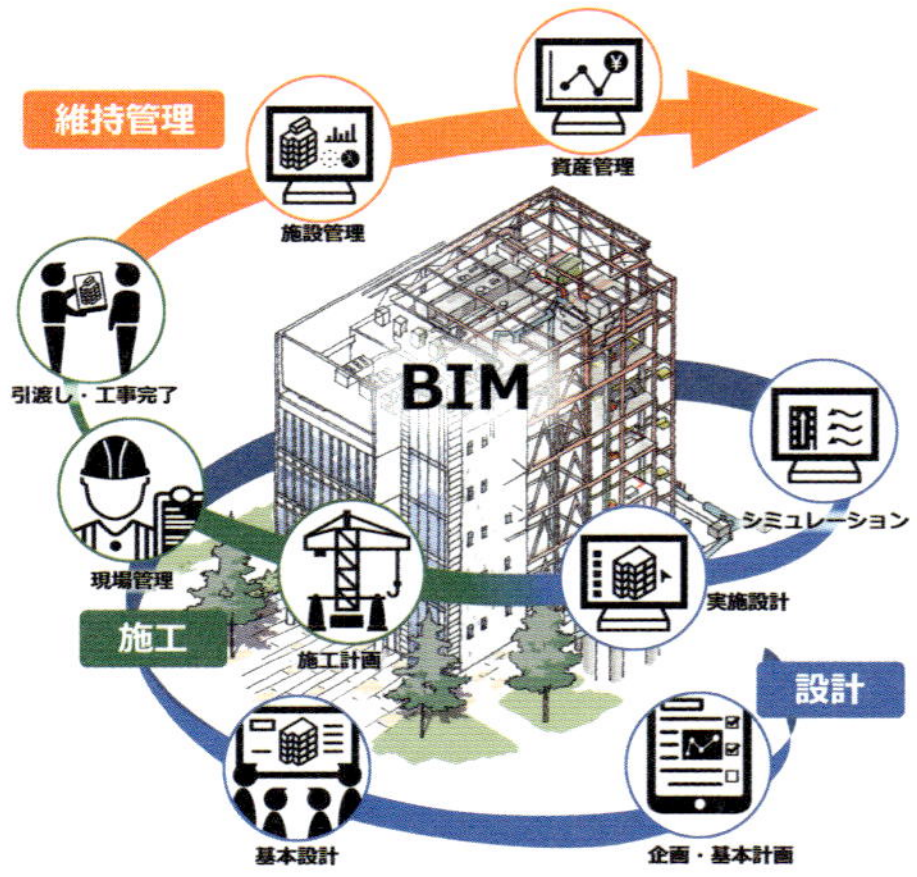

出典：「BIMを活用した建築生産・維持管理プロセス」（国土交通省「建築BIM推進会議 建築BIMの将来像と工程表」）（https://www.mlit.go.jp/jutakukentiku/content/001351969.pdf）を一部加工して作成

Q 3 設計で作成したBIMデータが、実際のものづくりまで利用されているのですか？

A3 そうなるように、ソフト面の整備が進んでいます。

まだまだ発展途上の段階ではありますが、そうなるようにさまざまなBIMのルールが整備されつつあります。現状では、モデル化するためのソフトウェアが違う、建物の設計者、施工者、管理者といった立場によって必要な情報が違うといった事情から、その都度データを修正したり書き出したりするプロセスが生じています。

しかし、こうしたさまざまな違いを取り込み、共用できるデータフォーマットやモデルの詳細度を揃えるための試みが行われています。

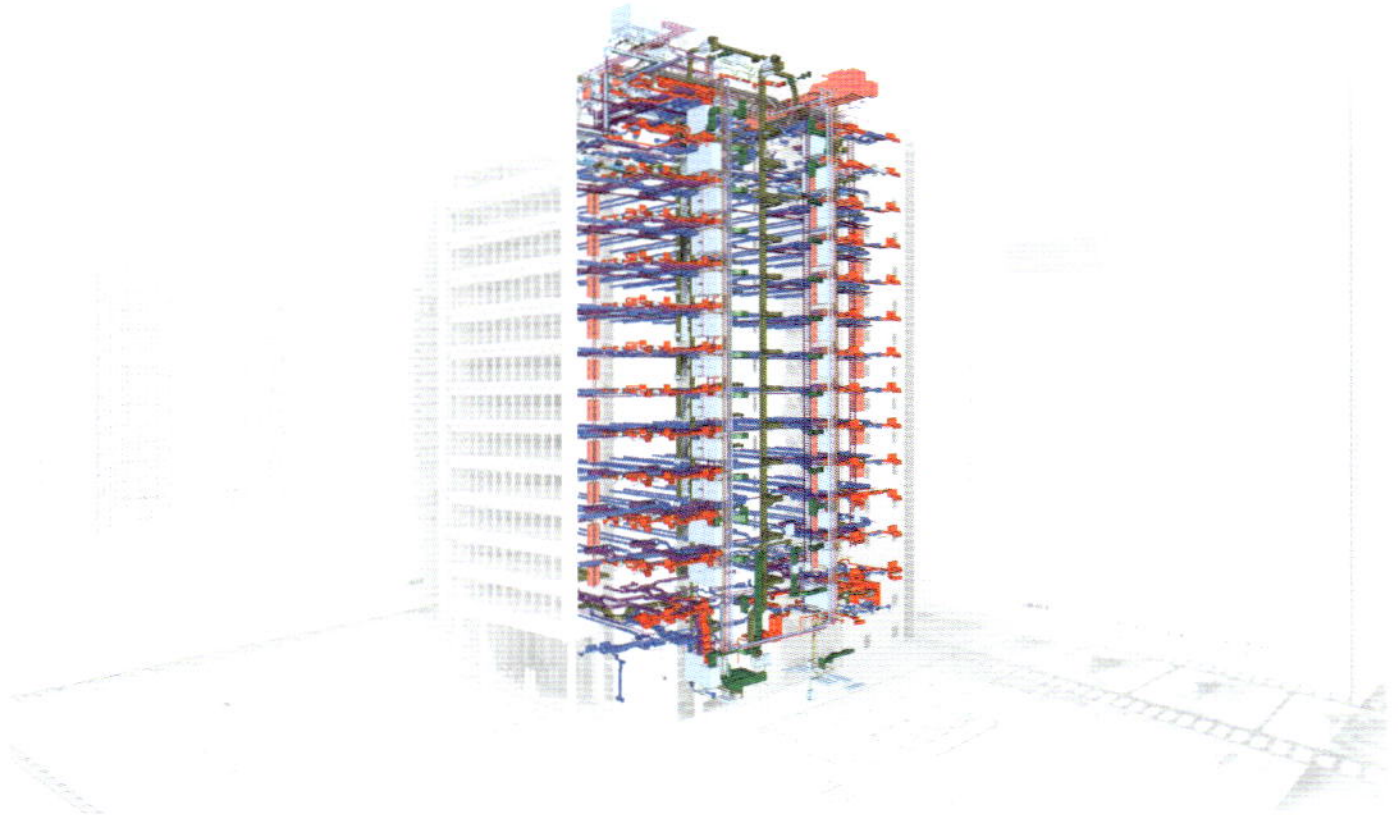

組み上げた3次元モデルから、平面図・立面図・断面図などの図面が不整合なく作り出される

Q 4 BIMデータは、建物をつくった後も使われるのですか？

A4 設備の更新や、リフォームの際に役立ちます。

建物は長く使われるため、仕上げ材や機械、配管、配線は、個々の耐用年数や建物の模様替えに応じて更新が必要です。その場合も、BIMデータに情報を入力しておくことで、建物のどこにどのような役割の配管があるかなどが一目で分かるため、さまざまな検討が正確かつ容易に進みます。

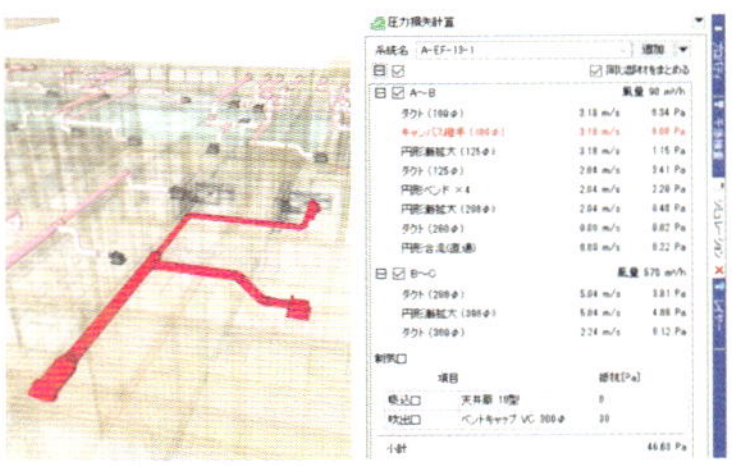

3次元モデル内で選択されたダクトの径や風速などの情報がプロパティとして表示される

5 Q そもそもコンピュータを使って図面を描いたのはいつ頃からですか？

A5 20世紀末から始まり、21世紀に3次元での表現が本格化しました。

1990年代初めごろに、それまで手描きしていた2次元の図面を、CAD(Computer Aided Design)と呼ばれるコンピュータソフトで描き始めました。コンピュータの性能が高まるにつれて、繰り返しの要素が多い建物や、複雑な形状の建物で正確な図面を描く時などに重宝するようになりました。2000年代初めごろにCADソフトが3次元のモデルを扱えるように進化し、3次元的な形状確認と並行しながら2次元の図面を描けるようになりました。その後、その三次元のデータが前述したような要素の属性情報まで持つように進化し、現在のBIMへと発展してきています。

6 Q 30年後、BIMの技術はどうなっているでしょうか？

A6 BIMを使って3次元の空間体験をしながら、設計を進める時代になるでしょう。

おそらく、法整備が進み建築確認申請などもBIMによるデータ申請が可能になっていると思います。また、発注図などもすべて同じデータ内で行うことができるようになり、設計・施工・維持管理がより連携されていると思います。つまり、従来の図面はすべてなくなり、設計・施工プロセスにおける情報のやり取りはすべてBIMを中心としたデジタルデータという時代が来ると考えられます。ここ数年は日本においても、国土交通省を中心としたBIMの促進もあり、さらなる実用化が加速されていくことでしょう。

デジタルデザインが分かるQ&A…1

Q1 デジタルデザインとは何ですか？

A1 人間が不得意な大量の計算や複雑な検討を、コンピュータの力を借りて行う手法です。

形態を決める手法として、アルゴリズミックデザインやパラメトリックデザインなどがあり、その他にもシミュレーションなど、コンピュータを援用したデザイン手法を総称してデジタルデザインと呼びます。

複雑な形状・構造を持つ空間構造や、通常の直線的な通り芯を持たない曲線的な形状の事例が多いです。

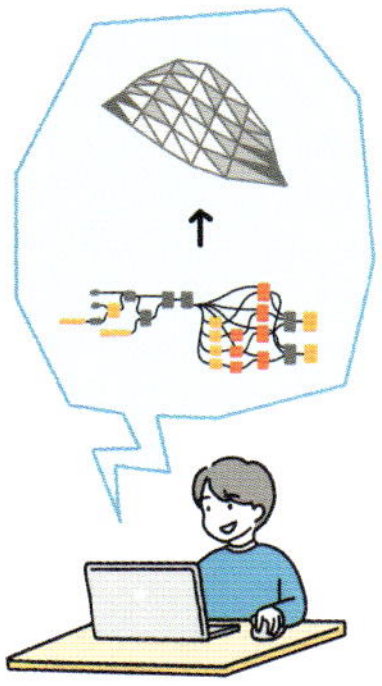

Q2 このような技術を利用した建物にはどんなものがありますか？

A2 国内外の象徴的な建物が多くあります。

近年の技術発展後にこの技術が全面的に設計で活用された例としては、実現はしませんでしたがZHA（Zaha Hadid Architects）案新国立競技場［42頁］が挙げられます。さまざまなシミュレーションやBIMとの連携が行われ、デザイナーとエンジニアの間でもパラメトリックデザインによる判断が多く行われました。他にも同じZHAのデザインした東大門デザインプラザや、ロンドンオリンピックの聖火台のデザインなどで知られるヘザウィックスタジオによる麻布台ヒルズなど、積極的に利用され実現に至っている例が多数あります。

ZHA案新国立競技場

東大門デザインプラザ（DDP）

麻布台ヒルズ

Q3 いつ頃から始まった技術なのでしょうか？

A3 20世紀末から発展し、ここ10年で急激に普及しています。

1980年代後半にコンピュータを用いた形態デザインが展開され始め、その後フランク・O・ゲイリーが1997年にビルバオ・グッゲンハイム美術館で活用したことがこの技術の萌芽といえます。その後2000年代前半にジオメトリックデザイン［※1］が普及しました。この段階までは一部の人たちが取り組んでいた程度でした。しかし、2007年に3D CADソフトウェアRhinocerosのビジュアルプログラミング環境としてGrasshopperがリリースされたことで、プログラムを書いたことが無い人でも容易に検討が可能となり、この技術の活用が急速に推し進められ、以降5年程度で一般に設計技術として使われる技術となりました。

Q4 メリットは何でしょうか？

A4 人間では処理しきれない複雑な設計の実現や、設計検討時間の短縮が可能です。

人間が行っていては時間が掛かりすぎる、或いは間違えてしまう可能性があるなど現実的でない複雑な操作であっても、コンピュータを積極的に活用することで可能になります。図面と解析モデルを常に整合させ、部材数量を把握することも出来ます。また、パラメータの調整でモデル修正も容易になります。

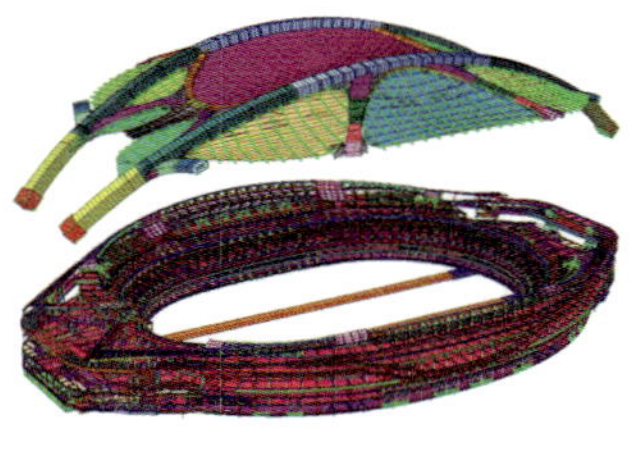

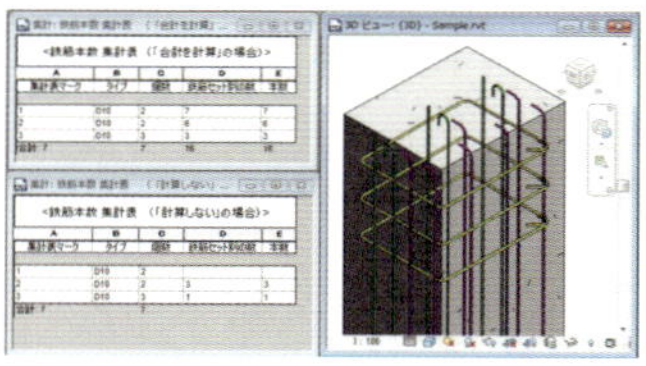

Q5 デメリットはありますか？

A5 イレギュラーに弱いことです。

いくつかのパラメータにより制御するルールを決める手法であるため、そのルールから逸脱する特別な部位が多数存在すると、その微調整に非常に手間がかかってしまうことがデメリットです。向き不向きを判断したうえで、こういった手法を採用するかどうか検討する必要があります。

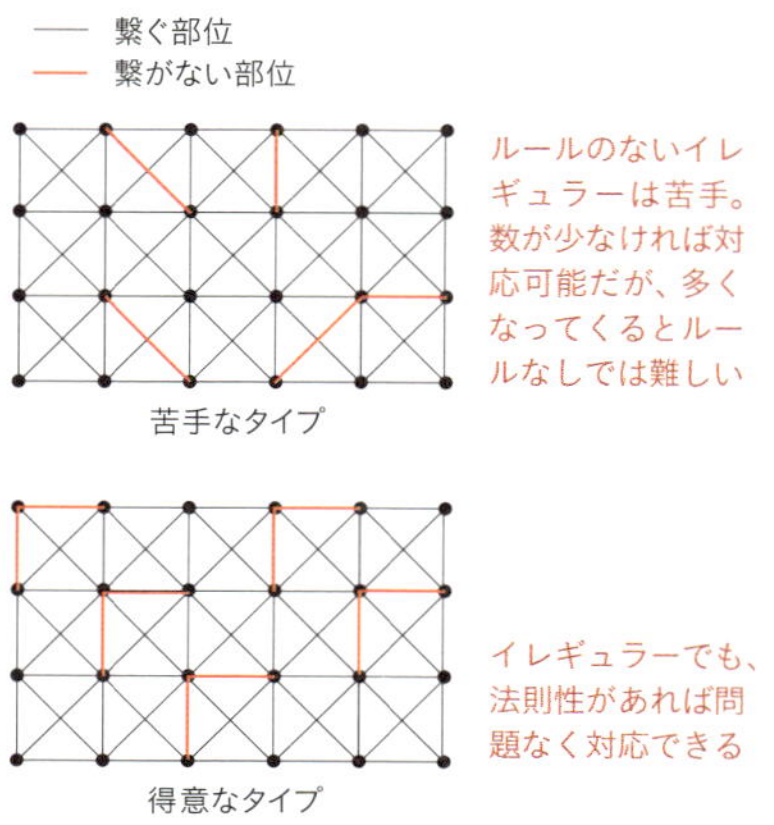

ルールのないイレギュラーは苦手。数が少なければ対応可能だが、多くなってくるとルールなしでは難しい

イレギュラーでも、法則性があれば問題なく対応できる

※1：複雑な造形イメージを定義可能な形態に置き換えて生成し、生産に至るまでのマネジメントを行うこと

Q6 デジタルデザインの注意点は？

A6 モデル化のルールを各分野で明確に共有することです。

たとえば、曲線上の部材をモデル化するにあたって、意匠的には平行移動で断面を割り当てることがありますが、構造的には製作性の観点から法線方向に同じ断面を割り当てます。その結果として得られる形状は異なるため、互いに何を基準にしてモデル化するかという基本方針をしっかりとすり合わせておくことが重要です。近年ではこういったところの交通整理をする職能も確立されています。

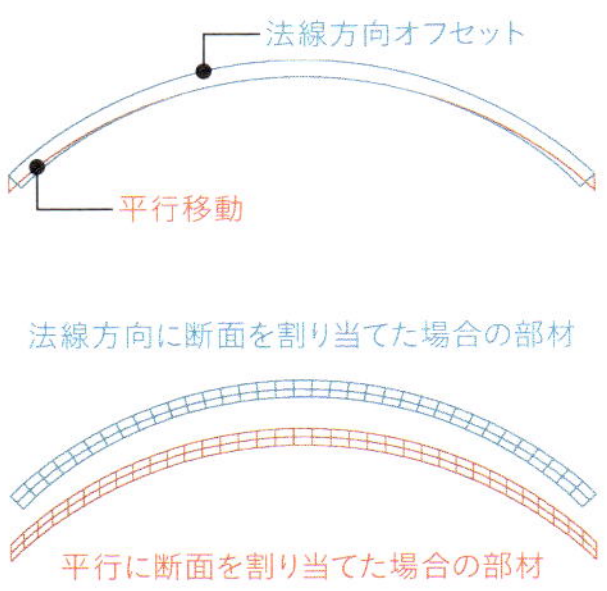

Q7 デジタルデザインにはどんな種類がありますか？

A7 アルゴリズミックデザインや、パラメトリックデザインなどがあります。

アルゴリズミックデザインは、アルゴリズムを利用して部材発生等のルールを決め、「発生的に」形態や部材をデザインする手法です。設定したルールに従って自動的に形状が決定され、その結果に設計者の意図は直接的には現れません。

パラメトリックデザインは、部材の寸法や角度、数など形態を定義する条件を一意な定数ではなく変数として与え、さまざまな形状を生み出す方法です。計算結果はコンピュータによるものですが、パラメータの操作は設計者による対話的な判断や合理性の検討によるものであり、コンピュータの技術と人間の感性の協力ともいえるでしょう。

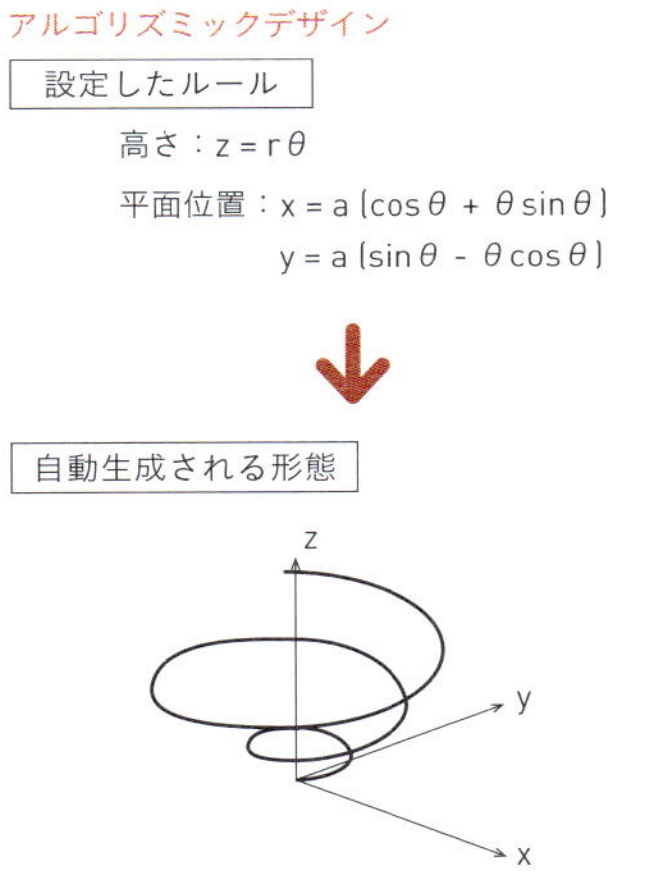

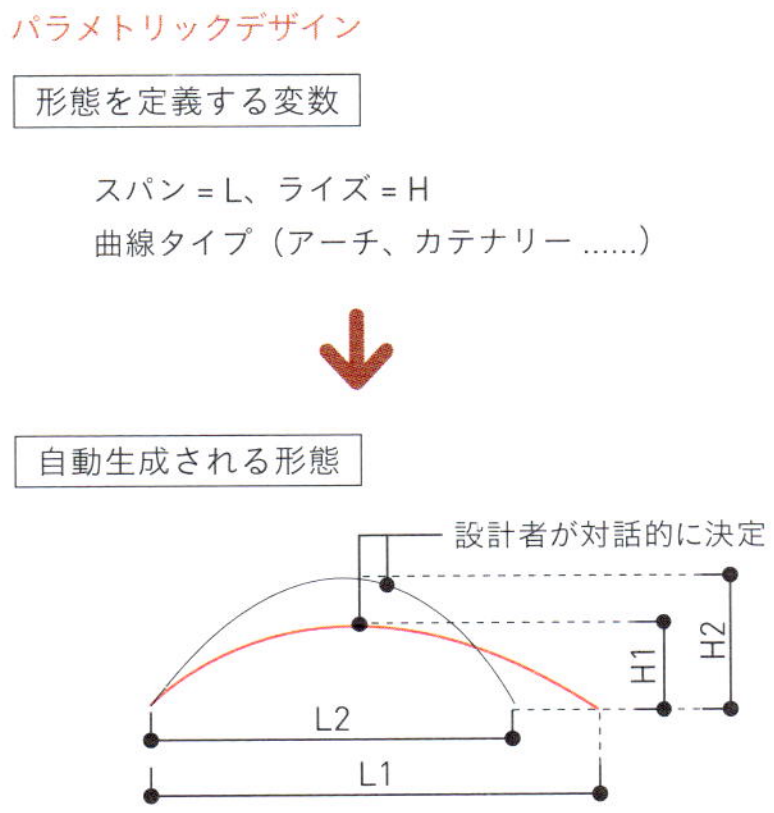

Q 8 デジタルデザインは、近年どのように変わりましたか?

A8 ビジュアル化と簡易シミュレーションの技術が特に進化しました。

計算機の性能や描画能力も大きく向上したことから、さまざまな解析シミュレーションとの連携やビジュアル化が容易になったと感じます。当初は高度なシミュレーションプログラムとの連携は技術に精通した者が行う必要がありましたが、この技術の普及に伴い簡易な検討用プラグインが多く開発され、特に強みであるビジュアル化の部分に比重が置かれるようになってきたように思います。設計序盤のスピード感についていく必要があるため、『精確ではなくとも手軽に簡易なシミュレーションが可能である』ということの重要性が認知されてきた結果だと思います。

Q 9 デジタルデザインは、将来どのように進化すると思いますか?

A9 ほかのデジタル技術とのコラボレーションに期待しています。

近年ではAIやXRといった技術と組み合わせた手法も現れてきています。また、設計だけではなく製作・施工・監理時にもこういった技術を活用できるような研究開発が行われています。たとえば、施工ではXRでどういった加工の鉄筋をどこに並べるかを検討する、監理ではAIを使い図面と施工の食い違いや確認項目を整理する、データ管理をBIMと連動させる、などが考えられます。

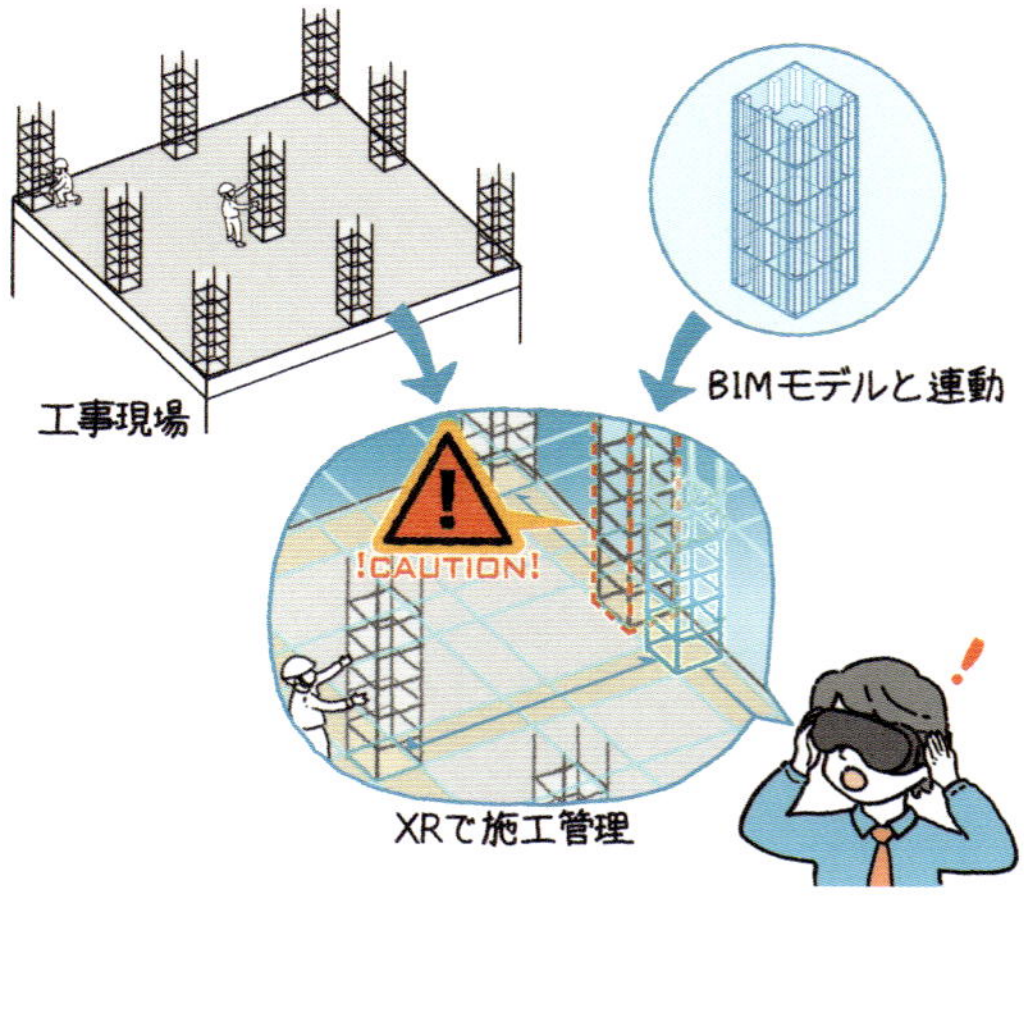

コンカレントエンジニアリングが分かるQ&A…1

Q1 コンカレントエンジニアリングとは何ですか？

A1 複数の専門家が同時並行で設計することです。

元は自動車などの製造業で生まれた考え方で、製品開発工程において、複数の業務を同時進行させることで、開発の効率化や期間短縮を図る手法です。

従来の建築設計は、意匠設計者が設計したあとで、構造・設備設計者が検討するというようなバトンリレーでしたが、コンカレントエンジニアリングでは、プロジェクト初期段階から意匠・構造・設備設計者が同時並行（コンカレント）に設計を進めていきます。

Q2 メリットは何でしょうか？

A2 設計の手戻りが少なくなり、質が高くなると考えられます。

建築設計では、あとの段階になればなるほど、設計変更にかかるコストが高くつくといわれています。たとえば、梁のせいが想定から変わると建物の階の高さに影響があり、せっかく意匠設計者が割り付けた階段がやり直しになってしまったりします。初期段階に負荷をかけて総合的に設計検討を行って問題点の改善を図ることで、早い段階で設計品質を高めることが可能になり、設計効率の改善や手戻りによるコストの発生を事前に防ぐことができ、トータルとしてよい設計を行うことができます。

エンジニアの負荷は従来より高まるかもしれませんが、設計の初期から積極的に関与することで、より技術的な視点を取り入れた建物が実現できる可能性が高まります。

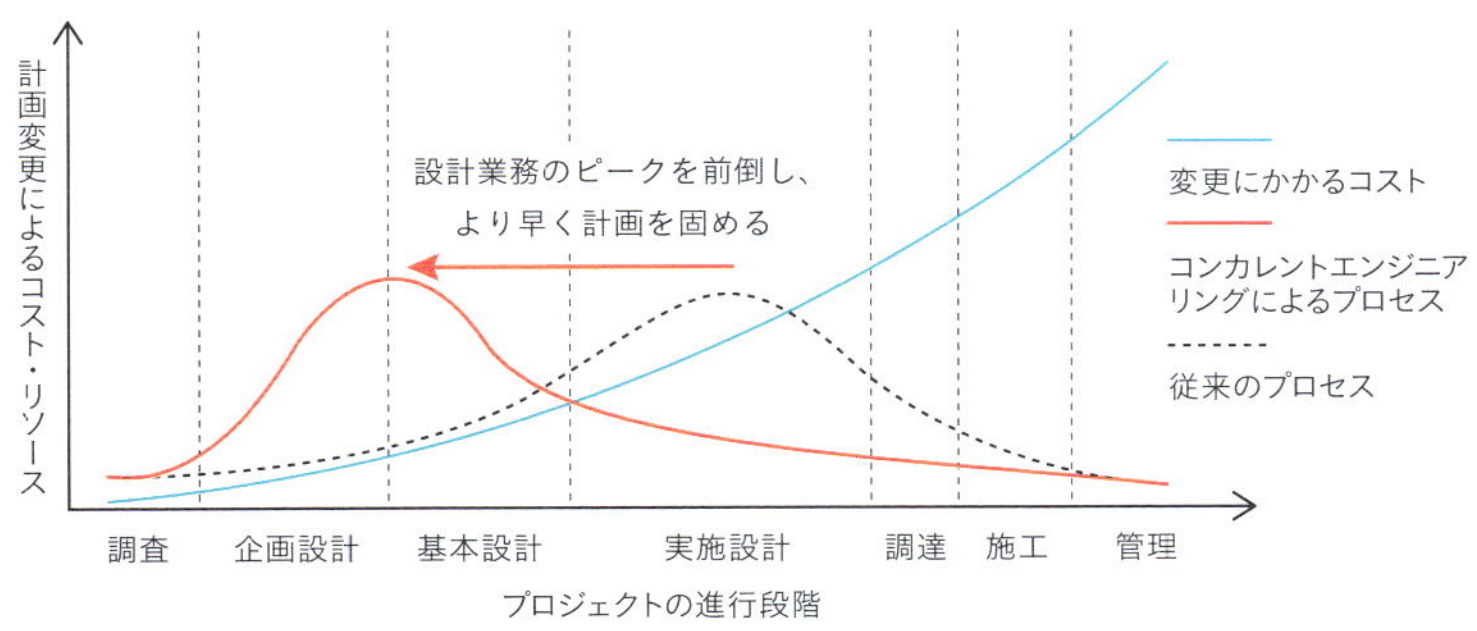

コンカレントエンジニアリングの設計プロセスのイメージ

Q3 近年、建築分野でコンカレントエンジニアリングが進んでいるのはなぜ？

A3 データを共有するツールが発展したためです。

コンカレントエンジニアリングを進めるには、各専門家が持っている情報を「見える化」し、正確な情報を正しく伝える必要があります。特に3次元でイメージを共有できるBＩＭソフトの普及やオンラインの情報共有ツールが整ってきたことで、設計情報の共有が行いやすくなったのが大きな要因です。

三次元モデル例

Q4 コンカレントエンジニアリングで大切なことは何ですか？

A4 コミュニケーションを円滑にとることです。

各専門家間のコミュニケーションや情報連携がより一層重要になります。専門性を超えてチーム一丸とならないとうまくプロジェクトを進めていけません。デジタルモデルだけでやり取りをすると、その情報がすべてのように思えてしまうのですが、実際は設計の初期にはいろいろなものが不確かさを含みます。

そのため、モデルを超えた情報をやり取りすることが非常に大切です。そのためにもＩＣＴツールの積極的な利用や、時には対面で、作成しているモデルを眺めながら双方の考えをすり合わせていくことが今まで以上に大切になっていきます。

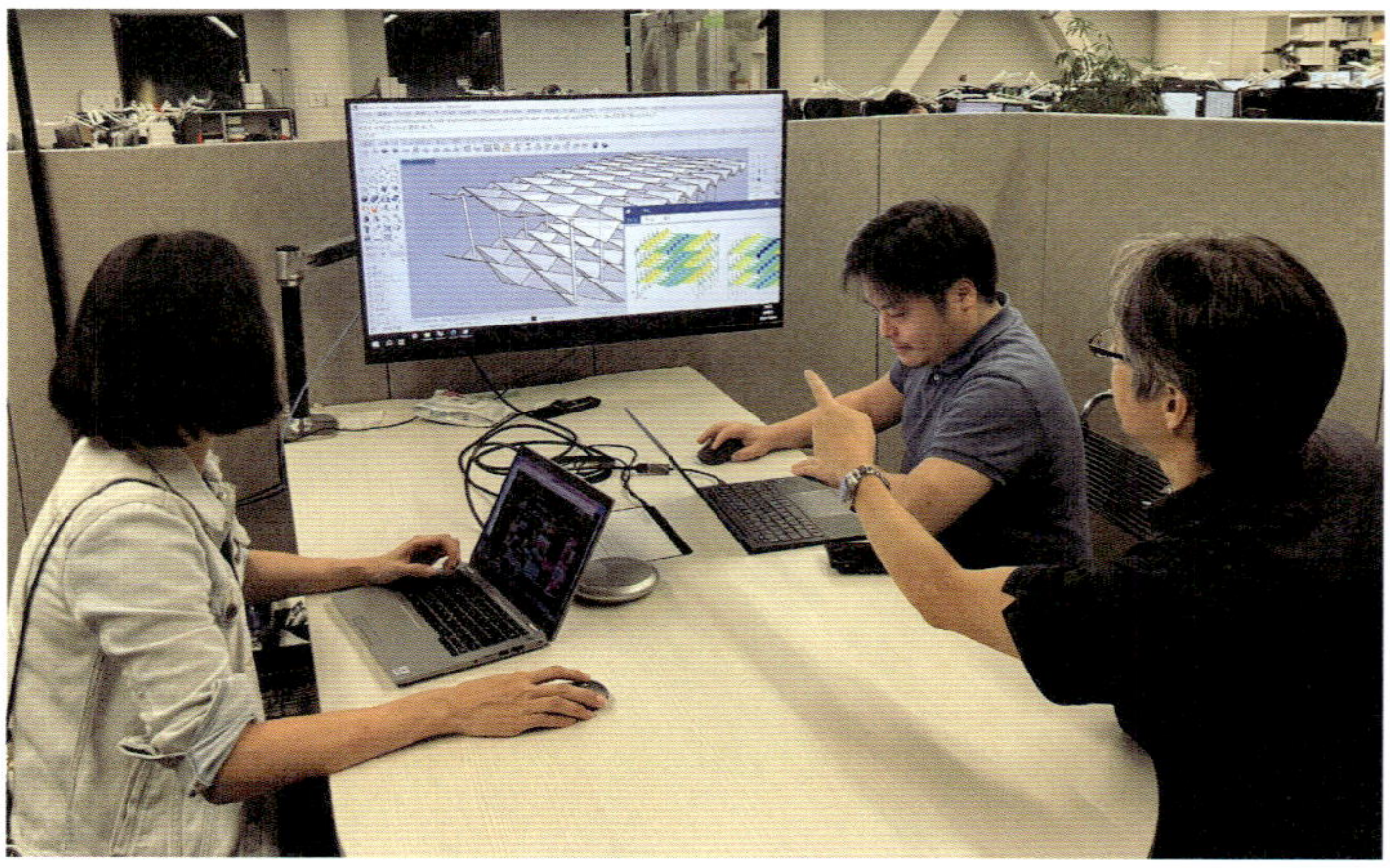

【安心の技術】

建物は壊れなければいい、という時代は終わりを告げ、近年は設計された建物の性能をクライアントやユーザーにわかりやすく説明することが求められる時代となってきました。安全とともに安心についても、関係者と共通理解を得ながらどのように建物を作りこんでいくのかは、構造設計者に求められる大きなテーマとなっています。

本節では、この変化のなかで発展してきている特別な技術について解説します。たとえば、「構造ヘルスモニタリング」は、地震時の建物の被害状況の見える化を目指した技術です。ほかにも、建物の揺れを体感できる「構造性能体感システム」、近年新たな問題として注目されている「たてのり振動問題」に対する技術を紹介します。

構造ヘルスモニタリングが分かるQ&A…1

Q 1 建物の「構造ヘルスモニタリング」とは何でしょうか？

A1 建物の安全性を見える化する方法です。

地震時に建物の被災状況（ヘルス）をモニタリング結果に基づき判定するものです。一般的に、建築の構造体は仕上げ材に覆われており、被害状況を目視では確認できませんが、センサーによる計測結果（加速度や変形）があれば被害状況を推定することが可能です。また、システムによっては構造部材だけでなく非構造部材の被害状況の推定も可能です。

Q 2 具体的にどのようなことが分かるのでしょうか？

A2 揺れ方を計測し、被災状況を推定します。

具体的には、建物内にセンサー（主に加速度計）を設置して地震時に揺れを計測し、計測結果を分析して、建物の被災状況を推定して提示します。構造体・外装材・天井材など部位ごとに判定を行い、各部位の損傷状況から、各階の被災状況を予測します。避難すべきか建物内に留まることができるのかなど、地震後に取るべき行動の一助となる情報を得たり、被害の大きい階の予測から被災状況をどの階から目視確認すればいいかなどを判断するのに使用したりします。一般的に地震の揺れが収まってから数分以内に判定結果を要約したレポートが示されます。

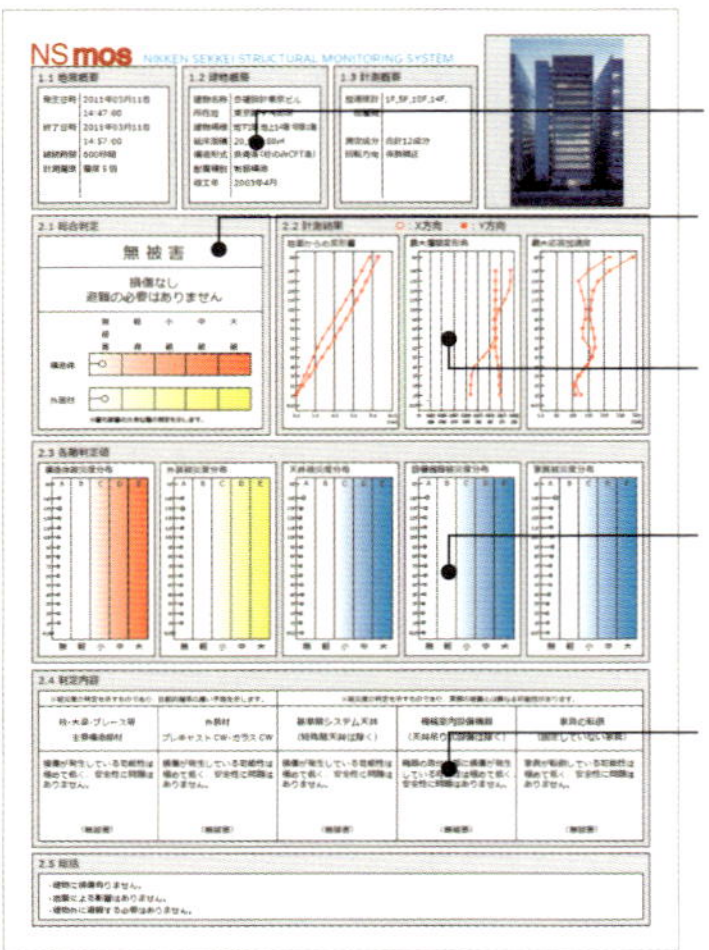

判定結果レポートの例

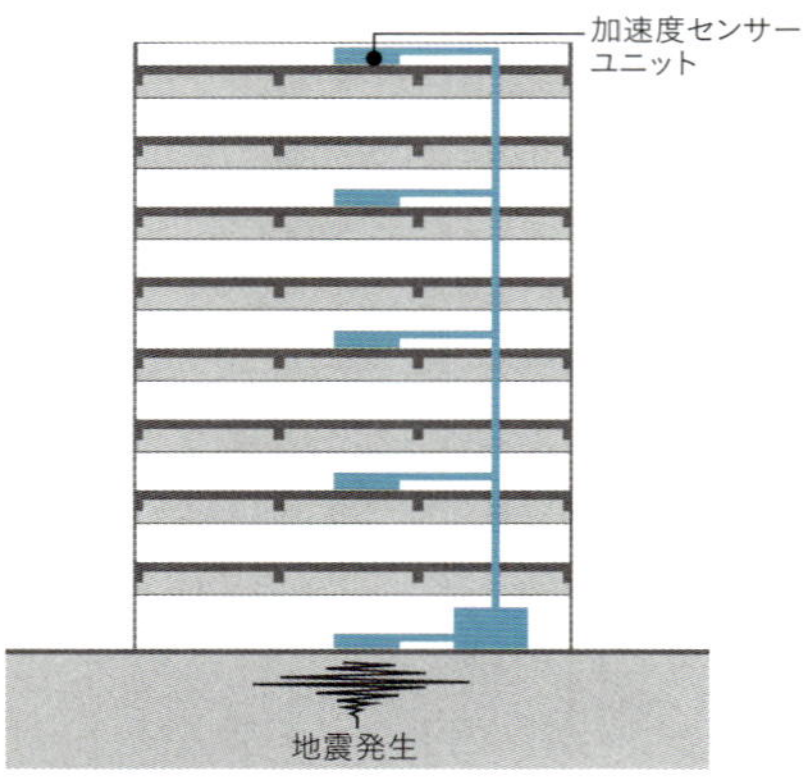

加速度センサーユニット
従来のサーボ型に代わり、LANケーブルで接続可能な簡便で安価な地震センサーを用いている。安定して継続的に建物の揺れを計測し続ける

システム概念図

Q3 ヘルスモニタリングはいつから登場したのですか？

A3 平成中期ごろから登場し、東日本大震災後、導入が増えています。

建物の地震時の揺れを観測する強震観測は、超高層ビルが建設され始めた高度経済成長期（1950年ごろ）から行われていました。この技術を応用して実用化されたのが、建物のヘルスモニタリングです。建物に設置され始めたのは2000年代で、2011年の東日本大震災では建物内に留まる判断や、帰宅困難者受け入れの際に判定結果による安全確認を行い、モニタリングシステムの有効性が実証されました。以来、急速に普及し、1000棟以上の建物（主にオフィスビルや、不特定多数の人が集う公共施設など）で導入されているといわれています。

Q4 具体的にはどのような設備を使うのですか？

A4 センサー（加速度計）とPCを用います。既存建物にも採用可能です。

10～20㎝角、高さ数㎝程度のセンサーを建物内の床に数か所固定します。それらを配線でつなぎ、PCに計測記録を集約します。PC内には判定ソフトがインストールされていて、たとえば、ある階の傾きが3㎝を超えたら被害が生じる、といった判定値を決めておきます。計測記録と判定値を比較して被害の有無を判定します。実際は被災度のレベルに応じて複数の判定値を用いて、3～5段階程度の被災度レベルを判定します。新築だけでなく既存建物への設置も可能です。

センサー（加速度計）

Q5 センサーはいくつ必要なのですか？

A5 規模とシステムによりますが、3～8フロアに1個設置することが多いです。

センサーを設置しないフロアは設置階の計測記録をもとに補間計算を行い、揺れを算定することが多いです。補間計算には建物の固有値解析結果（各階の重量と剛性（固さ）を分析して建物の揺れの特性を分析する解析）を使用する場合もあります。平面的には建物の中心付近に1か所設置することが多いですが、平面規模が大きい建物やねじれ振動の影響が大きい建物（たとえば、建物の固さの平面的なバランスが悪い建物や、高層部分と低層部分の重量に偏りがある建物）では、中心と外周に1つずつ設置する場合もあります。計測結果をもとに被害状況を推定するのがモニタリングシステムなので、推定のために適切なセンサー配置が重要です。

Q 6 実際の建物での動作検証は行われているのですか？

A6 振動台に設置した実大建物でシステムの信頼性を確認している事例もあります。

実際の導入が始まって10年以上経ちますが、適切にメンテナンスを行うことで大きな不具合なく動作していることが確認されています。また、実際の地震時の被害状況との検証という意味では、日建設計の開発した「NSmos®」では実大三次元振動破壊実験施設で行われた振動実験の際に、試験体にモニタリングシステムを設置して、判定結果と建物の被災状況を比較しました。判定結果と被災状況に大きな齟齬はなく、判定の妥当性を確認しています。

Q 7 建物の判定結果はどのように確認するのですか？

A7 建物内の防災センターで確認するのが一般的ですが、近年ではオンラインで確認できるシステムも増えています。

センサーから収録装置・判定ソフトの入ったパソコンまでを、建物内で閉じたシステムとして、ネットワークの状況に関わらず防災センターで常に判定結果を見れるようにするのが一般的です。近年ではクラウドシステムにつなげることで、どこにいてもパソコン・スマートフォンなどからすぐに判定レポートを表示できるシステムも増えています。こうしたシステムを使うことで、複数棟の建物を所有している管理者はそれらを一覧で状況確認できるというメリットもあります。

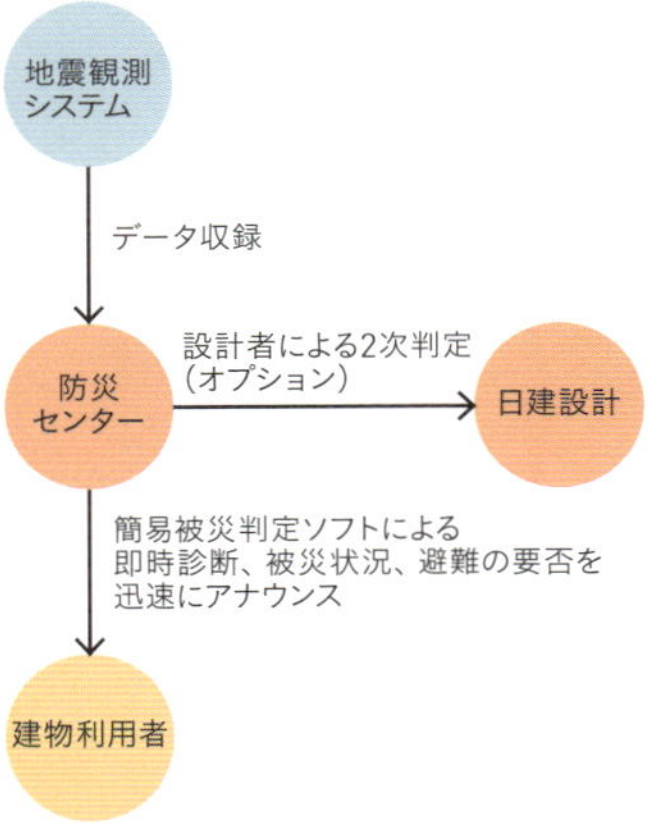

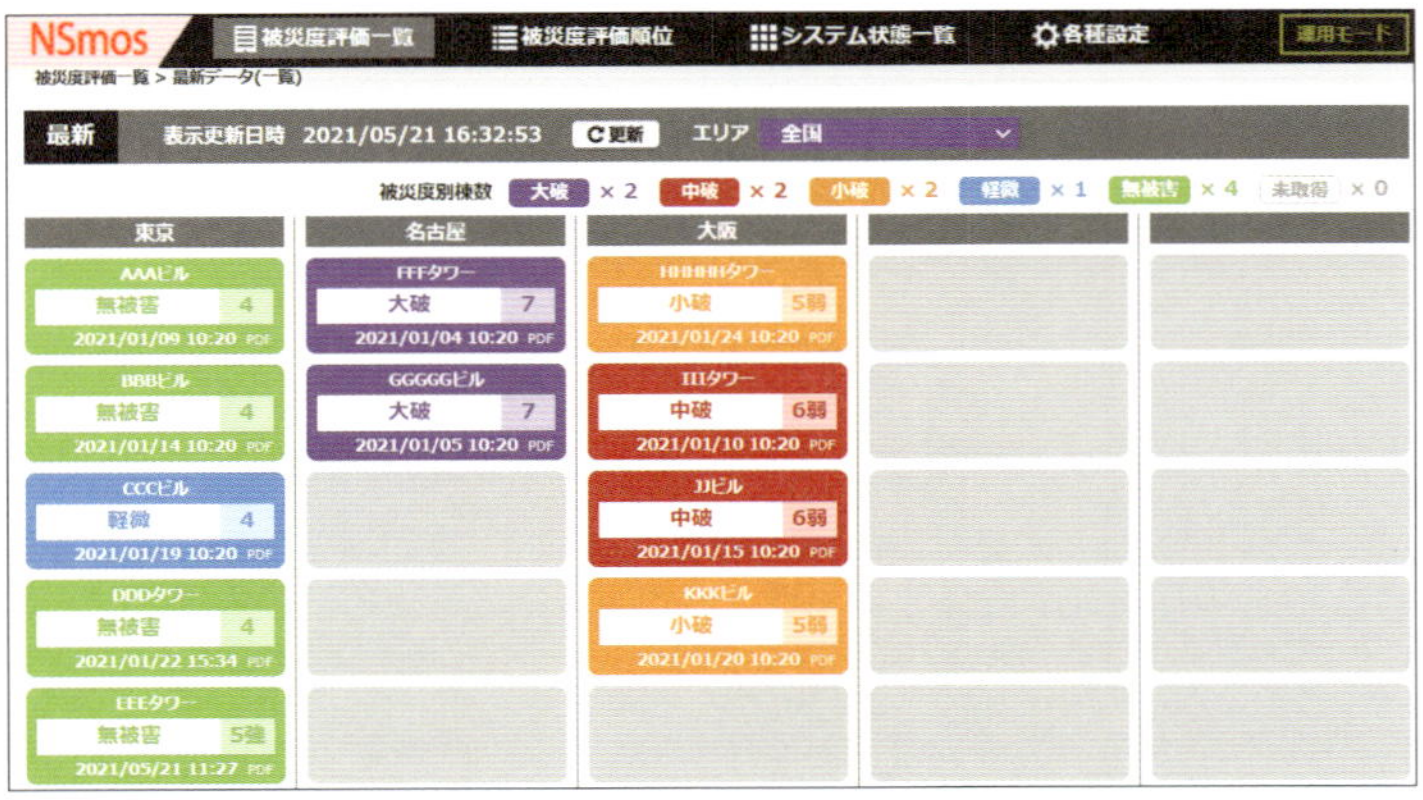

クラウド管理システムイメージ

8 Q 実際の災害時はどのように使われるのでしょうか？

A8 地震時に建物の安全性がすぐに確認できたことで、一時滞在施設として帰宅困難者を受け入れた事例があります。

揺れが収まった後の建物の状況だけでは分からない、地震の最中の建物の揺れの記録がすぐに把握できるため、即時の状況判断が可能になります。構造ヘルスモニタリング結果で安全性が確認できたので、交通機関が不通となり帰宅困難となった方を受け入れた事例があります。

【導入事例】さっぽろ創世スクエア
平成30年北海道胆振東部地震発生時には、NSmos®により躯体に損傷がないことを確認したうえで、建物を帰宅困難者のための一時滞在スペースとして活用された（出典：札幌市公式HP）

9 Q この技術が進んでいった先にはどのようなことが可能となりますか？

A9 建物単体だけでなく、地域や都市の安全管理につながることを期待しています。

安価で精度が高く簡単に導入できる技術となり、全ての建物に導入されることが当たり前となれば、全ての建物の安全確認ができるようになります。個々の建物だけではなく、地域、都市の防災力の向上につながるかもしれません。個々の建物においては、現時点では被害が大きかった階を示すことはできますが、具体的な部材の特定、各部材の被害程度まで把握することはできません。センシングの技術が向上して全ての部材にセンサーを付けることができるようになれば、詳細な被害状況の把握が可能となりますし、被害が発生した場合でもより的確な補修計画が立案できるようになると考えられます。

構造性能体感システムが分かるQ&A…1

Q1 構造性能体感システムとは、何ですか？

A1 建築の構造性能を、建設前に体験可能にする技術です。

耐震性能のような構造性能は、人命や事業継続性に関わる非常に重要なものですが、これまでは実際に災害が起こってみないと構造性能を体感することができませんでした。そこで、たとえば日建設計では、VRを利用して、地震時の建物の揺れを体感できる構造性能体感システム（SYNCVR®）を開発しました。このシステムを利用すれば、計画地の地盤条件や建物の高さ、構造、階数などに応じたVR映像を容易に生成することができます。

Q2 具体的にどのようなことが分かるのでしょうか？

A2 揺れ方や、どんな被害が出るかを具体的に知覚できます。

たとえば、計画中の建物（RC造10階建て）の10階にいた場合、震度7の地震時に、その部屋はどのように揺れ、被害状況はどのようなものか、耐震・制振・免震といった構造が違えばどのように揺れるかなどを自在に作ることができます。VRゴーグルを利用した没入感のある体験も可能です。さらに連動して揺れる椅子型の地震動再現装置「地震ザブトン」を組み合わせて利用することで、体感も伴ったよりリアルなVR体験が可能となります。

Q3 体感することで、どのように役立つのでしょうか。

A3 構造形式を決める際の判断材料として役立ちます。

耐震性能を高めた超高層建物や免震建物、既存建物に対する制振改修や免震レトロフィット改修の効果を確認したい場合の使用が考えられます。

これまでの利用実績として構造形式を選択する際に疑似体験を行い、アンケートの実施により合議的に判断するといった事例や、防災教育や震災継承などの社会貢献の観点でも利用されています。また制振メーカーの製品の販売促進用の商材動画の作成に利用した事例もあります。このように安心・安全に関する判断の際のコミュニケーションツールとしての利用や、作成した動画・体感型のコンテンツを利用して、一般市民にも地震に強い建物の重要性を感じてもらうことができ、地震に強い建物を選択する文化や社会を創り出すことを目的としています。

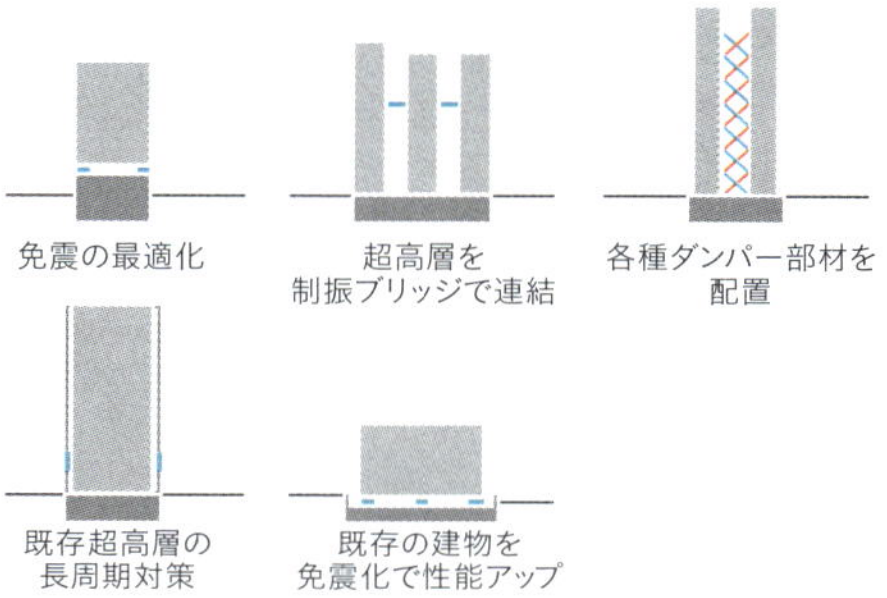

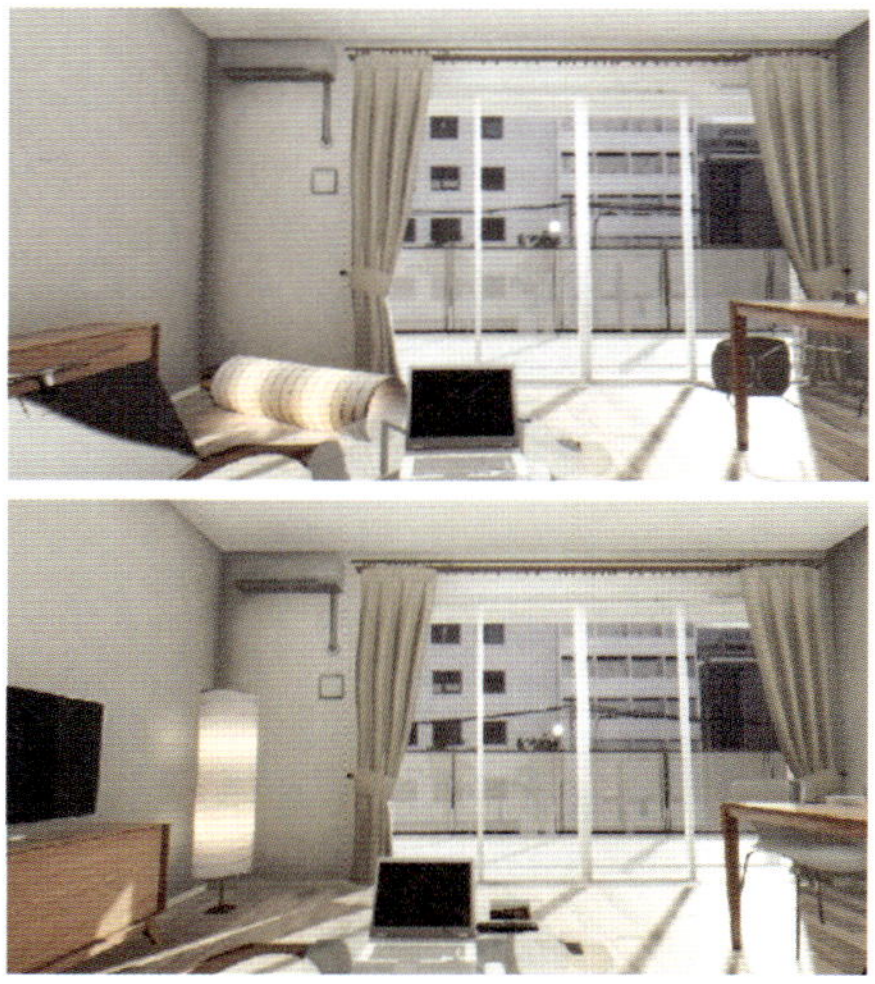

実際のVR動画の例。揺れに合わせた家具の転倒などもリアルタイムで計算・表示される（上：耐震建物、下：免震建物）

Q4 判断基準は、個人の感覚が指標となるのでしょうか？

A4 個々人の受け止め方を、客観的データや集合知におとしこむ方法も開発中です。

地震の時、建物内にいる人がどれだけ不安を感じるかも、耐震性能の大切なポイントだと考えます。たとえば、人が不安を感じると手のひらが汗ばむことを利用し、地震の時の人々の不安をリアルタイムで分析する技術を開発しています。この技術を利用して収集したデータをもとに、より確実な意思決定ができるような仕組みを検討しています。

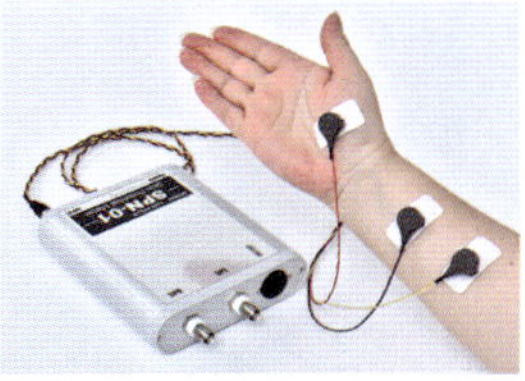

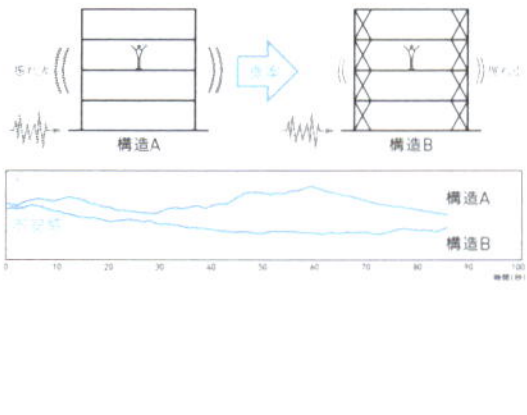

5 Q 設計者へのメリットは何ですか？

A5 建築主への性能の説明に役立ちます。

言葉で表現することが難しい「耐震性能」を直感的に伝えられることがメリットだと考えます。建築主が設計者の提案する構造形式の判断をする際に、構造性能について十分理解した上で採用する「インフォームドコンセント」の実現につなげられるのではないかと期待しています。

また、建物のデザインを担当する意匠設計者にも構造システムの違いによる揺れの変化を理解してもらうことが可能になり、設計の方向性の共有に役立つといったメリットも考えられます。

6 Q VR技術が進化することで、30年後の設計プロセスはどう変わる？

A6 建てる前にあらゆる建物の性能を体感してから決められるようになります。

VR技術は当たり前のものになっていき、VRを利用した構造性能体感システムは建物内覧と同様に建築設計のプロセスに溶け込んでいくと考えます。皆さんが車を買う際には、カタログのスペックを見るだけでなく、実際に試乗してから結論を出すと思います。同じ建物は二度とない、一品生産である建築では、今までそのような試乗は不可能でした。VR技術が高まることで、建てる前に体感しながら、必要なスペックを選んでいける時代が来るのではないかと思います。それによって、よりクライアントのニーズに寄り添った建物が設計できる未来が来ると信じています。

写真／小野強志

たてのり振動問題が分かるQ&A…1

Q 1 たてのり振動問題とは、何ですか？

A1 建物の利用者が音楽に合わせて起こす規則的な振動が、建物内外に伝わってしまう現象です。

コンサートなどで人が音楽に合わせて体を上下に動かす屈伸動作を一般的に「たてのり」と呼びます。大規模なコンサートで大多数の人がたてのりする場合や、ダイナミックな動作のリズムが一致する場合には大きな振動が発生し、建物内の床や設備、家具を揺らすことがあります。また、たてのり振動は地盤を介して数100m先のある特定の建物を揺らすことがあります。特定の建物が大きく揺れる主な原因は、共振現象にあります。たてのり振動がもつ振動成分と、その建物固有の揺れやすい周期が一致した場合、建物内で振動が数十倍に増幅され、大きな振動に発展し、人々の生活に支障を与えます。

Q 2 具体的には、どんなトラブルがありますか？

A2 大規模なコンサートにおけるたてのり振動によって、周辺建物で震度3程度の揺れが発生した事例があります。

たてのり振動によって揺れるモノはさまざまあり、その内容によっては社会的に大きな問題に発展する場合があります。たとえば、たてのりで発生した振動によってレストランの床が揺れ、ワインがこぼれてしまった場合を想像してください。お客さんは、最初は地震と考えるかもしれません。ただ何度もその振動が繰り返し発生した場合どのように感じるでしょうか。きっと食事どころではありません。

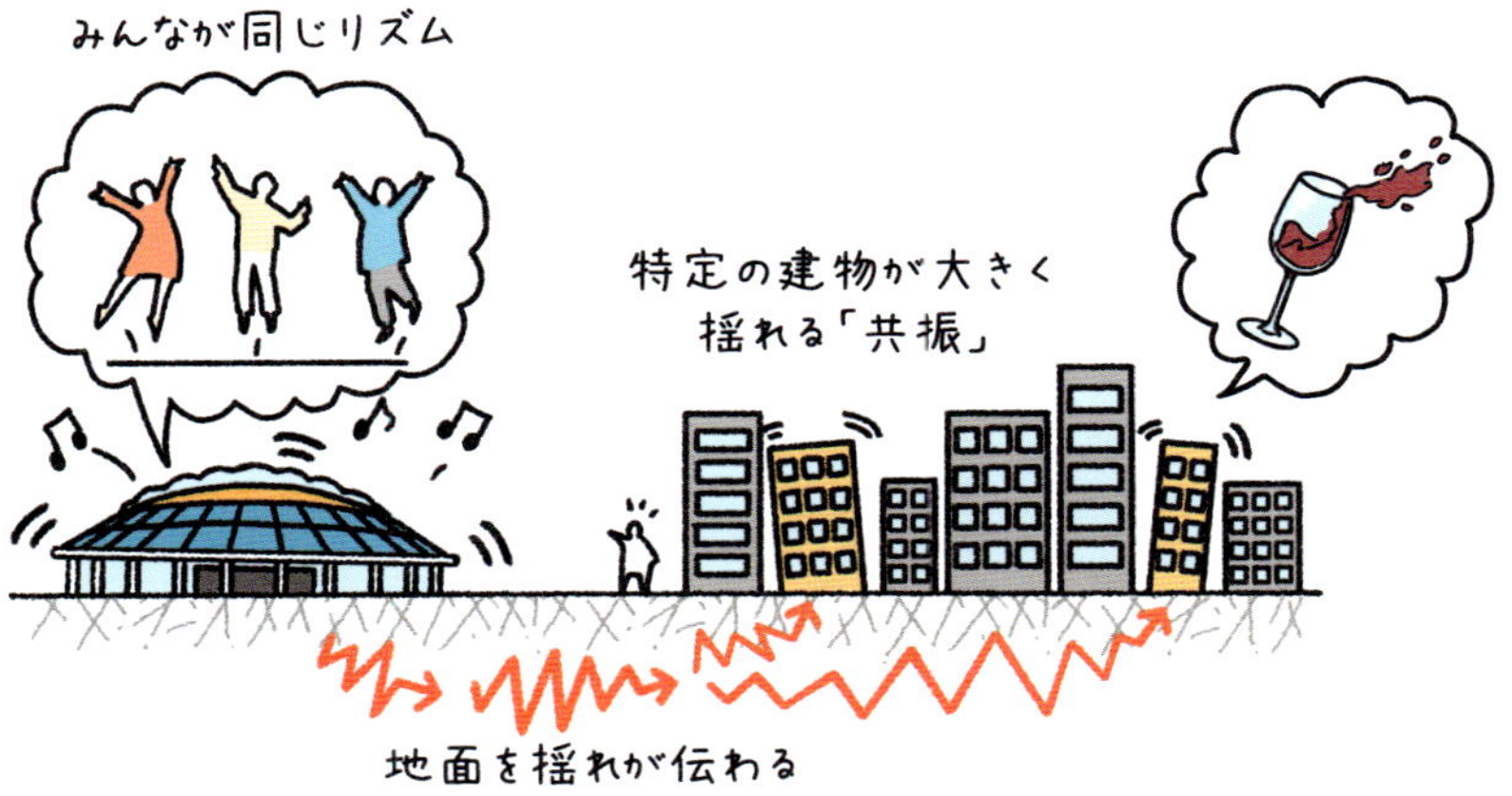

Q3 どのような対策が効果的ですか。

A3 ゆれの原因に近い場所で対策を講じることが最も効果的です。

たての振動に限った話ではありませんが、如何にして振動源に近いところで対策をとるかということが重要になります。そういった意味でたてのりが発生する直下の床で防振することが効果的な対策の一つとしてあげられます。

具体的には、ホールの床のつくりに工夫を施し、揺れを吸収して周囲に振動を伝達させないようにします。振動を伝えにくい床にするためだけであれば、柔らかい床とすればよいのですが、それでは逆に床がふわふわして、ホール内の人にとっては居心地がよくありません。そのため床を重くする必要があります。やわらかく重たい床の作り方はさまざまあり、左図のように梁やダンパーによっても作ることができます。この場合、理論的には周辺に伝達する振動を70―90％程度カットすることができます。

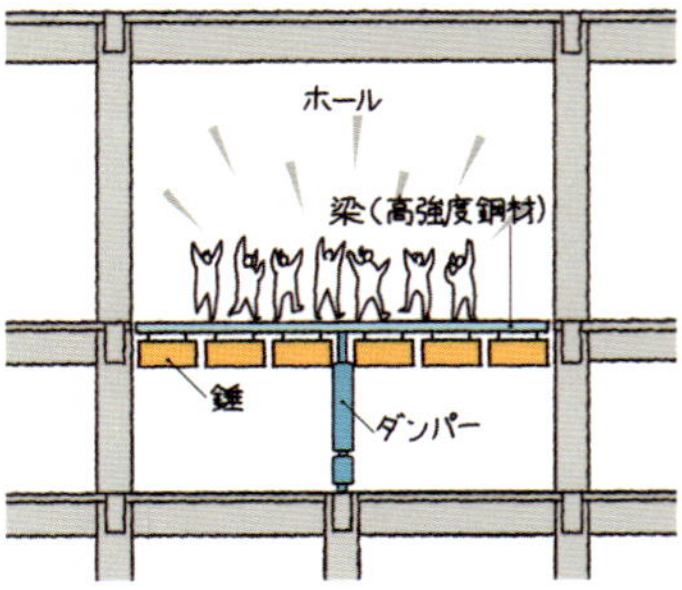

梁とダンパーによる防振

		周辺に伝わる振動	ホールの床の揺れ
一般的な床	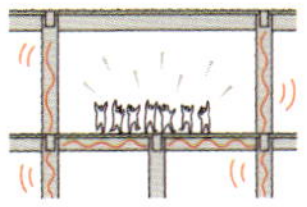	大	中
やわらかい床		小	大
やわらかくて重い床		小	小

Q4 建物が完成した後に行える対策はありますか？

A4 現状、利用者の行動を制限する以外に有効な方法はありません。

完成後にたてのり振動が問題となった場合の対策としては、飛び跳ねる行為や音楽ライブ自体を禁止するなど、たてのりの要因を排除するためのソフト面での対応が多く取られています。当然のことながらこれは事業そのものに大きな影響を与えます。床の仕上げ材の変更や、制振装置を追加するなどの対策もありますが、Q3のような防振技術ほど大きな効果はありません。また、防振技術を完成後に施すことは、新築時に設置する場合に比べて費用がとても高くなるため、現実的には採用することが困難です。

Q5 防振システムのデメリットはありますか？

A5 通常の床に比べて音楽にノリにくい可能性があります。

たてのり振動を防振する場合、床の鉛直剛性は大変やわらかいものにする必要があるため、その床自体はたてのり時に揺れやすいといった特性があります。もちろん費用をかければその振動も限りなく小さくすることは可能ですが、実務においては経済的な設計とするためある程度の振動を許容する必要があります。建築基準法において、振動の許容値は規定されていないことから、設計時にクライアントにその振動を体感してもらう場合もあります。

VRと振動台を使った振動体験

Q6 たてのり振動はいつ頃から問題視されていますか？

A6 20世紀末から認知されるようになり、ここ数年特に注目されています。

たてのり振動によって周辺の建物が揺れる現象は1990年代～2000年代前半にかけて社会で認知されるようになりました。その際、さまざまな検討や実験がされましたが、その現象の複雑さや、規模の大きさから、抜本的・現実的な解決策が講じられることはありませんでした。

しかしながらここ数年は、コンサートホールの設計をする際、たてのり振動の影響について検討や対策を要求されることが多くなっています。その要因としては、社会需要の変化と研究開発や解析技術の進歩があると考えられます。

Q7 30年後であれば、どんな解決方法が実現しているでしょうか？

A7 床の構造だけでない解決策が見つかるかもしれません。

既存施設に対しても容易に施工可能な防振シート、どんなに飛び跳ねても力を床に伝えないたてのり防振シューズ……、30年後には「ああ昔はそんな問題で苦労していたらしいね」と思われることでしょう。

おわりに
構造デザインに興味を持っていただいた皆様へ

さて、本書を読んでいただいていかがでしたでしょうか。

1章は26のプロジェクトをもとに、設計者がどのような想いで設計したのかを書かせていただきました。プロジェクトによってはコンセプトが明快で分かりやすいものもあれば、取り組んでいる内容そのものが専門的で、分かりにくいものがあったかもしれません。

2章は技術を切り口に、素材や解析、表現、安心というキーワードに沿ってそれぞれの要素を解説しました。コンクリートや鉄骨など一般にもなじみ深い素材から、モニタリングシステムやVRを利用した地震体験システムといった仕組みに至るまでさまざまな要素を紹介しました。こちらもわかりやすい内容がある一方、概念的で理解が難しい内容があったかもしれません。

幕間では年表と第一線で活躍する設計者の座談によって、構造設計の過去と未来へのまなざしを感じてもらえたかと思います。

本書を読んで、全ての内容がすっと入ってくるわけではないかもしれませんが、深掘りをしていくとそれぞれに面白さがあり、理解が深まるとさらにその面白さが広がっていきます。

冒頭「構造設計にはパズルを解くような面白さがある」ということを書かせていただきました。実務では、パズルを解ききる面白さの先で、自分の決めた仕組みや個々の部材が実際のモノとなって目の前に現れてきます。そしてそれは、自分の背丈よりもはるかに大きなスケールで現実の世界に産み落とされるわけです。この現実の世界に自分の決めたものが完成した姿を見た時の喜びはひとしおです。そして、建物が完成した後には、クライアントを始めとした多くの方々の喜びの顔が待っています。

これから創ろうとする建物でその背景にある社会の課題を解決すべく、設計図に落とし込む。それが施工されて現実のものとなり、そして建物を見た人々や使っている人々に喜ばれる。とてもシンプルですが、これが我々の目指すルーティンであり、目指す価値です。どんなにかっこよくても、どんなに美しくても、重力に抗い、かつ来るべき地震や台風に耐えられるものでなければ現実世界に産み落とすことはできません。それを可能にするのが構造設計者なのです。我々はこのような職能を意気に感じて日々構造設計をおこなっています。これが「世界一面白い仕事」と称したい所以です。作成した立場として、本書がその想いを少しでも伝えるものになっていることを願います。

本書を読んで少しでも構造設計者に興味を持たれた際には、次はぜひ会社に来ていただくなどして我々の生の声を聞いていただきたいと思います。

今まであまりなかった形で構造計画の面白さを伝える本を作成しました。本書を作成するにあたり、ご理解いただいたクライアントおよび関係者の皆様、そしてここまで構造設計を発展させてこられた先達の方々に感謝の意を表します。

２０２４年11月　杉浦　盛基

掲載建物概要／執筆者一覧
「構造設計者を志したきっかけ」

名古屋市科学館［10頁］

建築主：名古屋市教育委員会／**竣工年**：2011年／**所在地**：愛知県名古屋市／**構造**：S造／**階数**：地下2階、地上9階、塔屋2階／**延床面積**：22,551㎡／**建築面積**：4,261㎡／**用途**：科学館

執筆者：**杉浦 盛基**

「地震や台風などの自然現象に耐える必要がある」という厳格なルールの中で、構造設計を行うことで絵の中にある建物を現実世界に実現させられることを知って魅力に感じました。

法政大学富士見ゲート［14頁］

建築主：（学）法政大学／**竣工年**：2016年／**所在地**：東京都千代田区／**構造**：SRC造、S造／**階数**：地上7階、塔屋1階／**延床面積**：10,142㎡／**建築面積**：2,210㎡／**用途**：大学

執筆者：**田中 佑樹**

「圧倒的な魅力を発しながら、緻密な工夫を詰め込んだ建物を設計したい」という夢がありました。情熱と勇気を持って、その夢を叶える仕事は構造設計者だと思いました。

ホキ美術館［18頁］

建築主：ホキ美術館／**竣工年**：2010年／**所在地**：千葉県千葉市／**構造**：S造、RC造／**階数**：地下2階、地上1階／**延床面積**：3,722㎡／**建築面積**：1,602㎡／**用途**：美術館

執筆者：**向野 聡彦**

田舎育ちなので大学入学で東京に来るまでは建築とは全く無縁。最初のコンパで住友三角ビルの高さに酔い、デートコース代々木公園の不思議な体育館に見惚れ……気づいたら建築構造の世界に……かな？

大塚グループ大阪本社 大阪ビル［24頁］

建築主：大塚製薬／**竣工年**：2014年／**所在地**：大阪府大阪市／**構造**：S造、SRC造／**階数**：地下1階、地上11階／**延床面積**：7,254㎡／**建築面積**：861㎡／**用途**：事務所、保育所

執筆者：**山田 祥平**

建築にリアリティのある骨格をつくる構造設計に興味を持ちました。建築の個性を、力の流れや釣合いを通して考え、味わうことができる仕事だと思います。

松江市総合体育館［28頁］

建築主：松江市／**共同設計監理**：（有）環境計画建築研究所／**竣工年**：2015年／**所在地**：島根県松江市／**構造**：RC造、S造／**階数**：地上3階／**延床面積**：13,549㎡／**建築面積**：9,224㎡／**用途**：体育館

執筆者：**佐々木 隆允**

空間をデザインするときの自分の決め手が欲しいな、と骨格を決める構造を学んでいるうちに、建築計画に合せた構造計画を提案する構造設計に魅力を感じていきました。

羽田クロノゲート ヤマトフォーラム［32頁］

建築主：ヤマトグループ／**竣工年**：2013年／**所在地**：東京都大田区／**構造**：PCaRC造、S造／**階数**：地上2階／**延床面積**：1,880㎡／**建築面積**：2,602㎡／**用途**：体育館

執筆者：**福島 孝志**

大人になったら衣食住に関する仕事に携わりたいと考え、その中でも高度な技術と戦略的思考が求められ、社会に与える影響も大きな「住」に可能性を感じました。特に構造設計は法律、デザイン、耐震性などの幅広い知識が必要で、挑戦とやりがいを感じました。

ダイヤゲート池袋［36頁］

建築主：西武鉄道／**事業代行**：西武プロパティーズ／**竣工年**：2019年／所在地：東京都豊島区／**構造**：S造、RC造、SRC造／**階数**：地下2階、地上20階、塔屋1階／**延床面積**：49,662㎡／**建築面積**：3,894㎡／**用途**：オフィス

執筆者：**中溝 大機**

数学が好きで、図を描くのが好きで、頭の中でものを動かすのが好きで。日がな連日構造設計してたら、言葉をしたためることも好きになりました。

ZHA案新国立競技場［42頁］

建築主：独立行政法人　日本スポーツ振興センター／**設計者**：日建設計・梓設計・日本設計・アラップ設計共同体／**竣工年**：―／所在地：―／**構造**：S造、一部SRC造／**階数**：地下２階、地上6階／**延床面積**：219,430㎡／**建築面積**：78,110㎡／**用途**：スポーツ施設

執筆者：**風間 宏樹**

エンジニアリングとデザインの両方に興味があり、その両面からものを考えて建物を作りこんでいくことができる仕事だと思ったからです。

有明体操競技場（現 有明GYM-EX）［46頁］

発注者：（公財）東京オリンピック・パラリンピック競技大会組織委員会／**所有者**：東京都／**竣工年**：2019年／**所在地**：東京都江東区／**構造**：S造、W造／**階数**：地上3階／**延床面積**：約39,194㎡（大会時）／**建築面積**：約21,300㎡（大会時）／**用途**：展示場、スポーツ練習場／**基本設計・実施設計監修・工事監理**：日建設計／**実施設計・施工**：清水建設／**技術指導**：斎藤 公男（2023年に有明GYM-EXとして改修）

執筆者：**江坂 佳賢**

形のもつ意味を知りたいと思ったことが、建築・構造の道に進んだきっかけです。機能的・デザイン的・社会的な側面が統合された空間・形態・骨格を、工学的視点（力学・材料）に基づき考えていくところに、構造設計の魅力を感じています。

日本リーテック 総合研修センター［50頁］

建築主：日本リーテック／**竣工年**：2018年／**所在地**：茨城県取手市／**構造**：RC造、S造／**階数**：地下1階、地上2階／**延床面積**：8,074㎡／**建築面積**：3,758㎡／**用途**：研修所

執筆者：**新谷 耕平**

形態や美しさの前に機能面から建物を見ていたことと、大学で分かりやすく解説された構造力学の講義に魅了され、研究室選択で構造分野を選び構造設計職を目指しました。

武蔵野大学武蔵野キャンパス第一体育館［54頁］

建築主：（学）武蔵野大学／**竣工年**：2017年／**所在地**：東京都西東京市／**構造**：S造、RC造、SRC造／**階数**：地下1階、地上2階、塔屋1階／**延床面積**：3,401㎡／**建築面積**：1,876㎡／**用途**：体育館

執筆者：**ジロン・ニコラ**

入社するまで自分と建築に接点はありませんでした。しかし、構造設計で好きな数学と力学を使って、社会の発展、人命保護等に貢献ができると思ったからです。

天草市庁舎［60頁］

建築主：天草市／**竣工年**：2019年／**所在地**：熊本県天草市／**構造**：RC造、W造、PC造、PCa造／**階数**：地上4階／**延床面積**：9,992㎡／**建築面積**：3,741㎡／**用途**：庁舎

執筆者：**刀田 健史**

目に映るものすべてに、外からは見えない仕組みがあり、ひとたびそれに気づけるとまた違った見え方がする面白さがあります。構造設計には普通に見たら気づけない、建物の見えざる仕組みを創造できるワクワクがあると感じたためです。

天草市複合施設ここらす［64頁］

建築主：天草市／**竣工年**：2020年／**所在地**：熊本県天草市／**構造**：RC造、S造、W造／**階数**：地上2階／**延床面積**：5,452㎡／**建築面積**：4,605㎡／**用途**：図書館、保健所、公民館

執筆者：**宇田川 貴章**

大学1年生のときにはじめて設計した建物が、構造が成立していないと４年生の先輩からいわれ、構造ができないと自由に設計できないと思ったからです。

選手村ビレッジプラザ［68頁］

建築主：（公財）東京オリンピック・パラリンピック競技大会組織委員会／**竣工年**：2020年／**所在地**：東京都中央区／**構造**：W造／**階数**：地上1階／**延床面積**：5,285㎡／**建築面積**：5,547㎡／**用途**：複合施設（歓迎式典・物販・その他サービス）

執筆者：**小澤 拓典**

様々な文脈を読み取ってデザイン・設計された建築が好きで、力学を手掛かりに複数の視点から建築の骨組みを設計することができる構造設計に興味を持ちました。

小学館ビル［72頁］

建築主：小学館不動産／**竣工年**：2016年／**所在地**：東京都千代田区／**構造**：SRC造、RC造、S造／**階数**：地下3階、地上10階、塔屋2階／**延床面積**：17,910㎡／**建築面積**：1,661㎡／**用途**：オフィス

執筆者：**早田 友彦**

「真の美は、構造的合理性の近傍にある」by坪井善勝氏の言葉に共感したから。また、構造設計者のみが一人で建築を設計できる！力学や構法がわからない建築家や意匠設計者は一人で建築を設計できない！構造設計者は後からでも意匠設計者になれる！その逆は成り立たない！と思ったからです。

コープ共済プラザ［76頁］

建築主：日本生活協同組合連合会／**竣工年**：2016年／**所在地**：東京都渋谷区／**構造**：SRC造、S造、RC造／**階数**：地下2階、地上8階、塔屋1階／**延床面積**：8,652㎡／**建築面積**：1,216㎡／**用途**：事務所

執筆者：**今枝 裕貴**

大学2年の設計製図で構造系の教授が提示された課題で構造に興味を持ち、建築のかっこよさや美しさの裏には数値に裏付けられた構造と言う世界があることを知り、魅力を感じたからです。

桐朋学園大学音楽学部 調布キャンパス1号館［80頁］

建築主：（学）桐朋学園／**竣工年**：2014年／**所在地**：東京都調布市／**構造**：RC造（一部WRC造）／**階数**：地下1階、地上2階／**延床面積**：5,828㎡／**建築面積**：1,942㎡／**用途**：大学

執筆者：**井田 茉利**
大学3年生の設計課題「空間構造」で「魅せる力学」という本に出会い、力学的合理性のある美しい構造体に魅了されてこの世界に進むことを決めました。

住友不動産 六本木グランドタワー［90頁］

建築主：六本木三丁目東地区市街地再開発組合／**竣工年**：2016年／**所在地**：東京都港区／**構造**：S造、RC造、SRC造／**階数**：地下5階、地上40階、塔屋2階／**延床面積**：210,493㎡／**建築面積**：11,143㎡／**用途**：複合施設

執筆者：**中溝 大機**

ミュージアムタワー京橋［98頁］

建築主：永坂産業／**竣工年**：2019年／**所在地**：東京都中央区／**構造**：S造、RC造／**階数**：地下2階、地上23階、塔屋2階／**延床面積**：41,829㎡／**建築面積**：2,212㎡／**用途**：事務所、美術館

執筆者：**曽根 朋久**
大空間に興味を持ち、調べていくと空間構造という分野があり、形の組み合わせや形状によって、より軽く、より強くなることに面白さを感じたからです。

中之島フェスティバルタワー［84頁］

建築主：朝日新聞社／**竣工年**：2012年／**所在地**：大阪府大阪市／**構造**：SRC造、S造、RC造／**階数**：地下3階、地上39階／**延床面積**：146,054㎡／**建築面積**：5,410㎡／**用途**：オフィス、音楽堂・劇場、事務所

執筆者：**吉田 聡**
意匠系は向いてないなと構造系研究室を選択。その後、漠然と構造設計を選択しましたが、アイディアに技術的裏付けをつけて具現化する仕事、これは面白いとはまりました。

i liv［94頁］

建築主：非公開／**竣工年**：2019年／**所在地**：東京都中央区／**構造**：S造、SRC造／**階数**：地下1階、地上14階、塔屋2階／**延床面積**：3,299㎡／**建築面積**：252㎡／**用途**：商業施設

執筆者：**西本 篤史**
人間や製造可否のスケールが建物構成や架構計画に密接に関わっているところに面白みを感じました。またもの決めにあたって、手計算レベルのオーダー感で決めている先輩の姿に魅力を感じました。

岡田港船客待合所・津波避難施設［102頁］

建築主：東京都港湾局／**竣工年**：2018年／**所在地**：東京都大島町／**構造**：RC造（一部S造）／**階数**：地上5階／**延床面積**：2,606㎡／**建築面積**：1,094㎡／**用途**：海運施設

執筆者：**小澤 拓典**

新宿住友ビル改修計画［108頁］

執筆者（改修計画）：**宇田川 貴章**

新宿住友ビル三角広場［112頁］

建築主・基本構想・総合監修：住友不動産／**基本設計・実施設計・監理**：日建設計／**実施設計・監理**（三角広場）：大成建設／**竣工年**：2020年／**所在地**：東京都新宿区／**構造**：S造、RC造、SRC造／**階数**：地下4階、地上54階、塔屋3階／**延床面積**：180,195㎡／**建築面積**：13,778㎡／**用途**：事務所、集会場、飲食店、物販店舗

執筆者（三角広場）：**村上 博昭**
大学院のときの設計事務所でのアルバイトを通じて、建築家の豊かな発想を具現化できる構造設計にとても魅力を感じたのがきっかけです。

名古屋テレビ塔（現 中部電力 MIRAI TOWER）［116頁］

建築主：名古屋テレビ塔／**改修**：2020年／**所在地**：愛知県名古屋市／**構造**：S造、SRC造／**階数**：地上５階、地下1階／**延床面積**：3,799㎡／**建築面積**：1,211㎡／**用途（改修前）**：電波塔、展望台／**用途（改修後）**：ホテル、飲食店、展示場、事務所、展望台

執筆者：**榊原 啓太**
大きな地震にも負けない街をつくりたいと思い、そのためにはまず構造設計を理解しないと！と思ったことがきっかけです。

真宗本廟（東本願寺）御影堂 御修復［120頁］

建築主：宗教法人真宗大谷派／**改修**：2009年／**所在地**：京都府京都市／**構造**：W造／**階数**：地上1階／**延床面積**：2,891㎡／**建築面積**：4,107㎡／**用途**：宗教施設

執筆者：**田代 靖彦**
父が工業高校建築科の教師だったため、幼少の頃からモーメント図（試験答案）に馴染みがありました。意味不明だったけれど。直接的には同校の文化祭で見た法隆寺五重塔の大きな骨組み模型に感動したことかな。

COLUMN

Column 1：杉浦 盛基

Column 2：玉井 宏樹
自然が好き、造形が好き、旅が好き、ガウディ、ネルビ、ファズ、シュライヒかっこいい。おれも構造やってみるか。

Column 3：小板橋 裕一
父が工務店をしていたため幼い頃から建築を造ることが好きでした。理学・工学・芸術を融合する仕事がしたく学び、気がつくと建築家ではなく構造設計者になっていました。

Column 4：常木 康弘
生まれ故郷にはお城があり、幼いころからその美しさが大好きで、建築を志しました。最初から構造設計者を目指していたわけではなく、自分の得意とする物理、数学、図形認識の力を生かせる構造設計を大学生の時に目指すことにしました。

Column 5：村上 勝英
私がもともと好きだった「デザイン」と「もの作り」を通して、「夢をかたちに」が実現できて更に末永く世の中に残すことができるお仕事があるのに気が付き、やろうと思うようになりました。

Column 6：長瀬 悟
建物のデザインや材料への興味から超高層や大空間の成り立ちに関心が移り、まず構造を知る意識でこの道を選んで今日に至ります。自身のアイデアと統合力を発揮しての計画の具現化、そして社会貢献、楽しいです！

年表

年表：江利川 俊明
「父が建築設計をしていたこと」×「自分が自転車、自動車等の機械が好きだったこと」＝『構造設計』に至りました。モノのしくみを作るのは楽しいです。

CHAPTER 2 執筆者

素材の技術

鉄骨造：小野 潤一郎／修学旅行で法隆寺五重塔を見て、構造骨組みがその建物の形を作り出していることに興味を持ち、そういった設計に携わりたいと思い、構造設計を志しました。

RC造：深井 悟／大学の授業で構造の教授の話に興味を持ち、構造の研究室に入り、構造分野の中で自分で構造設計したものが目に見える形で実現できる構造設計者を目指しました。

木造：原田 公明／祖父、父が大工で工務店を営んでいたので、木造骨組を見て育ちました。意匠のセンスは全くないと思ったので、超高層や大スパンを設計できる構造を目指そうと思いました。

表現の技術

BIM：田原 一徳／「施主・意匠設計者の求める形を実現する」という縁の下の力持ち的な役目が自分の性格に合っていると思い、構造設計という仕事を志すことにしました。

デジタルデザイン：西本 篤史

コンカレントエンジニアリング：坂井 悠佑／思い返してもきっかけはありません。何かを選択するタイミングで、楽しそうな方向・ひとより自分が得意なものを選び続けていたら構造設計に関わっていました。

解析の技術

構造解析：石井 正人／学生時代に設計製図はとても苦手でしたが、建築の設計には携わりたかったので、それまで学んできた物理や数学の知識が生かせる構造設計を志しました。

地震の解析：中溝 大機

耐震設計：樫本 信隆／構造設計など知らずに漠然と建築は楽しそうと入りましたが、勉強するにつれ意匠センスが無いのを自覚するとともに、力学・数字を頼りに形を考える構造に楽しみを感じたのだと思います。

安心の技術

構造ヘルスモニタリング：今枝裕貴

構造性能体感システム：福島 孝志

たてのり振動問題：朝日 智生／明確なきっかけはなく、小さな頃から美術や自然科学など興味のある進路、居心地のよい場所を選択してきた結果、構造設計という職に行きついているように思います。

株式会社 日建設計（にっけんせっけい）

建築の設計監理、都市デザインおよびこれらに関連する調査・企画・コンサルティングを行う組織系建築設計事務所。1900年の創業以来、新たな社会価値創造のために、ジャンルを問わず社会の要請にこたえる建築やまちづくりに携わってきた。

2017年に策定されたブランドタグライン「Experience,Integrated」には、「クライアントをはじめ、プロジェクトに関わる様々な人々の想いや経験に、プランナー、建築家、エンジニアなどプロフェッショナルの多彩な知識や経験を組み合わせることを力として、豊かな体験を社会や人々へお届けしたい」という想いが込められている。

社内の構造設計専門チームは国内最大の規模を有し、「構造設計のみならず建物の設計すべてに責任をもつ設計者」を理念として、設計や技術開発を行っている。

世界で一番
おもしろい
構造デザイン

2024年12月3日　初版第 1 刷発行

著者　日建設計構造設計グループ
発行者　三輪浩之
発行所　株式会社エクスナレッジ
〒106-0032
東京都港区六本木7-2-26
https://www.xknowledge.co.jp/

問合せ先　編集　Tel：03-3403-1381
Fax：03-3403-1345
info@xknowledge.co.jp
販売　Tel：03-3403-1321
Fax：03-3403-1829